穿越历史线
学透古诗词

初唐及以前篇　孙洋　主编

上海交通大学出版社

内容提要

本书以历史线为选文脉络,精选了148首中小学生必背古诗词,按照时间顺序,分为初唐及以前篇、盛唐篇、中晚唐篇、宋代篇、宋代以后篇5个分册。每个分册设置了诗人名片、诗人介绍、写作背景、注释、译文悦读、思维导图、诗词鉴赏、知识拓展、学而思等栏目。本书图文并茂,版式活泼,体例和内容的设置注重"融合",侧重"积累",加强"训练",突出"有趣",旨在培养中小学生学习古诗词的兴趣,并让其从中汲取中国传统文化之精华。

图书在版编目(CIP)数据

穿越历史线.学透古诗词 初唐及以前篇 / 孙洋主编
.—上海:上海交通大学出版社,2024.6
(交大之星)
ISBN 978-7-313-29081-6

Ⅰ.①穿…Ⅱ.①孙…Ⅲ.①古典诗歌–中国–小学

–教学参考资料 Ⅳ.①G624.203

中国国家版本馆CIP数据核字(2023)第129665号

穿越历史线·学透古诗词(初唐及以前篇)
CHUANYUE LISHIXIAN·XUETOU GUSHICI(CHUTANG JI YIQIAN PIAN)

主　编:孙　洋	
出版发行:上海交通大学出版社	地　址:上海市番禺路951号
邮政编码:200030	电　话:021-64071208
印　制:苏州市越洋印刷有限公司	经　销:全国新华书店
开　本:787mm×1092mm 1/16	印　张:5.25
字　数:88千字	
版　次:2024年6月第1版	印　次:2024年6月第1次印刷
书　号:ISBN 978-7-313-29081-6	音像书号:ISBN 978-7-88941-599-6
定　价:199.00元(共5册)	

版权所有　侵权必究
告读者:如发现本书有印装质量问题请与印刷厂质量科联系
联系电话:0512-68180638

前　言

　　古诗文是中华民族五千年文化的瑰宝，是中国优秀传统文化最好的载体，有丰富的历史文化价值和教育价值，处世为人的哲学，修身、齐家、治国、平天下的道理都蕴含其中。学习经典古诗文，对我们的眼界、胸怀、志气、品格修养的提升大有裨益；学习经典古诗文，也是传承中华传统文化、树立民族精神、增强文化自信的重要渠道。

　　统编语文教材增加了古诗文比重。小学语文古诗文占全部选篇的36%，初中语文古诗文占全部选篇的48%，较原人教版教材有大幅增加。

　　中小学生学习古诗文的重要性和必要性不言而喻，但市面上与古诗文相关的书籍大都以主题或类别进行分类，而学生在学习古诗文的时候，往往需要联系作者或诗人所处的时代背景，这样才能更好地理解古诗文深层次的意蕴。而以"历史线"为脉络对古诗文进行梳理分类，有助于学生提高史实意识，在历史的线条中逐渐明晰作者或诗人的生平、遭遇，理解他们所处的时代发展背景，将同时代的作者、诗人或典籍串联起来，进一步拓展学习的广度和深度。因此，我们积极联合专家团队，倾力打造了"穿越历史线·学透古诗词""穿越历史线·学透小古文"系列图书。

　　"穿越历史线·学透古诗词"系列精选148首中小学生必背古诗词，按照时间顺序，分为初唐及以前篇、盛唐篇、中晚唐篇、宋代篇、宋代以后篇5个分册，每个分册设有诗人名片、诗人介绍、写作背景、注释、译文悦读、思维导图、诗词鉴赏、知识拓展、学而思等栏目。

　　"穿越历史线·学透小古文"系列从分布在"历史线"上的50多种典籍里，精选了166篇适合中小学生阅读的小古文，按照时间顺序，分为春秋战国篇、秦汉篇、三国两晋南北朝篇、唐宋篇、元明清篇5个分册。每个分册设置典籍名片、小古文精讲、思维导图、智慧点拨、知识拓展、学而思等栏目。套书体例和内容的设置注重"融合"，侧重"积累"，加强"训练"，突出"有趣"。

希望这套图书能使学生更方便地学习古诗文，感受中华文化的丰厚博大，从中汲取民族文化智慧，积淀文化底蕴，在点滴的学习中浸润渗透，增强学生的文化认同感和民族自豪感。

囿于编写水平，书中如有不足之处，恳请广大读者批评指正，以便我们重印再版时修订完善。

编者

目 录

穿越历史线

夏商周
约前 2070—前 1600
前 1600—前 1046
前 1046—前 256

《诗 经》 中国古代最早的诗歌总集。 1
- 01 采 薇 2
- 02 甘 棠 5

《汉乐府》 集民歌之大成,开叙事之先锋。 7
- 03 江 南 8
- 04 长歌行 11

秦汉
前 221—前 206
前 206—公元 220

《古诗十九首》 五言之冠冕。 15
- 05 迢迢牵牛星 16

三国
220—280

曹 植 七步成诗,才高八斗。 19
- 06 七步诗 20

晋
265—420

北朝民歌 质朴粗犷,豪迈雄壮。 23
- 07 敕勒歌 24

隋
581—618

初唐
618—712

虞世南 笃行扬声,雕文绝世。 27
- 08 蝉 28
- 09 咏 风 31

骆宾王	幼年写诗名动四海,晚年颠覆国家政权。	33
⑩	咏 鹅	34
⑪	在狱咏蝉	38
⑫	于易水送别	41
李 峤	文章宿老李峤,三拜宰相清贫。	43
⑬	风	44
⑭	中秋月	47
王 勃	纵有旷世奇才,难逃天妒英才。	49
⑮	滕王阁诗	50
⑯	送杜少府之任蜀州	52
⑰	山 中	54
贺知章	四明有狂客,风流贺季真。	57
⑱	咏 柳	58
⑲	回乡偶书(其一)	61
⑳	回乡偶书(其二)	63
王之涣	慷慨有大略,倜傥有异才。	65
㉑	登鹳雀楼	66
㉒	凉州词(其一)	69
王 翰	葡萄美酒夜光杯,饮酒长城醉孤魂。	73
㉓	凉州词	74

穿越历史线

盛唐 713—765

参考答案 77

诗经

别　　名	《诗》《诗三百》《三百首》
作　　者	相传由尹吉甫采集、孔子编订
作品年代	周朝
文学地位	中国最早的一部诗歌总集

《诗经》成书于西周初年至春秋中期，原名《诗》，共305篇，又称为"诗三百"。后因汉代学者把它奉为经典，故又称为"诗经"。《诗经》分为"风""雅""颂"三部分。"风"为十五国风，有诗160篇，大多数是劳动人民口头创作的民歌，是一种地方乐调，又是《诗经》中思想性和艺术性最强的部分。"雅"分为"大雅"和"小雅"，有诗105篇，大部分是贵族文人的作品，是西周中央地区的乐调，对当时社会的经济、政治、历史都有所反映。"颂"是用于宗庙祭祀的舞曲，有诗40篇，分为"周颂""鲁颂""商颂"。

《诗经》内容丰富，反映了劳动与爱情、战争与徭役、压迫与反抗、风俗与婚姻、祭祖与宴会，甚至天象、地貌、动物、植物等方方面面，是周代社会生活的一面镜子。

名句集锦

◎ 关关雎鸠，在河之洲。窈窕淑女，君子好逑。《关雎》
◎ 桃之夭夭，灼灼其华。之子于归，宜其室家。《桃夭》
◎ 蒹葭苍苍，白露为霜。所谓伊人，在水一方。《蒹葭》
◎ 昔我往矣，杨柳依依。今我来思，雨雪霏霏。《采薇》

01 采薇

《诗经》

昔我往矣,杨柳依依❶,
今我来思,雨雪霏霏❷。
行道迟迟,载渴载饥❸,
我心伤悲,莫知我哀❹!

写作背景

《采薇》被称为"千古厌战诗之祖",它以周王朝与蛮族的战争冲突为背景,通过对戍边将士归途的描述,突出了戍边将士长年征战在外而有家难归的苦闷,以及对战争的厌恶和痛恨。

译文悦读

回想起当初出征时,杨柳的枝条随风飘拂。如今回家途中,却大雪纷飞。道路曲折漫长而难以行走,又渴又饿,非常劳累。我满腔的伤愁悲痛,却没有人能体会!

❶往:当初从军。矣:语气助词,无实际意义。依依:形容树枝轻柔、随风摇曳的样子。 ❷思:语气助词,用在句末,无实际意义。雨雪:下雪。雨,这里作动词,有下(雨、雪等)的意思。霏霏:雪花纷飞的样子。
❸迟迟:迟缓的样子。载:又。
❹莫:没有谁。

诗词鉴赏

前四句描写戍卒出征时春天杨柳随风飘拂的景象,与归来时冬天大雪纷飞的景象形成鲜明对比,突出了战争时间之久,也间接流露出一种岁月流逝、物是人非之感。同时,"柳"与"留"谐音,在古代有挽留之意,表现了戍卒对家乡的不舍。

后四句先对路途漫长难走的恶劣环境加以渲染,接着写戍卒又渴又饿,最后直接抒情,表现了戍卒满怀悲痛而又无人能知的凄惨悲苦,让人怆然泪下。此外,叠词"依依""霏霏""迟迟"的运用,让人倍感音律之美。

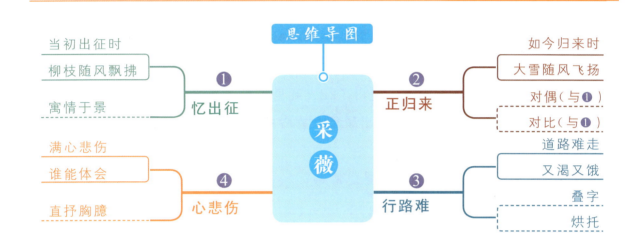

知识拓展

"柳"的寓意

古时柳树又称小杨或杨柳,这种树有柔韧的枝条和狭长的叶子。因"柳"与"留"谐音,故有挽留之意。古人在分别时,常常折下柳枝送给远行者,以表离别之情、相思之意。

"折柳"一词寓含惜别之意。"折柳送行"的习俗最早见于我国第一部诗歌总集《诗经》中的《小雅·采薇》:"昔我往矣,杨柳依依。"又如,张先的《江南柳》:"今古柳桥多送别,见人分袂(mèi)亦愁生。"(分袂:分别。)

后来,古人送别时折柳,盼望亲人归来时也折柳。据说,长安灞(bà)桥即为有名的送别之地,有人说这个地方的杨柳曾被送行人攀折殆尽。

学而思

一、填空题。

这首诗分别描写了_____季和_____季富有代表性的事物，诗中"_____"写出了柳条的飘动；"_____"写出了雪花的纷飞之态，生动传神。

二、选择题。

下列分析不恰当的一项是（　　）。

A."昔我往矣，杨柳依依，今我来思，雨雪霏霏。"描写两种不同的环境。

B."昔我往矣，杨柳依依"是写征夫出征时的美景，突出他们前路难料和依依不舍之情。

C."今我来思，雨雪霏霏"突出了征夫死里逃生，并充满感慨之情。

D.这首诗采用比兴手法，写出了征夫内心的悲伤。

三、问答题。

这首诗表达了戍边将士怎样的思想情感？

_____

_____

甘棠

《诗经》

蔽芾甘棠①，勿翦勿伐②，召伯所茇③。

蔽芾甘棠，勿翦勿败④，召伯所憩⑤。

蔽芾甘棠，勿翦勿拜⑥，召伯所说⑦。

①蔽芾：茂盛的样子。甘棠：甜美的棠梨。 ②翦：同"剪"。 ③召伯：召公，名奭(shì)。周初贤人，曾辅佐周武王灭商。相传召公南巡，曾在甘棠树下听讼断狱，劝教农桑，此后则农享其利，人乐其休。茇：原指草舍，这里作动词用，有停留的意思。 ④败：敲打，摧残。 ⑤憩：休息。 ⑥拜：通"拔"。 ⑦说：休息，歇息。

译文悦读

棠梨树欣欣向荣，不要剪它的枝叶，更不能砍伐，因为召伯曾在这里休息。棠梨树欣欣向荣，不要剪它的枝叶，更不能摧残，因为召伯曾在这里休息。棠梨树欣欣向荣，不要剪它的枝叶，更不能拔除，因为召伯曾在这里休息。

诗词鉴赏

全诗除去重复仅用15个字，却写出了人们对一位亲民官员的思念和爱戴。诗歌成功地运用了"复唱"的手法，反复强调了三个意思：第一，"蔽芾甘棠"，这棠梨树可不一般，它甜美、欣欣向荣，这其实是寄托了老百姓对清政的期望；第二，勿翦勿伐、勿败、勿拜，即不能伤害这甘棠树，这其实表达了老百姓对清政的拥戴；第三，召伯所茇、所憩、所说，道明缘由：这是一位好官召伯的象征。真挚的情感，透过反复吟唱，在字里行间袒露无遗。

诗歌也让我们充分体会到祖国语言文字的丰富多彩、生动形象。尽管三节内容相似，但用词该重复时重复，该变换时变换，毫无枯燥乏味之感。

甘棠遗爱

召伯治理陕西南部一带时,勤政亲民,常在棠梨树下听政、决讼,公正无私,所以深受百姓爱戴。他死后,当地百姓以爱护棠梨树来怀念他的德泽,这就是"甘棠遗爱"这一成语的出处之一。

甘棠 《史记·燕召公世家》载,周武王时,召公巡行乡邑,决讼于甘棠树下,自侯伯至庶人各得其所,无失职者。召公卒,民众缅怀他,不伐甘棠,并以《甘棠》诗咏之。

遗爱 《左传·昭公二十年》载,子产治理郑国,宽猛相济。"及子产卒,仲尼闻之,出涕曰:'古之遗爱也。'"指仁爱遗留于后世。

后用"甘棠遗爱"称颂廉明官吏的仁政。

学而思

一、填空题。

这首诗描写了郁郁苍苍的_____,追述了当年_____在此处听政之生涯。这首诗劝告人们对棠梨树不要_____,不要_____,不要_____,要倍加珍视。

二、选择题。

《甘棠》的核心内容是(　　)。

A. 离别哀思　　B. 如实记录

C. 表达怨愤　　D. 睹物思人

三、问答题。

《甘棠》这首诗表达了怎样的感情?

_____

_____

_____

_____

汉乐府

别　　名　《乐府诗》
发　　源　秦朝设少府，属官乐府
文　　体　五言、七言、杂言
主要作品　《木兰诗》和《孔雀东南飞》并称"乐府双璧"

　　"乐府"原是古代的一种官署名，主要负责掌管祭祀以及宴饮等活动的礼乐，平时也收集民间曲谱，以此供上层统治者了解民风民俗，补察时政。"乐府"这一行政机构到汉武帝时期强盛一时，对诗的收集整理工作也达到了巅峰，后人将这一类作品称为"乐府诗"或"汉乐府"。"汉乐府"语言质朴，无论是思想价值还是艺术价值都有着较高的成就。

　　乐府诗为五言、七言和杂言的诗歌形式，是文人五言、七言诗歌的先声，也是中国诗歌史上宝贵的财富。

名句集锦

◎孔雀东南飞，五里一徘徊。《孔雀东南飞》
◎江南可采莲，莲叶何田田。《江南》
◎百川东到海，何时复西归？《长歌行》
◎少壮不努力，老大徒伤悲。《长歌行》

时间轴：周 — 秦 — 汉 — 三国 — 晋 — 南朝 — 北朝（《汉乐府》位于汉）

扫码听音频

03 江　南①

《汉乐府》

江南可采莲②，
莲叶何田田③。
鱼戏莲叶间④。
鱼戏莲叶东，
鱼戏莲叶西，
鱼戏莲叶南，
鱼戏莲叶北。

写作背景

西汉政权建立之初，实行了轻徭薄赋政策，百姓从战乱中恢复了生机。到武帝时期已有几十年的积累，国家实力恢复，人民安居乐业。江南百姓欢快采莲时以歌抒怀，被乐府机构采录，流传至今。

译文悦读

又到了江南适宜采莲的时节，繁茂的莲叶露出水面，连成一片。水中的鱼儿在莲叶之间来回游动、嬉戏。它们一会儿游到莲叶的东边嬉戏，一会儿游到莲叶的西边嬉戏，一会儿又游到莲叶的南边嬉戏，一会儿又游到了莲叶的北边嬉戏。

❶ **江南：** 泛指长江中下游以南的地区，主要指今天的安徽、江苏两省的南部以及浙江省的北部地区。　❷ **可：** 这里指正好、适宜。　❸ **何：** 何等，多么。**田田：** 形容荷叶繁茂的样子。　❹ **戏：** 游玩，嬉(xī)戏，这里指欢快地游动。

诗词鉴赏

全诗并未对采莲场景具体描写，作者巧妙地以侧面描写的手法，运用简洁精练的语言，生动明快地描绘出江南采莲的美景，其优美的意境、欢快的格调、富有趣味的动作描写，将采莲人欢快的心情刻画得淋漓尽致。

开头三句起总括作用，将江南水乡优美自然的荷塘景色生动地展现在读者面前。后四句以方位名词东、西、南、北移步换景，以鱼儿的游动为镜头，整齐划一的句式将江南地区活泼而又欢快的劳动场景描绘出来，充满了无穷的动感。

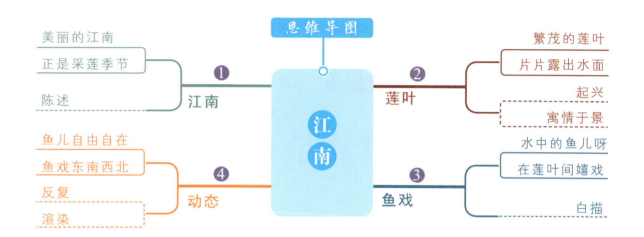

知识拓展

莲花、荷花、莲蓬、莲藕

"莲"是多年生草本植物，生长在浅水中，地下茎肥大而长，有节，叶子圆形，高出水面，花大，淡红色或白色，有香气。

关于莲花、荷花、莲蓬、莲藕四种称呼，很多人容易混淆。

"莲花"又称荷花（简称荷）、水芙蓉（简称芙蓉）等，是大家熟知的水生花卉，也是中国十大名花之一。古诗中描写荷花的诗有很多，如："接天莲叶无穷碧，映日荷花别样红。""小荷才露尖尖角，早有蜻蜓立上头。"

"莲蓬"是莲花开过后的花托，呈倒圆锥形，里面有莲的种子，叫莲子，可食用，如：建莲（福建产的莲子）、湘莲（湖南产的莲子）。

"莲藕"就是平时吃的藕，它是莲科植物的地下茎，中间有许多孔隙，脆甜，可以食用。"采菱寒刺上，踏藕野泥中"，后半句说的就是采莲藕的景象。

莲（荷）花

莲蓬

莲藕（藕）

学而思

一、填空题。

1.请找出这首诗中两组意思相反的字。

A.（　　）——（　　）　　B.（　　）——（　　）

2.《江南》是一首_____诗，开头三句勾勒出了一幅生动形象的_____的画面，后四句通过方位词_____、_____、_____、_____的变化来写鱼儿自由自在地游动的景象。这首诗虽然没用一个字描写采莲人，但用朴实、简明的语言来描写莲叶和鱼儿，使人如闻其声、如见其物、如临其境，让人感受到采莲人内心的_____之情。

二、选择题。

1."莲叶何田田"中"田田"的意思是（　　）。

A.田地　　　　　　　B.形容荷叶繁茂的样子

C.蕴藏矿物的地带　　D.形容草木繁盛的样子

2.《江南》中"江"指的是（　　）。

A.长江　　B.珠江　　C.黄浦江　　D.黑龙江

长歌行①

《汉乐府》

青青园中葵②，
朝露待日晞③。
阳春布德泽④，
万物生光辉⑤。
常恐秋节至⑥，
焜黄华叶衰⑦。
百川东到海⑧，
何时复西归？
少壮不努力⑨，
老大徒伤悲。

---

❶ **长歌行：** 汉乐府中《相和歌辞》的曲调名。
❷ **青青：** 茂盛的样子。**葵：** 古时人们日常生活中主要食用的一种蔬菜，又称冬葵菜。　❸ **晞：** 晒干。
❹ **阳春：** 阳光照射下温暖的春天。**布：** 照耀，洒满。**德泽：** 恩泽，恩惠。　❺ **光辉：** 光泽，光芒。
❻ **秋节：** 秋季。**至：** 到。　❼ **焜黄：** 草木枯黄的样子。**华：** 同"花"，花朵。**衰：** 衰败，衰老。　❽ **百川：** 许多河流。**百：** 虚指很多。　❾ **少壮：** 指人精力旺盛的时期。

写作背景

西汉是建立在战国、秦末社会动荡的基础上，百姓在200多年间饱受了战乱之苦，生命没有保障，大多死于非命。西汉政权建立后，人民过上了和平安宁的日子，所以人们倍加珍惜。这个时期各种歌谣都是以咏叹生命的宝贵，提醒人们不要浪费眼前的大好时光为主旨，恳切的言辞被乐府机构一一记录下来，《长歌行》便是其中最著名的一首。

译文悦读

园子中生长着嫩绿的青葵，早晨的露水期待着阳光的照射。明媚的春天将阳光和雨露洒满大地，万物也因此有了光泽。常常担心秋天的来临，花儿凋零，叶儿枯黄。众多的河流奔腾向东直达大海，却不知道什么时候才能向西返回呢？年轻的时候不知道努力奋发向上，那么等到晚年之后一事无成，就只能悲伤地感慨时光的流逝太过匆匆了。

诗词鉴赏

前四句描绘出了一幅动人的春景图。园子里绿油油的葵菜沐浴着阳光雨露，生长得如此旺盛；诗人由此联想到世间万物，它们也都享受着大自然的恩泽，并因此而生机勃勃。

五、六句，诗人笔锋一转，联想秋天到来时，所有的生机都将枯萎凋零。大自然尚且要遵循这一规律，他也不例外。

后四句，诗人以奔流到海的河流一去不复返为喻，说明青少年时期如果不知道珍惜时光，努力奋斗，到了暮年，再后悔就来不及了。

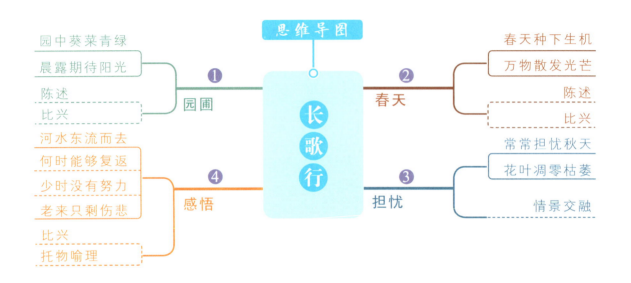

知识拓展

比喻和拟人的区别

比喻是甲物像乙物，它有乙物的特征。这个物可以是人，也可以是动物、事物。拟人是把物直接拟作人，不是比作人，如果是比作人，比如"什么什么像人一样"，还是比喻。比如"花儿对我笑"，笑是人发出的动作表情，所以这才是拟人。但如果是"花儿像我妈妈一样对我笑"，就还是比喻，因为花儿像妈妈，直接把甲物比作了乙物。

古代年龄的称谓

关于年龄的表述，古代有多种说法。

古 称	年 龄	古 称	年 龄
垂髫(tiáo)	三四岁到八九岁	不惑	四十岁
豆蔻(kòu)	少女十三四岁	知天命	五十岁
总角	八九岁到十三四岁	花甲	六十岁
束发	男子十五岁	古稀	七十岁
及笄(jī)	女子十五岁	杖朝	八十岁
弱冠	男子二十岁	耄耋(mào dié)	八十岁、九十岁
而立	三十岁	期颐(yí)	一百岁

你现在这个年龄在古代称什么？请与好朋友分享一下吧！

智慧点拨

　　这首诗借自然现象比喻人生，这在古诗中是极常见的。由于对人生的观点不同，因自然界盛衰的转化而引起的联想也不同。有的停留在见花落泪，见月伤情；有的得出寻欢作乐的结论；有的则以此激励人生。对这首诗，过去也有不同的解释，有人解释为引导人们及时行乐。但从诗歌本身的思想逻辑及文字表达来看，很明显是告诫年轻力壮的人要珍惜时光，追求事业的建树，不要虚度年华。否则，流逝了的岁月是无法挽回的。事实上，"少壮不努力，老大徒伤悲"这一名句，流传了上千年，起到了勉励青少年积极向上的作用。

　　乐府诗是最能代表汉代诗歌成就的一种体裁。它常采用赋、比、兴、互文、反复歌咏的修饰手法及铺陈、对比、烘托等技巧状物抒情，这首《长歌行》便代表了这种特色。作者借百川归海、一去不回来比喻时光的匆匆、易逝，感慨"少壮不努力，老大徒伤悲"，来劝勉世人要珍惜光阴，有所作为。

　　全诗从青葵起兴，联想到四季变化，又以江河作比，得出应当抓紧时间奋发努力的结论，其比兴手法是很明显的。

学而思

一、填空题。

1. 诗的前四句说明一年里最美好的季节是_____，人一生中最美好的时光是_____时期。后四句说明时间一去不复返，劝导人们要_____，不要到暮年再后悔。

2. 诗中，"_____，_____"的意思是光阴一去不复返。我们要珍惜时光，发奋努力学习；否则，长大后会后悔自己一事无成。

二、选择题。

"老大徒伤悲"中"徒"字的意思是（　　）。

A.徒弟　　　　　　　　　　　B.白白地，徒然

C.没有凭借的，空的　　　　　D.除此之外，没有别的，仅仅

三、问答题。

1. 这首诗是怎样由眼前的景物而联想开来的？最后归结到什么上面？诗中哪句话已成为格言？

_____
_____
_____

2. 这首诗采用了拟人和比喻的修辞方法，把什么当作人来写的？用植物的春盛秋衰比喻什么？用东流水不西归比喻什么？

_____
_____
_____

古诗十九首

别　　名	《十九首》
作　　者	无名氏
年　　代	汉代
誉　　称	五言之冠冕
主要作品	《迢迢牵牛星》《西北有高楼》等

时间轴：周—秦—汉《古诗十九首》—三国—晋—南朝—北朝

　　《古诗十九首》是汉代无名氏所作的十九首五言诗。大多出自于中下层文人之手。

　　其语言都为五言句，平易质朴，不假修饰，如肺腑中自然流出；又善于抓住细节描写心理活动，具有自然美与整体美，不乏乐府民歌的特色。其中的游子诗多用感兴手法，寓意深长，耐人寻味。它标志着五言诗歌已由以叙事为主的乐府民歌发展到以抒情为主的创作阶段。

名句集锦

◎ 相去日已远，衣带日已缓。《行行重行行》
◎ 盈盈一水间，脉脉不得语。《迢迢牵牛星》
◎ 纤纤擢素手，札札弄机杼。《迢迢牵牛星》
◎ 愿为双鸿鹄，奋翅起高飞。《西北有高楼》

迢迢牵牛星

《古诗十九首》

迢迢牵牛星❶，
皎皎河汉女❷。
纤纤擢素手❸，
札札弄机杼❹。
终日不成章❺，
泣涕零如雨❻。
河汉清且浅，
相去复几许❼。
盈盈一水间❽，
脉脉不得语❾。

译文悦读

看那遥远的牵牛星、明亮的织女星。织女伸出细长而白嫩的手，正摆弄着织机，发出札札的织布声。因为思念牛郎，她无心织布，整日也没织出多少布来，泪水零落如雨水。银河又清又浅，他们相隔又有多远呢？虽然只隔一条清澈的银河，但他们只能含情地望着对方，却无法用言语交谈。

---

❶**迢迢**：遥远的样子。**牵牛星**：指牛郎星，隔银河与织女星相对。 ❷**皎皎**：洁白明亮的样子。**河汉女**：指织女星，与牵牛星隔银河相对。河汉，银河。 ❸**擢**：这里指伸出。**素手**：洁白的手。 ❹**札札**：织布声。**弄**：摆弄。**杼**：织机上的梭子。 ❺**章**：指布帛上的经纬纹理，这里指整幅的布帛。 ❻**涕**：眼泪。**零**：落，落下。 ❼**相去**：相隔，相距。去，距离。 ❽**盈盈**：形容晶莹、清澈的样子。**一水**：银河。 ❾**脉脉**：用眼神或行动表达情意的样子。

诗词鉴赏

开头两句中的"牵牛星"指代织女心中的牛郎,两人每年才能相见一次。将"迢迢""皎皎"两个叠词互相对应,既写出天上人间之遥,又突出牵牛织女之远。

中间四句单写织女。虽然织女的手又细长又白嫩,织布的技艺高超,但是因整天对牛郎过于思念而不能织成布匹。

这里对织女的刻画非常细腻,"纤纤""素手"主要写她的外貌;"泣涕零如雨"主要写她的神态;"札札弄机杼"主要写她的动作。

结尾四句转为作者的感叹,抒发了织女悲伤哀怨的心情。

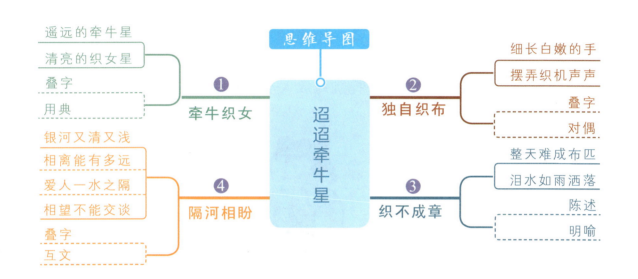

知识拓展

"七夕"的由来及习俗

传说天河的东边住着织女,她是天帝的女儿,年年在织布机上劳作,织出了锦绣的天衣。天帝可怜她独自生活,准许她嫁给银河西边的牛郎,织女出嫁后渐渐把织作之事荒废了。天帝大怒,责令她回到银河东边去住,只允许他们一年相会一次。每年的七月七日,我们总会看到喜鹊的头顶突然秃去。相传这天牛郎和织女在银河的东岸相会,役使喜鹊做桥梁从它们头顶走过去,所以喜鹊头上的毛都被踩掉了。

由此，便形成了我们现在一年一度的"七夕节"，简称"七夕"。人们在这天祈祷能有美满幸福的婚姻。

◎ 传说七夕的露水是牛郎织女相会时流下的眼泪，它能让人眼明手快，因此这天有人早早起来收集露水。

◎ 这天也叫"乞巧节"。人们朝着银河方向祭拜织女。据说，这样做能让女孩子心灵手巧。

◎ "七夕"是女子的节日，因此又称"女儿节"。

◎ 人们在这一天吃"巧果"。"巧果"是用糯米粉做的美食。

◎ 这天夜深人静的时候，女孩子会躲到葡萄藤下。据说，这样可以听到牛郎和织女在天上说的悄悄话。

◎ 女孩子还会在这天比试手艺。用丝线连续穿过九孔针最快的人被称为"得巧者"。

◎ 女孩子在"七夕"晚上常常捉蜘蛛放入小盒子里。如果第二天蜘蛛结网，预示将有好运到来。

引线

学而思

一、填空题。

本诗主要描写了_____的故事，诗句"_____，_____"描绘了织女的姿态之美，诗人意在表现织女的勤劳。

二、选择题。

与"迢迢牵牛星，皎皎河汉女"描写的是同一个内容的诗句是（　　　）。

A. 春城无处不飞花，寒食东风御柳斜。（唐·韩翃《寒食》）

B. 独在异乡为异客，每逢佳节倍思亲。（唐·王维《九月九日忆山东兄弟》）

C. 七夕今宵看碧霄，牵牛织女渡河桥。（唐·林杰《乞巧》）

曹植

字　　号	字子建，谥号思
籍　　贯	沛国谯县(今安徽亳州)
生卒年	192—232
誉　　称	建安之杰
所处时代	汉末三国
主要作品	《七步诗》《白马篇》《七哀诗》《洛神赋》等

　　曹植是三国时期著名的文学家，是曹操与武宣卞皇后所生的第三子。他是建安文学的代表人物之一与集大成者，在两晋南北朝时期，被推尊到文章典范的地位；后人将他与父亲曹操、兄长曹丕合称为"三曹"。

　　曹植的诗歌既体现《诗经》的庄雅，又蕴含《楚辞》的奇谲；既继承了汉乐府反映现实的笔力，又保留了《古诗十九首》温丽悲远的情调，完成了乐府民歌向文人诗的转变。南朝·宋文学家谢灵运对曹植有"天下才有一石，曹子建独占八斗"的评价。王士祯曾论诗家堪称"仙才"者，有曹植、李白、苏轼三人。

名句集锦

◎本是同根生，相煎何太急？《七步诗》
◎捐躯赴国难，视死忽如归！《白马篇》
◎明月照高楼，流光正徘徊。《七哀诗》
◎君子防未然，不处嫌疑间。《君子行》

扫码听音频

06 七步诗

〔三国·魏〕曹　植

煮豆持作羹①，
漉菽以为汁②。
萁在釜下燃③，
豆在釜中泣④。
本自同根生⑤，
相煎何太急⑥？

写作背景

曹操死后，曹丕登基做了皇帝，但他嫉妒有才智的曹植，一直想把他置于死地。他令曹植以"兄弟"为题作诗，但诗中不能有"兄弟"二字，限七步之内完成，否则立即将他处死。当曹植走到第七步时便吟诵出了这一千古名篇。

译文悦读

豆子在锅中煮熟拿来当作豆羹，将豆渣过滤之后剩下的是豆汁。豆秆在锅底下熊熊燃烧，豆子则在锅里面哭泣不停。豆子和豆秆原本是同一条根上生长出来的，你这个时候为什么要对我苦苦相逼、不断煎熬呢？

①持：拿着。羹：本指用五味调和的浓汤，泛指煮成浓液的食品，这里指豆汁。
②漉：过滤。菽：大豆，豆类。
③萁：豆秆。　④釜：锅。泣：哭泣。　⑤本：原本。
⑥相煎：相互迫害。何太急：如此急迫。何，何必。

诗词鉴赏

一、二句，诗人以纪实的笔法，描写出大豆被蒸煮的场景，为下文的情感抒发做了良好的铺垫。

三、四句，诗人以饱满的深情，描写了豆秆和豆子本为一体，此刻一个以焚烧的形式成了灰烬，一个则在锅里为豆秆的燃烧而哭泣。大豆和豆秆本是无情之物，但诗人赋予了它们丰富的情感，通过拟人的修辞手法，将这种骨肉相残的场面刻画得淋漓尽致，充满了悲伤之情。

最后两句升华了主题，诗人直抒胸臆，表达了他对兄弟苦苦相逼、骨肉相残的不满和厌恶之情，具有极强的艺术感染力，读来令人动容。

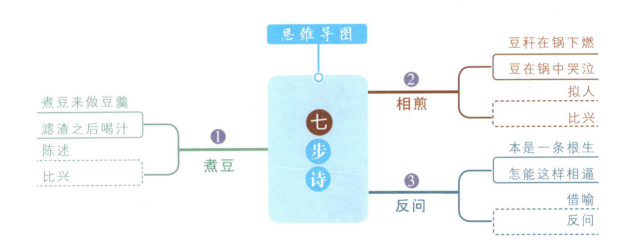

知识拓展

古代的饮食用具

器物名称	器物外形	简介
簋(guǐ)		古代用于盛放煮熟饭食的器皿，圆口，双耳，也用作礼器。
釜(fǔ)		古代的炊事用具，相当于现在的"锅"。可直接用来煮、炖、煎、炒等。
盂(yú)		盛饮食或其他液体的圆口器皿。

(续表)

器物名称	器物外形	简介
盨(xǔ)		古代盛食物的铜器,口椭圆,有盖,两耳,圈足或四足。用来盛黍稷(shǔ jì)的礼器,从"簋"变化而来。
豆(dòu)		古代盛食物用的器具,有点像带高座的盘。
鼎(dǐng)		古代煮东西用的器皿,圆形,三足两耳,也有方形四足的。
鬲(lì)		古代炊具,样子像鼎,足部中空。
甗(yǎn)		古代炊具,中部有箅(bì)子。
簠(fǔ)		古代祭祀时盛谷物的器皿,长方形,有足,有盖,有耳。

学而思

一、选择题。

本诗中,作者把自己比作(　　),把哥哥曹丕比作(　　)。

A.豆;萁　　　B.汁;萁　　　C.豆;羹

二、判断题。(对的打"√",错的打"×")

1."本自同根生"中的"同根生"比喻同胞兄弟关系。(　　)

2.《七步诗》是一首五言绝句。(　　)

3.《七步诗》以萁豆相煎为喻,控诉了曹丕对弟弟曹植的残酷迫害。(　　)

4.汉魏时期,曹操与其子曹丕、曹植在政治上的地位和文学上的成就,都对当时的文坛有很大影响。他们是建安文学的代表,合称为"三曹"。(　　)

22

北朝民歌

作　者	北方文人
产　生	黄河流域
年　代	南北朝时期
体　裁	歌曲
出　处	《乐府诗集》

秦—汉—三国—晋—南朝—北朝民歌—北朝

　　北朝民歌是指南北朝时期北方文人创作的作品，产生于黄河流域，歌词的作者主要是鲜卑族，也有氐（dī）、羌（qiāng）及汉族人民；大部分是北魏以后用汉语记录的作品，传入南朝后由乐府机关采集，传世的有六十多首，以《敕勒歌》最为著名。

　　北朝民歌主要收录在《乐府诗集》中，质朴粗犷、豪迈雄壮是它最显著的特点，这与北方的地理环境、民俗文化、生活方式都有直接关系。其主要内容有：反映战争和北方人民的尚武精神、人民的疾苦、婚姻爱情生活和北方特有的自然风光等，其中的《木兰诗》就是杰出的代表。其形式以五言四句为主，也有七言四句的绝体和七言古体及杂言体，对唐代诗歌的发展有较大影响。

名句集锦

◎万里赴戎机，关山度若飞。《木兰诗》
◎将军百战死，壮士十年归。《木兰诗》
◎敕勒川，阴山下。天似穹庐，笼盖四野。《敕勒歌》
◎天苍苍，野茫茫，风吹草低见牛羊。《敕勒歌》

敕勒歌
北朝民歌

敕勒川，阴山下[1]。

天似穹庐，笼盖四野[2]。

天苍苍，野茫茫[3]，

风吹草低见牛羊[4]。

写作背景

南北朝时期，北方游牧民族入住中原，带来了大量富有草原气息的民族歌谣，对中原文化产生了深远影响。一些汉族知识分子有感于这些歌谣的非凡气度，便将其翻译成汉语，集录成了北朝民歌。

译文悦读

一望无垠的敕勒大草原，坐落于阴山的山脚下。仰头观看，天空好像一顶圆圆的帐篷，将大地之上的整个草原全部笼罩。深蓝色的天空无边无际，嫩绿的草原一眼望不到边，微风吹过，青草起伏摇摆，草丛中的牛羊也时隐时现。

[1] **敕勒川**：古地名，魏晋南北朝时期敕勒族所居住的地方，在今甘肃、内蒙古一带。川，在这里是平原的意思。**阴山**：山脉名，位于内蒙古自治区中部一带，山势连绵一千二百余公里。 [2] **穹庐**：毡帐，类似蒙古包，一种用毡(zhān)布做成的帐篷(zhàng peng)。**笼盖**：罩住。**野**：原野。为了押韵，可按古音读作yǎ。 [3] **苍苍**：青色，这里指茫无边际的样子。**茫茫**：广远的样子。 [4] **见**：通"现"，出现，显露。

诗词鉴赏

首句点出了敕勒川的地理位置，简简单单的六个字便描写出北国壮丽辽阔的自然风光。

第二句笔法雄奇，用词精准到位，以比喻的修辞手法描写了草原上天地相连的雄浑景象，极富民族色彩。

第三句将一幅草原全景图展示出来，诗人以叠词的艺术手法，突出了辽阔的天空、碧绿且一望无际的原野景观。"风吹草低见牛羊"更是全诗的诗眼，将草原的富饶和成群的牛羊联系起来，歌咏了人与自然和谐相处的景象。

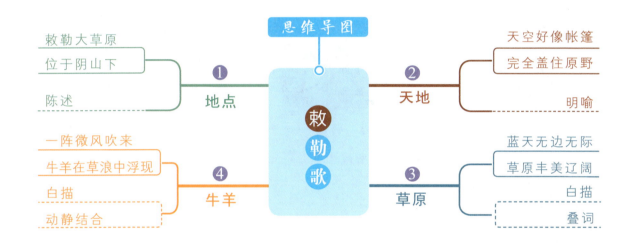

知识拓展

敕 勒

敕勒是我国古代的一支少数民族部落，又称赤勒、高车、铁勒、丁零等。这支少数民族部落最早生活在贝加尔湖附近，后来逐渐南迁，活动于今天的大漠南北和西北广大地区。再后来，与中原的汉族不断交往融合，成为维吾尔族的主要族源。

北朝民歌

公元4至6世纪，中国北方大部分地区处于鲜卑、匈奴等少数民族的统治之下，先后建立了北魏、北齐、北周等政权，历史上称为"北朝"。北朝民歌主要是北魏以后用汉语记录的作品，这些歌谣风格豪放刚健，抒情爽直坦率，语言质朴无华，表现出了北方民族英勇豪迈之气概。

六　畜

在远古时代,先民们的生活主要依靠狩猎和采集,后来人们渐渐驯化了一些野兽养在身边,以备不时之需。他们根据生活的需要和对动物的了解程度,选择了马、牛、羊、鸡、狗、猪六种动物进行饲养、驯化,这六种动物就是我们常说的"六畜",与我们现在的生活也息息相关。

马　　　　　　牛　　　　　　羊

鸡　　　　　　狗　　　　　　猪

学 而 思

一、填空题。

1.《敕勒歌》中,"_____,_____"运用比喻的修辞手法,写出了天空的高远及广阔无边。

2."风吹草低见牛羊"中的"见"读作_____,意思是_____。

3.本诗的诗眼是"_____"。

二、选择题。

1.这首诗描写的是(　　)的景象。

　A.高山　　　B.草原　　　C.大海　　　D.湖泊

2.下列分析不合适的一项是(　　)。

　A."穹庐"的意思是毡帐。

　B."天似穹庐,笼盖四野"是静态描写,"风吹草低见牛羊"是动态描写。

　C."风吹草低见牛羊"描写的是牛羊在草原上奔跑。

　D.诗中描写的景物是敕勒川、阴山、天、原野、草、牛羊,展现出了大草原的壮阔美景。

虞世南

字　　号	字伯施
籍　　贯	越州余姚(今属浙江)
生 卒 年	558—638
所处时代	南北朝—隋朝—唐朝
主要作品	《蝉》《结客少年场行》《怨歌行》《出塞》

时间轴：北朝—初唐（虞世南）—盛唐—中唐—晚唐—宋代

　　虞世南是初唐政治家、书法家、诗人，世称"虞永兴"，享年八十一岁。他聪明好学，尤其痴迷书法，为人沉静寡欲，志性刚烈，议论正直，是凌烟阁二十四功臣之一，隋炀帝时官起居舍人，唐代时历任秘书监、弘文馆学士等。

　　虞世南的诗作除了《蝉》等少量有兴寄、边塞诗较刚健外，大多为应制、奉和、侍宴之作；他的书法笔势圆融遒劲，外柔内刚，与欧阳询、褚遂良、薛稷并称为"初唐四大家"。他师从王羲之的七世孙、隋朝书法家智永禅师。

　　唐太宗称他德行、忠直、博学、文词、书翰为"五绝"。

名句集锦

◎垂绥饮清露，流响出疏桐。《蝉》
◎轻生殉知己，非是为身谋。《结客少年场行》
◎恐畏无人识，独自暗中明。《咏萤》
◎誓将绝沙漠，悠然去玉门。《出塞》
◎谁言掩歌扇，翻作白头吟。《怨歌行》

蝉

〔唐〕虞世南

垂緌饮清露❶，
流响出疏桐❷。
居高声自远❸，
非是藉秋风❹。

写作背景

李世民即位后，虞世南任弘文馆学士，他深受李世民的赏识，常被邀请参加一些典礼活动。一天，李世民兴致来潮，便邀请弘文馆学士们一起欣赏海池中的美景，谈诗论画。当李世民询问大家最近有没有新作品时，虞世南起身行礼后，便吟诵出了这首诗，并博得李世民的大力赞赏。

译文悦读

蝉垂下像帽带一样的触角吸食甘露，长鸣的蝉声从高大稀疏的梧桐树枝间传出来。蝉鸣声传得远的原因是蝉栖息在高处，而不是凭借秋风的吹送。

❶**垂緌**：古人系在颔下帽带的下垂部分，这里指蝉的头部伸出的触须，形状与其相似。**清露**：纯净的露水。古人认为蝉是喝露水生活的，故觉得蝉品行高洁。　❷**流响**：指蝉长鸣不已。**疏桐**：疏朗的梧桐。疏，开阔，稀疏。
❸**居高**：指栖息在高处，语意双关。
❹**藉**：凭借，依靠。

诗词鉴赏

这是一首咏物诗,运用象征手法,通过对蝉的歌咏,暗含自己和蝉共同具有高洁的品质。

一、二句表面上看似写蝉的外形、习性和声音,其实暗含象征意味:做官要清正廉洁。第二句写蝉的栖居和声音,将蝉声的传播形象化,让人感受到蝉声的清响与力度,象征为人做官要德行高洁。

三、四句是议论,以蝉喻人,借此表达人的品格高洁,不用借助权势地位等外力,也能声名远播。

全诗语言清丽,用词生动,构思巧妙,意蕴深刻,暗含诗人的志向和高尚节操,达到了很好的托物言志的效果,成为流传千古的名篇佳作。

知识拓展

"蝉"文化的由来和寓意

"蝉"字的甲骨文是象形字,像一只蝉,上边像蝉头,中间像蝉体,两侧像蝉的一对翅膀。

"蝉"义为一种昆虫名,种类繁多,雄蝉发声以吸引雌蝉,雌蝉不发声。幼虫生活在土里,吸食植物根的汁液。成虫以植物汁液为食。

"蝉"在古人眼中是一种灵物,有着很高的地位,寓意<u>纯洁、高尚</u>。

《史记》记载:"蝉蜕(tuì)于污秽,以浮游尘埃之外。"可见,蝉的一生虽然大多时间在泥土中度过,但等到蜕变为蝉时,却攀于枝头远离浮尘,只以树汁、露水为食。正是因为它这种"<u>出

淤泥而不染"的习性,所以被文人墨客所称道。

在唐代就有"咏蝉三绝"之说,分别是虞世南的《蝉》、骆宾王的《在狱咏蝉》和李商隐的《蝉》。这三首咏物诗,吟咏的对象都是蝉,但写作方式各有千秋。

下列动物都有其特点,并象征一定意义,请读一读、记一记。

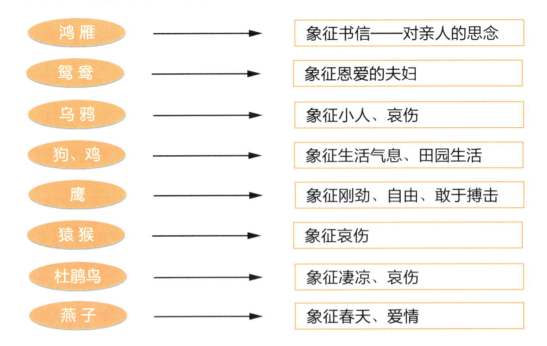

学而思

一、填空题。

这是一首 _____ 诗,作者歌咏的对象是 _____,从其 _____、_____ 和 _____ 三个方面进行描写。

二、连一连。

请将下面左栏与右栏对应的内容连一连。

A. 蝉用触须饮食清露　　　a. 象征做人、做官要立居高处

B. 蝉居住梧桐高处　　　　b. 象征声音响亮,声名远播

C. 蝉声不借秋风远传　　　c. 象征高官要清正廉洁

扫码听音频

09 咏风

〔唐〕虞世南

逐舞飘轻袖❶,
传歌共绕梁❷。
动枝生乱影,
吹花送远香❸。

写作背景

根据作者生平,这首诗当作于唐高宗乾封至上元年间,但因资料缺失,其具体创作年代和创作动机难以确证。

译文悦读

风儿啊!你舞动身姿使人们的衣袖飞扬飘荡;你把歌声传向四面八方,让人领略到了那"余音绕梁,三日不绝"的美妙境界。你吹动树枝,地上便乱影丛生,树影斑驳。你轻轻地吹动花儿,使香气飘向遥远的地方。

❶ 逐:追逐,追随。飘:使……飘动。轻袖:薄而轻盈的衣袖。 ❷ 传歌:指风将歌声传播开来。绕梁:形容音乐的美妙。古时有"余音绕梁,三日不绝"的说法。 ❸ 远香:远方花香。

诗词鉴赏

风,本来是看不见也摸不到的,但本诗却把风描绘得形貌毕现。诗人非常高明,从风吹动的事物来侧面描写其迷人的魅力。衣袖、歌声、树枝、花香,这些事物我们或可以看到,或可以听到,或可以闻到,高明的诗人就是从视觉、听觉、嗅觉三方面来形容风吹拂过后的事物形态,把风给写活了,让人可见、可听、可嗅。

风是历代文人墨客经常歌咏的对象。在不同文人的笔下,风被赋予了不同的艺术生命。"轮台九月风夜吼",是边地的狂风;"日落山水静,为君起松声",是善解人意的风。而本诗独出机杼,不从正面着墨,读后让人耳目一新。

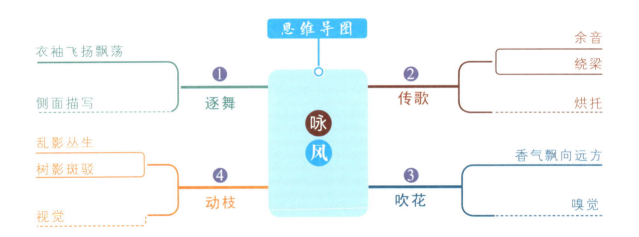

学而思

一、填空题。

1. 这是一首咏风诗。诗人通过对 _____、_____、_____ 和 _____ 的动态描写,让我们从视觉、听觉、嗅觉等各种不同的角度具体形象地感受到它的存在。

2. 户外,诗人捕捉到了 _____ 和 _____,通过它们描写了风。

二、请在横线上填写含有"风"的词语。

1. 儿童散学归来早,忙趁 _____ 放纸鸢。

2. 萧萧梧叶送寒声,江上 _____ 动客情。

3. 忽如一夜 _____ 来,千树万树梨花开。

4. 沾衣欲湿杏花雨,吹面不寒 _____。

骆宾王

字　　号	字观光
籍　　贯	婺州义乌（今浙江义乌）
生 卒 年	约638—684
誉　　称	"初唐四杰"之一
诗　　风	辞采华丽，格律严谨
主要作品	《咏鹅》《从军行》《在狱咏蝉》等

时间轴：北朝 — 初唐（骆宾王）— 盛唐 — 中唐 — 晚唐 — 宋代

　　骆宾王一生著作颇丰，是一位才华横溢的初唐诗人、作家。他幼年资质颖悟，聪慧过人，七岁即景赋诗《咏鹅》，传遍乡里，被誉为"神童"。晚年参加徐敬业扬州起事，并写下了著名的《讨武氏檄文》，语言晓畅，锋芒毕露，慷慨激昂，倡为骈文新体，启示了初唐文坛，荡涤了齐梁以来浮靡绮丽习气之风。

　　他与王勃、杨炯、卢照邻被并称为"初唐四杰"，为开辟唐代文学的繁荣做出了巨大贡献。骆宾王的名作《帝京篇》采用五言、七言迭用，铺排辞采，声调婉转，"当时以为绝唱"；其五律工整精练，边塞诗深沉而慷慨。

　　骆宾王是中国文学史上深具影响力的人物，明代文学家王世贞《艺苑卮言》谓其长诗"缀锦贯珠，滔滔洪远，故是千秋绝艺"。

名句集锦

◎白毛浮绿水，红掌拨清波。《咏鹅》
◎不求生入塞，唯当死报君。《从军行》
◎无人信高洁，谁为表予心。《在狱咏蝉》
◎类君子之有道，入暗室而不欺。《萤火赋》

扫码听音频

10 咏鹅①

〔唐〕骆宾王

鹅，鹅，鹅，
曲项向天歌②。
白毛浮绿水③，
红掌拨清波④。

写作背景

骆宾王是婺(wù)州义乌（今浙江义乌）人。有一次，骆宾王家中来了一位客人，这位客人看到骆宾王虽年幼却应对自如，显得聪慧异常，便有心考考他。客人指着水中游动的白鹅让骆宾王作诗一首，骆宾王略加思索，便咏出了这首脍炙人口的诗歌。

译文悦读

白鹅啊白鹅，你弯曲着脖子向着天空唱着歌。一身洁白的羽毛在碧绿的水面上浮动着，你那一双红色的脚掌在水下轻轻地拨动着清澈的水波。

❶**咏鹅**：指赞美鹅。咏，原指歌唱、吟诵，这里指赞美某一事物。 ❷**曲项**：弯曲脖子。曲，这里作动词，指弯曲。项，颈的后部，这里指鹅的脖子。**向**：朝着。**歌**：这里作动词，指动物发出声音。 ❸**浮**：漂浮。 ❹**拨**：拨弄，这里指用脚拨动、划动。**清波**：清澈的水波。

诗词鉴赏

这首咏物诗，以一个孩童的眼光去观察白鹅在水中游动嬉戏的场景，视角独特而描绘细致，可谓生动传神。开头连用三个"鹅"字，让人感到既是在模仿鹅的叫声，又像在描写孩子看到白鹅后欣喜的惊呼声，贴切自然，让人对白鹅昂首高歌的整体姿态有了大概认知。三、四句，描写白鹅在水中尽情游动嬉戏的场景，又辅以几个色彩感明丽而饱满的字眼，给人以强烈的视觉冲击，生动逼真。

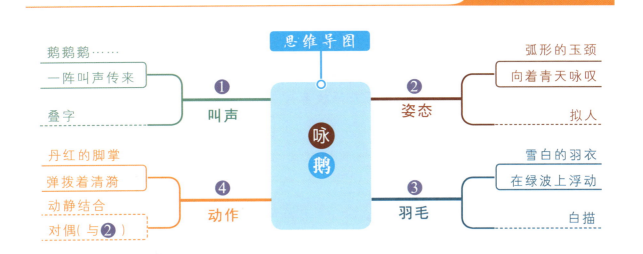

知识拓展

连一连，组成新的汉字

"我"与"鸟"可以组合成"鹅"字。在古代，"我"像一种有齿的斧钺(yuè)类兵器，"鸟"表示小鸟。请你按照上述组合规律，将下面两行的偏旁图连接起来，组成一个新的汉字。你能做到吗？

儿时的记忆

儿童的世界快乐、奇妙而多彩。骆宾王七岁《咏鹅》,"融四岁,能让梨"(出自《三字经》),司马光七岁"砸缸救人"等。

诗人被儿童唤醒童心,写下了很多描写儿童的诗歌。从这些诗歌看,古代儿童的生活可丰富多彩了。

采莲　有一个偷采白莲的小孩,他玩得太高兴了,都忘记隐藏自己的踪迹了。

小娃撑小艇,偷采白莲回。不解藏踪迹,浮萍一道开。

（唐·白居易《池上》）

钓鱼　钓鱼也是古代孩子常做的事情。

蓬头稚子学垂纶,侧坐莓苔草映身。

（唐·胡令能《小儿垂钓》）

《池上》

《小儿垂钓》

斗蟋蟀　古代的孩子常在一起斗蟋蟀,诗歌里称为"挑促织"。

知有儿童挑促织,夜深篱落一灯明。

（宋·叶绍翁《夜书所见》）

放风筝　古代孩子也爱放风筝。

草长莺飞二月天,拂堤杨柳醉春烟。儿童散学归来早,忙趁东风放纸鸢。

（清·高鼎《村居》）

《夜书所见》

《村居》

学而思

一、填空题。

1.这首诗采用了 _____ 的修辞手法,生动形象地描写了白鹅嬉水的场景。诗中描写动作的词语有 _____、_____、_____ 和 _____。

2.这首诗相传是诗人七岁时所作,开头连用 ____ 个"鹅"字,反复吟唱,紧接着写出了自己的所见所闻,使鹅的形象跃然纸上,表达了小诗人对鹅的 _____ 之情。

二、连线题。

根据诗意,把下列词语搭配起来,再读一读。

长长的　　　　　羽毛

雪白的　　　　　脖子

红红的　　　　　水波

清清的　　　　　脚掌

扫码听音频

在狱咏蝉

〔唐〕骆宾王

西陆蝉声唱❶，
南冠客思深❷。
不堪玄鬓影❸，
来对白头吟❹。
露重飞难进，
风多响易沉❺。
无人信高洁❻，
谁为表予心❼？

写作背景

这首诗作于唐高宗仪凤三年。当年，屈居下僚十多年而刚升为侍御史的骆宾王，因上疏论事触忤武后，遭诬，以贪赃罪名下狱。此诗是骆宾王身陷囹圄（líng yǔ）之作。

译文悦读

秋天到了，蝉仍在不停地吟唱，身为囚犯的我却低下了头，陷入了深深的思虑中。我怎么能忍受那凄苦的蝉对着我这个白发人不停地吟唱呢？只怕秋露凝重，它难以向前飞进，狂风怒吼，它的鸣叫声也会沉没在这风声之中。可惜没人相信我和这蝉一样品格高洁，又有谁能为我表明心迹呢？

❶西陆：指秋天。古人以为太阳运行到西方七宿的区域，即西陆时，就到了秋天。
❷南冠：指囚犯。 ❸不堪：不能忍受。
玄鬓：黑色的蝉翼，这里指蝉。
❹白头吟：乐府曲名。相传西汉司马相如对卓文君爱情不专，卓文君作此曲自叹。这里比喻自己对国家的一片赤诚之心被辜负。 ❺沉：淹没。
❻信：欣赏。 ❼予：我。

诗词鉴赏

这首诗是唐诗中咏蝉的名作。熟练运用典故是本诗的特色，作者先后用"钟仪"和"卓文君"的典故，来表达自己的心迹，贴切而不露痕迹。浓重的感情注入也是本诗动人的原因。可以说，作者是以自己的真情实感打动了历代无数读者。

知识拓展

骆宾王为什么在狱中咏蝉？

骆宾王写《在狱咏蝉》的背景是当年屈居下僚十多年而刚升为侍御史的他因上疏论事触忤武后，遭诬，以贪赃罪名下狱。闻一多先生说，骆宾王"天生一副侠骨，专喜欢管闲事，打抱不平、杀人报仇、革命，帮痴心女子打负心汉"（《宫体诗的自赎》）。这些话道出了骆宾王下狱的根本原因。他敢抗上司、敢动刀笔，于是被当权者以"贪赃""触忤武后"的罪名收系下狱。

令武则天赏识的讨武檄文

骆宾王不仅以诗歌见长，也以骈（pián）文著称。他写了《代李敬业传檄天下文》，即《讨武曌（zhào）檄》，宣告天下，为李敬业（即徐敬业）起兵讨伐武则天正名。据《新唐书》记载，武则天一开始看到此文时，还谈笑自若，当读到"一抔之土未干，六尺之孤安在"两句时，极为震惊，说："此人有如此之才，而沦落到这一地步，是宰相的过错呀！"读完后还赞叹说："骆宾王的文章固然了不起，但徐敬业的武功却未必匹配得上。"她不怕徐敬业的大军（仅仅一个多月就被扑灭了），却非常赏识骆宾王的文章，可见这篇檄文震撼力之大，煽（shān）动力之强。徐敬业兵败后，骆宾王下落不明，有被杀、自杀、逃匿、不知所终等传说。

学 而 思

一、填空题。

由 _____ 等景物描写可以推知本诗写的是 _____（季节）。"露重飞难进，风多响易沉"采用的是 _____ 的写作手法，既写了蝉 _____ 的处境，也表现了作者 _____ 的处境。

二、选择题。

下列与本诗描述的季节相同的一项是（　　）。

A. 天街小雨润如酥，草色遥看近却无。

B. 接天莲叶无穷碧，映日荷花别样红。

C. 停车坐爱枫林晚，霜叶红于二月花。

D. 墙角数枝梅，凌寒独自开。

三、交流与感受。

蝉憩于高枝，餐风饮露，品性高洁，历来为文人墨客所称道。曾经有许多诗人都咏过蝉，在唐代就有"咏蝉三绝"，分别是虞世南的《蝉》、骆宾王的《在狱咏蝉》和李商隐的《蝉》。这三首咏物诗，吟咏的对象都是蝉，但写作方式却迥然不同，各有千秋。请你找来读一读，写一写，与同学们一起交流读后的感受吧！

_____
_____
_____
_____

扫码听音频

12 于易水送别[1]

〔唐〕骆宾王

此地别燕丹[2]，
壮士发冲冠[3]。
昔时人已没，
今日水犹寒[4]。

写作背景

唐高宗仪凤三年（678），骆宾王以侍御史职多次上疏讽谏，触忤武则天，不久便被诬下狱。调露元年（679）秋，他遇赦出狱；冬，他奔赴幽燕一带，投身军幕，决心报效国家。此诗大约写于这一时期。

译文悦读

荆轲当年就在此地与燕太子丹告别，为荆轲送行的勇士个个都壮怀激愤，怒发冲冠。昔日的人已渐行渐远，只有这条寒冽的易水独自流淌着。

[1] **易水**：在今河北省境内。当年荆轲出使秦国刺杀秦王，燕国太子丹在易水边为荆轲送行。 [2] **燕丹**：指燕太子丹。 [3] **壮士**：指荆轲。**发冲冠**：头发上竖，直冲帽冠。形容人内心激愤。 [4] **犹**：仍然，还。

诗词鉴赏

从诗题上看,这是一首送别诗。从诗的内容上看,又是一首咏史诗。诗人在送别友人之际,发思古之幽情,表达了对古代英雄的无限仰慕之情,从而寄托了他对现实的深刻感慨,倾吐了自己满腔热血无处可洒的极大苦闷。"此地别燕丹,壮士发冲冠",这两句通过咏怀古事,写出了诗人送别友人的地点。"昔时人已没,今日水犹寒"两句,是怀古伤今之辞,抒发了诗人难酬的抱负和无尽的愤懑。

知识拓展

荆 轲

荆轲是战国时期人,他喜好读书和击剑,为人慷慨仗义。他游历到燕国,被燕国的太子丹赏识,让他做了上卿。秦国灭掉赵国后,直接威胁到燕国,太子丹与大臣田光密谋,决定派荆轲到秦国行刺秦王。公元前227年,荆轲带着燕督亢的地图和樊於期的首级,前往秦国刺杀秦王。临行前,许多人在易水边为荆轲送行,场面十分悲壮。荆轲来到秦国后,秦王在咸阳宫隆重地召见了他。荆轲向秦王进献燕督亢的地图,当地图完全打开的时候,匕首就露了出来,荆轲抓起匕首刺向秦王,不幸没有刺中,最后荆轲被秦军杀害。

学 而 思

一、填空题。

1.本诗的作者是_____朝的_____。我们还学过他写的_____。

2.这首诗表达了作者_____之情。

二、读一读,连一连,记一记。

昔时人已没　　　　　今天的易水还是那样寒冷
今日水犹寒　　　　　壮士悲歌壮气,怒发冲冠
壮士发冲冠　　　　　在这个地方,荆轲告别燕太子丹
此地别燕丹　　　　　昔日的英豪,人已经长逝

北朝　初唐　盛唐　中唐　晚唐　宋代

◀ 李峤

李峤

字　号	字巨山
别　名	李赵公
籍　贯	赵州赞皇(今河北赞皇县)
生卒年	645—714
誉　称	文章四友
主要作品	《风》《雪》《海》《鹊》等

　　李峤是初唐诗人，也是武后、中宗时期的文坛领袖，与苏味道并称为"苏李"，又与杜审言、崔融、苏味道并称为"文章四友"，晚年被尊为"文章宿老"，深得时人推崇。他的文章善于用典，讲求骈偶，辞采华美，堪称"大手笔"。开元名相张说称赞他的文章："如良金美玉"，《旧唐书》则称其文学为"一代之雄"。

　　李峤曾作《杂咏诗》120首，每首以一字为题，故又称为《单题诗》，一诗咏一物，如《日》《月》等，句句用典，是诗歌的类书形式。天宝六年（747）张庭芳作注，后流传至日本，在和平年代便成为贵族及士族阶层重要的幼儿学习读物。

名句集锦

◎解落三秋叶，能开二月花。《风》

◎瑞雪惊千里，同云暗九霄。《雪》

◎三山巨鳌涌，万里大鹏飞。《海》

◎喜逐行人至，愁随织女归。《鹊》

◎圆魄上寒空，皆言四海同。《中秋月（其二）》

风

〔唐〕李峤

解落三秋叶❶,
能开二月花❷。
过江千尺浪❸,
入竹万竿斜❹。

写作背景

诗人李峤和友人苏味道、杜审言一起游览泸峰山,登上山顶时,一阵清风迎面吹来,李峤兴致大发,便吟咏出了这首脍炙人口的诗歌。

译文悦读

风可以将深秋的树叶吹落,也能够使早春的花儿怒放。风吹过大江水面的时候可以卷起千尺高的巨浪,吹进竹林中能让万株青竹迎风倾斜。

❶解落:脱落,脱掉。落,吹落。三秋:这里指秋天。 ❷开:这里为使动用法,使某物分开。二月:农历二月,这里指早春。 ❸过:吹过。 ❹竿:作量词。斜:倾斜,即向着一边倒去。

诗词鉴赏

诗中没有一个"风"字,诗人也没有直接去描写风的姿态和特点,从字里行间,我们却完全可以感受到"风"的存在。

首句中的"解"字用得十分传神,充分表现出风不疾不徐、自然吹落树叶的柔性之美。第二句中的"开"字,生动形象地体现了在风的吹拂下,花儿悄然开放的姿态。

三、四句更有立体感,一个"浪"字、一个"斜"字,将强劲的风的态势淋漓尽致地展现出来,画面感极强。

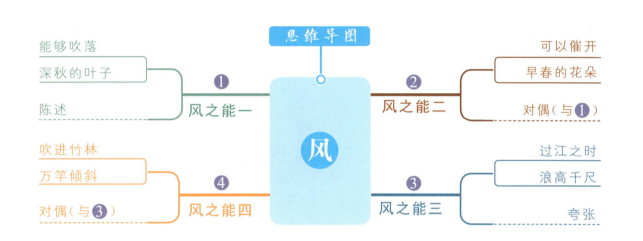

知识拓展

文章四友

在初唐诗坛上,崔融、李峤、苏味道、杜审言被称为"文章四友"。他们的作品风格较为接近,内容不外乎歌功颂德、宫苑游宴,但在他们的其他作品中,却有时透露着诗歌变革的讯息,有的还对诗歌体制的建设作出了积极贡献。四人中,以杜审言的成就最高。

五律形式的推动者苏味道、李峤并称"苏李",但诗歌内容比较贫乏。崔融、杜审言写过一些有生活实感的诗作,以杜诗为佳,其五言诗格律严谨,已具备近体诗的条件,并加长了篇幅,使五言排律渐具规模。

崔融　　　　李峤　　　　苏味道　　　　杜审言

真才子李峤

相传,在唐玄宗天宝末年,有一次唐玄宗在黑夜中赏月时,他命令梨园子弟在旁边表演歌舞助兴。这时,有一位歌女演唱了一首由李峤创作的诗歌:"山川满目泪沾衣,富贵荣华能几时。不见只今汾水上,唯有年年秋雁飞。"唐玄宗听罢,他非常钦佩这首诗作者的才华,便询问诗人是谁。歌女回答说是李峤,唐玄宗由衷地赞叹道:李峤是真才子啊!从此,李峤的声名更大了。

学 而 思

一、填空题。

1. 从诗中看出：风能够吹落_____、吹开_____、吹起_____、吹得_____。

2. 诗中表示数字的词语有____个,分别是_____。

二、选择题。

"解落三秋叶"中"三秋"的意思是( )。

A. 指秋收、秋耕、秋播　　　B. 指秋季的三个月

C. 指秋季的第三个月,即农历九月　　　D. 指三年

三、猜字谜。

1. 解落三秋叶,能开二月花。

过江千尺浪,入竹万竿斜。(打一自然现象)

谜底:_____

2. 采得百花成蜜后,为谁辛苦为谁甜。(打一动物)

谜底:_____

14 中秋月

〔唐〕李峤

圆魄上寒空❶,
皆言四海同❷。
安知千里外❸,
不有雨兼风❹。

写作背景

本诗无编年,从诗中使用"寒空""雨兼风"等清冷沉闷的字眼来看,可能作于作者被贬滁州之时。悲愤出真诗,此诗借月言理很可能与作者联想到自己"昨天日出今朝雨"的仕途遭遇有关。

译文悦读

月亮升上寒冷的天空,都说普天之下看到的月亮是一个模样。然而人们怎么知道千里之外,难道就没有风雨吗?

❶圆魄:中秋的圆月。寒空:寒冷的天空。 ❷皆:都。四海:古以中国四境有海环绕,各按方位为"东海""南海""西海"和"北海"。这里泛指天下各处,每个地方。 ❸安知:怎么知道。 ❹不有:没有。兼:同时具有。

诗词鉴赏

诗的前两句先写一个现象：中秋的圆月升到夜空，人们在每个地方看到的都是一样的月色。诗人先写此事，为下文发表自己的观点做铺垫。后两句，诗人就前面的"皆言"提出问题：你怎么知道在千里之外的地方，就没有风雨呢？诗人借此一问，讲述了一个道理：事物是会变化的，要全面地认识事物，不能以此代彼、以偏概全。

诗中的事例贴近生活，语言朴实无华，却寓意深远，耐人寻味。

知识拓展

文弱书生进贼巢

唐高宗末年，少数民族发生叛乱，朝廷出兵镇压。李峤虽然是一个文弱书生，却以监军的身份随行出征，在战场上英勇善战，杀敌无数。他不顾个人安危，亲自前往叛军的营寨，用巧妙的言辞将叛军劝降（xiáng），其胆识、谋略超出了一般将领，得到了世人的赞赏与钦佩。

学而思

一、填空题。

1. 诗中说明"事物是会变化的，看事物不能以此代彼、以偏概全"这个道理的诗句是"_____，_____"。

2. 这首诗写的是_____（节日名）的夜晚，古人在这一天有_____、_____、饮桂花酒等习俗。

二、猜字谜。

1. 左右半间房，大梁竖中央。（打一个字）

    谜语：_____

2. 一边是红，一边是绿，一边怕风，一边怕雨。（打一个字）

    谜语：_____

3. 有时落在山腰，有时挂在树梢，有时像面圆镜，有时像把镰刀。（打一个字）

    谜语：_____

王勃

字　　号	字子安
籍　　贯	绛州龙门(今山西河津)
生卒年	650—676
誉　　称	"初唐四杰"之一
主要作品	《滕王阁序》《送杜少府之任蜀州》等

时间轴：北朝 — 初唐（◀ 王勃）— 盛唐 — 中唐 — 晚唐 — 宋代

　　王勃是唐朝文学家,文中子王通之孙,与杨炯、卢照邻、骆宾王并称为"初唐四杰"。

　　王勃聪敏好学,六岁能文,下笔流畅,被赞为"神童"。九岁时,读秘书监颜师古《汉书注》,作《指瑕》十卷,以纠正其错。十六岁时,幽素科试及第,授朝散郎、沛王(李贤)府文学。后因写作《斗鸡檄》而坐罪免官。游览巴蜀山川景物时,王勃创作了大量诗文。返回长安后,授虢州参军,后因私杀官奴,二次被贬。仪凤元年(676)八月,王勃自交趾探望父亲返回时,渡海溺水,惊悸而死。

　　王勃擅长五律和五绝,反对绮靡文风,提倡表现浓郁的情感与壮大的气势。文以《滕王阁序》最著名。原集已佚,有辑本《王子安集》。

名句集锦

◎海内存知己,天涯若比邻。《送杜少府之任蜀州》

◎况属高风晚,山山黄叶飞。《山中》

◎闲居饶酒赋,随兴欲抽簪。《郊园即事》

◎法立,有犯而必施;令出,惟行而不返。《上刘右相书》

15 滕王阁诗

〔唐〕王 勃

滕王高阁临江渚,佩玉鸣鸾罢歌舞。
画栋朝飞南浦云,珠帘暮卷西山雨。
闲云潭影日悠悠,物换星移几度秋。
阁中帝子今何在?槛外长江空自流。

❶**滕王阁**:唐高祖李渊之子滕王李元婴所建,在今江西南昌。 ❷**江**:指赣江。**渚**:水中的小块陆地。 ❸**佩玉**:佩戴在腰间的玉饰。**鸣鸾**:马身上的铃铛。鸾,通"銮"。 ❹**南浦**:南面的水边。 ❺**西山**:在江西新建西,古散原山,又称南昌山。 ❻**日悠悠**:每天无拘无束地游荡。 ❼**物换星移**:形容时代的变迁,万物的更替。物,指四季的景物。 ❽**帝子**:指滕王李元婴。 ❾**槛**:栏杆。

译文悦读

高耸的滕王阁下临赣水,想当年,这里是一个歌舞升平的地方。这美丽而雄伟的滕王阁如今只有云和雨与其相伴,云彩倒映在水中,时光匆匆流过,又经历了多少年啊!滕王阁的建造者如今又在哪里呢?只有栏杆外的滔滔江水滚滚向东流去。

诗词鉴赏

首句点出了滕王阁的形势；第二句遥想当年兴建此阁的滕王坐着鸾铃马车来到阁上举行豪华繁盛的宴会的情景；三、四句紧承第二句，运用了夸张的修辞手法，既写出了滕王阁居高临下之势，又写出了滕王阁如今冷落寂寞的情形。

这是一首广为流传的作品。诗人先总写滕王阁的位置，突出了滕王阁的雄伟壮丽，然后又为我们拨开了历史的烟尘，回忆往昔的岁月，点出物换星移、繁华不再的主题。以景写情，含蓄委婉，感情深刻。

知识拓展

《滕王阁序》的来历

唐高宗上元二年(675)，王勃前往交趾看望父亲，九月初来到洪州(今江西南昌)。当时滕王阁新修完毕，洪州都督阎伯屿于重阳节大宴宾客，让自己的女婿提前作好《滕王阁序》，届时在宴会上拿出，作为当场写就的文章，以显示他的才华。宴会上，当阎公拿出笔墨，请宾客们作文纪念时，大家都不敢放肆，一一辞谢。只有王勃接过纸笔，慨然应允。阎公自然对此非常不满，觉得王勃有些狂妄，便令侍从看着王勃下笔。一开始，当他听到传来的"豫章故郡，洪都新府"一句时，便摇头讥笑说："这也是老生常谈了。"接着听到"星分翼轸，地接衡庐"时，便默然沉吟起来；当最后听到"落霞与孤鹜齐飞，秋水共长天一色"一句，阎公十分震惊，大呼："这篇文章不朽了！"并盛赞王勃，赠他锦缎百匹。这一传奇故事不仅在当时被传为佳话，后来还被改写成各种话本、杂剧，并留传至今。

学而思

一、填空题。

1. 江南三大名楼是指 _____、_____ 和 _____。

2. "_____，_____"这两句，表达了诗人对繁华易逝、兴衰无常的感慨。

二、选择题。

下列说法错误的一项是（ ）。

A.首联委婉含蓄，点出了滕王阁的形势。

B.颔联中"飞""卷"化静为动，赋予静景以动态，增强了画面的灵动感。

C.颈联由空间转入时间。水中云影悠悠，突出了诗人对光阴流逝的感慨。

D."槛外长江空自流"与李白的"唯见长江天际流"有异曲同工之妙。

16

送杜少府之任蜀州①

〔唐〕王 勃

城阙辅三秦②,风烟望五津③。
与君离别意,同是宦游人④。
海内存知己,天涯若比邻。
无为在歧路⑤,儿女共沾巾。

①**少府**:官名,指县尉。**之任**:到任,赴任。之,到……去。 ②**城阙**:城郭宫阙,这里指京城长安。**辅**:护卫。**三秦**:项羽灭秦后,将秦地分为雍、塞、翟三个国家,故称三秦。 ③**五津**:指白华津、万里津、江首津、涉头津、江南津,岷江的五个渡口,这里泛指四川。 ④**宦游**:因做官而离家外出。 ⑤**歧路**:岔路口,这里指分别的路口。

译文悦读

长安城外是辽阔的三秦大地,自长安遥望蜀川,风烟弥漫,看不清岷江五津。你我分别在即,我们同是远离故乡在外做官的人。四海之内如果有个知己,那么哪怕相隔天涯,也好像在一起。千万不要在分别的路口儿女情长、泪洒衣裳。

诗词鉴赏

这是一首送别友人的诗，开篇用词大气，对偶严谨，在交代送别地点的同时也说明了友人所去之处。颔联和颈联表达了对友谊的珍惜，结尾紧扣主题，表达了诗人对朋友的殷切期望。全诗节奏紧凑，情感表达积极豁达，为世人所赞颂。

知识拓展

送别诗

古代交通不发达，通信也不发达，所以亲朋好友分别后，就很难再相见。由此，古人十分重视离别。在离别之际，人们有的设酒饯别，有的折柳相送，有的还会写诗赠别。

送别诗以写景居多，比如长亭、杨柳、夕阳、酒、秋色等，诗人通过这些景物来表达离别时的情感，有的会激励、劝勉对方，有的会赞美友情可贵，有的会抒写理想抱负。

一起来欣赏下面的送别诗，体会诗人的心情吧！

◎ 故人西辞黄鹤楼，烟花三月下扬州。（唐·李白《黄鹤楼送孟浩然之广陵》）
◎ 春草明年绿，王孙归不归？（唐·王维《山中送别》）
◎ 劝君更尽一杯酒，西出阳关无故人。（唐·王维《送元二使安西》）
◎ 此地一为别，孤蓬万里征。（唐·李白《送友人》）
◎ 海内存知己，天涯若比邻。（唐·王勃《送杜少府之任蜀州》）
◎ 山回路转不见君，雪上空留马行处。（唐·岑参《白雪歌送武判官归京》）

学而思

一、填空题。

1. 这首诗的作者是唐代文学家王勃，他与杨炯、卢照邻、_____ 齐名，并称为"_____"。

2. 现在人们常用这首诗中的名句"_____，_____"来表达对送别好友的美好祝愿。

二、选择题。

下列选项中错误的一项是（　　）。

A. 这是一首送别诗，诗人抒写惜别之情，劝慰友人不必为离别而悲伤。

B. 这首诗既表达了诗人的豁达情怀，也包含诗人黯然销魂的感伤情调。

C. "风烟"二字突出作者上任路途的艰险；"望"字将远隔千里的京城和蜀川相联系。

山中

〔唐〕王 勃

长江悲已滞❶,

万里念将归❷。

况属高风晚❸,

山山黄叶飞。

写作背景

这首诗创作于唐高宗咸亨三年(672),是王勃旅蜀后期时的作品。总章二年(669),王勃入蜀。他被逐出沛王府后,无所事事,本想借着蜀地山水名胜以消解胸中的积愤。实际上,南国物候也为诗人增添了不少乡思和烦忧。

译文悦读

长期滞留在长江边,我不禁悲叹,何时才能回到家乡?况且正值这秋高气爽的傍晚,山中黄叶飘零。

❶悲:感叹,怀念。滞:滞留,停留。 ❷念将归:有归乡之愿,但不能成行。 ❸况属:何况是。高风:秋高气爽。

诗词鉴赏

首句"长江悲已滞",是即景起兴,因长期滞留在江边,长江也为"我"悲叹。在第二句"万里念将归"中直接抒情,点明自己身在他乡,想到盼望已久的万里归程而深深感叹。接着,诗人紧紧抓住眼前的景色,写出了"况属高风晚,山山黄叶飞"两句。从字面上看,这两句单纯是写景,但其实是通过写景来表达自己内心因思乡而凄楚的心情。

这是一首抒写羁旅愁思的小诗。诗人置身于山中,无论是眼前滚滚东去的长江水,还是那片片飘落的黄叶,都触动了诗人内心的思乡之情,增添了诗人内心的无限愁苦。

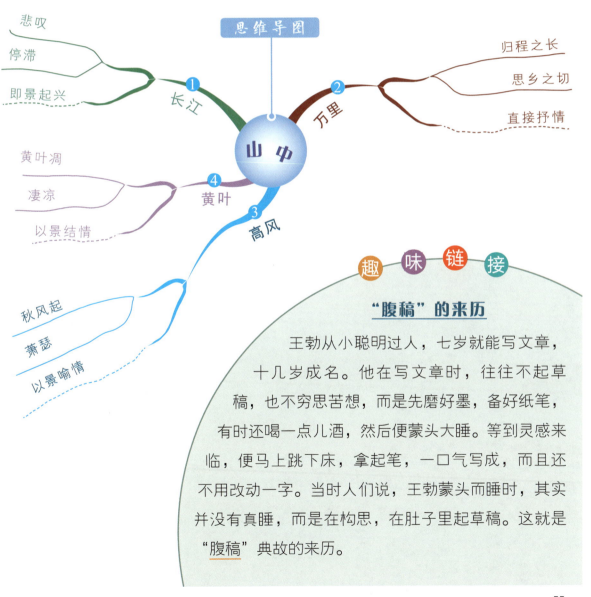

"腹稿"的来历

王勃从小聪明过人,七岁就能写文章,十几岁成名。他在写文章时,往往不起草稿,也不穷思苦想,而是先磨好墨,备好纸笔,有时还喝一点儿酒,然后便蒙头大睡。等到灵感来临,便马上跳下床,拿起笔,一口气写成,而且还不用改动一字。当时人们说,王勃蒙头而睡时,其实并没有真睡,而是在构思,在肚子里起草稿。这就是"腹稿"典故的来历。

学而思

一、填空题。

这首诗通过_____、_____等意象来写_____（季节）的景色，描写了_____的凄凉画面，意境开阔，思绪无穷，表达了作者_____情怀。

二、选择题。

下列对这首诗的理解和赏析，不正确的一项是（　　）。

A.诗中的"滞"字既是对江水的直观形容，也借江水之"滞"表现诗人滞留巴蜀的心情。

B.诗的前两句写景，后两句抒情，借景抒情，表达了作者怀乡思归之情。

C."万里念将归"直接抒情，为自己远在异乡、归路迢迢的处境而深深感叹。

D.诗的后半部分，用眼前的深秋景色，进一步烘托出"悲"和"念"的心情。

三、简答题。

"叶"的意象向来为古代文人墨客所青睐。请说说诗中"黄叶"的艺术效果。

贺知章

字　号	字季真，号石窗
籍　贯	越州永兴(今浙江杭州)
生卒年	约659—744
誉　称	"吴中四士"之一
主要作品	《咏柳》《回乡偶书二首》《采莲曲》等

贺知章是初唐诗人，也是书法名家。他年少时就以诗文闻名，后来以"清淡风流"被时人所倾慕，晚年自称"四明狂客"。唐武后证圣元年（695），贺知章考中进士、状元，是浙江历史上第一位有资料记载的状元。因为他做过秘书监，故被称为"秘书外监"，到年老后便辞官还乡了。

贺知章擅长绝句，写景、抒怀诗风格独特，潇洒恬淡。现存的诗作收入《全唐诗》的有十九首。他的书法品位颇高，尤其擅长草隶，但传世的作品较少，有《龙瑞宫记》石刻和流传到日本的《孝经》。贺知章与包融、张旭、张若虚并称为"吴中四士"，也被称为"吴中四友"。

名句集锦

◎碧玉妆成一树高，万条垂下绿丝绦。《咏柳》
◎不知细叶谁裁出，二月春风似剪刀。《咏柳》
◎少小离家老大回，乡音无改鬓毛衰。《回乡偶书（其一）》
◎儿童相见不相识，笑问客从何处来。《回乡偶书（其一）》
◎惟有门前镜湖水，春风不改旧时波。《回乡偶书（其二）》

咏　柳 ❶

〔唐〕贺知章

碧玉妆成一树高❷。

万条垂下绿丝绦❸。

不知细叶谁裁出❹，

二月春风似剪刀❺。

写作背景

唐玄宗天宝三年（744），贺知章辞官回到越州老家永兴，同越州官员一起坐船去南门外潘水河畔的旧宅。当时正值二月早春，河岸边的一棵大柳树，在春风中宛如鹤立鸡群。贺知章一时兴起，便写下了这首诗。

译文悦读

一株高大的柳树如同用碧绿的青玉装扮而成，从树上垂落的千万枝条又好像绿色柔软的丝带一样。不知道这样一种细嫩的枝叶是谁裁剪出来的，大约是二月融融的春风这把灵巧的"剪刀"吧！

❶**咏柳：**用诗来赞美柳树。咏，原指唱歌、朗诵，这里指赞美某一物。　❷**碧玉：**原指一种绿色或暗绿色的软玉，这里指早春时节柳叶的嫩绿。
妆成：装饰，装扮。　❸**丝绦：**原指使用丝线编织而成的一种绳子，多用于古代男子身上装饰，这里指柔软的柳枝。　❹**裁：**裁剪。
❺**似：**好像，如同。

诗词鉴赏

第一句是对柳树整体形态的描写，"碧玉"一词，恰到好处地描写了柳叶嫩绿的颜色。第二句是细节描写，写下垂的柳枝好似千万条绿色的带子一般，将轻柔的姿态之美呈现在读者面前。因此前两句诗给人一种静态立体的视觉画面。

第三句，一个"裁"字，使用拟人的修辞手法将柳叶的精巧外形描绘了出来。最后一句过渡自然，点出这一杰作是春风使然，只有春风的"巧手"才能裁剪出如此柔美可爱的柳叶，突显了春风的活力和创造力。

知识拓展

贺知章、曾巩"咏柳"的对比

古诗词题目中的一些关键词如果读不懂，会严重影响对诗歌立意的理解。比如很多人会认为"咏"就是歌颂、表扬的意思。但在古诗词中，"咏"不仅有歌颂的意思，还有围绕一个事物抒发情感的意思。这里情感就有很多种了，可能是歌颂，也可能是批评……

在贺知章的《咏柳》诗中，"咏"字就是歌颂的意思，作者赞美柳树像一个漂亮的小姑娘。曾巩也写过一首《咏柳》诗，但他题目中的"咏"字就不是歌颂的意思了。

咏 柳

〔宋〕曾 巩

乱条犹未变初黄，　　杂乱的柳枝还没有变黄，
倚得东风势便狂。　　在东风的吹动下狂扭乱舞。
解把飞花蒙日月，　　只懂用它的飞絮蒙住日月，
不知天地有清霜。　　但不知天地之间还有秋霜。

前两句的意思是当春天的脚步到来时,零乱的柳条还没来得及变为浅淡的青黄色,它便倚仗着东风吹拂而飘忽摇摆,气势更加猖狂。实际在批评柳树太猖狂,风一吹就猖狂得不得了。

所以,咏物诗不一定都是表扬某一事物,诗人对所咏之物的情感取决于抓住它某个特征来写。比如,诗人想赞美竹子,那就说它一小节一小节地不断生长,或者赞美它有气节。如果想要讥笑竹子,那就说它"嘴尖皮厚腹中空"。是表扬还是批评完全取决于诗人对此物特征的选取,但是题目都可以叫《咏竹》。

要想读懂古诗词,第一步要认真地读懂题目,挖掘大量信息。你如果想做一个古诗词鉴赏的小专家,那就请从鉴赏题目开始吧!

学 而 思

一、选择题。

这首诗描写的是下面哪个时节的景象?(　　)

　A.初春　　　　　B.仲春　　　　　C.晚春

二、问答题。

"柳"字在古诗词中经常出现。你知道还有哪些含有"柳"字的诗句?请试着写两句吧!

1. _____
2. _____

扫码听音频

19 回乡偶书❶（其一）

〔唐〕贺知章

少小离家老大回❷，
乡音无改鬓毛衰❸。
儿童相见不相识，
笑问客从何处来❹。

写作背景

贺知章在唐玄宗天宝三年（744）辞官回到故乡，已经八十六岁高龄的他离开家乡有五十多年的时间。世事沧桑，物是人非，在这样的感慨之下，诗人有感而发创作了这组诗。

译文悦读

我在年少的时候离开自己的家乡，如今年纪苍老了才返回故乡，虽然我家乡的口音没有什么改变，但是在岁月的侵蚀下两鬓的头发早已花白。家乡的儿童看见我之后都不认识，他们笑着问我是从什么地方来的。

❶**偶书**：碰巧写的诗。偶，碰巧，偶然。 ❷**少小**：指年纪很小的时候。**老大**：指年纪苍老的时候。**回**：回来。 ❸**乡音**：家乡的口音。**无**：没有。**鬓毛**：额角两边靠近耳朵的头发。**衰**：这里指两鬓头发稀疏、花白。 ❹**客**：客人，这里指诗人的自称。**从**：自，由。**何处**：什么地方。

诗词鉴赏

一、二句描写的是诗人回到了故乡——这个令他感到既熟悉又陌生的地方，感慨万千。为了表现时间的飞逝，诗人在诗中使用了"少小""老大""鬓毛衰"等表示时间变化的词语，让读者明白诗人多年离家的事实。"乡音无改"抒发了诗人对家乡的眷恋和热爱之情，同时为下文与儿童相见时的提问作了一个合理的铺垫。

三、四句是诗人和家乡儿童相见时的场面描写。一个"客"字，表明了诗人在儿童眼中的身份地位；而"笑问"一词，又将儿童天真无邪的好奇心自然地呈现出来。

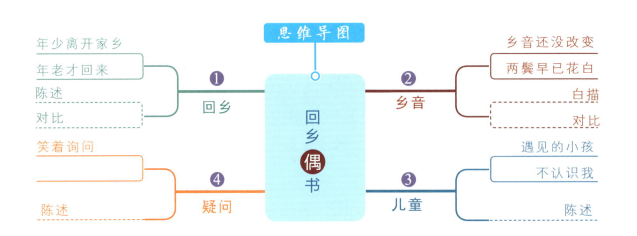

学而思

一、填空题。

1. 请从诗中找出三对意思相反的字，并写在对应的横线上。

___ ___　　　___ ___　　　___ ___

2. 这是一首感怀诗，写的是诗人久留在外，终于返乡的事。诗的第一句通过 ____ 与 ____ 的 ____（修辞手法），展现出了诗人 _____ 的情况。

二、判断题。（对的打"√"，错的打"×"）

1. "儿童相见不相识"的原因是诗人离家几十年，小孩子从来没见过他。（　）
2. 诗中"少小离家"与"老大回"进行对比，突出了作者归乡已久。（　）
3. 这是一首久客异乡、返回故里的感怀诗，抒发了作者久客伤老的感慨。（　）

三、这首诗表达了作者怎样的思想感情？

20 回乡偶书（其二）[1]

〔唐〕贺知章

离别家乡岁月多，
近来人事半消磨[2]。
惟有门前镜湖水[3]，
春风不改旧时波。

写作背景

贺知章在唐玄宗天宝三年（744）辞官回到故乡，已经八十六岁高龄的他离开家乡有五十多年的时间。世事沧桑，物是人非，在这样的感慨之下，诗人有感而发创作了这组诗。

译文悦读

我离开家乡已经很久很久了，家乡的人和事都发生了很大的变化。只有家中门前那片镜湖水，当春风再次吹过的时候，依旧泛起和往日一样的波纹。

---

❶偶：偶然。这里作"随意""随手"解。书：写。 ❷人事：这里泛指故乡的一切人和事。消磨：消散磨灭，这里指变化很大。 ❸惟有：只有。镜湖水：位于现在浙江绍兴会稽山的北麓，周围有三百余里。诗人的故居即在镜湖之旁。诗人解官衣锦荣归，皇帝把镜湖地区御赐给他居住。

诗词鉴赏

诗人回到家乡,通过与亲朋的交谈得知家乡的种种变化,在叹息久客伤老之余,又不免发出人事无常的慨叹:"离别家乡岁月多",下句顺势转出有关人事的议论:"近来人事半消磨。"

三、四句,诗人的目光从人事变化转到对自然景物的描写上。诗人独立镜湖之旁,一种"物是人非"之感便自然涌上了心头。从直抒的一、二句转到写景兼议论的三、四句,仿佛不着边际,实则妙用反衬,在湖波不改的衬映下,人事无常的感慨愈发显得深沉了。

知识拓展

贺知章与镜湖

贺知章生性旷达豪放,善谈笑,嗜酒如命,八十多岁了还常与李白、李适之、张旭等人饮酒赋诗,当时人们称他们为"醉八仙"。杜甫有诗《饮中八仙歌》,称"知章骑马似乘船,眼花落井水底眠"。他八十六岁那年忽然做了一个梦,梦见自己畅游帝宫。数日醒悟,奏请皇上恩准还乡为道士。唐玄宗答应了他的请求,诏赐镜湖剡川一曲为放生池。临别,玄宗赐诗,皇太子(后来的唐肃宗)率百官饯行。他回到家乡没多久就去世了。

学而思

一、把下列加点词语的意思写在横线上。

　　1. 离别家乡岁月多　　_____
　　2. 春风不改旧时波　　_____

二、你还读过贺知章的哪些古诗?挑出一首,默写一下。

三、你知道贺知章"金龟换酒"的故事吗?请查阅资料,写一写,把故事跟好朋友分享一下。

王之涣

字　　号	字季凌
籍　　贯	祖籍并州晋阳(今山西太原)
生 卒 年	688—742
主要作品	《登鹳雀楼》《凉州词二首》等

王之涣，字季凌（一作季陵），祖籍在并州晋阳(今山西太原)，初唐诗人。

王之涣自幼聪颖好学，少年时豪侠仗义，放荡不羁，常击剑悲歌，从五陵年少游，不到二十岁便能精研文章，不到壮年，便已穷经典之奥。以门荫入仕，授衡水主簿，在任上娶衡水县令李涤第三女为妻。后遭人诬谤，拂衣去官。天宝元年(742)，补文安县尉，清白处世，理政公平。卒于文安任上，时年五十五岁。

王之涣精于文章，善于写诗，多被引为歌词。尤善五言诗，以描写边塞风光为胜，代表作有《登鹳雀楼》《凉州词二首》等。

名句集锦

◎黄河远上白云间，一片孤城万仞山。《凉州词（其一）》
◎羌笛何须怨杨柳，春风不度玉门关。《凉州词（其一）》
◎白日依山尽，黄河入海流。《登鹳雀楼》
◎欲穷千里目，更上一层楼。《登鹳雀楼》

北朝　初唐　盛唐　中唐　晚唐　宋代

扫码听音频

21 登鹳雀楼

〔唐〕王之涣

白日依山尽❶，
黄河入海流❷。
欲穷千里目❸，
更上一层楼❹。

写作背景

王之涣中年及第，曾任过冀州衡水县主薄，不久，因遭人诬陷而被迫罢官。后来他漫游天下，遍访祖国的名山大川。开元十一年（723），他来到蒲州黄河岸边的鹳雀楼，目睹景色之雄伟，便写下了这首千古名篇。

译文悦读

夕阳依傍着西山慢慢地消失不见了，滚滚的黄河水向着东海奔腾而去。想要看到千里远的风景，那么还要让自己登上更高的一层楼。

❶依：靠着。尽：完，消失不见。 ❷入海流：流入海。 ❸欲：想要。穷：穷尽，达到极限。千里目：指眼界宽阔。 ❹更：又，再。

诗词鉴赏

这首诗描写的是诗人登上鹳雀楼观望万里山河时的所见所想。

首句是远景描写,从诗人的角度看,是在远眺,远眺那遥远的天边,夕阳渐渐从山上落下。第二句又转换为近景描写,从诗人的角度看,是向下俯视,看到黄河奔腾入海。

三、四句主要描写诗人的所见所感,然而在这简简单单的道理之中,诗的意境却得到极大的提升,诗人开阔的胸襟也得以全部展现。更值得称道的是,诗人用词生动形象,想象力丰富。

知识拓展

"鹳雀楼"名字的由来

鹳雀楼,又名鹳鹊楼,位于山西省永济市蒲州古城西面的黄河东岸。始建于北周时期,在金元光元年(1222)遭大火焚毁,1997年12月,鹳雀楼得以重修,2002年10月1日,正式对游客开放。

鹳雀楼与武汉的黄鹤楼、岳阳的岳阳楼、南昌的滕王阁齐名,被誉为我国古代四大名楼。该楼因楼体壮观,结构奇巧,加之周围风景秀丽,唐宋文人墨客登楼赏景留下了许多不朽诗篇,以王之涣《登鹳雀楼》最负盛名。

鹳雀楼初时因其视野开阔,登上楼顶则有凌空而小天下之感,故名"云栖楼"。又因黄河流域有一种嘴尖腿长,毛灰白色,似"鹳雀"的鸟经常成群栖息于楼上,后称"鹳雀楼"。

古诗中多有"楼"字，如"楼台""高楼""小楼"等。请读一读、记一记。

◎ 南朝四百八十寺，多少楼台烟雨中。（唐·杜牧《江南春》）
◎ 小楼一夜听春雨，深巷明朝卖杏花。（宋·陆游《临安春雨初霁》）
◎ 山外青山楼外楼，西湖歌舞几时休？（宋·林升《题临安邸》）
◎ 昔闻洞庭水，今上岳阳楼。（唐·杜甫《登岳阳楼》）
◎ 危楼高百尺，手可摘星辰。（唐·李白《夜宿山寺》）

学而思

一、填空题。

1. 出自本诗，被后人常用来说明"站得高，望得远"的诗句是"＿＿＿＿＿，＿＿＿＿＿"。

2. 对仗又称"对偶""排偶"，是指在诗词中，词语、句子的严格对偶。在一首诗中，运用"对仗"的修辞手法，以增强诗的表现力。

这首诗中，＿＿与＿＿，＿＿与＿＿，＿＿与＿＿，＿＿与＿＿，＿＿与＿＿都属于对仗。

二、选择题。

"欲穷千里目，更上一层楼"中的"楼"，指的是（　　）。

A. 江西滕王阁　　　　　　B. 山西鹳雀楼
C. 湖北黄鹤楼　　　　　　D. 湖南岳阳楼

三、判断题。（对的打"√"，错的打"×"）

1. 这首诗是唐代诗人王勃登上鹳雀楼时创作的。（　　）
2. "依"字描写了太阳和群山靠得很近，"尽"字告诉我们太阳不见了。（　　）

22 凉州词① (其一)

〔唐〕王之涣

黄河远上白云间②,
一片孤城万仞山③。
羌笛何须怨杨柳④,
春风不度玉门关⑤。

写作背景

凉州地处甘肃省中部,河西走廊的东部,是丝绸之路的重要通道,也是古时的边疆重地。开元六年(718)前后,王之涣遭人诬陷后愤然辞官云游天下。当他游历到这里时,目睹了边关将士的生活状况,感慨万千,便写下了这首诗歌。

译文悦读

滚滚黄河从远方白云的深处而来,一座孤城背后是高达万丈的雄伟高山。羌笛又何必发出苍凉的曲调啊,春风从来不会越过玉门关的。

---

❶ 凉州词:又名《凉州曲》,原为唐代一种乐府唱词,指当时凉州一带流行的曲调。
❷ 远上:从远处遥望。 ❸ 一片:一座。孤城:孤零零的城,这里指玉门关。万仞:这里形容极高。万,这里为虚指。仞,古时的长度单位,七尺或八尺为一仞(1尺≈33.33厘米)。
❹ 羌笛:古代的一种乐器,为羌族所有。何须:无须,不用。 ❺ 不度:吹不到。度,经过。
玉门关:古代关卡名,位于今甘肃敦煌(dūn huáng)市西。

诗词鉴赏

前两句是景物描写，用词精准凝练。在广袤(mào)的大地上，弯弯曲曲的黄河汹涌奔腾，好似从远处的高山白云间流淌下来一般，一座雄伟的城池屹立于天地之间。画面动静结合，相映成趣，营造出一种壮观开阔的意境，为下文边疆将士孤独的生活场景描写埋下了伏笔。

后两句重在听觉描写，一曲悲凉凄婉的《折杨柳》曲子从侧面含蓄地道出了边疆将士们的孤寂和思乡之情，写作手法委婉。"不度"一词，描写了春风吹拂不到玉门关的景象，由此衬托出戍边将士艰苦的生活条件。在这样的自然环境下，离乡万里之遥的将士们反而会更加思念家乡。

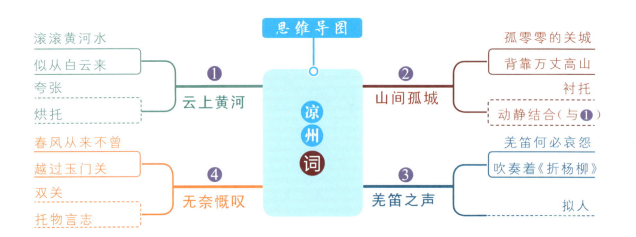

知识拓展

"边塞"和"边塞诗"

边塞指边疆要塞，如玉门关、阳关等就是我国古代著名的边塞。古代中国以长城为界，长城以内称中原，长城以外（今甘肃、内蒙古一带）称塞外或塞北。唐朝与吐蕃、突厥、契丹等周边少数民族发生过多次战争，许多诗人将所见所闻的边塞风光、战士的艰苦生活和他们杀敌报国建功立业的抱负、思乡之情诉诸笔端，从而产生了一首首脍炙人口的边塞诗。

边塞诗是诗歌的一种艺术表现形式，描写的是边塞生活的场景，在诗歌写作上独树一帜。从边塞诗的历史发展看，早在春秋时期，就已经出现了反映将士边关生活场景的"边塞诗"，而到诗歌繁盛的唐朝，边塞诗无论规模数量还是写作质量，都达到了巅峰，并涌现出了王昌龄、高适、岑参、王之涣、王维等一大批代表性诗人。

少数民族的乐器

芦笙　苗族的主要乐器之一，属于簧管乐器，由笙斗、笙管、簧片和共鸣筒构成，声音清脆悦耳，兼有簧、管两种音质。

马头琴　蒙古族的民间拉弦乐器，琴身像一匹马的头部，以坐姿演奏。古时一首蒙古民歌就是一支马头琴曲，演唱时与琴声相和。

葫芦丝　云南地区少数民族的乐器，有两千多年的历史，由葫芦笙改造而成，常用于吹奏山歌等曲调，适合演奏旋律流畅的舞曲或乐曲。

侗笛　侗族的一种民间乐器，外形像洞箫，竖吹，音色清新婉转，能吹出各种旋律，富有山野风味。

冬不拉　哈萨克族民间流行的传统乐器，种类很多，音箱有三角形和椭圆形两种。

田螺笛　壮族民间的一种乐器，由田螺制成，音质与男低音、喉管乐器相似，声音浑厚，可以演奏许多民间曲调。

名诗人与凉州词

古代的凉州就是现在的甘肃省武威市。"凉州词"不是诗题，是盛唐时流行的一种曲调名。开元年间，陇右节度使郭知运搜集了一批西域的曲谱，进献给唐玄宗。唐玄宗交给教坊翻成中原曲谱，并配上新的歌词演唱，以这些曲谱产生的地名为曲调名。后来许多诗人都喜欢这个曲调，为它填写新词，因此唐代许多诗人都写有《凉州词》，例如我们比较熟悉的诗人王之涣、孟浩然、张籍等。

玉门关

玉门关始建于西汉武帝时期,距今已经有两千多年的历史。汉朝初年,匈奴盘踞在河西,并以河西为基地,屡屡进犯汉朝边境。汉王朝曾对匈奴采取和亲政策,希望换取边境的安定。汉武帝时,将和亲政策废除,对匈奴进行了大范围的军事回击。公元前121年,骠骑将军霍去病率兵西征,对匈奴右部进行了沉重打击。同年,将河西分为武威、酒泉两郡。公元前111年,又增设张掖、敦煌两郡,同时修建玉门关和阳关。从此,玉门关和阳关便成为西汉王朝设在河西走廊西部的重要关隘。

长城有很多重要关口,你能将下列关口与所在的省市恰当连线吗?

学而思

一、填空题。

《凉州词》中的春风,表面上是指自然界和煦的春风。其实,诗人巧妙地使用了双关语,暗指朝廷的恩惠和关心到不了玉门关,朝廷似乎忘记了戍边将士的存在,根本不顾他们的死活,很多将士客死关外。"_____,_____"表达了诗人对戍边将士的同情。

二、选择题。

这首诗是描写戍边将士思念家乡的(　　)。

　　A. 山水诗　　　　　　　　B. 田园诗

　　C. 边塞诗　　　　　　　　D. 山水、田园诗

北朝 初唐 盛唐 中唐 晚唐 宋代

◀ 王翰

王翰

字　　号	字子羽
籍　　贯	并州晋阳(今山西太原)
生 卒 年	687—726
派　　别	边塞诗派
性　　情	豪放不羁
主要作品	《凉州词》《饮马长城窟行》《春女行》

　　王翰是初唐时期著名的边塞诗人。他家境优越，性格豪爽，无拘无束，喜欢结交文人志士。杜甫曾经用"李邕求识面，王翰愿卜邻"的诗句来赞叹他。王翰的诗作多以沙场少年、玲珑女子以及欢歌饮宴等为主旨，表达了他对人生短暂的感叹和及时行乐的旷达情怀，其诗歌语言豪放绮丽，妙不可言。

　　王翰仕途不顺，皆源于他豪放不羁的性格，而他这种性格，却造就了一位著名诗人。他的诗感情奔放，词华流丽，为世人所爱。杜华作为当时的学士，其母崔氏云："吾闻孟母三迁。吾今欲卜居，使汝与王翰为邻，足矣！"由此可见王翰当时的才名。

　　令人惋惜的是，《全唐诗》只收录王翰的14首诗，以《凉州词》最为著名。

名句集锦

◎葡萄美酒夜光杯，欲饮琵琶马上催。《凉州词（其一）》
◎醉卧沙场君莫笑，古来征战几人回？《凉州词（其一）》
◎落花一度无再春，人生作乐须及辰。《春女行》
◎归来饮马长城窟，长城道傍多白骨。《饮马长城窟行》
◎一朝祸起萧墙内，渭水咸阳不复都。《饮马长城窟行》

23 凉州词 (liáng zhōu cí)

〔唐〕王 翰

葡萄美酒夜光杯❶，
欲饮琵琶马上催❷。
醉卧沙场君莫笑❸，
古来征战几人回❹？

写作背景

王翰曾担任唐朝的地方官，当时宫廷流行从河西走廊传来的地方乐调《凉州词》，反映了西北边塞的生活，王翰听后深受感动，于是以《凉州词》的格式一连创作了两首诗，这是其中的第一首。

译文悦读

色泽晶莹的葡萄美酒散发着浓郁的芳香，斟满了玉制的精美酒杯，大家刚要开怀痛饮的时候，耳边却传来催人上马出征的琵琶声。若是饮酒醉了躺卧在疆场之上，还请你们不要感到好笑，从古到今出征作战的战士们又有几个能够平安回来呢？

❶ 葡萄美酒：用葡萄酿制的美酒。夜光杯：一种饮酒器具，玉质，这里指珍贵精美的酒杯。
❷ 欲饮：将要饮酒之时。欲，想，将要。催：催促。
❸ 卧：躺。沙场：即战场。君：你。莫：不，不要。
❹ 征战：出征作战。回：回来，返回。

诗词鉴赏

一、二句主要描写将士们举行宴会的场景。首句从富有边塞特色的事物和景象拉开欢快盛大筵席的序幕，为全诗抒情奠定基调。第二句中的"催"字，以军乐琵琶急促紧张的旋律将宴会的欢快热烈和边塞军情紧急的紧张氛围渲染出来。

三、四句主要描写这些常年征战在外的将士们早已将生死置之度外，这是一种视死如归的大无畏牺牲精神。在此精神背后，也隐含着战士们时刻做好拼杀的悲壮情感，从侧面表现了战争的残酷和无情。

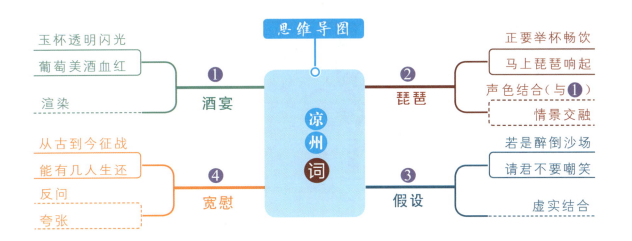

知识拓展

古代的酒器

古代盛酒的器具一般不说现代的"杯"或"盅(zhōng)"，有些古诗中写作"尊"。其实，古代盛酒器皿的名称有很多，我们读古诗或文言文时经常会碰到，现介绍如下：

器物名称	器物外形	简介
觥（gōng）		古代用兽角做的酒器，如：觥筹交错（形容许多人相聚饮酒的热闹场面）。
觞（shāng）		古代称酒杯，如：举觞相庆（举杯庆贺）。
尊		古代的盛酒器具。

（续表）

器物名称	器物外形	简介
爵（jué）		古代饮酒的器皿，有三条腿。
角（jué）		古代盛酒的器具，形状像爵。
觯（zhì）		古代饮酒用的器具。
觚（gū）		古代盛酒的器具。

学而思

一、填空题。

1.这首诗主要描写了边塞将士_____开怀痛饮的场面，表达了将士们_____气概。

2.战争是残酷的，许多人一去而不回，正如王翰《凉州词》中所描绘的那样："_____，_____？"

二、选择题。

"醉卧沙场君莫笑，古来征战几人回？"从这句诗中可以猜测（   ）。

  A.交战双方势均力敌　　　　B.出征将士凶多吉少

  C.将士醉酒无法出征　　　　D.出征将士有去无回

参考答案

01 采薇
一、春 冬 杨柳依依 雨雪霏霏 二、D
三、表达了戍边将士对家乡亲人的思念之情,同时也表达了戍边将士对战争的深恶痛绝之情。

02 甘棠
一、棠梨树 召伯 砍伐 摧残 拔除
二、D 三、这首诗通过劝告的方式告诉人们不要去砍伐攀折甘棠树,侧面写出了人们对召伯的怀念,写树而不写人,含蓄委婉地表达了老百姓对召伯的敬重和爱戴,进一步赞美了召伯的贤能和美德。

03 江南
一、1.A.东 西 B.南 北 2.乐府 江南采莲 东 南 西 北 愉悦 二、1.B 2.A

04 长歌行
一、1.春天 青少年 珍惜时间 2.少壮不努力 老大徒伤悲 二、B 三、1.由青葵联想到植物的春盛秋衰;由葵上的朝露易晞仍能复得,联想到东流水一去不复返;由青葵、朝露、东流水,联想到人也有盛衰,光阴易逝不复返;最后归结到末尾两句上,提醒人们少壮时要爱惜时间,努力学习和工作。末尾两句已成为格言。 2.拟人:把阳春写成能施恩惠的人。比喻:用植物的春盛秋衰比喻人由少年到老年。用东流水不西归比喻光阴一去不复返。

05 迢迢牵牛星
一、牛郎和织女 纤纤擢素手 札札弄机杼
二、C

06 七步诗
一、A 二、1.√ 2.× 3.√ 4.√

07 敕勒歌
一、1.天似穹庐 笼盖四野 2.xiàn 呈现,露出来 3.风吹草低见牛羊 二、1.B 2.C
三、第一个层次的韵脚是"下"(xià)、"野"(yǎ),第二个层次的韵脚是"苍"(cāng)、"茫"(máng)、"羊"(yáng)。

08 蝉
一、1.咏物 蝉 形状 习性 声音
二、A——c B——a C——b

09 咏风
一、1.舞 歌 枝 花 2.摇动的树枝 花儿的芳香 二、1.东风 2.秋风 3.春风 4.杨柳风

10 咏鹅
一、1.拟人 曲 歌 浮 拨 2.3 喜爱
二、长长的——脖子 雪白的——羽毛 红红的——脚掌 清清的——水波

11 在狱咏蝉
一、露重 秋季 虚实结合(或比喻、象征) 受到露水、风的摧残而无法高飞,无法高歌 仕途不得志,无法传达心声 二、C 三、略

12 于易水送别
一、1.唐 骆宾王 《咏鹅》《咏风》《在狱咏蝉》 2.对荆轲的敬佩之情以及胸怀大志却难有建树的悲愤 二、略

13 风
一、1.三秋叶 二月花 千尺浪 万竿斜 2.四 三 二 千 万 二、C 三、1.风 2.蜂

14 中秋月
一、1.安知千里外 不有雨兼风 2.中秋节 赏月 吃月饼 二、1.中 2.秋 3.月

15 滕王阁诗
一、1.岳阳楼 黄鹤楼 滕王阁 2.闲云潭影日悠悠 物换星移几度秋 二、A

16 送杜少府之任蜀州
一、1.骆宾王 初唐四杰 2.海内存知己 天涯若比邻 二、B

17 山中
一、高风 黄叶 秋季 秋风起,落叶纷飞 思乡盼归的羁旅 二、B 三、示例:诗中的"黄叶"展现了萧瑟的深秋景色:深秋的傍晚,寒冷的山风吹过,山岭间无数黄叶纷纷飘落;"黄叶"是诗人抒发感情的载体,是他内心愁思的客观对应物:风中飘零的黄叶让人油然而生一种凄凉和悲哀,更加烘托了天涯沦落人的郁郁不得意;"黄叶"这一意象,使诗人的情感得以充分地抒发,情景交融,增强了诗歌的感染力。

18 咏柳
一、A 二、示例:1.春城无处不飞花,寒食东风御柳斜。 2.沾衣欲湿杏花雨,吹面不寒杨柳风。

19 回乡偶书(其一)
一、1.少—老；小—大；离—回 2.少小 老大 对比 很久没有回到家乡 二、1.√ 2.× 3.√ 三、示例:既表达了作者长期背井离乡的伤感之情,也表达了老大回乡的喜悦之情。

20 回乡偶书(其二)
一、1.年月,时光 2.过去的时光 二、略 三、贺知章当太子宾客时,读到了还只是一介布衣的李白的诗篇《蜀道难》,拍案赞叹:"真是一位从天庭流放到人间的仙人!"于是这两位年龄相差40多岁的诗人一见如故,对饮畅叙。不巧,那天贺知章身上没带钱,他毫不犹豫地解下腰间佩带的、显示官位品级的金龟,高声吆喝店家用来换酒,一定要与李白一醉方休。这就是"金龟换酒"的典故。

21 登鹳雀楼
一、1.欲穷千里目 更上一层楼 2.白 黄 山 河 依 入 山 海 尽 流 二、B 三、1.× 2.√

22 凉州词(其一)
一、羌笛何须怨杨柳 春风不度玉门关 二、C

23 凉州词
一、1.出征前 视死如归的豪迈 2.醉卧沙场君莫笑 古来征战几人回 二、B

读交大之星
圆名校之梦

穿越历史线
学透古诗词

盛唐篇　　孙洋　主编

内容提要

本书以历史线为选文脉络,精选了148首中小学生必背古诗词,按照时间顺序,分为初唐及以前篇、盛唐篇、中晚唐篇、宋代篇、宋代以后篇5个分册。每个分册设置了诗人名片、诗人介绍、写作背景、注释、译文悦读、思维导图、诗词鉴赏、知识拓展、学而思等栏目。本书图文并茂,版式活泼,体例和内容的设置注重"融合",侧重"积累",加强"训练",突出"有趣",旨在培养中小学生学习古诗词的兴趣,并让其从中汲取中国传统文化之精华。

图书在版编目(CIP)数据

穿越历史线.学透古诗词 盛唐篇 / 孙洋主编.——
上海:上海交通大学出版社,2024.6
(交大之星)
ISBN 978-7-313-29081-6

Ⅰ.①穿… Ⅱ.①孙… Ⅲ.①古典诗歌–中国–小学

–教学参考资料 Ⅳ.①G624.203

中国国家版本馆CIP数据核字(2023)第129664号

穿越历史线·学透古诗词(盛唐篇)
CHUANYUE LISHIXIAN·XUETOU GUSHICI(SHENGTANG PIAN)

主　编:孙　洋	
出版发行:上海交通大学出版社	地　址:上海市番禺路951号
邮政编码:200030	电　话:021-64071208
印　制:苏州市越洋印刷有限公司	经　销:全国新华书店
开　本:787mm×1092mm 1/16	印　张:7.5
字　数:126千字	
版　次:2024年6月第1版	印　次:2024年6月第1次印刷
书　号:ISBN 978-7-313-29081-6	音像书号:ISBN 978-7-88941-599-6
定　价:199.00元(共5册)	

版权所有　侵权必究
告读者:如发现本书有印装质量问题请与印刷厂质量科联系
联系电话:0512-68180638

前 言

  古诗文是中华民族五千年文化的瑰宝，是中国优秀传统文化最好的载体，有丰富的历史文化价值和教育价值，处世为人的哲学，修身、齐家、治国、平天下的道理都蕴含其中。学习经典古诗文，对我们的眼界、胸怀、志气、品格修养的提升大有裨益；学习经典古诗文，也是传承中华传统文化、树立民族精神、增强文化自信的重要渠道。

  统编语文教材增加了古诗文比重。小学语文古诗文占全部选篇的36%，初中语文古诗文占全部选篇的48%，较原人教版教材有大幅增加。

  中小学生学习古诗文的重要性和必要性不言而喻，但市面上与古诗文相关的书籍大都以主题或类别进行分类，而学生在学习古诗文的时候，往往需要联系作者或诗人所处的时代背景，这样才能更好地理解古诗文深层次的意蕴。而以"历史线"为脉络对古诗文进行梳理分类，有助于学生提高史实意识，在历史的线条中逐渐明晰作者或诗人的生平、遭遇，理解他们所处的时代发展背景，将同时代的作者、诗人或典籍串联起来，进一步拓展学习的广度和深度。因此，我们积极联合专家团队，倾力打造了"穿越历史线·学透古诗词""穿越历史线·学透小古文"系列图书。

  "穿越历史线·学透古诗词"系列精选148首中小学生必背古诗词，按照时间顺序，分为初唐及以前篇、盛唐篇、中晚唐篇、宋代篇、宋代以后篇5个分册，每个分册设有诗人名片、诗人介绍、写作背景、注释、译文悦读、思维导图、诗词鉴赏、知识拓展、学而思等栏目。

  "穿越历史线·学透小古文"系列从分布在"历史线"上的50多种典籍里，精选了166篇适合中小学生阅读的小古文，按照时间顺序，分为春秋战国篇、秦汉篇、三国两晋南北朝篇、唐宋篇、元明清篇5个分册。每个分册设置典籍名片、小古文精讲、思维导图、智慧点拨、知识拓展、学而思等栏目。套书体例和内容的设置注重"融合",侧重"积累",加强"训练",突出"有趣"。

希望这套图书能使学生更方便地学习古诗文,感受中华文化的丰厚博大,从中汲取民族文化智慧,积淀文化底蕴,在点滴的学习中浸润渗透,增强学生的文化认同感和民族自豪感。

囿于编写水平,书中如有不足之处,恳请广大读者批评指正,以便我们重印再版时修订完善。

编者

目 录

穿越历史线

隋	581—618
初唐	618—712
盛唐	713—765

孟浩然　复忆襄阳孟浩然,清诗句句尽堪传。············ 1
- 01 春晓 ··· 2
- 02 宿建德江 ··· 5
- 03 过故人庄 ··· 8

王昌龄　边塞诗七绝圣手,诗家夫子王江宁。············ 11
- 04 出塞 ··· 12
- 05 从军行(其四) ····································· 15
- 06 芙蓉楼送辛渐 ····································· 18
- 07 采莲曲 ··· 21

高适　书生缘何封侯?心怀国家人民。················· 25
- 08 别董大 ··· 26

王维　诗中有画,画中有诗。························· 29
- 09 九月九日忆山东兄弟 ······························· 30
- 10 鸟鸣涧 ··· 33
- 11 鹿柴 ··· 36
- 12 山居秋暝 ··· 39
- 13 竹里馆 ··· 42
- 14 送元二使安西 ····································· 45
- 15 画 ··· 48

李白　李白酒入豪肠,诗句如行云流水。················ 51
- 16 望庐山瀑布 ······································· 52

— 1 —

17	望天门山	55
18	静夜思	58
19	夜宿山寺	61
20	黄鹤楼送孟浩然之广陵	64
21	独坐敬亭山	67
22	古朗月行(节选)	70
23	秋浦歌(其十五)	73
24	赠汪伦	76
25	早发白帝城	79

杜甫　孤舟漂泊涕泗流，诗圣千古泪不干。　83

26	春夜喜雨	84
27	江畔独步寻花（其五）	87
28	江畔独步寻花（其六）	90
29	绝句四首(其三)	93
30	绝句二首(其一)	96
31	赠花卿	99
32	望岳	102
33	闻官军收河南河北	104
34	江南逢李龟年	107

张继　不雕而饰比兴而诗，清廉正直有道者风。　109

| 35 | 枫桥夜泊 | 110 |

中唐　766—835
晚唐　836—907

参考答案　113

穿越历史线

孟浩然

字　　号	字浩然，号孟山人
出生地	襄州襄阳(今湖北襄阳)
生卒年	689—740
派　　别	山水田园派
诗　　风	清淡自然，以五言古诗见长
主要作品	《春晓》《过故人庄》《宿建德江》等

孟浩然出生于襄州襄阳(今湖北襄阳)，世称"孟襄阳"。他是盛唐时期著名的山水田园派诗人，年少时颇讲义气，行侠仗义，救人于危难之中。早年在家乡的鹿门山做隐士，四十岁进京考试，名落孙山。他在太学作诗，名声渐渐为人所知，后来又隐居山水。

他的诗篇不加雕饰，清雅朴素，给人一种亲切真实的感觉，充满生活气息，富有超妙自得的情趣。在艺术上颇负盛名，与王维齐名，因此后人将他与王维并称为"王孟"。他的山水诗描写逼真，其中《望洞庭湖赠张丞相》气势磅礴(páng bó)，格调浑然天成。

名句集锦

◎夜来风雨声，花落知多少。《春晓》
◎绿树村边合，青山郭外斜。《过故人庄》
◎开轩面场圃，把酒话桑麻。《过故人庄》
◎野旷天低树，江清月近人。《宿建德江》
◎气蒸云梦泽，波撼岳阳城。《望洞庭湖赠张丞相》

扫码听音频

春　晓①

〔唐〕孟浩然

春眠不觉晓②，
处处闻啼鸟③。
夜来风雨声④，
花落知多少⑤。

写作背景

孟浩然早年曾隐居在鹿门山一带，后来到长安谋取官职，不幸落榜。他便返回故乡，调整身心以图再搏。这首诗就是他隐居时所作，从中可以看出，年轻的孟浩然对未来仍然充满憧憬。

译文悦读

春天的早晨，人们在深深的美梦中酣睡，不知不觉天色已经大亮了，从睡梦中醒来，耳边到处都是窗外鸟儿的鸣叫声。还记得昨夜风雨交加，院子里的花朵不知道被打落了多少。

❶春晓：指春天的早晨。晓，这里有天亮的意思。
❷不觉：不知不觉，悄然发生。觉，发觉。　❸闻：听到。
啼鸟：鸟儿发出的鸣叫声。啼，鸣叫。　❹来：传来。
❺花落：花朵被打落。知多少：不知道有多少，形容落花非常多。知，知道。

诗词鉴赏

这是一首劝导人们珍惜春天的诗,字里行间流露出诗人对美好春天的热爱和怜惜之情。

首句描写人们在春天香甜的睡梦中自然醒来,这种喜悦之情不言而喻。

第二句主要从听觉上描写:清晨时分,百鸟鸣叫,展现出了春天的勃勃生机。尤其"处处"一词,将春回大地的无限美好淋漓尽致地表现了出来。

三、四句是诗人的想象:他不由得回想起在昨夜香甜的梦中,潇潇的春雨洒落大地,娇嫩的花儿也纷纷从枝头飘落。字里行间流露出诗人的惋惜之情,诗人爱春、惜春的情绪也得到了渲染。

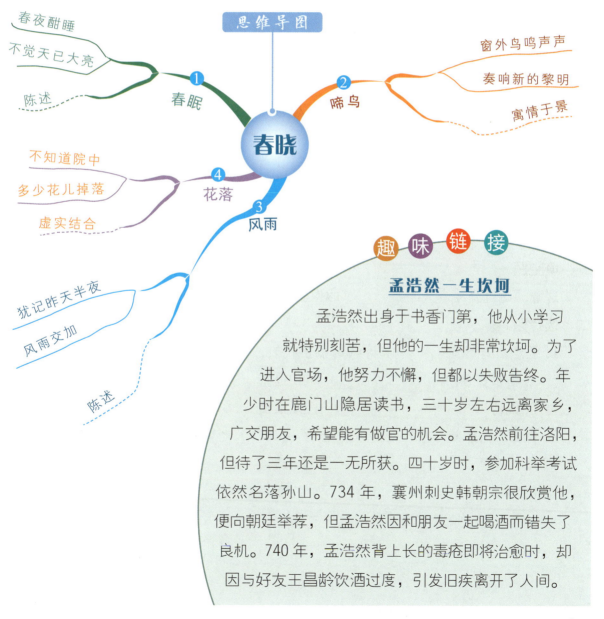

趣味链接

孟浩然一生坎坷

孟浩然出身于书香门第,他从小学习就特别刻苦,但他的一生却非常坎坷。为了进入官场,他努力不懈,但都以失败告终。年少时在鹿门山隐居读书,三十岁左右远离家乡,广交朋友,希望能有做官的机会。孟浩然前往洛阳,但待了三年还是一无所获。四十岁时,参加科举考试依然名落孙山。734年,襄州刺史韩朝宗很欣赏他,便向朝廷举荐,但孟浩然因和朋友一起喝酒而错失了良机。740年,孟浩然背上长的毒疮即将治愈时,却因与好友王昌龄饮酒过度,引发旧疾离开了人间。

知识拓展

春

春是一年四季的开始,也是大自然万物重新焕发勃勃生机的季节。所以在一年最为美好的春光里,人们可以看到嫩芽破土而出,更有鲜艳的花朵争相开放,一切都是那么欣欣向荣,令人倍感惊喜。"一年之计在于春",春天不仅是万物生长的最佳季节,也是人们规划一年学习、工作的大好时期,所以要珍惜眼前的美好生活,时刻努力奋进,更上一层楼。

下面是描写春天的诗句,请读一读、记一记。

竹外桃花三两枝,春江水暖鸭先知。　（宋·苏轼《惠崇春江晚景》）
桃花一簇开无主,可爱深红爱浅红？　（唐·杜甫《江畔独步寻花（其五）》）
春风一夜吹乡梦,又逐春风到洛城。　（唐·武元衡《春兴》）
落红不是无情物,化作春泥更护花。　（清·龚自珍《己亥杂诗(其五)》）
好雨知时节,当春乃发生。　（唐·杜甫《春夜喜雨》）
野火烧不尽,春风吹又生。　（唐·白居易《赋得古原草送别》）

学而思

一、填空题。

这首诗通过描绘春天早晨 _____ 的图景,表达了作者 _____ 之情。

二、选择题。

1. 孟浩然是唐代（　　）诗派的杰出代表。

　　A. 山水田园　　　　　　B. 边塞

　　C. 婉约　　　　　　　　D. 浪漫

2. 名句"花落知多少"表达了作者的（　　）之情。

　　A. 讨厌雨天　　　　　　B. 烦闷

　　C. 惜春　　　　　　　　D. 高兴

扫码听音频

02

宿建德江[1]

〔唐〕孟浩然

移舟泊烟渚[2]，

日暮客愁新[3]。

野旷天低树[4]，

江清月近人[5]。

写作背景

唐玄宗开元十八年，孟浩然入仕失败后，到江南的吴越之地游历访友，希望以此来排遣仕途失意的愁苦。这首诗是他在建德江（今浙江西部）时有感而发创作出来的。

译文悦读

将行船停靠在雾气笼罩的小洲边，夜幕迷茫，给远方的游子增添了几分乡愁。四野空旷，远处的天空看起来好像比地上的树木还要低一些；江水清澈明净，月色映照下来，感觉和人更加亲近一些。

❶建德江：富春江上游建德市一段。❷移舟：划船，即移动船只。泊：停靠岸边。烟渚：烟雾迷蒙中的洲岛。渚，水中的小块陆地。❸日暮：傍晚，黄昏。客：这里指诗人自己。愁：为思乡而忧愁。❹旷：空阔远大。天低树：形容天空比树还低。❺近：亲近。

诗词鉴赏

这是一首羁旅诗,描写的是诗人在旅途中油然而生的相思之情。

一、二句,交代创作诗的地点和时间。眼看天色已晚,所以诗人不得不寻找地方停靠下来,希望能够在这里过夜。淡淡的夜色降临,对一个在旅途中漂泊的人来说,倍感孤独凄凉,因此"客愁新"一词准确生动地反映出了诗人此时的心理和情感。

三、四句,诗人目光一转,将视野投向更为广阔的江面。在那里,诗人看到黑沉沉的天空因夜色的衬托显得比野树还要低,显示出了观物者(也就是诗人)此时压抑沉闷的心理。

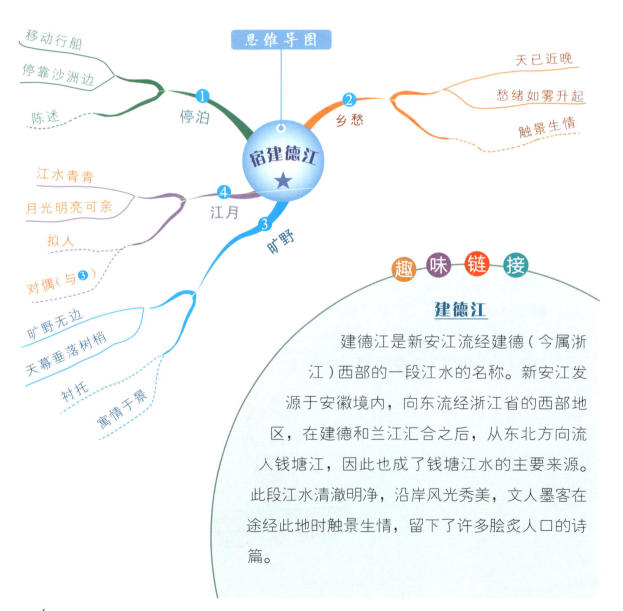

建德江

建德江是新安江流经建德(今属浙江)西部的一段江水的名称。新安江发源于安徽境内,向东流经浙江省的西部地区,在建德和兰江汇合之后,从东北方向流入钱塘江,因此也成了钱塘江水的主要来源。此段江水清澈明净,沿岸风光秀美,文人墨客在途经此地时触景生情,留下了许多脍炙人口的诗篇。

知识拓展

根据下图,推测出"杳"的意思

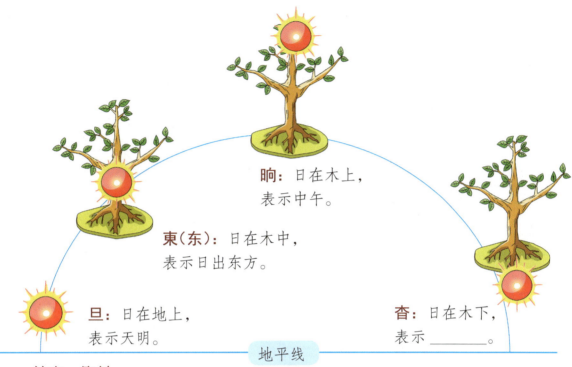

杲:日在木上,表示中午。

東(东):日在木中,表示日出东方。

旦:日在地上,表示天明。

杳:日在木下,表示 _____。

答案:昏暗

学而思

一、填空题。

1. 这首诗的作者与 _____ 并称为"王孟",是 _____ 诗派的代表。

2. 这首诗描写了 _____ 的图景,表达出了作者的 _____。

3. 诗的中心句是"_____",表达了诗人 _____ 的情感。

二、判断题。(对的打"√",错的打"×")

1. "野旷天低树,江清月近人"描写天高地远,野旷无垠,明月高挂,倒映江中的景色。（　　）

2. 诗中第一句说明了当时的地点是渚,第二句说明了当时的时间是日暮。（　　）

3. "日暮客愁新"中的"客"指的是诗人自己。（　　）

4. "野旷天低树,江清月近人"没有运用对偶的修辞手法。（　　）

03 过故人庄①

〔唐〕孟浩然

故人具鸡黍②，
邀我至田家③。
绿树村边合④，
青山郭外斜⑤。
开轩面场圃⑥，
把酒话桑麻⑦。
待到重阳日⑧，
还来就菊花⑨。

写作背景

孟浩然二十三岁时去长安求官无果，便返回故乡隐居在鹿门山。这首诗是他到朋友家做客时有感而发，从中可以看出淳朴的山民给诗人心灵上带来了很大慰藉。

译文悦读

老朋友准备好了鸡和黄米饭，邀请我到他家做客。村边围绕着青翠的树林，城外面有青翠的山峰横卧。打开窗户面对着打谷场和菜园子，我们端起酒杯，闲谈着农家生活。等到来年的重阳节，再请你来这里赏菊花。

❶过：拜访。 ❷鸡黍：鸡和黄米饭。 ❸田家：农家。 ❹合：围绕，环绕。
❺郭：城郭，古时候加筑在城外的一道城墙。
❻轩：窗户。 ❼把酒：端起酒杯。
❽待到：等到。 ❾菊花：这里语意双关，既指菊花，又指菊花酒。

诗词鉴赏

这是一首描写古代农家日常宴饮的诗,具有浓厚的乡土气息。

一、二句描写老朋友准备好了鸡和黄米饭,邀请作者到农家做客,展示出了主人朴实好客的风情。

三、四两句描绘了乡村的自然风光。村边的绿树繁茂而连绵不断,远处有青山横卧,山脊斜着伸向湛蓝的天空,给人一种清新雄壮的感觉。

五、六两句描绘出了房舍周围的景色以及与友人谈论的话题。窗外的打谷场和菜园近在咫尺,言谈中不离种桑养麻之事,让人领略到农村生活的美好。诗的末尾两句提到重阳节,描写了主人邀请作者等到重阳节再过来欣赏菊花,让人对古代的田园生活心驰神往。

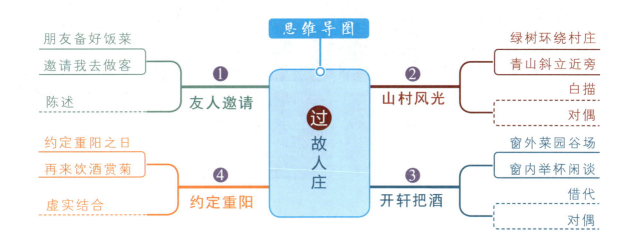

知识拓展

李白与孟浩然

李白与孟浩然第一次相见是李白在安陆(今湖北孝感)时,李白大概二十八岁,而孟浩然四十岁左右。当时李白诗名尚小,而孟浩然名声在外。李白专程前往鹿门山谒见孟浩然,两人脾气相投,一见如故,相约来到江夏,游历一月有余。后来孟浩然要去广陵,二人在黄鹤楼相别。看着好友离去,李白思绪万千,欣然写下千古绝唱《黄鹤楼送孟浩然之广陵》。十年之后,李白与孟浩然第二次见面,李白写《赠孟浩然》以表达自己对他的钦佩之情:"吾爱孟夫子,风流天下闻。红颜弃轩冕,白首卧松云。醉月频中圣,迷花不事君。高山安可仰,徒此揖清芬!"能得"诗仙"李白如此厚爱的人,当时少之又少!

五 谷

传说,神农外出时捡到一棵五彩的谷子,种在地里,长出了五种谷物,所以人们称粮食为"五谷"。关于"五谷",古代有两种说法:一种指稻、黍(shǔ)、稷(jì)、麦、菽(shū);另一种指麻、黍、稷、麦、菽。区别是:前者有稻无麻,后者有麻无稻。

◎ 稻　一年生草本植物,叶子狭长,花白色或绿色。籽实称"稻谷",去壳后称"大米"。

◎ 黍　即黍子,一年生草本植物。脱皮后称"黄米",性黏,可酿酒。

◎ 稷　古代称一种粮食作物,一说是黍一类的作物,一说是"谷子"(粟)。

◎ 麦　一年生或二年生草本植物,籽实用来磨面粉。有小麦、大麦、黑麦、燕麦等种类。

◎ 菽　豆类植物的总称。又指大豆,我国的粮食作物之一。

◎ 麻　草本植物,种类很多,有"亚麻""苎麻"等。茎皮纤维通常称"麻",可制绳索、织布。

稻　　　黍　　　稷(粟)　　　麦　　　菽(豆)　　　麻

学而思

一、填空题。

1.这首诗先叙事,交代_____的原因;再写景,由_____到_____地描绘出了一幅风光美丽的山村图;然后再_____,写临窗对饮、畅谈农事,写出了_____的农家生活;最后写再约重阳赏菊。

2.这首诗表达了诗人_____的思想感情。

二、判断题。(对的打"√",错的打"×")

1."待到重阳日,还来就菊花"最能集中表达诗人对农家生活的向往。(　　)

2.诗的前两联写人与人之间的真挚友情,与后面写景的内容情景交融。(　　)

3.本诗的体裁是五言律诗,其中诗歌中的韵脚是家、斜、麻、花。(　　)

4."故人具鸡黍"中的"故人"是指旧时的、要好的朋友。(　　)

王昌龄

字　号	字少伯
籍　贯	河东晋阳（今山西太原）
生卒年	?—756
誉　称	七绝圣手
派　别	边塞诗派
主要作品	《出塞》《从军行》《芙蓉楼送辛渐》等

北朝　初唐　盛唐　中唐　晚唐　宋代

▸ 王昌龄

　　王昌龄是盛唐时期的大臣，也是著名的边塞诗人。他出身贫贱，早年从军镇守西域，《出塞》就是这个时期所作。开元十五年（727）王昌龄考中进士，曾任汜（sì）水尉、龙标尉和江宁丞。安史之乱时，他在回老家途中，路经亳州，惨遭不测。

　　王昌龄擅长七言绝句，以写边塞军旅生活最为出色，另外也有宫怨闺情及送别之作。因丰富的生活经历和广泛的交游，使他的边塞诗气势雄壮，格调高昂，充满积极向上的精神，有"诗家夫子王江宁"之美誉，世称"王江宁"或"王龙标"，又被后人誉为"七绝圣手"。

名句集锦

◎但使龙城飞将在，不教胡马度阴山。《出塞》
◎青山一道同云雨，明月何曾是两乡。《送柴侍御》
◎黄沙百战穿金甲，不破楼兰终不还。《从军行（其四）》
◎洛阳亲友如相问，一片冰心在玉壶。《芙蓉楼送辛渐》
◎乱入池中看不见，闻歌始觉有人来。《采莲曲》

出塞^①

〔唐〕王昌龄

秦时明月汉时关^②，
万里长征人未还^③。
但使龙城飞将在^④，
不教胡马度阴山^⑤。

写作背景

王昌龄早年从军镇守西域，直到唐玄宗开元十六年（728）左右才科举及第。《出塞》便是他在西域从军时所作，充满了阳刚之气，反映了当时人们对和平安宁生活的无限向往。

译文悦读

眼前依然是秦汉时期的明月和关卡，但是万里出征的将士们直到现在还没有返回。如果那位龙城练兵的飞将军李广依然健在的话，绝对不会让胡人的战马越过阴山。

❶**出塞：**古时一种曲调名，主要描写边疆战士们的生活情况。塞，边关。 ❷**秦：**即秦朝，由秦始皇开创。**汉：**即汉朝，由刘邦开创。**关：**关口，关卡，这里指较大的山口。 ❸**长征：**长途出征。**还：**回来，返回。 ❹**但使：**假使，假如。**龙城：**古地名，又称作卢龙城，在今河北喜峰口一带。**飞将：**西汉名将李广的雅号。 ❺**不教：**不使，不让。**胡马：**胡人的骑兵。**阴山：**即阴山山脉，现称大青山，在今内蒙古自治区南部一带。

诗词鉴赏

首句是"互文见义"的写作手法，所以要理解成秦汉时期的明月和关隘，透露出一种厚重的历史沧桑之感。同时可以看出，边塞地区的战争从秦汉时期开始就一直没有停止过，战事颇为频繁。

次句描写的是出征在外的将士还没有平安归来，由此将战争的残酷展现出来。

三、四句，诗人无比怀念汉朝时的"飞将军"李广，如果有这样一位猛将镇守边关，胡人的兵马就不敢越过阴山。从诗人的叙述中看出，此时边关的统兵将领是无能之辈，才使这里战事不断，将士们以及百姓都深受其害，诗人的愤懑之情和爱国之心也因此得到了全面体现。

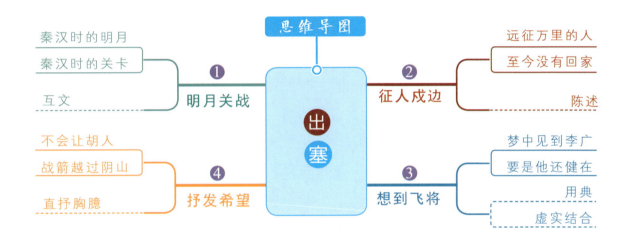

知识拓展

"龙城飞将"的来历

诗中的"龙城飞将"有两种说法。

一说"龙城"是指卢龙城，在今河北喜峰口一带，是西汉名将李广的练兵之地。"飞将军"李广还有一个鲜为人知的故事：

李广率军出雁门关，被匈奴大军包围。匈奴首领单于（chán yú）久仰李广的威名，命令部下一定要生擒他。战斗中，李广因受伤被俘。在被押回去的途中，他飞身夺得敌兵的马匹，并射杀了数百名匈奴追兵，终于回到了汉营。从此，李广在匈奴军中赢得了"飞将军"的称号。

一说"龙"亦作"茏"，亦称"龙庭"，是匈奴祭天、大会诸部的地方，其地在今蒙古国鄂尔浑河西侧的和硕柴达木湖附近。西汉名将卫青曾奇袭龙城，故称其为"龙城飞将"。

因此，诗中的"飞将"，其实也泛指英勇善战的将领。

"互文见义"举例

"秦时明月汉时关"一句,采用了互文见义的修辞手法。互文是两个词本来要合在一起来说,即"秦汉时明月秦汉时关",可是为了音节和字数的限制,要省去一个。于是前面省去一个"汉"字,后面省去一个"秦"字,解释时要把两个词合起来。句意可以翻译为"秦汉时的明月秦汉时的关",这就是互文见义。

学 而 思

一、填空题。

"万里长征人未还"描写的是出征在外的将士们还没_____,由此将战争的_____表现出来。

二、选择题。

"但使龙城飞将在,不教胡马度阴山"中的"飞将"是指(　　)。

　A.李广　　　B.岳飞　　　C.霍去病　　　D.卢纶

三、判断题。(对的打"√",错的打"×")

1."秦时明月汉时关"中的"关"是指关塞。　　　　　　　　　(　　)

2.《出塞》是一首送别诗。　　　　　　　　　　　　　　　　(　　)

3."万里长征人未还"说明边防不巩固,常有战事发生,表明了作者对戍边战士十分同情。　　　　　　　　　　　　　　　　　　　　　　　　(　　)

4.王昌龄擅长七言绝句,所作篇篇俱佳,有"七绝圣手"之称。　(　　)

从军行❶（其四）

〔唐〕王昌龄

青海长云暗雪山❷，
孤城遥望玉门关❸。
黄沙百战穿金甲❹，
不破楼兰终不还❺。

写作背景

王昌龄在唐玄宗开元十六年（728）之前一直随军驻守西域，一连创作了七首反映边关将士戍边生活的诗篇。这些诗都表现了边关将士保家卫国、视死如归的精神。

译文悦读

青海湖的上空，层层乌云使得巍巍雪山也变得暗淡了；独自站在孤城的上面，遥望远处的玉门关。在大漠的风沙之中，身经百战的将士们身上的铠甲早已被磨穿了，然而他们若不能将来犯的敌人击溃，即使战死疆场也不会回还。

❶ 从军行：一种古代歌曲的名称，原诗有九首，这是第四首。 ❷ 青海：青海湖，在今青海省西宁市西部。长云：连绵不断的浓云，实际指战云。暗：这里作使动用法，使……昏暗。雪山：指祁连山，山顶常年积雪。 ❸ 遥望：远远地望去。玉门关：西汉设置的边关，是通往西域的交通要道，在今甘肃省敦煌市西。
❹ 黄沙：滚滚沙尘。穿：磨破。金甲：铁甲。 ❺ 破：打败。楼兰：汉代西域名，这里泛指当时骚扰西北边境的敌人。还：归来，回家。

诗词鉴赏

一、二句,诗人描写的是边塞地区所特有的景色,如"雪山""孤城""玉门关"等,诗人通过对这些景物的描写,为读者勾勒出了一幅苍茫辽阔的边塞风光图。尤其是黑沉沉的乌云,更加衬托出这里的悲凉气氛,也从侧面反映出边塞将士艰苦的生活条件。

三、四句,诗人描写的是激烈残酷的战争场面。黄沙滚滚,展现出战斗过程的激烈;"百战"一词,反映出这里经常会发生战斗;"穿金甲"一词,更把战斗场景淋漓尽致地刻画了出来,也表现出了将士们的大无畏牺牲精神。

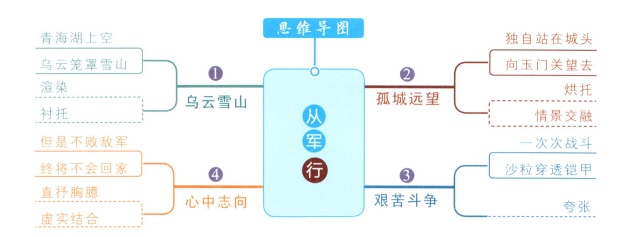

知识拓展

诗人与《从军行》

人类社会是在血与火的洗礼中走向文明的。战争和人生、爱情一样,是文学创作的重要主题。在中国古代诗歌中,从军诗一直以其丰富的思想内容和独特的艺术魅力,在诗歌史上占有一席之地。

从军诗表现的主题范围是比较广泛的,有的表达诗人投笔从戎、建功立业的急切心情,有的歌颂前线战士不辞辛苦、以身报国的豪情壮志,有的描写士兵紧张激烈的行军和战斗生活,有的刻画边塞风光,有的讲述久戍边关的士卒对家乡和亲人的思念之情……

在唐代,有很多著名诗人都写过《从军行》,例如杨炯、李白、王维……你知道他们的这些作品吗?

金戈铁甲

【出处】 元·乔吉《两世姻缘》第三折:"他如今管领着金戈铁甲,簇拥着鼓吹鸣笳(jiā),他虽是违条犯法,咱无甚势剑铜铡(zhá)。"

【释义】 金戈:金属制成的兵器。铁甲:金属制成的铠甲。指威武雄壮的军队,也指战争或其他军事行动。同"金戈铁马"。

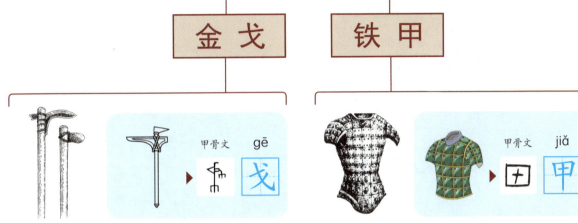

"戈"字的甲骨文整体像一种带有长柄的武器,上边像刀头,中间像长柄,下边的三条线是带有锋刃的配件。所以,"戈"的本义为商周时代用铁或青铜制成的一种兵器,横刃,装有长柄。后泛指兵器。

"甲"字的甲骨文整体像古代军人穿的铠甲。所以,"甲"的本义为盔甲。由此引申为动物身上起保护作用的硬壳。又引申为手指和脚趾上具有保护指尖作用的角质硬壳。

学而思

一、填空题。

1. 诗中,"＿＿＿＿＿＿＿＿＿＿"表现了将士们戍边时间之漫长、战事之频繁、战斗之艰苦;"＿＿＿＿＿＿＿＿＿＿＿＿"直抒将士豪言壮志。

2. 诗中描写西北边陲景象的诗句是:"＿＿＿＿＿＿＿＿,＿＿＿＿＿＿＿＿。"

二、问答题。

这首诗中,诗人描写了哪些边塞景物?通过这些景物的描写,你感受到了什么?

＿＿＿＿＿＿＿＿＿＿＿＿＿＿＿＿＿＿＿＿＿＿＿＿＿＿＿＿＿＿＿＿＿＿＿＿＿＿

＿＿＿＿＿＿＿＿＿＿＿＿＿＿＿＿＿＿＿＿＿＿＿＿＿＿＿＿＿＿＿＿＿＿＿＿＿＿

06 芙蓉楼送辛渐①

〔唐〕王昌龄

寒雨连江夜入吴②，
平明送客楚山孤③。
洛阳亲友如相问④，
一片冰心在玉壶⑤。

写作背景

王昌龄在江宁做县丞时结交了好友辛渐。唐玄宗天宝元年（742），辛渐赴洛阳上任，王昌龄陪同他从江宁一直到润州的芙蓉楼，临别时赠给辛渐两首诗，本诗是其中的第二首。

译文悦读

夜晚时分冰冷的雨水洒满整个吴地，清晨时分和朋友告别，即使是楚山也感到凄苦孤单。如果有洛阳那里的亲友探询我这里的消息，请告诉他们我的品行依然高洁纯净。

❶芙蓉楼：在今江苏省镇江市。辛渐：诗人王昌龄的友人。 ❷寒雨：冰冷的雨水，这里指秋冬时节的冷雨。连江：意境词，形容冷雨和浩渺江水交织在一起的场景。入：进入。吴：吴地，今江苏南部一带。 ❸平明：天刚亮的时候。客：诗中提到的辛渐。楚山：古时因位于楚国的境内而得名，即今天江苏镇江境内的山脉。孤：孤独，孤单。 ❹相问：询问。 ❺冰心：心如冰一样纯洁，比喻人品行高洁。玉壶：玉制的壶。古人常用玉石比喻意志之坚定。

诗词鉴赏

首句主要写景，目的是渲染一种离别的愁绪，在诗人笔下，吴地烟雨迷蒙的风光和萧瑟的夜雨使秋意更加浓厚。诗人用词精准凝练，一个"连"字和一个"人"字，便突出了秋雨连绵不断的状态。

第二句是写送别时的感受，诗人巧妙地用移情手法，正面写楚山的孤独，其实从侧面流露出诗人的不舍与孤独，因此本句在全诗中有画龙点睛的效果。

三、四句描写的是诗人对好友的一番殷切嘱咐，更有对洛阳亲友的无限思念。同时，也是诗人自我内心的独白，即时刻坚持高尚的操守，始终不肯与小人同流合污的高洁志向。

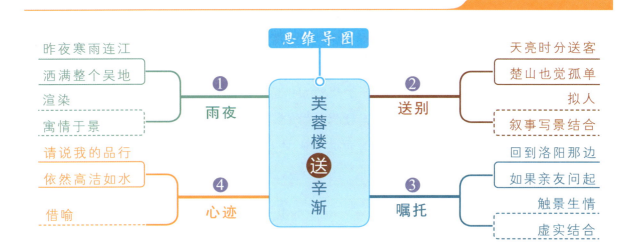

知识拓展

朋友之交有多种

在古代，表示朋友关系的成语有很多。请读一读，记一记。

情投意合的朋友	金兰之交
贫贱时结交的朋友	贫贱之交
思想一致、感情深厚的朋友	莫逆之交
一起经历过艰难处境而有深厚交情的朋友	患难之交
没有功利目的的道义之交	淡水之交
不拘年龄、辈分的差异而结交的朋友	忘年之交
有着同生共死交情的朋友	生死之交
结拜为异姓兄弟姐妹	八拜之交

王昌龄"失孟交李"

在李白的诗人朋友圈中,王昌龄是比较重要的一位。王昌龄比李白大11岁。王昌龄一生官位低名气大,位卑才气高。王昌龄和孟浩然也是好朋友,没想到的是,他和孟浩然见面不久,孟浩然便因病去世了。

王昌龄听到这个消息后万分悲伤,他经过巴陵时意外地遇到了李白,当时李白正在被流放夜郎的途中。他们俩一见如故,在江边的小船上,一边泛舟,一边饮酒,畅谈文坛圈里的故事。临别之时,王昌龄写了一首诗《巴陵送李十二》赠予李白:

　　摇曳巴陵洲渚分,清江传语便风闻。
　　山长不见秋城色,日暮蒹葭空水云。

李白对王昌龄也念念不忘。后来,他听说王昌龄被贬为龙标尉,特地写诗寄送,予以安慰:

　　杨花落尽子规啼,闻道龙标过五溪。
　　我寄愁心与明月,随君直到夜郎西。

李白这首《闻王昌龄左迁龙标遥有此寄》诗虽短,但情谊深长,耐人寻味。

学 而 思

一、填空题。

这是一首 _____ 诗,诗人要送别的友人是 _____,他们分别的时间是 _____,送别的地点是 _____,友人的目的地是 _____。

二、连一连。

人生自古伤离别,但从古至今表达离别之情的方式不同。请阅读下列诗句,并将所给出的诗句与诗人所表达的情感连起来。

A. 桃花潭水深千尺,不及汪伦送我情。　　　　a. 慰藉、勉励友人

B. 洛阳亲友如相问,一片冰心在玉壶。　　　　b. 感谢友人的深情

C. 莫愁前路无知己,天下谁人不识君?　　　　c. 表达无限的留恋

D. 孤帆远影碧空尽,唯见长江天际流。　　　　d. 表明高洁志向,告慰亲友

07 采莲曲

〔唐〕王昌龄

荷叶罗裙一色裁❶，
芙蓉向脸两边开❷。
乱入池中看不见❸，
闻歌始觉有人来❹。

写作背景

唐玄宗天宝七年（748）夏，王昌龄任龙标尉已经有一段时间。一次，他独自在龙标城外赏玩，在东溪的荷池，看到当地酋长的公主、蛮女阿朵在荷池采莲唱歌的情景，被她们所吸引，便作了这首诗。

译文悦读

采莲姑娘的罗裙和绿色荷叶的颜色一样，姑娘的脸庞掩映在盛开的荷花中。美丽的脸庞混入莲池中不见了踪影，听到歌声四起才觉察到有人过来。

❶**罗裙：**用细软而有疏孔的丝织品制成的裙子。**一色裁：**好像是用同一种颜色的衣料剪裁的。　❷**芙蓉：**指荷花。**向脸：**荷花向着采莲女如芙蓉般艳丽的脸庞开放。
❸**乱入：**混入。**看不见：**指分不清哪是荷的绿叶红花，哪是少女的绿裙红颜。
❹**闻歌：**听到歌声。**始觉：**才知道。

诗词鉴赏

一、二句主要通过视觉描写采莲女衣服的颜色和美丽的姿态,凸显了荷叶罗裙、芙蓉人面的美丽画面。

第三句既描写采莲女纷纷入池、嬉笑欢闹的场面,也突出了人花同样娇嫩而难以辨别,这种眼前一动的感觉忽然看不见,既呼应上文,同时也虚写了荷塘中花叶繁茂,人在其中若隐若现的景象。

第四句中的"始觉"与第三句中的"看不见"呼应,共同创造出一种莲花过人头的意境。"闻歌"与前面的"乱"字呼应,表现了采莲女活泼开朗的天性,同时也为整幅采莲图增添上动人的一笔。

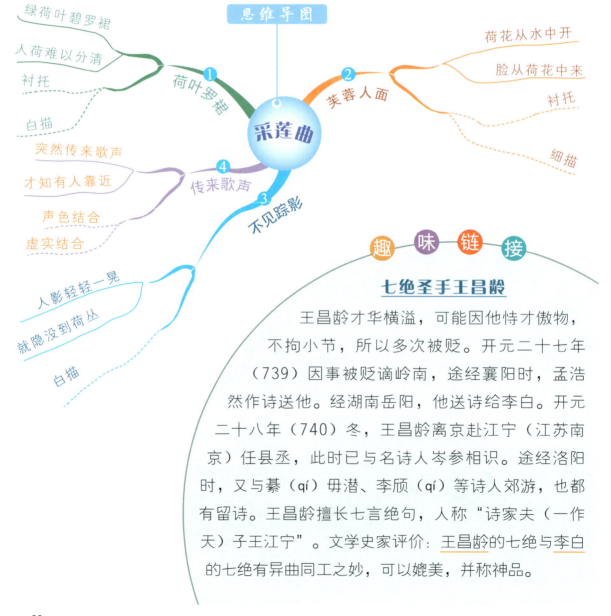

趣味链接

七绝圣手王昌龄

王昌龄才华横溢,可能因他恃才傲物,不拘小节,所以多次被贬。开元二十七年(739)因事被贬谪岭南,途经襄阳时,孟浩然作诗送他。经湖南岳阳,他送诗给李白。开元二十八年(740)冬,王昌龄离京赴江宁(江苏南京)任县丞,此时已与名诗人岑参相识。途经洛阳时,又与綦(qí)毋潜、李颀(qí)等诗人郊游,也都有留诗。王昌龄擅长七言绝句,人称"诗家夫(一作天)子王江宁"。文学史家评价:王昌龄的七绝与李白的七绝有异曲同工之妙,可以媲美,并称神品。

> 知识拓展

荷花的象征意义

荷花被历代文人称为"翠盖佳人""花中君子",因为它不仅具有色彩艳丽、婀娜多姿的天然美,还具有"出淤泥而不染"的高尚品格。古代文人都喜欢用荷花来象征各种美好的事物。

1. 吉祥、和谐

荷与"和"谐音。古代有以荷花、海棠、飞燕构成一幅《河清海晏》图("河"与"荷"同音,"海"指海棠,"晏"与"燕"同音),喻为天下太平。古代以"连年有余"来表示国家富足,其中"连"与"莲"谐音。另外,民间吉祥画《和合二仙》便是一人手中持荷,一人捧盒,以示和谐。

2. 高洁、圣洁

荷花被古人赞美最多的特征便是其出淤泥而不染的高洁。如李白"清水出芙蓉,天然去雕饰",周敦颐"予独爱莲之出淤泥而不染,濯清涟而不妖",孟浩然"看取莲花净,应知不染心"等,诗人借荷花赞美其清白、高尚、谦虚等品质。

3. 友谊

中国古代民间就有"春天折梅赠远""秋天采莲怀人"的传统。由此看出:荷花可以象征人与人之间的纯洁友情。

4. 清廉

荷花即青莲,青莲与"清廉"谐音,因此荷花也被用以比喻为官清正、不与人同流合污,这主要是指在仕途中。比如,由青莲和白鹭组成的名为《一鹭清莲》的图画("鹭"与"路"同音,"莲"与"廉"同音),就被很多文人置于自己的书房中。

部分花的别称

花名	别称	花名	别称
荷花	(花之君子)芙蓉	山茶花	花中寿者
兰花	中国国香	月季	花中王后
海棠	中国国艳	杜鹃	花中西施
梅花	中国国魂	菊花	花中隐士
芍药	花中之相	吊钟花	百花盟主
牡丹	花中之王	松、竹、梅	岁寒三友
水仙	凌波仙子	梅、兰、竹、菊	四君子

学而思

一、填空题。

1."清水出芙蓉，天然去雕饰"，荷花美而不艳，以它独特的自然美成为诗人吟咏的对象。请你将下面的诗句补充完整，并感受其无穷的魅力。

（1）_____，早有蜻蜓立上头。（宋·杨万里《小池》）

（2）江南可采莲，_____。（汉乐府《江南》）

2.在括号里填入花名，把诗句补充完整。

（1）待到重阳日，还来就_____。（唐·孟浩然《过故人庄》）

（2）忽如一夜春风来，千树万树_____开。（唐·岑参《白雪歌送武判官归京》）

（3）借问酒家何处有，牧童遥指_____村。（唐·杜牧《清明》）

（4）竹外_____三两枝，春江水暖鸭先知。（宋·苏轼《惠崇春江晚景》）

（5）接天莲叶无穷碧，映日_____别样红。（宋·杨万里《晓出净慈寺送林子方》）

（6）人间四月芳菲尽，山寺_____始盛开。（唐·白居易《大林寺桃花》）

二、选择题。

下列哪些是《采莲曲》作者王昌龄的美誉？（　　　）（多选）

A.七绝圣手　　　　　　　　B.开天圣手

C.诗家夫子　　　　　　　　D.诗天子

高适

字　　号	字达夫，别名高常侍
籍　　贯	渤海蓨（tiáo）（今河北景县）人
生 卒 年	约700—765
誉　　称	边塞四诗人
派　　别	边塞诗派
主要作品	《别董大》《塞下曲》等

高适是盛唐著名的边塞诗人，其诗歌笔力雄健，气势奔放。他少年时虽然孤苦贫寒，但仍有建功立业之志。二十岁时，高适前往长安求取功名未果，后来游历到了宋州（今河南商丘），并定居在宋城[今商丘睢（suī）阳]，他亲自种田耕作，过了八年自给自足的生活。

天宝八年（749），高适科举及第，当上了丘尉。他曾长期从军，三度出塞，每次都写有大量的诗来纪行或抒怀。他是盛唐时期"边塞诗派"的领军人物，诗风悲壮苍凉、奔放豪健、慷慨激昂。后人把高适、岑参、王昌龄、王之涣合称为"边塞四诗人"；高适与岑参并称为"高岑"。

名句集锦

◎ 万里不惜死，一朝得成功。　　　　　　　　《塞下曲》
◎ 莫愁前路无知己，天下谁人不识君？　　　　《别董大》
◎ 相看白刃血纷纷，死节从来岂顾勋。　　　　《燕歌行》
◎ 君不见沙场征战苦，至今犹忆李将军！　　　《燕歌行》
◎ 借问梅花何处落，风吹一夜满关山。　　　　《塞上听吹笛》

08 别董大❶

〔唐〕高 适

千里黄云白日曛❷,
北风吹雁雪纷纷❸。
莫愁前路无知己❹,
天下谁人不识君❺?

写作背景

唐玄宗天宝六年(747)冬天,高适和琴师董庭兰在睢阳(今河南商丘)相会。临别之时触景生情,高适写下这首诗送别好友,以表达对友人的不舍和对未来的无限期望。

译文悦读

夕阳西下,千里乌云翻滚,日色也因此变得昏黄,凛冽的北风吹着南飞的大雁,天地中雪花纷纷飘落。朋友啊,不要担心将要前往的地方没有知己好友,放眼天下,又有哪个人不认识才艺高超的董琴师?

❶董大:即董庭兰,诗人的朋友,音乐家,家族排行老大,故称之。❷黄云:黄沙弥漫如云。曛:落日的余晖,又指黄昏,傍晚。❸雁:南飞的大雁。纷纷:杂乱的样子。❹莫愁:不要担心。莫,不要。愁,担心,担忧。
前路:即将到达的地方。
知己:相知的朋友。
❺谁:哪个人。识:认识。
君:古代对别人的尊称,相当于"您",这里指董大。

诗词鉴赏

前两句描写的是诗人和友人离别时的环境和气象：北风吹雁，大雪纷纷。这种场景的描写，无疑是突出离别时的伤感气氛。北雁南飞的凄凉孤独，恰好衬托出诗人对友人离去的关爱和不舍。

三、四句，作者一改前两句抑郁的伤感气氛，转而去劝慰和鼓励好友，让他一定要相信自己的能力，无论置身何处，一定会有很多人认可他。诗人的言辞之中都是肯定和赞美的词语，这样的激励方式，无疑会给友人带来无尽的温暖，也使这首诗的格调变得高昂，充满了豪迈之气。

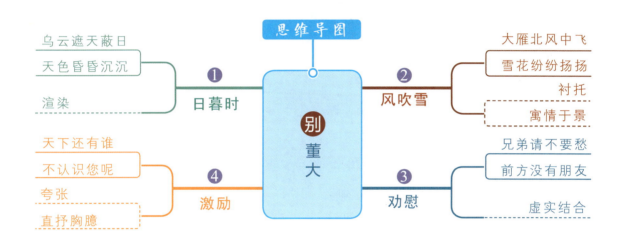

知识拓展

知　己

从字面意思理解，知己就是那些能够了解、赏识自己的人，或者是双方情谊真挚、关系深厚的好友。所以从知己的定义来看，首先它必须符合相互尊重的标准，只有充分尊重和理解对方，才是树立深厚友谊的基础和关键所在；其次是相互扶持，既然是知己，在对方遇到困难的时候伸出援助之手，无论是物质上还是精神上，都要去帮扶和鼓励对方。明白了这两点，人们就可以懂得什么是真正的知己了。

学而思

一、填空题。

1.这首诗的作者是 _____ 代诗人 _____，他与 _____ 齐名，并称为"高岑"，二人作诗风格相近。

2.古往今来，许多文人墨客对离歌歌吟不绝。高适在《别董大》中写道"_____，_____"，表达出作者对好友的美好祝福。

3.请你根据诗句，补写出对应的叠词。

(1)天(　　)，野(　　)，风吹草低见牛羊。　　　　(北朝民歌《敕勒歌》)

(2)千里黄云白日曛，北风吹雁雪(　　)。　　　　(唐·高适《别董大》)

(3)谁知盘中餐，(　　)皆辛苦。　　　　(唐·李绅《悯农》)

二、选择题。

1.下列诗中哪一首不属于送别诗?(　　)

A.《别董大》　　　　B.《赠汪伦》

C.《送元二使西安》　　D.《江南》

2."天下谁人不识君"中的"君"在诗中指的是(　　)。

A.高适　　　　B.李白

C.董庭兰　　　D.岑参

3.下列诗人中，不是"边塞四诗人"之一的是(　　)。

A.高适　　　　B.王昌龄

C.王维　　　　D.岑参

王维

字　　号	字摩诘，号摩诘居士
籍　　贯	河东蒲州(今山西永济)人
生 卒 年	701—761
誉　　称	诗佛
派　　别	山水田园派
主要作品	《使至塞上》《九月九日忆山东兄弟》《竹里馆》等

时代轴：北朝 — 初唐 — 盛唐 ◀ 王维 — 中唐 — 晚唐 — 宋代

　　王维是盛唐时期著名的诗人、画家。他自幼聪颖，九岁就能作诗写文章，擅长书画，娴于丝竹音律，多才多艺。有"诗佛"之称。开元九年（721）考中进士，担任太乐丞，后来被贬。安史之乱平息后被迫坐牢，经其弟求情后，才被释放，做了太子中允，后来官至尚书右丞，因此后人也称他为"王右丞"。王维受禅宗的影响很大，他在佛学上有很高的造诣，他的名和字就取自佛教的《维摩诘经》。王维的诗、书、画都非常有名，而且他还精通音乐。他是盛唐山水田园诗派的代表，与孟浩然合称为"王孟"。王维的诗清新脱俗，清淡自然，被誉为"诗中有画，画中有诗""诗中有禅"。

名句集锦

◎月出惊山鸟，时鸣春涧中。《鸟鸣涧》
◎空山新雨后，天气晚来秋。《山居秋暝》
◎明月松间照，清泉石上流。《山居秋暝》
◎空山不见人，但闻人语响。《鹿柴》
◎红豆生南国，春来发几枝？《相思》

九月九日忆山东兄弟 ❶

〔唐〕王 维

独在异乡为异客 ❷，

每逢佳节倍思亲 ❸。

遥知兄弟登高处 ❹，

遍插茱萸少一人 ❺。

写作背景

唐朝开元五年（717）深秋，十七岁的王维独自漂泊在洛阳和长安两地之间，身心倍感孤独。恰逢九月九日重阳佳节，他非常思念家乡亲朋，由此即兴创作了这首诗。

译文悦读

我一个人孤孤单单地客居他乡，每逢佳节的时候，内心不由得更加思念远方的亲人。可以想象到的是，在那遥远的家乡，兄弟们此刻一定在登高远望，他们都插着茱萸，并为少了我一个人而感到伤心不已。

❶ **九月九日**：即农历九月九日，是我国古代传统节日——重阳节，这天有插茱萸、登高、赏菊、饮菊花酒等习俗。**山东兄弟**：诗人是蒲州（今山西永济）人，蒲州在华山的东面，所以诗中诗人称故乡的兄弟为山东兄弟。 ❷ **独**：单独。**异乡**：他乡。**异客**：生活在他乡的人。 ❸ **逢**：遇到。**倍**：加倍，更加。**思亲**：思念亲人。 ❹ **遥知**：远远地想到。 ❺ **茱萸**：一种常绿植物，有香气。

诗词鉴赏

一、二句，主要描写诗人对故乡亲友的思念之情。尤其"独"字，生动传神地刻画出了诗人此时身处异乡无依无靠的现状，其凄冷寂寞令人感同身受；两个"异"字，突出了客居他乡的身份，在这里他只是一个孤单的异乡人，举目无亲，清冷孤独。从第二句的"倍"字可以看出，即使在平日，诗人也无比思念故乡的亲友，而现在是重阳节，触景生情，只会增加思念之情。

三、四句，诗人笔锋一转，描写的是对故乡亲友在重阳节时的想象和回忆，写作角度也发生了变化。从诗人思念亲友转为家乡兄弟此时此刻也一定在思念他这个异乡人，由此更加衬托出了诗人思乡的愁绪和凄凉情感。

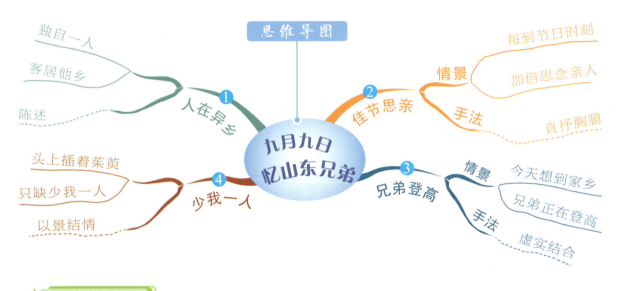

知识拓展

重阳节

农历九月九日叫"重阳"，又称"重九"。因《易经》中把"九"定为阳数，九月九日，两九相重，故曰"重阳"。古人认为重阳是一个值得庆贺的吉祥日。

重阳节通常有赏菊花、饮菊花酒等习俗，所以古时称重阳节为"菊花节"；因古代还风行重阳插茱萸，所以重阳节又叫"茱萸节"；古代民间在重阳节有登高的风俗，故重阳节又叫"登高节"。但是有的地方没有山，无山可登，人们就由登高想到了吃糕，以吃糕代替登高，表示步步高升。

在民俗中，因为"九九"与"久久"同音，九在个位数字中又是最大数，在数中最尊贵，有生命长久、健康长寿的美好寓意，因此人们对此节历来都有着特殊的感情。1989年，我国把一年一度的农历九月九日定为"<u>老人节</u>"，以此倡导全社会树立尊老、敬老、爱老、助老的风气，重阳节又被赋予了一层新的含义。

"重阳节"经常出现在诗词中，被诗人借以表达自己的思乡之情。如，唐代诗人王勃的《<u>蜀中九日</u>》：

　　九月九日望乡台，他席他乡送客杯。
　　人情已厌南中苦，鸿雁那从北地来。

又如，唐代诗人卢照邻的《<u>九月九日玄武山旅眺</u>》：

　　九月九日眺山川，归心归望积风烟。
　　他乡共酌金花酒，万里同悲鸿雁天。

> 学而思

一、填空题。

请在下面的括号内写出对应诗句所描写的节日名称。

1. 独在异乡为异客，每逢佳节倍思亲。（唐·王维《九月九日忆山东兄弟》）　　（　　）
2. 七夕今宵看碧霄，牵牛织女渡河桥。（唐·林杰《乞巧》）　　（　　）
3. 爆竹声中一岁除，春风送暖入屠苏。（北宋·王安石《元日》）　　（　　）

二、选择题。

1.《九月九日忆山东兄弟》中的"山东"指的是（　　）。
　　A. 山东省　　　　　　B. 华山以东地区
　　C. 山的东方　　　　　D. 泰山以东地区

2."遥知兄弟登高处，遍插茱萸少一人"是写少了（　　）。
　　A. 王维的兄弟　　　　B. 王维的朋友
　　C. 王维自己　　　　　D. 王维的母亲

扫码听音频

10 鸟鸣涧①

〔唐〕王 维

人闲桂花落②,
夜静春山空③。
月出惊山鸟④,
时鸣春涧中⑤。

写作背景

唐玄宗开元九年至二十三年(721—735),王维在孟津任职,他曾偷闲去了一趟吴越,在好友皇甫岳所居的云溪别墅寄居,并创作了组诗《皇甫岳云溪杂题》五首,本诗是其中的第一首。

译文悦读

这里少有人来,只有桂花静静地飘落,宁静的夜色中春山一片空寂。刚出来的月亮,惊动了山中的栖鸟,它们在春天的溪涧中时而啼叫。

①**鸟鸣涧**:鸟儿在山涧中鸣叫。涧,山间的流水,这里指王维友人居所附近的小溪。
②**闲**:悠闲,含有人声寂静的意思。
桂花:也叫木樨(xī)花,这里指春天开花的木樨。 ③**春山**:指春日山中。
空:空空荡荡,这里形容山中寂静无声,仿佛什么都没有。
④**月出**:月亮出来了。**惊**:惊动,惊扰。 ⑤**时鸣**:时而啼叫。时,时常,时而,时不时。

诗词鉴赏

诗的前两句写春夜的山中寂静无人，只有桂花静静飘落；后两句写月亮升起，鸟儿被惊起，不时在山谷中鸣叫。

花落、月出、鸟鸣都是动态的景物，为空寂的深山增添了生机，同时起到了以动衬静的艺术效果，更加突出地显示春夜山中的幽静，富有诗情画意。

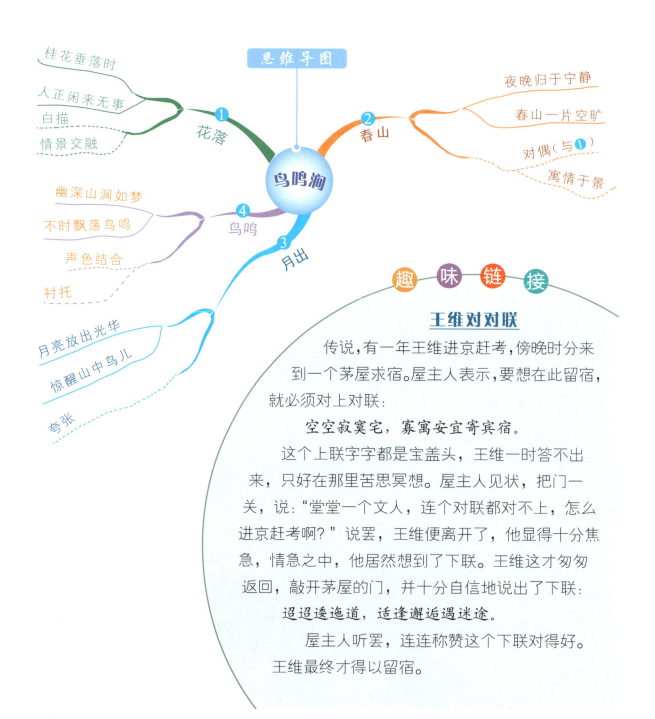

思维导图

鸟鸣涧

① 花落
- 桂花垂落时
- 人正闲来无事
- 白描
- 情景交融

② 春山
- 夜晚归于宁静
- 春山一片空旷
- 对偶（与①）
- 寓情于景

③ 月出
- 月亮放出光华
- 惊醒山中鸟儿
- 夸张

④ 鸟鸣
- 幽深山涧如梦
- 不时飘荡鸟鸣
- 声色结合
- 衬托

趣味链接

王维对对联

传说，有一年王维进京赶考，傍晚时分来到一个茅屋求宿。屋主人表示，要想在此留宿，就必须对上对联：

空空寂寞宅，寡寓安宜寄宾宿。

这个上联字字都是宝盖头，王维一时答不出来，只好在那里苦思冥想。屋主人见状，把门一关，说："堂堂一个文人，连个对联都对不上，怎么进京赶考啊？"说罢，王维便离开了，他显得十分焦急，情急之中，他居然想到了下联。王维这才匆匆返回，敲开茅屋的门，并十分自信地说出了下联：

迢迢逶迤道，适逢邂逅遇迷途。

屋主人听罢，连连称赞这个下联对得好。王维最终才得以留宿。

"鸟"与"乌"一点之差

"鸟"是一个象形字。在金文中,"鸟"的整体像一只长尾鸟,鸟头朝上,有喙(huì)、首、身、羽、足之形。所以,"鸟"的本义为飞禽的总称,又特指有长尾巴的飞禽。

在汉字中,凡以"鸟"为偏旁的字大都与禽类及其行为有关,如:鸡、莺、鸭、鹅、鸣等。

"乌"也是一个象形字。金文的整体像一只乌鸦的形象,突出巨喙等特征。所以"乌"的本义为乌鸦,全身羽毛黑色,嘴大而直,多群居于树林中或田野间。因乌鸦的羽毛是黑色的,所以由此引申为黑色,如:"乌黑"。

学而思

一、填空题。

1. 本诗用衬托手法,运用 _____、_____ 和 _____ 三个动词,对景物的动态进行描写,衬托出了春涧的幽静。

2. 本诗描写了 _____、_____、_____、_____ 等景物,运用衬托的修辞手法,突出了山涧的清幽。

二、下列诗人在中国诗歌史上有着特别重要的地位。请连一连,记一记。

李白　　　　诗圣

杜甫　　　　诗鬼

王维　　　　诗佛

李贺　　　　诗仙

扫码听音频

鹿柴(lù zhài)❶

〔唐〕王 维

空山不见人，
但闻人语响❷。
返景入深林❸，
复照青苔上❹。

写作背景

唐朝天宝年间，王维离开朝廷到终南山的辋川居住，鹿柴是他在辋川所置的别墅。王维在这里和好友裴迪作诗唱和，诗篇汇编为《辋川集》，本诗是其中的第五首。

译文悦读

幽静空旷的山谷里面，看不到一个人的身影，只是在隐隐约约之间，好像听到远处传来人的说话声。夕阳西下，落日的余晖照耀着这幽深的森林，阳光透过树木的空隙，又在青青的苔藓上投下迷离的光影。

❶鹿柴：地名，山西蓝田的辋川一带，诗人曾在此地隐居。柴，通"寨"，栅栏。 ❷但：只(zhǐ)。闻：听，听见。 ❸返景：指落日余晖返照的光。"景"通"影"。
❹复：又，再。照：照耀，照射。
青苔：一种苔藓植物。

诗词鉴赏

这首诗轻灵可爱，诗人在展现优美的山水风光时，也流露出自我悠闲自在、淡泊名利的情怀。

首句描写的是空旷的山林。"不见人"三个字，充分体现了这里的宁静清幽，用词极为精练。第二句，诗人从听觉的角度，描写只能听到人的声音，然而却看不到具体的人，这样就更加衬托出山林的幽静。

三、四句描写的是夕阳西下时余晖返照山林的景色。阅读时，读者眼前会立即呈现一幅立体的画面：幽暗的深林中，夕阳的光亮透过斑驳的树叶映射到地面的青苔上。

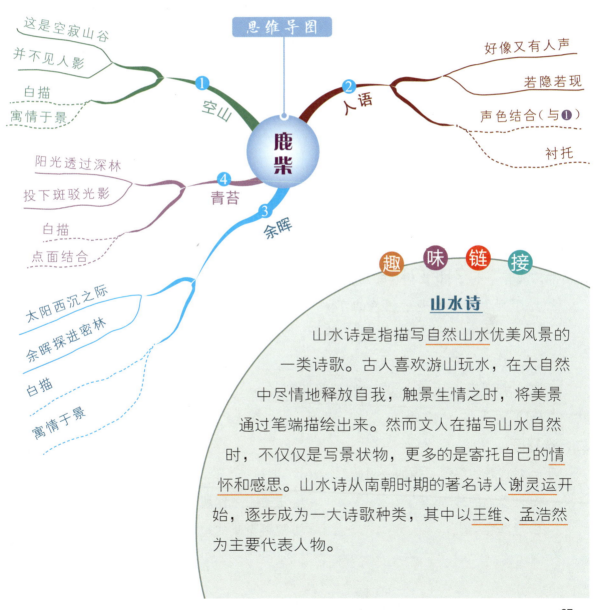

趣味链接

山水诗

山水诗是指描写自然山水优美风景的一类诗歌。古人喜欢游山玩水，在大自然中尽情地释放自我，触景生情之时，将美景通过笔端描绘出来。然而文人在描写山水自然时，不仅仅是写景状物，更多的是寄托自己的情怀和感思。山水诗从南朝时期的著名诗人谢灵运开始，逐步成为一大诗歌种类，其中以王维、孟浩然为主要代表人物。

通假字

通假字是一个汉语词汇,是中国古书的用字现象之一,"通假"是通用、借代的意思,实际上是用读音或字形相同或相近的字代替本字。通假字所代替的那个字叫作"本字"。

本字	通假字	含义
柴	寨	栅栏
元	原	本来
尔	耳	罢了
具	俱	全,皆
无	毋	不要
食	饲	喂
景	影	影子

本字	通假字	含义
止	只	只有
反	返	返回
支	肢	肢体,四肢
扳	攀	牵,引
见	现	出现
坐	座	座位
昔	夕	夜间

学而思

一、填空题。

1.根据诗的意思填空。

这首诗描写了 _____ 时分,____ 和 ____ 中的幽静景象。既有 ____ 衬托出空山的幽静,又有 ____ 衬托出树林的幽深。构成一幅空山人语、深林夕照的优美画面。

2.给下列古诗填上表示颜色的字。

(1)返景入深林,复照 ____ 苔上。

(2)日出江花 ____ 胜火,春来江水 ____ 如 ____ 。

(3)接天莲叶无穷 ____ ,映日荷花别样 ____ 。

(4)两只 ____ 鹂鸣 ____ 柳,一行 ____ 鹭上 ____ 天。

二、选择题。

下列对诗题的解释正确的一项是( )。

A.圈养鹿的地方　　　　　　B.王维山中住所的名字

C.鹿睡在柴上　　　　　　　D.鹿群聚集的地方

12 山居秋暝[1]

〔唐〕王 维

空山[2]新雨后，
天气晚来秋。
明月松间照，
清泉石上流。
竹喧[3]归浣女，
莲动下渔舟。
随意[4]春芳歇，
王孙自可留[5]。

写作背景

开元二十四年（736），宰相张九龄被李林甫等排挤罢官，朝政日趋黑暗，王维的政治热情冷却。几年后，他便隐居在辋川，因为所居住的别墅在终南山下，所以称"山居"。本诗是他晚年归隐时所作。

译文悦读

空寂的山野刚下了一场雨，深秋傍晚的天气特别凉爽。皎洁的月光映照在松林间，清澈的泉水在碧石上流淌。竹林中喧哗是因为洗衣服的姑娘归来，莲叶晃动是因为渔船下的水。春天的美景虽然早已逝去，眼前的秋景却足以令人流连。

---

❶暝：日落之时，天色将晚。 ❷空山：空旷、空寂的山野。 ❸竹喧：竹林中笑语喧哗。喧，喧哗，这里指竹叶发出沙沙声响。浣女：洗衣服的姑娘。浣，洗。 ❹随意：任凭。 ❺留：居住，停留。

诗词鉴赏

一、二句描写了雨后山中的秋景。"空山"两字点明这里犹如世外桃源,山雨初下,万物为之一新。

三、四句写皓月当空,青松如盖,山泉清冽,流到石上,清幽明净的自然美景,描绘出了一幅幽静美丽的画面。

五、六句先写"竹喧",再写"莲动",展现出了一幅无忧无虑、勤劳善良人们的生活场景,反映了诗人对这种无忧无虑生活的向往,也反衬出对黑暗官场的厌恶之情。

七、八句写诗人看到美景后有感而发。虽然春光易逝,但眼前的秋景更佳。他喜归自然,留恋田园生活,想远离官场和归隐之情溢于言表。

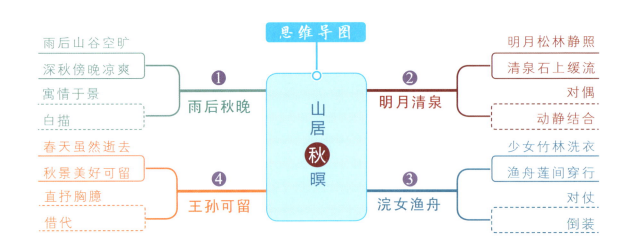

知识拓展

"岁寒三友"

"三友"指的是松、竹、梅三种植物。古时有"松竹梅,岁寒三友;桃李杏,春暖一家"之说。宋代林景熙《王云梅舍记》:"即其居累土为山,种梅百本,与乔松修篁(huáng)为岁寒友。"

松、竹、梅得名"岁寒三友",是因为这三种植物即使在寒冬季节,仍然能够保持顽强的生命力,其中,松、竹在寒冬季节枝叶不凋,梅花则迎寒开放。它们能够傲骨迎风,凌霜而立,象征着一种高洁、坚定的品格。

"岁寒三友"是我国文化界最受欢迎的题材之一。松、竹、梅之所以"结伴为友",追溯起来要回到北宋。苏东坡居士开垦荒地,在自家田边小屋的院子里种植了许多花木,且惺惺相惜地将四季常青的松树、枝干挺拔的绿竹和冷艳报春的冬梅,称作与自己严冬相伴的三位好友。

从此以后,这三位寒风中的斗士在古人眼中,便成了一个铁骨铮铮的"组合"。到深秋之后，百花皆谢，唯有松、竹、梅(岁寒三友)为伴。"松、竹、梅"生命力旺盛，坚贞高洁，因此成为历代诗、书、画中最常见的题材。

三友	特点	象征意义
松	百木之长，经冬不凋	常青不老
竹	清高而有节，宁折不屈	君子之道
梅	耐寒开花	冰清玉洁

松

竹

梅

学而思

一、填空题。

1.这首诗的三、四句通过 _____ 、_____ 、_____ 、_____ 等景物，描绘出了一幅动静结合的《山间月夜图》。

2.诗的最后一句，表达了诗人对这种舒适美景的 _____ 之情。

二、问答题。

王维的"明月松间照，清泉石上流"被誉为"诗中有画"的典范之句。请你用自己的语言将诗中的画面描绘出来。

_____
_____

13 竹里馆①

〔唐〕王 维

独坐幽篁里②，
弹琴复长啸③。
深林人不知④，
明月来相照⑤。

写作背景

王维在蓝田辋川隐居的时候，已经四十多岁，过着半官半隐的生活。他在幽静的竹林里修身养性，这首诗正是他当时生活场景的写照。

译文悦读

独自一个人坐在寂静的竹林中，一面弹着琴一面仰天长啸。这幽深寂静的竹林中，没有人能够听到我的长啸声，只有那皎洁如水的月光，仿佛能够明白我心中的情意一般，洒下月光温柔地照耀着我。

①竹里馆：诗人王维的隐居之地，故址位于终南山辋川一带。 ②幽篁：幽静的竹林。篁，竹林。 ③复：表示动作行为的重复，相当于"再"。 长啸：撮（zuō）口发出长而清脆的声音，类似于打口哨。 ④深林：竹林的深处。 ⑤相照：照耀。照，映照。

诗词鉴赏

一、二句，描写的是诗人在竹林里弹琴的场景。在一片幽深的竹林中，诗人独自静坐，随心弹出动人的琴声，悠然自得，诗人自我高雅洒脱的品行得以展现。

三、四句，诗人将明月赋予一个有情有义、有血有肉的生命体，它似乎看到诗人孤单地处在一个幽静的环境中，亲近之感油然而生，诗人有明月相伴，孤单清冷之感顿消。诗人丰富的想象在诗中得到了充分体现。

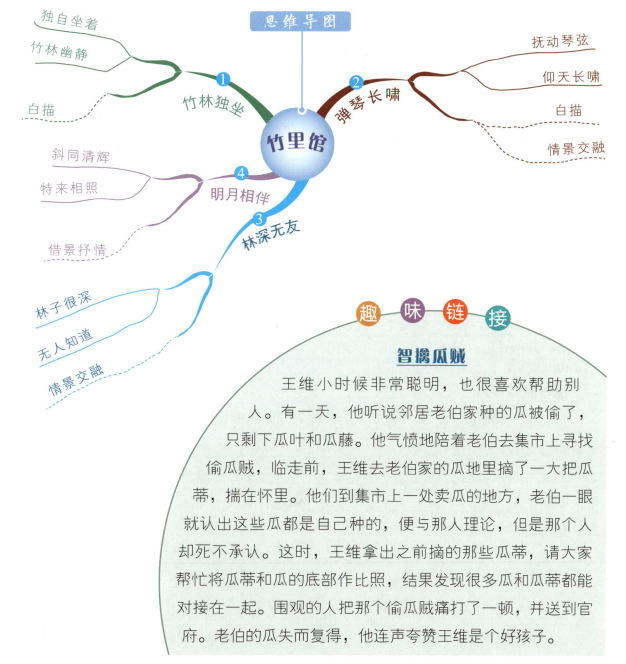

趣味链接

智擒瓜贼

王维小时候非常聪明，也很喜欢帮助别人。有一天，他听说邻居老伯家种的瓜被偷了，只剩下瓜叶和瓜藤。他气愤地陪着老伯去集市上寻找偷瓜贼，临走前，王维去老伯家的瓜地里摘了一大把瓜蒂，揣在怀里。他们到集市上一处卖瓜的地方，老伯一眼就认出这些瓜都是自己种的，便与那人理论，但是那个人却死不承认。这时，王维拿出之前摘的那些瓜蒂，请大家帮忙将瓜蒂和瓜的底部作比照，结果发现很多瓜和瓜蒂都能对接在一起。围观的人把那个偷瓜贼痛打了一顿，并送到官府。老伯的瓜失而复得，他连声夸赞王维是个好孩子。

"四君子"

梅、兰、竹、菊被人们称为"四君子",是咏物诗文和艺人字画中常见的题材。

四君子	特点	象征意义
梅	迎寒而开,美丽脱俗	坚韧不拔的人格
兰	花朵色淡清香,多生于幽僻之处	谦谦君子
竹	经冬不凋,刚直、谦逊,不亢不卑,潇洒处世	不同流俗的高雅之士
菊	耐寒,能经得住风霜,具有顽强的生命力	高洁

梅　　　　　　　兰　　　　　　　竹　　　　　　　菊

竹里馆

这里是诗人王维的隐居之地,故址位于终南山辋川一带。这里环境优美,清幽静谧,一直是令人向往的隐居之所。大诗人王维也相中了这个地方,因此在他晚年时,便搬到此处避世隐居,陶冶情操,同时写下了大量流传后世的诗篇。

学而思

一、填空题。

1.诗中,写夜深人静、明月相伴,与李白的名句"举杯邀明月,对影成三人"可谓有异曲同工之妙,这句诗是"_____,_____"。

2.这首诗表现出了诗人_____、_____的思想感情,能体现诗人思想感情的词语有_____、_____、_____。

二、选择题。

1.读完《竹里馆》这首诗,我们可以知道当时坐在竹林里的有(　　　)人。

　　A.一群　　　　B.一个　　　　C.两个　　　　D.四个

2.下面的词语中,写景的是(　　),写人物活动的是(　　)。

　　A.独坐、弹琴、长啸　　　　B.幽篁、深林、明月

扫码听音频

送元二使安西[1]

〔唐〕王　维

渭城朝雨浥轻尘[2]，

客舍青青柳色新[3]。

劝君更尽一杯酒[4]，

西出阳关无故人[5]。

写作背景

"安史之乱"爆发前夕，西域的战略意义非比寻常。王维的朋友元二恰好要去西域担当要职，深感友人此去责任重大。因此，他特意从隐居的终南山来到长安城为元二送行。

译文悦读

清晨时分，渭城淅淅沥沥的小雨将路上的尘土打湿，从旅店向外看去，街上的柳树色泽青翠清新。我劝朋友再多喝一杯离别的美酒吧，从这里向西走出阳关，就很难再遇上知己好友了。

---

[1] **元二**：诗人的一个朋友，姓元，家族排行第二。**使**：奉命出使。　[2] **渭城**：秦都咸阳故城，在长安西北，渭水北岸。**朝雨**：清晨的细雨。朝，早晨。**浥**：湿润。　[3] **客舍**：旅馆，旅舍。

[4] **更**：再，再一次。**尽**：喝完。

[5] **阳关**：位于甘肃敦煌西南一带，古代丝绸之路的必经之地。

故人：老朋友。

诗词鉴赏

这首诗为经典的送别诗，千百年来为人们所喜爱。诗人在这里以诗的形式，表达了对好友元二离去的不舍之情，同时还给予好友美好的祝愿。

一、二句，交代了送别的地点、时间和环境。在渭城初春的一个早晨，一场春雨使空气格外清新湿润，从客舍向外望去，处处都是嫩绿的柳色春景，给人一种生机勃勃的感觉。

三、四句是送别的场景。在这样一个难舍难分的欢送宴席上，诗人劝说朋友多饮几杯。因为出了阳关之后，就很难再遇到知音好友了，所以不妨痛饮一番，以解相思之情。

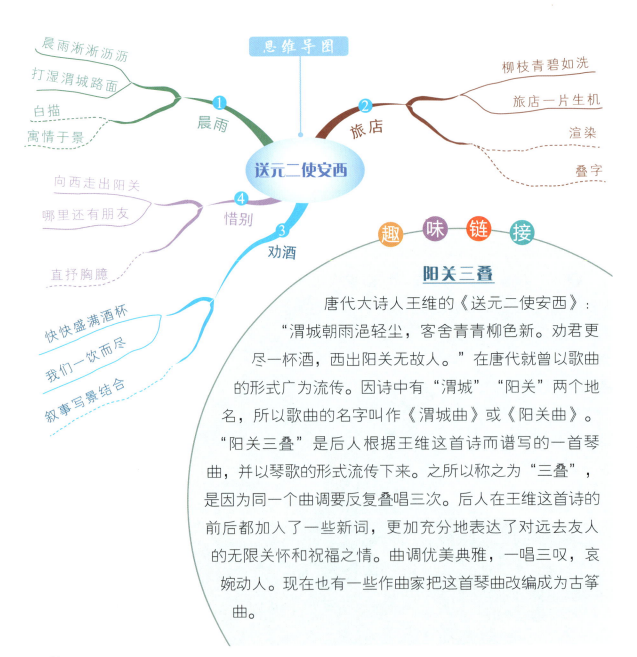

趣味链接

阳关三叠

唐代大诗人王维的《送元二使安西》："渭城朝雨浥轻尘，客舍青青柳色新。劝君更尽一杯酒，西出阳关无故人。"在唐代就曾以歌曲的形式广为流传。因诗中有"渭城""阳关"两个地名，所以歌曲的名字叫作《渭城曲》或《阳关曲》。"阳关三叠"是后人根据王维这首诗而谱写的一首琴曲，并以琴歌的形式流传下来。之所以称之为"三叠"，是因为同一个曲调要反复叠唱三次。后人在王维这首诗的前后都加入了一些新词，更加充分地表达了对远去友人的无限关怀和祝福之情。曲调优美典雅，一唱三叹，哀婉动人。现在也有一些作曲家把这首琴曲改编成为古筝曲。

送别诗

送别诗是抒发诗人离别之情的诗歌。古往今来,许多文人墨客对于离别总是歌吟不绝。在浓浓的感伤之外,往往还有其他寄寓:或用以激励劝勉,或用以抒发友情,或用以寄托诗人自己的理想抱负。盛唐时期的一些送别诗往往洋溢着积极向上的朝气,充满希望和梦想,反映出当时的精神风貌。著名的代表人物有李白、王维、王昌龄等。

阳 关

阳关是古时重要的关隘,又是丝绸之路上通往西域的必经之地,战略位置非常重要。从历史沿革看,阳关是西汉时期所设立的一处关卡,因为地处玉门关南面,所以人们称之为"阳关"。它和玉门关一起,成为当时西域交通的门户。其遗址位于今天甘肃省敦煌市西南七十公里左右的"古董滩"上。

学 而 思

一、填空题。

1.诗人高适在《别董大》中写道:"＿＿＿＿＿＿＿＿,＿＿＿＿＿＿＿＿?"他给友人以勉励与自信。诗人王维在《送元二使安西》中也有两句关于送别的诗句,但所表达的感情与之形成了反差,这两句诗是"＿＿＿＿＿＿＿＿＿＿,＿＿＿＿＿＿＿＿＿＿"。

2.从诗中可知:唐人从长安往西去,多在＿＿＿＿＿＿(地点)与亲友分别;＿＿＿＿(关隘名)为古代出塞之要道。

二、判断题。(对的打"√",错的打"×")

1.《送元二使安西》和《鹿柴》都是唐代诗人王维所作。（ ）

2."劝君更尽一杯酒,西出阳关无故人"和"独在异乡为异客,每逢佳节倍思亲",都是写送别朋友的诗句。（ ）

3."两岸青山相对出,孤帆一片日边来"这句话由唐代诗人杜甫所作。（ ）

15 画

〔唐〕王 维

远看山有色❶,
近听水无声。
春去花还在,
人来鸟不惊❷。

❶色:颜色,又有景色的意思。　❷惊:害怕,吃惊。

写作背景

这首诗是王维为了赞美一幅画而作,充分体现了他"诗中有画,画中有诗"的一大特点,是一篇千古流传的佳作。

译文悦读

在远处可以看见山上青翠秀丽的风景,走近后却听不到流水的声音。春天过去了,但花儿竟然没有凋谢,人走近了,鸟儿也没有因害怕而飞走。

诗词鉴赏

本诗是一首谜语诗。诗人主要描写的是自然景物,赞叹的却是一幅画。诗人以浅显易懂的文字,巧妙地把画面上的各种形象表现了出来。每一句诗的第三个字,依次为"山""水""花""鸟",这些都是典型的国画题材。

第一句写山,是静态。因距离而产生美感,让人觉得风光无限。第二句写水,本应是动态,却因为有源头的活水,所以走近听有水声,但结果"无声",又回到了静态。在动静的取舍上,可以说诗人做到了游刃有余。第三句写花。春天已经过去,花儿本该凋谢,但所观之花却仍然盛开,而不因季节的变化而凋零。第四句写鸟。一反常态,枝头鸟儿见人来到,却不惊飞。

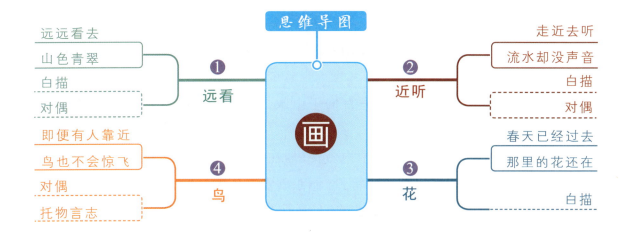

知识拓展

"三山五岳"和"五湖四海"

在历代古籍和诗文中,常见到"三山五岳"和"五湖四海"。

"三山五岳"中的"五岳"是指我国历史上的五大名山,即东岳泰山(山东)、西岳华山(陕西)、南岳衡山(湖南)、北岳恒山(山西)和中岳嵩(sōng)山(河南)。

其中,"三山"有三种不同的说法:

(1)指华夏远古神话传说中的三条龙脉——喜马拉雅山脉(西藏)、昆仑山脉(跨青海、四川、新疆和西藏四省)和天山山脉(新疆);

(2)指道教传说中的三座仙山——蓬莱、方丈山和瀛洲;

(3)指现在人们所喜欢的三座旅游名山——黄山(安徽)、庐山(江西)和雁荡山(浙江)。

"五湖四海"中的"五湖"一般指的是洞庭湖(湖南)、鄱阳湖(江西)、太湖(江苏)、巢湖(安徽)和洪泽湖(江苏)。

其中,"四海"现在指渤海、黄海、东海和南海。渤海主要位于中国的最北端,海水的平均深度约为18米;黄海是半封闭海洋,海水平均深度约为44米;东海的北面与黄海相连接,南面与广东省相隔,海水平均深度约为349米;南海位于我国的南部,海水平均深度约为1212米。

辋川别业

辋川别业是唐代诗人王维在辋川山谷（今陕西蓝田西南），在宋之问辋川山庄的基础上营建的园林。

在辋川别业的建造过程中，王维寄情于山水，创造了一种意境深远、简洁朴素的园林形式。

北宋词人秦观在《书辋川图后》中自叙说，他在汝南做官时，久病不愈。有朋友带来王维的《辋川集》画卷，画中绘有鹿柴等景。他在欣赏画作的同时，又读了王维的《鹿柴》等诗，病竟然不治而愈。由此可见：王维的诗、画具有相当大的艺术魅力。

学而思

一、请在诗中找出意思相反的三组字，并写在对应的括号内。

（　　）——（　　）　　（　　）——（　　）　　（　　）——（　　）

二、填空题。

1.《画》这首诗依次写 _____、_____、_____、_____ 等物，通过 _____、_____、_____、_____ 等方位凸显了"画"的形象特征。

2.其实，这首诗是一则谜语的谜面，其谜底是 _____。

三、请根据下列诗句的意思，在横线上写出对应的诗句。

1.远看高山色彩明亮，走近却听不到水流的声音。
_____

2.春天过去了，可是依旧有许多花草争奇斗艳，人走近，鸟却没有因害怕而飞走。
_____

李白

字　　号	字太白，号青莲居士
故　　居	绵州昌隆（今四川江油）
生 卒 年	701—762
誉　　称	诗仙
派　　别	浪漫主义诗派
主要作品	《望庐山瀑布》《行路难》《蜀道难》等

时间轴：北朝 — 初唐 — 盛唐（◀ 李白）— 中唐 — 晚唐 — 宋代

李白是中国文学史上继屈原之后的又一位伟大的浪漫主义诗人，被誉为"诗仙"，与杜甫并称为"李杜"。他少年时期，就受到了很好的家庭教育，十岁就会背诵诗书，观百家写诗赋，学习剑术，爱好十分广泛，十五岁左右就写得一手出色的好文章。

李白性格狂放不羁，爱好饮酒作诗，喜欢结交朋友，被贺知章称为"谪仙人"。他的作品想象力丰富，浪漫奔放，意境奇绝；诗句行云流水，自然流畅。有《李太白集》三十卷传世，其中许多都成了经典。

"笔落惊风雨，诗成泣鬼神"是对李白的狂放不羁和惊世之才的至高评价，他的诗歌被认为是中国浪漫主义诗歌的巅峰。

名句集锦

◎举头望明月，低头思故乡。　《静夜思》
◎桃花潭水深千尺，不及汪伦送我情。　《赠汪伦》
◎飞流直下三千尺，疑是银河落九天。　《望庐山瀑布》
◎两岸猿声啼不住，轻舟已过万重山。　《早发白帝城》
◎孤帆远影碧空尽，唯见长江天际流。　《黄鹤楼送孟浩然之广陵》

16 望庐山瀑布[1]

〔唐〕李 白

日照香炉生紫烟[2],

遥看瀑布挂前川[3]。

飞流直下三千尺[4],

疑是银河落九天[5]。

写作背景

唐玄宗开元十三年(725),诗人出游金陵途中,在游览庐山时,看到瀑布的宏伟气势,于是有感而作,写下了两首诗。本诗是其中的第二首。

译文悦读

香炉峰在阳光的照耀下,升起了一片紫色的烟雾,从远处观看奔腾的瀑布,它就好像大河一般悬挂在山壁的前面。飞流从三千尺的高空中直泻下来,这种场景会让人生出一种错觉,误以为那是银河从九天之上奔腾而下。

---

❶庐山:中国名山,位于江西省九江市北部。　❷香炉:即香炉峰。紫烟:紫色的烟雾。
❸遥看:远远看去。挂:悬挂。川:原指河流,这里指瀑布。　❹三千尺:虚指,而不是实指,形容山很高,一种夸张的说法。　❺疑:怀疑。九天:古人认为天有九重,九天即天的最高层,这里指极高的天空。

诗词鉴赏

这是一首写景诗，对后世影响深远。

一、二句从视觉角度看，是在远处的一种眺望，又是从整体上对庐山瀑布的一种描绘。诗人先是从香炉峰写起，着重描写香炉峰在明媚的阳光照耀之下，本身所升腾起来的那种迷人的紫色烟雾，这种描写如烟如雾，朦胧神秘，美景引人入胜。随后诗人又将目光转向奔腾不息的瀑布，一个"挂"字，生动形象，传神到位，将瀑布悬挂山崖前的气势充分地刻画了出来。三、四句无疑是对近景的观察和描写。诗人在这里使用了夸张的修辞手法，以"三千尺"这一数量词，突出了瀑布壮观的气势，同时一个"飞"字，还恰如其分地刻画出了瀑布飞流直下的惊人速度，画面感极强。

全诗浪漫气息浓厚，诗人的奇特想象、夸张和比喻的运用、绚丽的色彩描绘均蕴含其中，全景式地展现出了庐山瀑布的壮观气势。

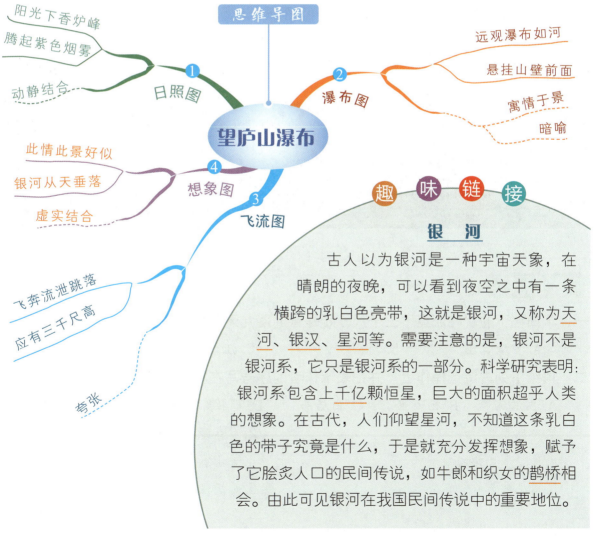

趣味链接

银河

古人以为银河是一种宇宙天象，在晴朗的夜晚，可以看到夜空之中有一条横跨的乳白色亮带，这就是银河，又称为天河、银汉、星河等。需要注意的是，银河不是银河系，它只是银河系的一部分。科学研究表明：银河系包含上千亿颗恒星，巨大的面积超乎人类的想象。在古代，人们仰望星河，不知道这条乳白色的带子究竟是什么，于是就充分发挥想象，赋予了它脍炙人口的民间传说，如牛郎和织女的鹊桥相会。由此可见银河在我国民间传说中的重要地位。

知识拓展

你去过庐山吗？

庐山，又名匡山、匡庐，在江西省北部，耸立于鄱阳湖畔、长江之滨。相传，在周朝时，有匡氏七兄弟上山修道，结庐为舍，由此而得名。大山、大江、大湖浑然一体，险峻与柔丽相济，素以"雄、奇、险、秀"闻名于世，有"匡庐奇秀甲天下"之美誉。

庐山山中多悬崖峭壁、清泉飞瀑，树木葱茏，气候宜人。白鹿洞、仙人洞、三叠泉等是庐山著名胜迹，中国最早的书院——白鹿洞书院就在这里。毛泽东在庐山题有"庐山诗词苑"。

庐山的美景吸引了许多文人墨客，李白一生到九江五次，总共写下了二十多首有关九江和庐山的诗。

有关庐山瀑布的诗句

挂席几千里，名山都未逢。（唐·孟浩然《晚泊浔阳望庐山》）

万里朝沧海，千寻出白云。（唐·江为《瀑布》）

花映新林岸，云开瀑布泉。（唐·张继《江上送客游庐山》）

今古长如白练飞，一条界破青山色。（唐·徐凝《庐山瀑布》）

学而思

一、李白笔下的"飞流直下三千尺，疑是银河落九天"指的是（　　）风景区。

　　A. 安徽黄山　　　B. 河南嵩山　　　C. 江西庐山

二、请给下列古诗选择作者，并把表示作者的序号写在相应的括号里。

　　A. 孟浩然　　B. 杨万里　　C. 白居易　　D. 杜牧　　E. 贺知章　　F. 李白

1.《咏柳》（　　）　　　　2.《春晓》（　　）

3.《望庐山瀑布》（　　）　　4.《山行》（　　）

5.《小池》（　　）　　　　6.《忆江南》（　　）

望天门山 ❶

〔唐〕李 白

天门中断楚江开❷,

碧水东流至此回❸。

两岸青山相对出❹,

孤帆一片日边来❺。

写作背景

这首诗作于开元十三年（725），诗人从巴蜀乘船赴江东。中途路过当涂（今安徽当涂），来到天门山时，有感于自然景观，便创作了这首诗。

译文悦读

雄伟的天门山被滚滚的长江水一分为二，碧绿的江水从东面流到这里，然后又折返向北而去。眼前是相互对立着的两岸青山，在夕阳西下的天边处，一只小船远远驶来。

❶ 天门山：位于今安徽省境内的长江两岸。位于江西的称作西梁山，位于江东的称作东梁山。两山隔江对峙，如天设的门户一般，故得名。 ❷ 天门：即天门山。中断：江水从中间将两山隔断。楚江：因为此地属古代的楚国，所以流经这里的长江又称楚江。 ❸ 回：回转。 ❹ 对出：对立出现。出，出现。 ❺ 孤帆：孤舟。孤，单独。帆，船帆，这里指船。日边：太阳升起的地方。

诗词鉴赏

这是一首写景诗。首句用"断""开"二字，形象地描绘出天门山从中间断开的景象。也正因为如此，波涛滚滚的长江才得以奔腾而下，气势万千，大自然的鬼斧神工也充分地体现出来。

第二句中的"至此回"一词，形象地描绘出长江水回旋流动的特点，将奔腾澎湃的画面呈现在读者面前。第三句写诗人观望两岸青山的景色。"相对出"给人一种青山在动的错觉，赋予静止的事物一种动态的美。第四句，船只越来越靠近天门山，诗人由远及近，把看到天门山的欣喜之情全面地展现出来。

全诗以"望"字统领全篇，语言简洁有力，动静结合，气魄豪迈，充分描绘了天门山的美景，有较强的艺术感染力。

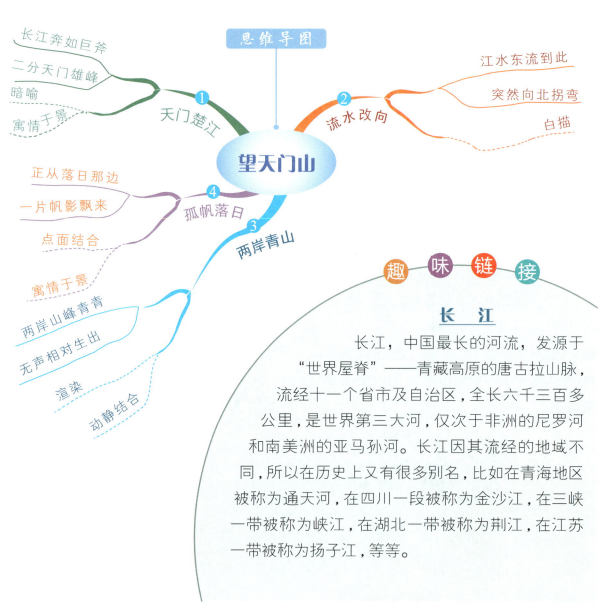

趣味链接

长 江

长江，中国最长的河流，发源于"世界屋脊"——青藏高原的唐古拉山脉，流经十一个省市及自治区，全长六千三百多公里，是世界第三大河，仅次于非洲的尼罗河和南美洲的亚马孙河。长江因其流经的地域不同，所以在历史上又有很多别名，比如在青海地区被称为通天河，在四川一段被称为金沙江，在三峡一带被称为峡江，在湖北一带被称为荆江，在江苏一带被称为扬子江，等等。

诗人的脾气

"初唐四杰"之一的杨炯才华出众，恃才傲物。他曾蔑视地称那些装模作样的朝廷官员为"麒麟楦（qí lín xuàn）"。别人问他："此话怎讲？"他说："耍麒麟的都是先用布蒙在驴身上画麒麟，初看起来像麒麟。其实揭掉画布，不过是一头驴罢了。"那些朝廷大员，听后又气又恨。

桀骜不驯的大诗人李白也很有个性。他曾被招到宫廷，做御用文人。这与他的理想相差甚远。有一次唐玄宗命他写诗，他便趁着醉酒，让高力士为他脱鞋、研墨。高力士怀恨在心，在杨贵妃和唐玄宗面前说李白的坏话，最后唐玄宗把李白赐金放还。李白并不在意，离开了他并不留恋的宫廷，潇潇洒洒地高唱着"安能摧眉折腰事权贵，使我不得开心颜"的诗篇，游览祖国大好山河去了。

学而思

一、填空题。

1. 本诗用"＿＿"和"＿＿"二字写出了江水的声势浩大；又用"＿＿＿"和"＿＿＿"二字写出了江流回旋激荡之态，充分体现了李白的豪放诗风。

2. "两岸青山相对出，＿＿＿＿＿＿＿＿＿＿＿＿"描写的是远景，我们还可以从"＿＿＿＿＿"一词中看出来。

二、请根据诗的内容将下列诗句中漏掉的数字写在括号里。

1. 碧玉妆成（　　）树高，（　　）条垂下绿丝绦。
2. （　　）岸青山相对出，孤帆（　　）片日边来。
3. 故人西辞黄鹤楼，烟花（　　）月下扬州。
4. 朝辞白帝彩云间，（　　）里江陵（　　）日还。
5. 飞流直下（　　）千尺，疑是银河落（　　）天。
6. 不知细叶谁裁出，（　　）月春风似剪刀。

扫码听音频

18 静夜思

〔唐〕李　白

床前明月光,
疑是地上霜。
举头望明月,
低头思故乡。

写作背景

唐玄宗开元十四年（726）秋，李白出门远游，在扬州不慎病倒。阴历九月十五日夜，李白在旅馆的病榻上看着天上的一轮明月，思乡之情油然而生，便写下了这首诗。

译文悦读

床前洒满了皎洁的月光，这种景象好似地上凝结了一层银白色的秋霜。抬起头去仰望窗外空中悬挂的明月，不由得低下头思念离别多年的故乡。

❶ 静夜思：在安静的夜里所产生的思绪。❷ 床：指胡床，一种坐具。❸ 疑：怀疑，猜疑，这里指好像。❹ 举头：仰起头，抬起头。举，抬起。❺ 低头：低下头。思：思念，想念。

诗词鉴赏

一、二句描写的是诗人身处异乡,苦闷的愁绪一时涌上心头,他辗转反侧,再也难以入睡。在这种情况下,诗人误将眼前的月光当作了秋霜,"霜"字更加突出了诗人此时内心的清冷和孤独,对全诗意境的渲染有很大作用。

三、四句更是全诗思想情感的升华。一个"望"字,突出表现了诗人对故乡的思念。而仰望明月之后,诗人又不由得低下头来,将刚才涌起的悲酸情绪压抑下来,所以一仰一俯之间,生动传神地刻画出了诗人无比深切的思乡情感。

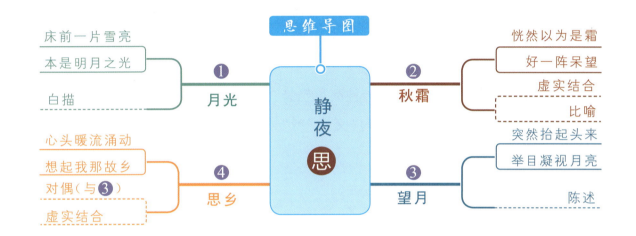

知识拓展

班门弄斧

从前,有个人叫鲁班,他是著名的工匠,被行家奉为"匠师之祖"。一天,一位年轻人走到朱漆大门前,举起手里的斧子说:"我的斧子虽不起眼,但不管是什么木料,只要经过我的斧头,就会做出无比漂亮的东西来。"旁边人觉得他太夸口,便问道:"小师傅能做出比这朱门还好的门吗?"年轻木匠傲慢地说:"我是鲁班的学生,难道还做不出这样简单的大门吗?"众人大笑说:"这就是鲁班先生的家,这扇门是他亲手打造的,你能做得更好吗?"年轻木匠听后深感羞愧地离开了。后用"班门弄斧"比喻在行家面前卖弄本领。

古代的床

"床"字的甲骨文是象形字,整体像竖起的床,床腿朝左,床面朝右。小篆变成了会意字,加"木",表示床是由木材所制,左边变为"爿"(qiáng),仍表示床,合起来表示用木头做成的床。所以,"床"的本义为供人坐卧的家具。

"床"是古代的家具之一。在汉代,不仅是卧具,就连坐具也称为"床",如:梳洗床、火炉床、居床、册床等。到了西汉后期,又出现了"榻"字,专门指坐具。所以,现在以"床榻"并称。

汉代少数民族有"胡床",这是一种高足坐具。到了隋代,"胡床"称为"交床",到了唐代,又称为"绳床",直至宋代,称为"交椅"或"太师椅"。而真正的卧具,在宋代被称为"四面床",大多四面设有围子。

学而思

一、填空题。

全诗以"_____"为线索,通过对月色的描写和对诗人内心活动的刻画,抒发了作者深切的_____之情。此诗被称为"_____",千百年来感动了无数客居他乡的游子。

二、写出下列各句采用的修辞手法。

1. 鹅,鹅,鹅,曲项向天歌。(唐·骆宾王《咏鹅》) (　　　)

2. 莫愁前路无知己,天下谁人不识君?(唐·高适《别董大》) (　　　)

3. 床前明月光,疑是地上霜。(唐·李白《静夜思》) (　　　)

19 夜宿山寺 [1]

〔唐〕李 白

危楼高百尺 [2],
手可摘星辰 [3]。
不敢高声语 [4],
恐惊天上人 [5]。

写作背景

唐玄宗开元十五年(727),李白在湖北安陆安家后,经常在江汉大地游玩。一天,他来到黄梅县江心寺时,发现寺内后院有一座藏经楼,他爬上高楼远眺,顿时感到银河星光灿烂就在眼前。于是写出了这首脍炙人口的经典诗作。

译文悦读

建在山顶的楼房仿佛有一百尺高,站在上面,好像一伸手就能摘到天上的星星。我不敢大声说话,害怕不小心惊动了天上的神仙。

---

[1] 宿:住宿。山寺:山中的寺庙。 [2] 危楼:高楼,这里指建在山顶的寺庙。危,高。百尺:形容楼很高。 [3] 星辰:指天上星星的总称。 [4] 语:说话。 [5] 恐:害怕,唯恐。天上人:指天上的神仙。

诗词鉴赏

这是一首写景的小诗,诗歌中的文字虽然自然朴素,但充满想象力,形象逼真,令人称奇。一、二句是总述,展现出了楼之高;并从侧面交代了时间,说明作者登楼的时间是夜晚。后两句则以夸张的笔调,刻画出诗人夜临"危楼"时的心理状态:他"不敢"大声说话,"怕"惊动了天上的仙人,再次烘托出楼之高、险,给人以身临其境的感觉。

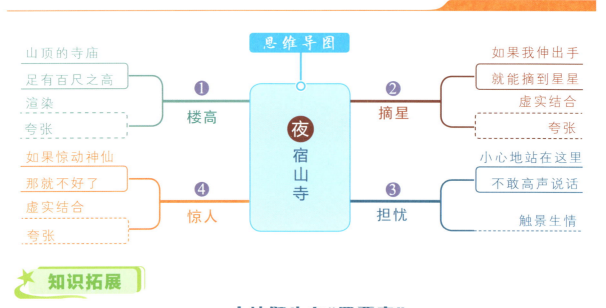

知识拓展

古诗题也有"四要素"

在故事中,时间、地点、人物、事件称为"四要素",而古诗的题目也有四要素。

古诗题对诗人来说至关重要,为了说明诗的内容,作者恨不得把一切信息都倾注在题目里,就是怕人看不懂,所以在诗题里恨不得把时间、地点、人物、事件等重要信息都写出来。

但在实际的诗题中,四要素不一定全部显示出来。

如,唐代诗人李白的《夜宿山寺》,短短四个字的题目就把时间、地点和事件交代得一清二楚。

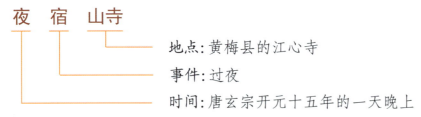

又如,李白的《黄鹤楼送孟浩然之广陵》,诗题把地点、人物、事件全部展示出来。

```
黄鹤楼  送  孟浩然  之广陵
```
- 事件：李白送孟浩然去广陵
- 人物：唐代山水田园诗人，李白的好朋友
- 地点：江南三大名楼之一

再如，唐代诗人王维的《送元二使安西》，诗题把地点、人物、事件也展示了出来。

```
送  元二  使  安西
```
- 地点：唐代安西都护府，西北边疆
- 事件：王维送元二出使安西
- 人物：姓元，排行第二，诗人的朋友

学而思

一、填空题。

本诗运用_____的修辞手法，把山寺的_____和夜晚的_____写得形象逼真，让人身临其境。

二、选择题。

1. 下列加点字读音不正确的一项是(　　)。
   A. 夜宿山寺（sì）　　B. 手可摘星辰（chén）
   C. 不敢高声语（yù）　　D. 夜宿山寺（sù）

2. 下列诗句中断句不正确的一项是(　　)。
   A. 危楼/高/百尺　　B. 不敢/高声/语
   C. 手可/摘/星辰　　D. 恐惊/天/上人

3. "危楼高百尺"中"危"的意思是(　　)。
   A. 高楼　　B. 非常危险的楼

扫码听音频

20

黄鹤楼送孟浩然之广陵[1]

〔唐〕李 白

故人西辞黄鹤楼[2],
烟花三月下扬州[3]。
孤帆远影碧空尽[4],
唯见长江天际流[5]。

写作背景

唐玄宗开元十五年(727),李白在安陆认识了年长他的孟浩然,两人相见恨晚。开元十八年(730)三月,李白得知孟浩然要去广陵,便请他前来江夏相聚。相聚后,李白在江边送别友人,并写下了这一千古名篇。

译文悦读

我的好友孟浩然在黄鹤楼这里和我相别,准备在柳絮如烟、繁花似锦的三月顺着江流前往扬州。他乘坐的小船影子渐行渐远,慢慢地消失在天水相接的尽头,眼前所留下的只有那滚滚的长江水,一刻不停地向着天边奔腾而去。

---

❶ **孟浩然**:李白的朋友,唐代大诗人。**之**:往,到。**广陵**:即扬州。 ❷ **故人**:即孟浩然。**西辞**:从西边离开。辞,辞别。 ❸ **烟花**:柳絮如烟一般,形容春天美好的景致。**下**:到,这里指顺流而下。 ❹ **碧空尽**:消失在碧蓝的天空。尽,尽头,消失不见。 ❺ **唯**:只,反。
天际流:流向天边。天际,天边。

诗词鉴赏

首句写出了送别的地点和对象，"故人"一词用语精练，表明两人之间有着深厚的友谊，黄鹤楼是送别的地点。

第二句表明了送别的时间和友人的去向。阳光明媚的三月，诗人用"烟花"来修饰，便将这大好的春光展现了出来。

三、四句未直接写自己和友人分别时的不舍和难过，而是从写景入手，看着好友的船渐行渐远，直到消失无踪。诗人一直目送着好友的离去，内心的留恋和惆怅之情跃然纸上，两人真挚的友情感人至深。

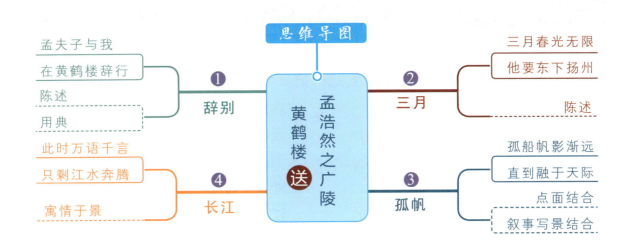

知识拓展

天下江南第一楼 —— 黄鹤楼

黄鹤楼是中国著名的楼阁之一，位于湖北武汉长江南岸武昌蛇山的山巅之上。

传说，三国时期的费祎在此乘坐黄鹤成仙，因此得名。唐代诗人崔颢(hào)在此创作《黄鹤楼》一诗，李白在此写下《黄鹤楼送孟浩然之广陵》诗篇，更使黄鹤楼声名大振，因此此楼自古就有"天下江南第一楼""天下绝景"的美誉。

黄鹤楼和晴川阁、古琴台并称为"武汉三大名胜"，同时它还和湖南岳阳楼、江西滕王阁并称为"江南三大名楼"，声名显赫。

登上黄鹤楼，武汉三镇的旖旎(yǐ nǐ)风光历历在目，辽阔神州的锦绣江山也遥遥在望。由于这独特的地理位置，以及前人流传至今的诗词、文赋、楹(yíng)联、匾额、石刻和民间故事，使黄鹤楼成为山川与人文景观相互倚重的文化名楼。

黄鹤楼

石刻　　　　　　　　　匾额　　　　　　　　　楹联

下列是一些地方的名楼，请读一读，记一记。

湖南岳阳 ——→ 岳阳楼	陕西西安 ——→ 钟鼓楼
湖北武汉 ——→ 黄鹤楼	云南昆明 ——→ 大观楼
江西南昌 ——→ 滕王阁	湖南长沙 ——→ 天心阁
山西运城 ——→ 鹳雀楼	浙江宁波 ——→ 天一阁
山东蓬莱 ——→ 蓬莱阁	江苏南京 ——→ 阅江楼

学而思

一、填空题。

诗中，_____（前/后）两句叙事，_____（前/后）两句写景，主要描写作者送别朋友_____（人名）时的情景，表达出了作者_____的思想感情。

二、选择题。

诗题"黄鹤楼送孟浩然之广陵"中"之"字的意思是（　　）。

　　A.这，那　　　B.的　　　C.到……去　　　D.代替人或事物

三、问答题。

在唐朝，长江是主要的交通航线。烟花三月，长江上来往的船只很多，为何诗人却说"孤帆"？

_____

_____

扫码听音频

21 独坐敬亭山[1]

〔唐〕李 白

众鸟高飞尽[2],
孤云独去闲[3]。
相看两不厌[4],
只有敬亭山。

写作背景

这首诗写于唐玄宗天宝十二年(753),当时李白南下宣城,在途中游览自然山水,借以宣泄心中的忧愤之情。本诗便是他独自登上敬亭山,有感而发创作的。

译文悦读

众多鸟儿都远远地飞向高空了,天空之中的孤云也悠闲地飘向了远方。此刻和我静静相伴,并且两不相厌的,恐怕只有那座高高的敬亭山了。

❶ 敬亭山:原名昭亭山,在今安徽省宣城市北郊。
❷ 尽:消失,没有了。 ❸ 独去:独自离开。闲:安闲的样子。
❹ 相看:彼此对视,这里指诗人和敬亭山互相看着。厌:满足,厌倦。

诗词鉴赏

一、二句，描写的是诗人观赏眼前景物的情感活动。并非描写诗人单纯地欣赏美景，而是自我内心情感的一种流露，从"尽""独"二字便可以看出。这种带有孤独情感的词语，恰好表达出了诗人此时内心的苦闷情绪。

三、四句，诗人采用拟人的修辞手法，赋予了敬亭山人格化的特征，他静静地看着敬亭山，敬亭山似乎也悄悄地打量着他，二者不言不语，但都没有厌烦的情绪。诗人在这里仿佛找到了知音，以"只有"一词来表达内心渴望被世人理解的心态。

全诗语言清冷孤高，抒发了诗人内心的孤独和凄凉情感。

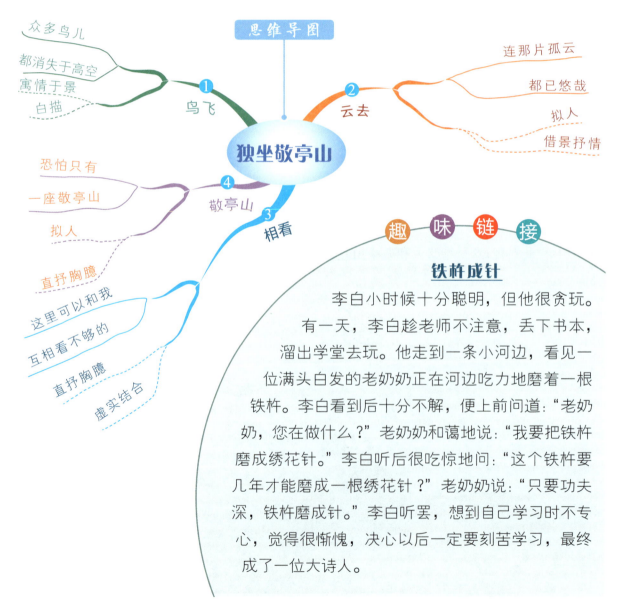

趣味链接

铁杵成针

李白小时候十分聪明，但他很贪玩。有一天，李白趁老师不注意，丢下书本，溜出学堂去玩。他走到一条小河边，看见一位满头白发的老奶奶正在河边吃力地磨着一根铁杵。李白看到后十分不解，便上前问道："老奶奶，您在做什么？"老奶奶和蔼地说："我要把铁杵磨成绣花针。"李白听后很吃惊地问："这个铁杵要几年才能磨成一根绣花针？"老奶奶说："只要功夫深，铁杵磨成针。"李白听罢，想到自己学习时不专心，觉得很惭愧，决心以后一定要刻苦学习，最终成了一位大诗人。

知识拓展

古代的避讳方法

诗中的"敬亭山"原名叫"昭亭山"。晋朝初年,人们为了避讳晋武帝司马昭的名讳,而改名为"敬亭山"。

"避讳"是指不愿说出或听到某些会引起不愉快的字眼儿,又有回避的意思。其中"讳"的意思是因有所顾忌而不敢说或不愿说。古人对帝王、尊长的姓名不允许直呼或书写,常常采用一些办法避讳。常见的避讳方法如下:

◎ 用同义、近义字来代替。 如唐太宗名世民,六部中的民部就改称户部。

◎ 用同音或音近字来代替。 如苏轼祖父名序,苏轼给人写序时就改用叙字。

◎ 用删字或删除、添加部件的方法。如五代后晋君主叫石敬瑭,姓敬的就改为姓文(即取"敬"字的右半边,变化为"文"字)。又如孔子名丘,清朝雍正时,为避孔子之讳,于是把地名、姓氏中的"丘"都改作"邱"。

◎ 用缺笔、改读的方法。 这种做法给汉字的发展和应用带来了负面影响。

学 而 思

一、填空题。

1.《独坐敬亭山》中"独"字的意思是_____。由此可知:在敬亭山上坐的是____个人。

2.请在下列诗句的括号里填上名山的名称。

（1）不识_____真面目,只缘身在此山中。（宋·苏轼《题西林壁》）

（2）但使龙城飞将在,不教胡马度_____。（唐·王昌龄《出塞》）

（3）相看两不厌,只有_____。（唐·李白《独坐敬亭山》）

二、选择题。

"相看两不厌"说的是（   ）相看不厌。

A.孤云和敬亭山　　　　　　B.李白和敬亭山

C.众鸟和孤云　　　　　　　D.众鸟和敬亭山

22 古朗月行① (节选)

〔唐〕李 白

小时不识月②,
呼作白玉盘③。
又疑瑶台④镜,
飞在青云端⑤。
仙人垂⑥两足,
桂树何团团⑦。
白兔⑧捣药成,
问言与谁餐⑨?

写作背景

唐玄宗天宝三年(744)夏,李白遭到唐玄宗的宠臣高力士的忌恨和诬陷,被迫离开长安而四处漫游。在旅途中的一个月夜创作了这首诗。

译文悦读

幼年的时候不认识天上的明月,于是就想当然地将它称为白玉盘。有时候还猜想着它是神仙摆放在瑶台的明镜,因此才高高地挂在了青云的上面。月中的仙人从空中垂下两只脚,月上的桂树生长得多么旺盛繁茂啊!可爱的白兔在桂树下面捣着仙药,想要询问这仙药是给谁服用的呢?

---

❶ 朗月行:乐府诗的一个古题。 ❷ 不识:不认识。 ❸ 呼作:叫作。 ❹ 瑶台:相传是神仙住的地方。 ❺ 端:顶端,这里指云彩的上面。 ❻ 垂:垂挂。 ❼ 团团:圆圆的形状,这里指树冠的形状。 ❽ 白兔:相传是月中的玉兔。 ❾ 与谁餐:给谁服用。与,给。餐,吃,食用,这里指服用。

诗词鉴赏

前四句，描写的是儿童眼中的月亮，圆月可以是"白玉盘"，也可以当作"瑶台镜"，这些描写月亮的词语生动有趣，体现出了孩子的天真无邪。

后四句，诗人从月亮的传说写起，孩子望着高空的月亮，回味着明月的神话传说，想象着月宫中白兔捣药的场景，这样描写，无疑更加突出孩子的好奇心。尤其是最后一句，以疑问的句式结尾，儿童的好奇心理得到了更多的展现。

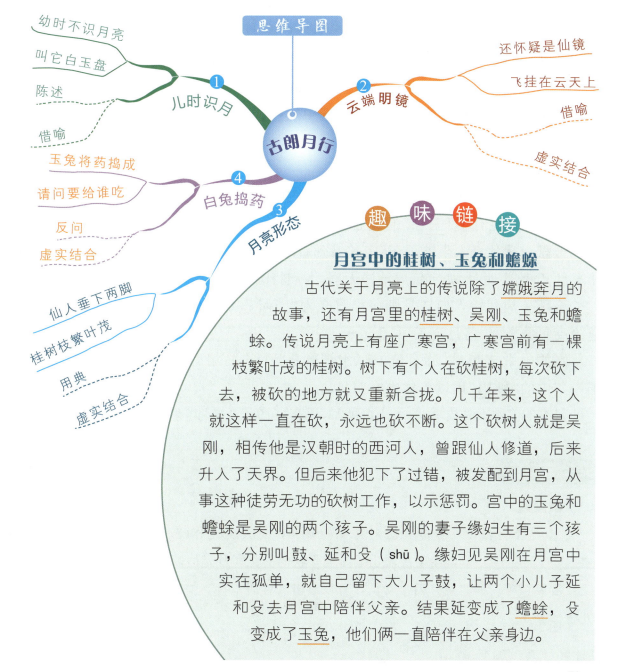

月宫中的桂树、玉兔和蟾蜍

古代关于月亮上的传说除了嫦娥奔月的故事，还有月宫里的桂树、吴刚、玉兔和蟾蜍。传说月亮上有座广寒宫，广寒宫前有一棵枝繁叶茂的桂树。树下有个人在砍桂树，每次砍下去，被砍的地方就又重新合拢。几千年来，这个人就这样一直在砍，永远也砍不断。这个砍树人就是吴刚，相传他是汉朝时的西河人，曾跟仙人修道，后来升入了天界。但后来他犯下了过错，被发配到月宫，从事这种徒劳无功的砍树工作，以示惩罚。宫中的玉兔和蟾蜍是吴刚的两个孩子。吴刚的妻子缘妇生有三个孩子，分别叫鼓、延和殳（shū）。缘妇见吴刚在月宫中实在孤单，就自己留下大儿子鼓，让两个小儿子延和殳去月宫中陪伴父亲。结果延变成了蟾蜍，殳变成了玉兔，他们俩一直陪伴在父亲身边。

月亮的别称

月亮有许多形象的叫法。如果是非常明亮的月亮,叫"明月"或"皓月";如果是农历月初的月亮,叫"新月";月中的月亮,叫"满月";月末的月亮叫"残月";清晨的月亮叫"晓月"。另外,月亮还有一些别称和雅号。

玉兔　神话传说,嫦娥偷吃西王母不死之药后便身轻似燕,升空飞往月亮,栖身其上,终年与月宫中捣药的白兔为伴。后人因此美称月亮为"玉兔"。

玉蟾　神话传说,嫦娥奔月后变成了蟾蜍月精,故又称月亮为"玉蟾"。

蟾宫　传说月宫中有蟾蜍,所以用"蟾宫"称月亮。

桂宫　桂魄　神话传说,吴刚因触犯天条,被罚砍月宫中的桂树,终难砍倒。人们根据月中有桂树的传说,月亮又有了"桂宫""桂魄"的美称。

广寒宫　据传唐明皇曾于八月十五中秋夜梦游月宫,见金碧辉煌的月亮宫府,额书"广寒清虚之府",醒后将梦中情景告诉群臣,很快流传朝野,后人因而美称月亮为"广寒宫"。

玉弓　唐代诗人李贺在《南园十三首》中写道:"寻章摘句老雕虫,晓月当帘挂玉弓。"于是月亮有了"玉弓"的美名。

玉盘　唐代诗人李群玉在《中秋维舟君山看月二首》中写道:"汗漫铺澄碧,朦胧吐玉盘。"眺望明月,如宝镜般洁净无瑕,人们将圆圆的月亮美称为"玉盘"。

玉环　唐代诗人白居易则美称月亮为"玉环",他在《和梽(zhì)沐寄道友》中写道:"高星粲金粟,落月沉玉环。"

婵娟　北宋苏轼(苏东坡)在《水调歌头》中的名句有"但愿人长久,千里共婵娟"。其中的"婵娟"用以美称当空明月。

月亮的美称不胜枚举,除了上面所举,还有"白兔""桂月""银钩""冰镜"等。

学而思

填空题。

1. 这首诗描写了作者儿时对月亮的认知,把月亮比作"＿＿＿＿＿＿＿"和"＿＿＿＿＿＿＿",生动展现出了月亮形状的变化和月光的皎洁,新颖有趣。

2. 从"呼"和"疑"两个动词,可以看出《古朗月行》描绘的是一个＿＿＿＿＿＿＿的儿童形象。

扫码听音频

23 秋浦歌① (其十五)

〔唐〕李 白

白发三千丈②,
缘愁似个长③。
不知明镜里,
何处得秋霜④?

写作背景

唐玄宗天宝八年至唐肃宗上元二年(749—761)间,李白曾五次来到秋浦,创作了十七首诗歌,都以赞颂秋浦山川风情为主题。

译文悦读

满头的白发足足有三千丈的长度,只是因为我心中的愁思也是这样长。不知道在明镜中的我,从哪里长出了这满头的白霜呢?

---

❶秋浦:地名,在今安徽省池州市以西。歌:古代的一种诗歌形式。　❷三千丈:形容很长,诗人用的是夸张手法。　❸缘:因为。似个:如此这般。个,这么,这样。　❹秋霜:原指秋天的寒霜,这里喻指头发像霜一样白。

诗词鉴赏

一、二句,诗人首先用夸张的手法描写自己的头发竟然有几千丈那样长,这样的叙事手法自然让人无比吃惊,但阅读下句,很快又恍然大悟,原来诗人表面上是写白发的长度,实则是写心中的愁思。绵绵的愁思无穷无尽,"三千丈"可能也不止,让人们不由得为诗人的奇特想象所折服。

三、四句突出描写了诗人自我发问的过程,这样满头如秋霜般的白发,究竟从哪里来的呢?虽然诗中没有详细说明,但人们大约也知道了诗人白发的由来,这就是因为怀才不遇而引发的愁苦心理。

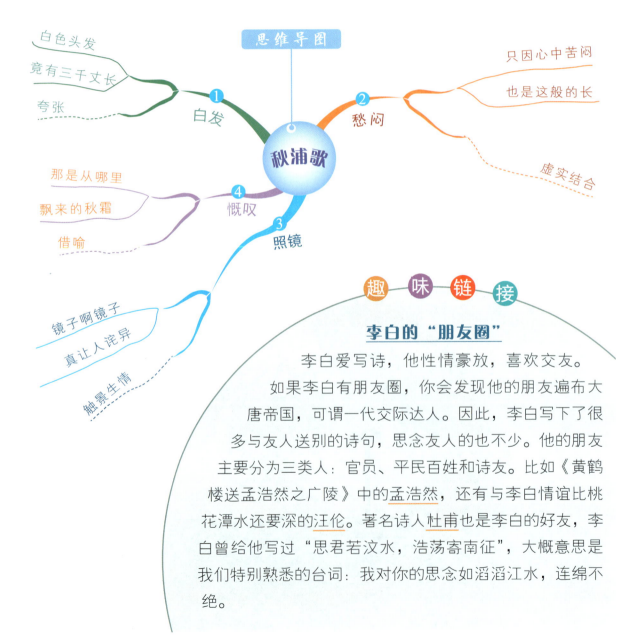

趣味链接

李白的"朋友圈"

李白爱写诗,他性情豪放,喜欢交友。如果李白有朋友圈,你会发现他的朋友遍布大唐帝国,可谓一代交际达人。因此,李白写下了很多与友人送别的诗句,思念友人的也不少。他的朋友主要分为三类人:官员、平民百姓和诗友。比如《黄鹤楼送孟浩然之广陵》中的孟浩然,还有与李白情谊比桃花潭水还要深的汪伦。著名诗人杜甫也是李白的好友,李白曾给他写过"思君若汶水,浩荡寄南征",大概意思是我们特别熟悉的台词:我对你的思念如滔滔江水,连绵不绝。

李白与道家文化

四川是道教的发源地,李白从小就深受道教文化的熏陶。二十岁以前,李白曾在戴天山大明寺隐居读书,读的很多是道教书籍。道教文化的影响贯穿了李白的一生,在他留存的近千首诗歌中,有一百多首与道教有关。李白在诗歌创作中尽情发挥了道教的审美观点,从而使他的诗作既缥缈高远又雄奇瑰丽。

学 而 思

一、填空题。

1. 诗中的"秋霜"原指_____,诗中指的是_____。

2. 诗中有一个字表达出诗人的情绪,这个字是_____。

3.《秋浦歌》运用夸张的修辞手法,极力抒发了诗人愁苦的心绪,后来成为脍炙人口的千古名句的是"_____,_____"。

二、给下列诗句选择对应的修辞手法。

　　A.比喻　　　B.拟人　　　C.夸张　　　D.反问

1. 萁在釜下燃,豆在釜中泣。(三国·曹植《七步诗》)　　　　　　　　(　　)
2. 白发三千丈,缘愁似个长。(唐·李白《秋浦歌(其十五)》)　　　　　(　　)
3. 飞流直下三千尺,疑是银河落九天。(唐·李白《望庐山瀑布》)　　　(　　)
4. 莫愁前路无知己,天下谁人不识君?(唐·高适《别董大》)　　　　　(　　)
5. 洛阳亲友如相问,一片冰心在玉壶。(唐·王昌龄《芙蓉楼送辛渐》)　(　　)

扫码听音频

24 赠汪伦①

〔唐〕李 白

李白乘舟将欲行②,
忽闻岸上踏歌声③。
桃花潭水深千尺④,
不及汪伦送我情⑤。

写作背景

诗人在游览泾县(今属安徽宣城)桃花潭时,附近贾村有一位名叫汪伦的人,他用自己酿造的美酒款待李白,两人结下了深厚的友谊。李白在临走的那一天,汪伦前来送别,李白感动之余,便写下了这首诗。

译文悦读

李白(我)将要乘坐小船离开这里,突然听到岸上有阵阵的踏歌声。这深达千尺的桃花潭水啊,再深也比不上好友汪伦临行送别我的情意呀。

---

❶ 汪伦:李白的朋友。 ❷ 乘:坐。舟:船。将欲行:刚想离开。行,离开,出发。 ❸ 忽:忽然。闻:听,听到。踏歌:唐代民间的一种歌舞形式,一边歌唱,一边用脚踏着拍子。 ❹ 桃花潭:池名,在今安徽省泾县西南。潭,深水池。 ❺ 不及:比不上,不如。

诗词鉴赏

一、二句重在描写送别前的场面。李白将要离去,忽然听到了踏歌之声,这种意外给予诗人无限的惊喜,同时从侧面反映出友人汪伦对李白的一片真挚情谊。这种情谊虽然没有豪言壮语,但朴实真诚,怎能不令诗人感到意外和惊喜呢?

三、四句,诗人说深达千尺的桃花潭水竟然还比不上好友汪伦的情谊深,这样的对比手法使友情具体化、直观化,不用过多的语言描写,人们就可以切实感受到汪伦和李白之间的深情厚谊。

全诗语言流畅自然,节奏明快,感情真挚,诗人以其丰富的想象力,展现了他和汪伦之间的深厚友情。

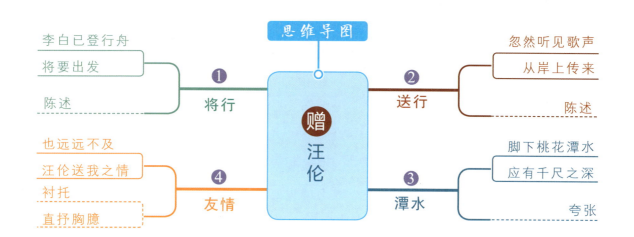

知识拓展

古诗中"数词"的运用

在古诗中,常常运用数词、词组来言志、抒情、描绘景物。

唐·李白《早发白帝城》:"朝辞白帝彩云间,<u>千里</u>江陵<u>一日</u>还。"

唐·杜甫《绝句》:"<u>两个</u>黄鹂鸣翠柳,<u>一行</u>白鹭上青天。"

唐·李白《赠汪伦》:"桃花潭水深<u>千尺</u>,不及汪伦送我情。"

唐·李绅《悯农》:"春种<u>一粒</u>粟,秋收<u>万颗</u>子。"

唐·杜甫《春望》:"烽火连<u>三月</u>,家书抵<u>万金</u>。"

宋·叶绍翁《游园不值》:"春色满园关不住,<u>一枝</u>红杏出墙来。"

学而思

一、填空题。

1. 这首诗中提到一种古代的唱歌形式，它是_____，汪伦当时就是用这种形式来送别李白的。

2. 诗中采用了比喻和夸张的修辞手法，表现出了朋友之间的深情厚谊，其诗句是"_____，_____"。

二、选择题。

1. 《赠汪伦》的作者和他的别称是（　　）。
   A. 杜甫；青莲居士　　　　　　B. 杜甫；香山居士
   C. 李白；青莲居士　　　　　　D. 李白；香山居士

2. 下列诗句中节奏划分不正确的一项是（　　）。
   A. 李白/乘舟/将欲/行　　　　B. 忽闻/岸上/踏歌声
   C. 桃花潭/水深/千尺　　　　　D. 不及/汪伦/送我/情

3. 下列哪首诗不是李白所作？（　　）
   A. 《赠汪伦》　　　　　　　　B. 《望庐山瀑布》
   C. 《静夜思》　　　　　　　　D. 《出塞》

三、问答题。

你还知道古人有哪些送别习俗？请在下面的横线上再写出两个。

_____

_____

扫码听音频

25 早发白帝城^①

〔唐〕李 白

朝辞白帝彩云间^②，
千里江陵一日还^③。
两岸猿声啼不住^④，
轻舟已过万重山^⑤。

写作背景

唐肃宗乾元二年（759）春，李白因参与永王李璘谋反案，被朝廷流放夜郎。他途经白帝城时，意外收到赦（shè）免的消息，不由大喜过望，随即掉头东下江陵。这首诗就是他乘船抵达江陵时所作。

译文悦读

清晨，我告别了在彩云之间的白帝城，从这里出发到达千里之外的江陵，乘船所花费的时间也不过一天的工夫罢了。一路聆听着两岸猿猴持续不断的鸣叫声，脚下轻快的小船，早已经穿过了万重青山。

❶ **早发**：清早出发。发，出发。**白帝城**：城名，在今重庆市奉节县白帝山。　❷ **朝**：早晨。**辞**：告别。**彩云间**：白帝城在白帝山上，从江面向上望，好似在云彩中一般。　❸ **江陵**：古地名，今湖北荆（jīng）州。**还**：归。　❹ **啼**：啼叫。**住**：停止。　❺ **轻舟**：轻快的小舟。**万重山**：山峦层层叠叠，泛指很多座山。

诗词鉴赏

这是一首写景诗,表达了诗人被朝廷赦免之后的欣喜之情。

首句点明开始返归的地点。"彩云间"一词,将白帝城位置的险峻展露出来,这里既有诗人喜悦心情的视觉描写,也为下文船只快速前行埋下了伏笔。第二句重在描写船只行驶速度之快,"千里"之远,但"一日"归还,诗人采用夸张手法,表明其轻松愉快的心情,喜悦之情跃然纸上。第三句从听觉来描写。猿猴的啼叫反衬出诗人被赦后的喜悦之情。第四句依然描写小船的神速。一个"轻"字,恰如其分地突出了船只的轻便和灵活,由此也将诗人重获自由的欢快和急切心情刻画得淋漓尽致。

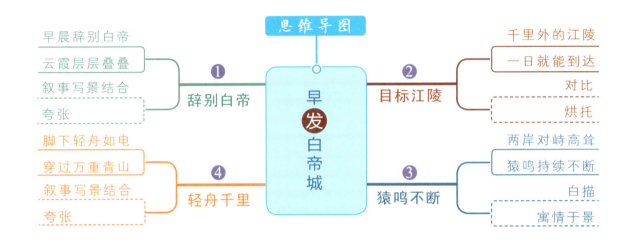

知识拓展

金龟换酒

唐代大诗人李白第一次来到京师长安时,已经是名声大振。当时的秘书监贺知章久闻李白的诗名,听说他现在来到了京师,便立即前往李白的寓所拜访。当贺知章见到相貌堂堂、气宇非凡的李白时,大加赞赏。李白将自己得意的诗文献给贺知章。贺知章读完《蜀道难》一诗,赞不绝口,认为李白是从天上被贬谪(zhé)到人间的仙人,便称他"谪仙"。李白也为得到这样的忘年知己而欣喜若狂,二人大有相见恨晚之感。贺知章解下腰间所佩的金龟,换取酒来,与李白一边饮酒,一边谈论诗文,直到酩酊(mǐng dǐng)大醉方才停杯。此后,贺知章经常与李白诗酒唱和,到处褒(bāo)奖,于是李白的名声在长安更加显赫(hè)了。

白帝城的由来

白帝城位于重庆市奉节县瞿(qú)塘峡口的长江北岸,是三峡地区的著名游览胜地。白帝城的名称,最早出现于西汉末年。当年王莽(mǎng)篡(cuàn)位时,他手下大将公孙述割据了四川。

公孙述在天府之国,势力渐渐膨胀,野心勃勃,自己想当皇帝。他骑马来到瞿塘峡口,见地势险要,易守难攻,便扩修城垒(lěi),屯兵严防。

后来公孙述听说城中有口白鹤井,井中常常冒出一股白色的雾气,其形状宛如一条巨龙,直冲九霄。

公孙述故弄玄虚,说这是"白帝龙井",是他日后登基成龙的征兆。于是,他在公元25年自称白帝,所建城池取名"白帝城",当地的一座山山也称"白帝山"。

公元36年,公孙述与刘秀争夺天下,被刘秀所灭,白帝城也在战火中化为灰烬。在公孙述称帝期间,各地战乱频繁,而白帝城一带却十分安宁,当地老百姓为了纪念公孙述,特地在白帝城兴建"白帝庙",塑像供祀(sì)。

历代众多著名诗人如李白、杜甫、白居易、刘禹锡、苏轼、黄庭坚等都曾登白帝城,所以留下了大量诗篇,因此,白帝城又有"诗城"之美誉。

学而思

一、在括号里写上合适的地名、水域名。

1. 朝辞白帝彩云间,千里（　　　）一日还。（唐·李白《早发白帝城》）
2. （　　　）水深千尺,不及汪伦送我情。（唐·李白《赠汪伦》）
3. 故人西辞黄鹤楼,烟花三月下（　　　）。（唐·李白《黄鹤楼送孟浩然之广陵》）
4. 孤帆远影碧空尽,唯见（　　　）天际流。（唐·李白《黄鹤楼送孟浩然之广陵》）
5. 但使（　　　）飞将在,不教胡马度（　　　）。（唐·王昌龄《出塞》）

二、读故事,猜字谜。

一年春天,李白因为想念朋友杜甫,便跋山涉水来到成都看他。两个好朋友见面非常高兴,就在花间喝起酒来。酒过三巡,李白对着桌上的小菜,随即吟道:"有洞不见虫,有巢不见蜂。有丝不见蚕,撑伞不见人。"杜甫听后说:"李兄之作是一谜面,我也用同底谜面答之——两头尖尖像只梭,钻进泥里扎个窝,有人说它心眼少,有人说它心眼多。"杜甫吟完,两人相视而笑。

几天后,李白要走了。杜甫找出文房四宝送给他,还写了一首诗:"左十八来右十一,十八十一在一起,左边给你柴火烧,右边给你粮食吃。"写完,杜甫说:"这首诗是一个字谜,打一字,李兄若想我,就看看这首诗吧。"

请你猜一猜:前一个谜底是"＿＿＿"字,后一个谜底是"＿＿＿"字。

杜甫

字　号	字子美，自号少陵野老
籍　贯	河南巩县（今河南巩义）
生卒年	712—770
誉　称	诗圣
风　格	现实主义诗人
主要作品	《三吏》《三别》《春望》等

北朝　初唐　盛唐　中唐　晚唐　宋代

▶ 杜甫

　　杜甫是盛唐时期伟大的现实主义诗人，被后世尊称为"诗圣"，人们将他与李白并称"李杜"。

　　杜甫自小好学，七岁便能作诗，少年时因家境优越，过着较为安定富足的生活，有机会受到各种文化的熏陶，这对他以后的诗歌创作有很大影响。杜甫官场不得志，"安史之乱"爆发后，他辗转多地，759年弃官入川，虽然躲避了战乱，但仍然心系苍生，胸怀国事。他写诗的特点是"沉郁顿挫"，诗中也记录了唐朝由盛转衰的历史巨变，反映了当时的社会矛盾和人民的疾苦，所以被誉为"诗史"。杜甫忧国忧民，品格高尚，流传下来的诗篇在《全唐诗》里最多，对后世影响也较大。

名句集锦

◎迟日江山丽，春风花草香。　　　　《绝句》
◎随风潜入夜，润物细无声。　　　　《春夜喜雨》
◎此曲只应天上有，人间能得几回闻。《赠花卿》
◎正是江南好风景，落花时节又逢君。《江南逢李龟年》
◎白日放歌须纵酒，青春作伴好还乡。《闻官军收河南河北》

春夜喜雨

〔唐〕杜 甫

好雨知时节①，
当春乃发生②。
随风潜入夜③，
润物细无声④。
野径云俱黑⑤，
江船火独明⑥。
晓看红湿处⑦，
花重锦官城⑧。

写作背景

唐肃宗上元二年（761）春，诗人经过一段时间的颠沛流离，终于在四川成都定居。在此期间，他生活比较安定，亲自下田耕种，深感春雨的金贵，于是写下了这首诗。

译文悦读

有灵性的好雨仿佛懂得时节的变化一般，正当春天万物生长的时候，就从空中降落。它悄悄地随着夜晚的春风洒落大地，无声无息地滋润着地上的万物。田野间的小路和天空的云彩都是那样的漆黑，唯有江船上还亮着一点灯火。等到天亮之后，再去观看那些在黑夜中被雨水淋湿的花朵，它们鲜艳的颜色一定会把锦官城打扮得更加漂亮吧。

---

❶ **时节**：时间、季节，这里指雨下得适时。　❷ **当**：正当，正值。**乃**：于是，就。　❸ **潜**：悄悄地，偷偷地。　❹ **润物**：使植物受到雨水的滋养。　❺ **野径**：乡间野外的小路。　❻ **火**：灯光。　❼ **晓**：天明。　❽ **花重**：花因沾有雨水，而显得饱满沉重而垂下来的样子。重，重量大，程度深，这里指花枝饱含雨水。**锦官城**：古时四川成都的别称。

诗词鉴赏

一、二句描写"好雨"及时地降落人间。"好"字突出了诗人对春雨的喜爱之情,"知"字赋予了春雨人性化的特点,它似乎懂得人间之需,恰逢其时地降落,给人以无限的惊喜。

三、四句重在描写春雨降落的时间、形态。在沉沉的夜色中,春雨随风而至,降落到大地之上。诗人用词精准传神,如"潜""润"二字,生动形象地刻画了春雨无声滋润大地的情形,显示了诗人高超的文字驾驭能力。

五、六句描写的是雨落时美丽的夜景。在绵绵细雨中,四周模糊难辨,只有远处渔船上的一点灯火,黑和明两相对比,更显示出春雨绵柔的姿态。

最后两句,诗人发挥想象:明天天亮之后,在春雨的滋润之下,锦官城应该处处都是百花盛开的景象吧?这种合理的想象,无疑拓展了诗的内涵。

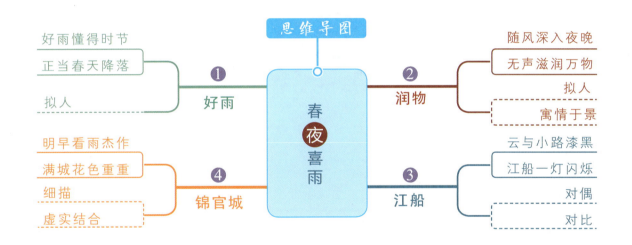

知识拓展

律 诗

律诗是诗歌体裁的一种,格律方面要求非常严格,全诗必须通押一韵。从诗句字数来看,一般分为五言、七言两体,所以人们也经常使用五律、七律来称呼它们。律诗通常由八句组成,每两句成一联,如此四联分别为首联、颔(hàn)联、颈(jǐng)联和尾联,其中颔联和颈联的上下句必须对偶,超过八句的律诗称排律或长律。

"雨"的演变趣解

"雨"是一个象形字。在甲骨文中,"雨"上边的一横表示云朵,下边六条长短不齐的线表示雨滴从空中落下的雨线。"雨"的金文与甲骨文大体相同。小篆的上边加一横表示天,"冂"表示云朵,四个小点或线表示雨滴。

"雨"的本义为从云层中降向地面的水,读作yǔ,如"雨过天晴"。由此引申喻指密集落下或像雨,如"枪林弹雨"。又引申喻指众多,如"猛将如云,谋臣如雨"。

"雨"又读作yù。由本义引申作动词,指下(雨、雪等),如"雨(yù)雪",即下雪。

"雨"作为部首时,称为"雨部",雨部在字的上边,称为"雨字头"。凡含有"雨"部的字多与云、雨、天象等有关,如"雾、霞、雪、霜、露、霾(mái)、雷、霹(pī)、雳(lì)"等。

学而思

一、选择题。

"花重锦官城"中的"锦官城"指的是(　　　)。

　　A. 成都　　　　B. 贵阳　　　　C. 西安

二、这首诗赋予了春雨怎样的品格?作者借此表达了怎样的思想感情?

_____

_____

江畔独步寻花 ^❶（其五）

〔唐〕杜 甫

黄师塔前江水东^❷，
春光懒困倚微风^❸。
桃花一簇开无主^❹，
可爱深红爱浅红^❺？

写作背景

唐肃宗上元二年（761），诗人在四川成都郊外草堂居住。在一天的春暖花开之时，他独自在锦江江畔散步，每到一景便随景作一首诗，一连写下了七首，本诗是其中的第五首。

译文悦读

黄师塔前，一江春水缓慢地向东流淌着，暖暖的春光不由得让人升起了想要倚靠着微风小睡的心思。眼前是一丛无主的桃花，此刻正美丽地绽放着，你究竟是喜欢那深红颜色的桃花，还是应该去喜欢浅红颜色的桃花？

❶江畔：江岸边，这里指成都锦江江边。
❷黄师塔：一位姓黄的僧人去世后所埋葬的墓地。塔，墓地。东：作动词，指向东。 ❸懒：疲乏，打不起精神。困：形容疲乏想睡觉。倚：倚靠，伴随。 ❹一簇：一丛。无主：没有主人。 ❺可：究竟，到底。

诗词鉴赏

这是一首写景诗，诗人通过春日的见闻，表达了内心的喜悦之情。

第一句，诗人交代了春游的地点，描写了江水东流的景象。第二句交代了时间——暖洋洋的春天，句中一个"倚"字，也正是此时人们在春日暖阳之下的普遍感受。

三、四句描写的是一簇盛开的桃花，它艳丽的外表令诗人眼前一亮，可是如此繁盛多彩的桃花，该喜欢哪一种呢？这让诗人陷入了两难的境地，但这种"难"，分明是一种选择上的喜悦。

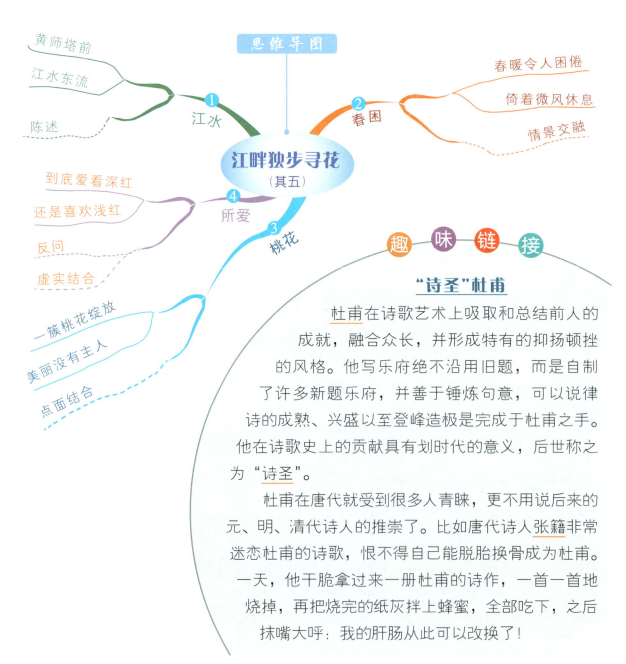

"诗圣"杜甫

杜甫在诗歌艺术上吸取和总结前人的成就，融合众长，并形成特有的抑扬顿挫的风格。他写乐府绝不沿用旧题，而是自制了许多新题乐府，并善于锤炼句意，可以说律诗的成熟、兴盛以至登峰造极是完成于杜甫之手。他在诗歌史上的贡献具有划时代的意义，后世称之为"诗圣"。

杜甫在唐代就受到很多人青睐，更不用说后来的元、明、清代诗人的推崇了。比如唐代诗人张籍非常迷恋杜甫的诗歌，恨不得自己能脱胎换骨成为杜甫。一天，他干脆拿过来一册杜甫的诗作，一首一首地烧掉，再把烧完的纸灰拌上蜂蜜，全部吃下，之后抹嘴大呼：我的肝肠从此可以改换了！

知识拓展

"红"得不一样

在古代汉语中,表示红色的字比较多,如"红、绛(jiàng)、朱、赤、丹",但它们也有细微的区别:

在古代,"红、绛、朱、赤、丹"虽然都表示红色,但红的程度却不同。"红"指浅红;"绛"指深红;"朱"指大红;"赤"指比"朱"稍浅的红;"丹"指比"赤"稍浅,像丹砂(shā)一样的红。

古代王公贵族的大门常常加朱漆,唐宋时期四品、五品官员穿朱色官服。所以,"朱门、朱户、朱衣"都是王公贵族的象征。

桃 花

桃花是在春天才开放的花朵,重瓣或半重瓣形态,花色有白色、粉红色以及深红色,具有较高的观赏价值。从花期看,桃花是一种开放较早的花种,一般在阳春三月左右盛开,也是人们春游观赏的重要景物之一。由于桃花的浓艳,它历来是文人墨客讴歌和赞美的对象。

学而思

一、填空题。

这首诗描写了_____(季节),_____(人物)在_____(地点)欣赏到了_____的美景,表现出了诗人内心的_____之情。

二、选择题。

下列诗句节奏划分不正确的一项是(　　　)。

A. 黄师 / 塔前 / 江 / 水东　　　B. 春光 / 懒困 / 倚 / 微风

C. 桃花 / 一簇 / 开 / 无主　　　D. 可爱 / 深红 / 爱 / 浅红

28 江畔独步寻花[1]（其六）

〔唐〕杜 甫

黄四娘家花满蹊[2]，
千朵万朵压枝低[3]。
留连戏蝶时时舞[4]，
自在娇莺恰恰啼[5]。

写作背景

唐代宗广德二年（764）春，杜甫在成都草堂居住。有一天，他前去拜访邻居黄四娘，一路上，面对大好的春天美景有感而发，即景小诗应运而生。

译文悦读

在前往黄四娘家的小路上，各种各样的鲜花开满了一路，千万朵盛开的鲜花将花枝都压弯了。恋恋不舍、不肯离去的蝴蝶在花丛间翩翩起舞，娇俏的黄莺也站在枝头上，欢快地鸣叫着。

---

[1] 江畔：江边。独步：一个人散步或走路。寻花：赏花。 [2] 蹊：小路。 [3] 低：此处指弯曲。 [4] 留连：因留恋而舍不得离开。戏：玩耍，嬉（xī）戏。时时：常常。 [5] 恰恰：拟声词，形容婉转动听的鸟鸣声。

诗词鉴赏

一、二句是一种视觉的描写。在通往黄四娘家的小路上,诗人看到惊喜的春日景象——处处繁花似锦,这一点由"压""低"二字表现出来。其美丽的景色自然感染了诗人,使他的心情不由得高兴起来。

三、四句分别从视觉和听觉两个角度描写,展现了春天生机勃勃的景象。"时时"一词,表现出春意盎然的蝴蝶翩跹(piān xiān)景象,画面感极强。第四句从听觉入手,描写了黄莺婉转动听的歌声,为这片美好春景增添了无限生机。

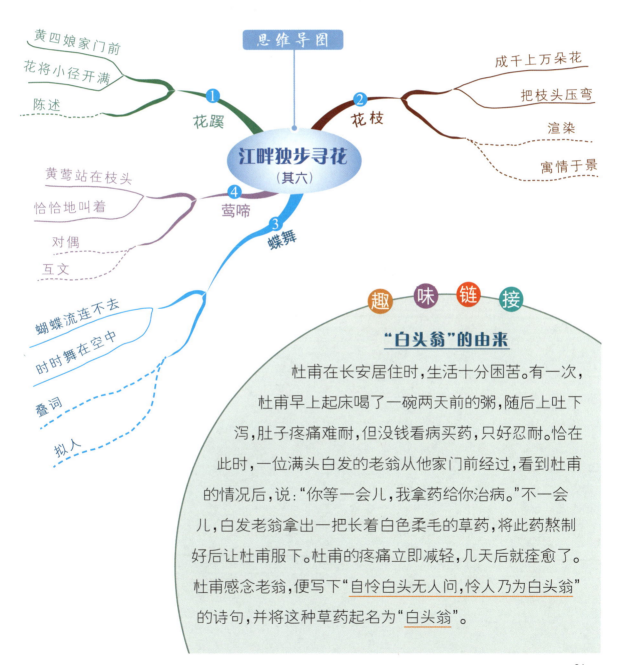

趣味链接

"白头翁"的由来

杜甫在长安居住时,生活十分困苦。有一次,杜甫早上起床喝了一碗两天前的粥,随后上吐下泻,肚子疼痛难耐,但没钱看病买药,只好忍耐。恰在此时,一位满头白发的老翁从他家门前经过,看到杜甫的情况后,说:"你等一会儿,我拿药给你治病。"不一会儿,白发老翁拿出一把长着白色柔毛的草药,将此药熬制好后让杜甫服下。杜甫的疼痛立即减轻,几天后就痊愈了。杜甫感念老翁,便写下"自怜白头无人问,怜人乃为白头翁"的诗句,并将这种草药起名为"白头翁"。

知识拓展

"黄四娘"是谁？

关于诗中的"黄四娘"，有人说是一个歌伎，所以杜甫诗中用了"戏蝶"和"娇莺"这样的词语。

诗中的"黄四娘家"是指她的故居。

诗中的人物，具体生平不详，但是从诗中的描述可以看出，黄四娘是杜甫当年在成都草堂居住时的邻居。这一段时间，诗人的生活比较稳定，因此在心情好的时候，也常常前往黄四娘家走一走，沿途欣赏一下优美的自然风光。

学而思

一、填空题。

1. 这首诗生动再现了春天里＿＿＿＿＿＿的景象，表达了诗人对春天生机勃勃的＿＿＿＿＿＿＿＿＿＿。

2. 诗中，描写了蝴蝶在花丛中飞舞，黄莺自由自在地欢啼，呈现出了一片春意盎然的景象。这一诗句是"＿＿＿＿＿＿＿＿，＿＿＿＿＿＿＿＿＿"。

二、同样是寻花，杜甫在黄师塔前寻到的花和在黄四娘家寻到的花，有什么不同？请试着分析一下。

＿＿＿＿＿＿＿＿＿＿＿＿＿＿＿＿＿＿＿＿＿＿＿＿＿＿＿＿＿＿＿＿＿＿＿＿

＿＿＿＿＿＿＿＿＿＿＿＿＿＿＿＿＿＿＿＿＿＿＿＿＿＿＿＿＿＿＿＿＿＿＿＿

29 绝句四首^❶(其三)

〔唐〕杜 甫

两个黄鹂鸣翠柳^❷,

一行白鹭上青天^❸。

窗含西岭千秋雪^❹,

门泊东吴万里船^❺。

写作背景

唐代宗广德二年(764)春,在战乱中漂泊的杜甫重返成都草堂,心情格外舒畅,面对一派生机盎然的春景,他欣然提笔,写下了《绝句四首》,本诗是其中的第三首。

译文悦读

两只可爱的黄鹂在翠绿的柳枝上欢快地鸣叫着,一行白鹭正轻盈地飞上蔚蓝的天空。从窗口望去,可以看到西岭上面千年不化的积雪,门口停泊着从万里之遥的东吴那里驶过来的船只。

---

❶绝句:一种诗歌体裁,每四句为一首,每句五个字的称五言诗,每句七个字的称七言诗。 ❷黄鹂:一种鸟,鸣叫声音响亮,羽毛艳丽。鸣:鸣叫。翠柳:枝叶翠绿的柳树。翠,青绿色。 ❸白鹭:珍稀鸟类,羽毛洁白。青天:蓝天。 ❹含:容纳,包含。千秋雪:指西岭雪山上千年不化的积雪。 ❺泊:停。东吴:古时吴国的领地,在今江苏一带。万里船:不远万里开来的船只。

诗词鉴赏

　　一、二句描写的是春光。在春天美好的风光里，有黄鹂鸣叫的近景，也有白鹭高空翱翔的远景，一个从听觉角度描写，一个从视觉角度描写，层次分明，色彩明丽，从而将春日的美景描摹出来。

　　三、四句从诗人的角度看，视觉上由远及近。尤其是"千秋"二字，将春日的美景描绘了出来，一幅色彩明丽的画卷呈现在了读者的面前。诗尾写门前停靠着的船是近景描写。"万里"扩大了人们的视野，顿觉天地辽阔，读来令人心旷神怡。

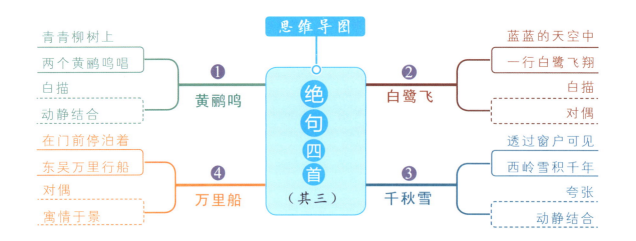

知识拓展

"船"的前世与今生

　　"船"是形声字。金文、小篆的左边是"舟"，作形旁；右边是"㕣"（yǎn），作声旁。"船"义为水上的主要运输工具，有很多种类。如谚语：船到滩头水路开。又如诗句："满载一船秋色，平铺十里湖光。"（宋·张孝祥）

　　在古代，船一般为木制，尤其在古人的生活中，除了马和车辆之外，船应当说是一种极其重要的出行工具。船和人们的生活密切相关，所以在许多文人笔下，船被赋予了更多的意义和内涵。比如，船可以当作自由自在的象征，也可以看作主人公无依无靠、顺水漂流的心理写照。

黄鹂和白鹭

黄鹂又叫莺,是一种黄色的小鸟,局部有黑色,嘴红色或黄色。吃森林中的害虫,对林业有益。叫声清脆悦耳,让人感受到生机和宁静。

白鹭又叫鹭鸶,鹭的一种,腿很长,能涉水捕食鱼、虾等,白鹭全身雪白,斯文而优雅。

在诗歌里,黄鹂和白鹭经常同时出现。

在杜甫的《绝句四首(其三)》里,黄鹂和白鹭加上绿柳、蓝天,画面静中有动,让人感受到春天的生机勃勃。

在王维的诗里,白鹭和黄鹂一个飞行,一个歌唱,把天地的广阔与宁静都表现了出来。

漠漠水田飞白鹭,阴阴夏木啭黄鹂。(唐·王维《积雨辋川庄作》)

诗人用它们做对比。黄鹂喜欢啼叫,白鹭喜欢平静地飞翔,两者相映成趣。

花开红树乱莺啼,草长平湖白鹭飞。(宋·徐元杰《湖上》)

黄鹂怕湿,白鹭喜湿。下雨时,黄鹂和白鹭一个"愁",一个高兴地"起飞",心情截然不同。杜甫写过:

黄鹂并坐交愁湿,白鹭群飞大剧干。(唐·杜甫《遣闷戏呈路十九曹长》)

学 而 思

一、填空题。

1. 诗中描写了六种景物,分别是 _____、_____、_____、_____、_____、_____。又用了四种颜色,分别是 ____、____、____、____。

2. 诗中,"_____,_____"是通过对黄鹂和白鹭的动态描绘,展现出了一派生机勃勃的早春景象。

二、判断题。(对的打"√",错的打"×")

1. 这首诗描写了草堂周围明媚秀丽的春色。( )
2. "翠柳"中的"翠"字指绿色,"青天"的"青"字指蓝色。( )
3. "窗含西岭千秋雪"中的"千秋雪"指的是一千年的雪。( )
4. "门泊东吴万里船"中的"万里船"指开往东吴的船。( )

30 绝句二首(其一)

〔唐〕杜 甫

迟日江山丽❶,
春风花草香❷。
泥融飞燕子❸,
沙暖睡鸳鸯❹。

写作背景

这两首绝句是唐代宗广德二年(764)杜甫在成都时所作,此为组诗的第一首。

译文悦读

春天里艳阳高照,万里江山美景如画,醉人的春风送来花草迷人的芳香。大地上的泥土融化了,快乐的燕子飞来飞去,一直在忙碌不停地衔着泥土筑巢;沙滩也被暖阳晒得温热了,一对对鸳鸯在上面依偎着入睡了。

---

❶迟日:指春天。此处指春天百日渐长。丽:秀丽。 ❷香:香气,这里指春风吹来花草的香味。 ❸泥融:冬天的冻土融化,这里指泥土滋润、湿润。 ❹暖:温暖。睡:作动词,指入睡。鸳鸯:一种水鸟,常成双成对地出没。

诗词鉴赏

这是一首写景诗，所描写的是春天万物欣欣向荣的美好景象。

首句是视觉描写，刻画出了春天万里河山的秀丽美景，给人一种开朗明媚的感觉。第二句是嗅觉描写。春天，花草香气扑鼻而来，令人陶醉其中。

三、四句是对鸟类的描写。衔着春泥不停筑巢的燕子和慵懒晒太阳的鸳鸯，两者形成了一动一静的和谐画面。诗中的词语描绘也非常适合这两类禽鸟的生活习性，令人读后会心一笑。

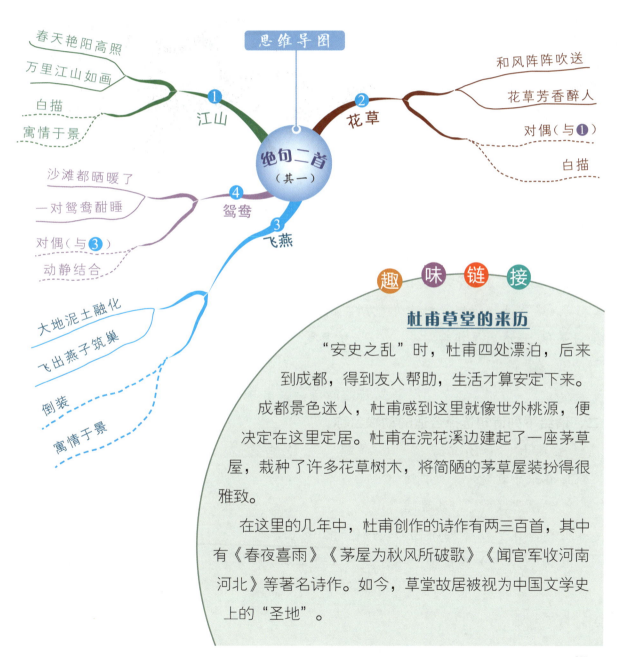

趣味链接

杜甫草堂的来历

"安史之乱"时，杜甫四处漂泊，后来到成都，得到友人帮助，生活才算安定下来。成都景色迷人，杜甫感到这里就像世外桃源，便决定在这里定居。杜甫在浣花溪边建起了一座茅草屋，栽种了许多花草树木，将简陋的茅草屋装扮得很雅致。

在这里的几年中，杜甫创作的诗作有两三百首，其中有《春夜喜雨》《茅屋为秋风所破歌》《闻官军收河南河北》等著名诗作。如今，草堂故居被视为中国文学史上的"圣地"。

知识拓展

"鸳鸯"喻指夫妻,二字从不分离

"鸳"和"鸯"都是形声字,其形旁都是下边的"鸟",但上边的声旁却不同。"鸳"的声旁是"夗"(yuàn),而"鸯"的声旁是"央"。

"鸳"和"鸯"一般不单用,多写作"鸳鸯",表示一种鸟,外形像野鸭而较小,嘴扁,颈长,趾间有蹼(pǔ),善于游泳,翅膀长,能飞。

在文学作品中,常用"鸳鸯"比喻夫妻。如:唐代卢照邻的诗句"得成比目何辞死,愿作鸳鸯不羡仙"。"乱点鸳鸯谱"指错配姻缘。

鸳鸯

学而思

一、填空题。

1. "迟日江山丽"中"迟日"的意思是_____。

2. 这首诗描绘出了杜甫草堂所在的浣花溪一带春天_____的美好景象,表达出了作者对_____的喜爱之情。

3. 这首诗中,"_____"写燕子的动态,表现出了春意盎然;"_____"写鸳鸯的静态,突出其在春天里的悠闲自在。

二、请给下列诗句选择合适的动物名称。

A.燕子　　B.鸳鸯　　C.黄鹂　　D.白鹭　　E.猿　　F.鸟

1. 春眠不觉晓,处处闻啼(　　)。

2. 泥融飞(　　),沙暖睡(　　)。

3. 两岸(　　)声啼不住,轻舟已过万重山。

4. 两个(　　)鸣翠柳,一行(　　)上青天。

扫码听音频

赠花卿①

〔唐〕杜 甫

锦城丝管日纷纷②，
半入江风半入云③。
此曲只应天上有④，
人间能得几回闻⑤？

写作背景

唐肃宗上元二年（761），大将军花敬定曾因平叛立下功劳，但他居功自傲，奢靡浪费，甚至使用天子才能够使用的音乐。所以，诗人写下这首诗对他委婉地劝谏。

译文悦读

锦官城中演奏的丝竹管乐，每日都传出阵阵动听的乐声，音乐的声音随着江风四处飘散，一半飘到江水之上，一半又高高地飘入了云层之中。如此美妙动听的音乐，只有天上才可以演奏出来，人世间能够听得到几回呢？

❶花卿：唐朝大将军花敬定。卿，是一种客气的称呼。 ❷锦城：即锦官城，成都的别名。丝管：管乐器和弦乐器，泛指音乐。纷纷：杂乱的声乐。 ❸江风：锦江上的风。 ❹此曲：指代美妙的音乐。天上：双关语，虚指天宫，实指皇宫。 ❺人间：这里指皇宫之外。

诗词鉴赏

一、二句描写的是花卿家中奢侈无度的生活场景。这里天天都有演奏不息的乐曲之声，这一点可以从"日纷纷"一词中看出来。而且诗人对这种乐曲的描写技巧也极其高超，乐曲本靠听觉感受，可是诗人却使用了"纷纷"这样的视觉词语，更令人身临其境一般。

三、四句，诗人看似在夸赞美妙动听的音乐，其实是在暗讽花卿。作为国家的一员重要将领，不去上阵杀敌，反而每天笙歌燕舞，沉浸在享乐之中，这种行为无疑会受到诗人的无情嘲讽和批判。"人间能得几回闻"一句，讽刺了花卿沉醉在享乐之中的错误行为。

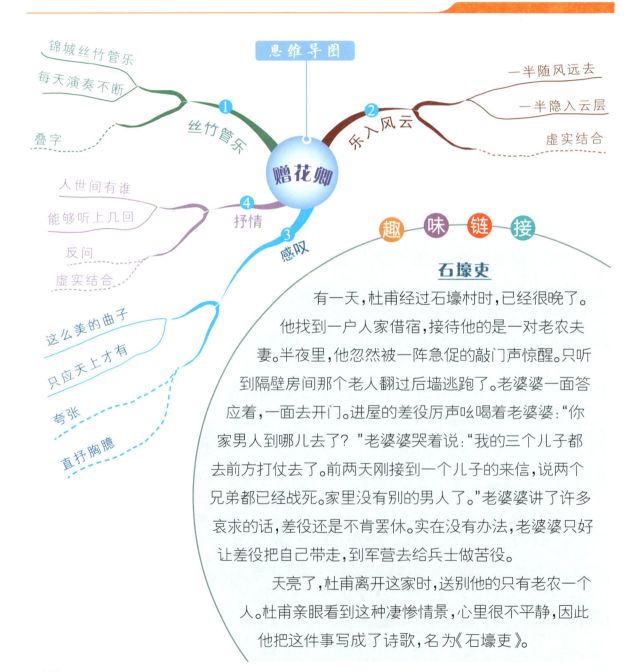

石壕吏

有一天，杜甫经过石壕村时，已经很晚了。他找到一户人家借宿，接待他的是一对老农夫妻。半夜里，他忽然被一阵急促的敲门声惊醒。只听到隔壁房间那个老人翻过后墙逃跑了。老婆婆一面答应着，一面去开门。进屋的差役厉声吆喝着老婆婆："你家男人到哪儿去了？"老婆婆哭着说："我的三个儿子都去前方打仗去了。前两天刚接到一个儿子的来信，说两个兄弟都已经战死。家里没有别的男人了。"老婆婆讲了许多哀求的话，差役还是不肯罢休。实在没有办法，老婆婆只好让差役把自己带走，到军营去给兵士做苦役。

天亮了，杜甫离开这家时，送别他的只有老农一个人。杜甫亲眼看到这种凄惨情景，心里很不平静，因此他把这件事写成了诗歌，名为《石壕吏》。

知识拓展

讽喻诗

"讽喻诗"是古代诗歌文学题材之一,其方式是以诗的形式,对劝谏对象或明或暗地讽刺和批判,以此表明诗人的心志和思想倾向,使劝谏对象能够有所醒悟,从错误的轨道上悬崖勒马。从诗的性质上看,讽喻诗一般分为两大类:一类是对国事民生的规劝和建议;一类是反映社会的黑暗现实和百姓疾苦。无论是哪一种形式,都格调深沉,寓意鲜明。

学而思

一、填空题。

1. 诗中"天上"与"人间",一语双关。诗人用"天上"比喻_____,用"人间"比喻_____。表面上在称赞所演奏的乐曲无比优美,如同仙乐,实际上暗含有_____的意味。

2. 后来,人们常用《赠花卿》中的"_____,_____"两句诗来赞赏精美的音乐和文字。

二、选择题。

1. 杜甫的《赠花卿》是一首(　　)。

　　A. 汉乐府　　　　　　B. 七言绝句

　　C. 七言律诗　　　　　D. 打油诗

2. 下列诗句中节奏划分不正确的一项是(　　)。

　　A. 锦城/丝管/日/纷纷　　　　B. 半入/江风/半入/云

扫码听音频

32 望岳

〔唐〕杜 甫

岱宗夫如何❶？
齐鲁青未了❷。
造化钟神秀❸，
阴阳割昏晓❹。
荡胸生层云❺，
决眦入归鸟❻。
会当凌绝顶❼，
一览众山小。

写作背景

736年，十三岁的杜甫在洛阳参加进士考试，结果落第。第二年，他和朋友一起游历齐、赵（今山东、河北一带）各地，这首诗就是他漫游泰山时所作。

译文悦读

五岳之首的泰山怎么样呀？齐鲁大地，山色郁郁葱葱，无边无际。神奇的大自然，在此聚集了天地灵气，壮丽无比。泰山如此高耸，在同一时间，山的一面阳光明媚，另一面则暗如黄昏。山间云气蒸腾，使人心胸为之激荡。睁大眼睛遥望，归鸟在高空盘旋。一定要登上泰山顶峰俯瞰群山，这时会觉得群山都变得矮小了。

❶岱宗：泰山亦名岱山或岱岳，五岳之首，在今山东省泰安市城北。 ❷齐、鲁：原是春秋战国时期的两个国名，在今山东境内，后用齐鲁代指山东。 ❸造化：大自然。 ❹阴阳：这里指山北山南。 ❺曾：通"层"，重叠。 ❻决眦：形容极目远视的样子。决，张大。眦，眼眶。 ❼会当：一定要。凌：登上。

诗词鉴赏

全诗匠心独运,以问句开篇,引出描写的对象,以引起读者注意。第二句交代了泰山的基本情况——横跨在齐鲁大地上,从山体绵延距离之远来体现泰山的雄伟。

接下来两句拉到近景,写泰山的神奇秀丽和巍峨高大,"钟"字运用拟人手法,将大自然写活了;"割"字化静为动,使静止的泰山充满了雄浑的力量。

第五、六两句从仰视的角度写天上的白云和飞鸟,"决眦"运用夸张的修辞手法,从人的角度,侧面写出了泰山迷人的景色,生动传神。

最后两句是诗人情感的抒发,看到泰山的雄奇、秀美,诗人不禁心生豪迈之情,立志要登上泰山之巅。

全诗以生动传神的语言,描绘了泰山的雄伟、秀丽,抒发了诗人的豪情壮志,气势雄浑。

知识拓展

五　岳

五岳,中国五大名山的总称,分别是东岳泰山,位于山东省泰安市泰山区;西岳华山,位于陕西省华阴市;南岳衡山,位于湖南省衡阳市南岳区;北岳恒山,位于山西省大同市浑源县;中岳嵩山,位于河南省登封市。其中,东岳泰山为五岳之首。

学而思

一、填空题。

这首诗中,"_____,_____"最能体现诗人希望攀登绝顶,俯视一切的雄心壮志。

二、选择题。

下列对《望岳》理解有误的一项是(　　)。

　　A. 全诗紧扣诗题"望岳",赞美了泰山的雄伟景象,意境开阔。

　　B. 首联以设问提起,表达了作者看见泰山时的惊喜和仰慕之情。

　　C. 颈联写了望山的人和归林的鸟,表达了作者归隐山林的志趣。

　　D. 尾联由望岳而生登岳之志,表现了诗人敢于攀登的雄心壮志。

扫码听音频

33 闻官军收河南河北[1]

〔唐〕杜 甫

剑外忽传收蓟北[2],
初闻涕泪满衣裳[3]。
却看妻子愁何在[4],
漫卷诗书喜欲狂[5]。
白日放歌须纵酒[6],
青春作伴好还乡[7]。
即从巴峡穿巫峡[8],
便下襄阳向洛阳[9]。

写作背景

唐代宗广德元年(763)的春天,杜甫在四川躲避战乱,当他听到唐军打了大胜仗,又收复了洛阳等地,"安史之乱"也宣告结束,他欣喜若狂,感慨之余,创作了这首诗。

译文悦读

从剑门关外突然传来官军收复蓟北地区的好消息,刚听到时我激动得热泪盈眶,泪滴洒满衣裳。回头看去,妻子和儿女的愁容早已消失不见,我匆忙之中胡乱地将书收拾好,愉悦的心情使我几乎要发狂了。白日我放声高歌,开怀痛饮,在这明媚的春天里,我即将回到久别的故乡。立即坐上船从巴峡穿过巫峡,到达襄阳之后,再北上前行,马上就可以回到我的家乡洛阳了。

❶**闻**:听说。**收**:收复。 ❷**剑外**:剑门关以外地区,在今四川剑南一带。**蓟北**:在今河南省北部。 ❸**涕泪**:鼻涕和泪水。 ❹**却看**:回头看。**妻子**:妻子和儿女。 ❺**漫卷**:胡乱地卷起。 ❻**放歌**:放声高歌。**须**:应当,应该。**纵酒**:纵情饮酒。 ❼**青春**:春天。**作伴**:与妻儿一同。 ❽**即**:立即,即刻。 ❾**便下**:再下。便,就。

诗词鉴赏

一、二句描写的是诗人刚刚听到前方将士们打了胜仗之后的反应，对于失地的收复，诗人表现出欣喜若狂的情绪。

三、四句，诗人将描写的角度从自己的身上转移到妻子儿女的身上，他们听到这个消息后，不禁忧愁顿消，喜悦情感的范围进一步扩大，同时它又有相互感染的特征。为突出这一特定的场景，诗人以"漫卷诗书喜欲狂"，来表达自我内心的狂喜感受。

五、六句，诗人抒发喜悦至极之情，甚至用"狂"来描写，这一点在其他地方也充分体现，"放歌""纵酒""还乡"都是很好的注解，其喜悦之情溢于言表。

最后两句是诗人的想象。既然收复了失地，那么下一步就要返回故乡了，诗人用"穿""向""下"三个动词，将日后回家的急切心情淋漓尽致地表达出来。

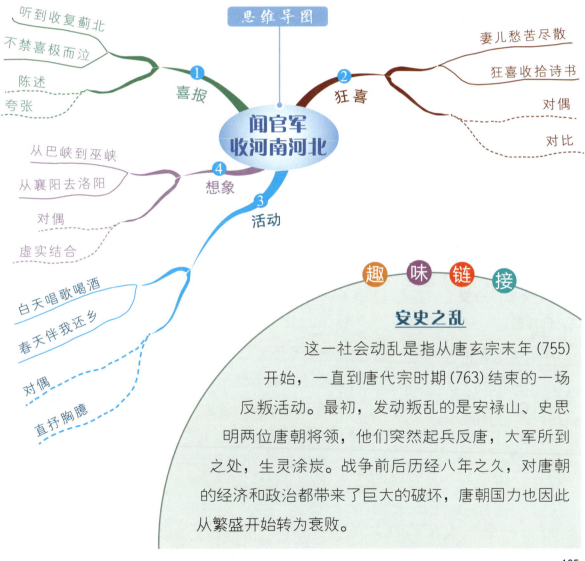

趣味链接

安史之乱

这一社会动乱是指从唐玄宗末年(755)开始，一直到唐代宗时期(763)结束的一场反叛活动。最初，发动叛乱的是安禄山、史思明两位唐朝将领，他们突然起兵反唐，大军所到之处，生灵涂炭。战争前后历经八年之久，对唐朝的经济和政治都带来了巨大的破坏，唐朝国力也因此从繁盛开始转为衰败。

知识拓展

话说"妻子"

在古代汉语中,"妻子"指妻子和子女的意思。在现代汉语中,"妻子"指男子的配偶。

从古至今,对"妻子"(男子的配偶)的称呼有很多,现举例如下:
◎ 妻子的自称叫"贱内"。
◎ 尊称他人的妻子叫"尊夫人""嫂夫人""令夫人"。
◎ 谦称自己的妻子叫"内人""贱内""贱室"。
◎ 丈夫称妻子叫"孩他妈""孩他娘""良人"。
◎ 称新媳妇叫"新娘""新嫁娘"。
◎ 称年轻的妻子叫"小媳妇""少妻"。
◎ 称年老的妻子叫"老婆子""老伴儿"。
◎ 称好的妻子叫"贤妻""贤内助""爱妻""娇妻"。
◎ 称不好的妻子(贱称)叫"蠢妇""愚妻""河东吼狮""母夜叉"。

学而思

一、填空题。

1. "漫卷诗书喜欲狂"这一句诗对_____进行描写,表达了诗人_____的喜悦心情。

2. 诗的后四句是诗人的_____,其中"即从巴峡穿巫峡,便下襄阳向洛阳"这句诗,营造出了一幅_____的画面,表明了诗人归心似箭的心理。

二、选择题。

1. "初闻涕泪满衣裳"中"闻"的意思是(　　)。
 A. 名声　　　　　　　B. 出名,有名望
 C. 听说　　　　　　　D. 听见的事情,消息

2. 诗中最能集中概括诗人情感的一个字是(　　)。
 A. 闻　　B. 愁　　C. 喜　　D. 泪

34 江南逢李龟年 [1]

〔唐〕杜 甫

岐王宅里寻常见 [2],
崔九堂前几度闻 [3]。
正是江南好风景 [4],
落花时节又逢君 [5]。

写作背景

唐代宗大历五年（770），杜甫身处长沙，与流落到这里的宫廷音乐家李龟年重逢。两人原来就是好朋友，诗人遇到故人，不由得想起双方在岐王和崔九的府第多次相见的场景，感慨之余，写下了这首诗。

译文悦读

在岐王府中经常能够看到你的身影，在崔九的家中也常常能够听到你演唱的歌声。此时正好是江南风景秀丽的大好时光，谁曾想到在这落花的暮春时节，又和你再次相逢了呀！

❶**李龟年**：诗人的朋友，一位音乐家。 ❷**岐王**：唐玄宗的弟弟李范。**寻常**：平常，经常。 ❸**崔九**：即崔涤，唐玄宗的宠臣，他因在兄弟中排行第九而得此名。**堂**：家中。**几度**：多次。 ❹**江南**：这里指今湖南省一带。**正**：恰好。 ❺**落花时节**：暮春，多指农历三月。**逢**：遇见。**君**：指李龟年。

诗词鉴赏

一、二句,诗人以回忆的方式,描写了和友人经常见面的场景。开元初年,一切都处于太平盛世之中,这让诗人升起了深深的怀念之情;可是时过境迁,前后相逢时的巨大反差令诗人感慨万千,也为下文情感的升华做了合理的铺垫。

三、四句,诗人和友人相逢,虽然还是在风光优美的江南地区,但此时恰恰处于"落花时节"。第四句可谓一语双关,一方面描写现在的季节是暮春之时,另一方面暗示唐朝社会发展已经由盛转衰的残酷现实。

知识拓展

文人的写作癖

在文人的众多癖好中,写作癖是最有意思的。隋朝诗人薛道衡作诗的时候,习惯把自己关在不放任何杂物的空室之中,面墙而卧,独自沉思。如果这时屋外有人喧哗,他就会勃然大怒,以致几天都不能动笔。

有着相同癖好的还有北宋诗人陈师道。每当他有作诗的灵感时,他便急忙跑回家,躺在床上,用被子蒙住头,被人称为"吟榻"。家人知道他有这个创作习惯,每当此时,就把鸡儿、狗儿赶出去,把婴儿抱到邻居家。

学而思

一、填空题。

1. "落花时节"的意思是 ＿＿＿＿＿＿＿。既点出了两人相逢的 ＿＿＿＿＿，又暗含唐朝由 ＿＿＿＿ 转 ＿＿＿＿ 的历史变化,更含蓄地表明了诗人和李龟年都已到了暮年。

2. 诗中,隐写"风景不殊,江河有异"的乱世时难的景况,表达了"同是天涯沦落人"的感慨。诗中,"＿＿＿＿＿＿＿＿,＿＿＿＿＿＿＿＿"更能引起共鸣。

二、选择题。

下列诗句中节奏划分不正确的一项是( )。

A. 岐王/宅里/寻常/见　　B. 崔九/堂前/几度/闻

C. 正是/江南好/风景　　D. 落花/时节/又/逢君

张继

字　　号	字懿孙
籍　　贯	襄州（今湖北襄阳）
诗　　风	豪爽激越
主要作品	《枫桥夜泊》《宿白马寺》《感怀》等

张继

张继，盛唐诗人，博学多才，见识广博，擅长辩论。他在唐玄宗天宝十二年（753）考中进士，但仕途不顺。直到后来才被派到洪州任盐铁判官，掌管洪州的财政赋税。任职期间，他清廉正直，虽然分掌财政大权，但自己的生活却过得非常清苦。

张继一生博览群书，游历过许多地方，他为人健谈，很有辩才。其诗歌风格爽利，激情澎湃，修辞手法运用得炉火纯青，善于将道理赋予景物之中，对后世诗坛影响极大。但可惜的是，张继流传下来的作品不到50首。其中《枫桥夜泊》最为著名。因为这首诗的流传，苏州寒山寺也成为当今非常有名的旅游胜地，不少文学爱好者都会去寒山寺游览一番。

名句集锦

◎终年帝城里，不识五侯门。《感怀》
◎月落乌啼霜满天，江枫渔火对愁眠。《枫桥夜泊》
◎姑苏城外寒山寺，夜半钟声到客船。《枫桥夜泊》
◎白马驮经事已空，断碑残刹见遗踪。《宿白马寺》

35 枫桥夜泊[1]

〔唐〕张 继

月落乌啼霜满天[2]，

江枫渔火对愁眠[3]。

姑苏城外寒山寺[4]，

夜半钟声到客船[5]。

写作背景

天宝十四年（755），唐朝爆发了"安史之乱"，文人纷纷逃到相对安定的江南一带避乱，诗人张继也在其中。诗人秋夕泊舟在苏州城外的枫桥，触景生情，便写下了这首意境深远的小诗。

译文悦读

月亮从高空落了下去，乌鸦凄楚的啼叫声偶尔传来，天地间是无处不在的霜气，此时此刻，只有江边的枫树和船上的渔火，静静地陪着我这个难以入睡的人。姑苏城外清静的寒山古寺，在夜半时分响起的钟声，远远地传到了我的客船上。

---

❶枫桥：在今苏州阊(chāng)门外。夜泊：夜晚停船。泊，停。 ❷乌：乌鸦。 ❸江枫：江边的枫树。渔火：渔船上的灯火。对：对着，陪伴。愁眠：怀着旅愁，似睡非睡。 ❹姑苏：苏州的别称。寒山寺：在今苏州市西部。 ❺夜半：半夜。到：到达。

诗词鉴赏

一、二句点明了诗歌所描写的季节。在这深秋时节，从空中看，有月落、乌啼、霜天等景物；从近处看，有枫树、渔船、灯火等物体。这些意象，围绕深秋这一主题，渲染出一种寂寞凄凉的氛围。正因为如此，诗人才在寒夜之中久久难以入睡，以至于只能"对愁眠"了。景物和心情在诗人的笔下，巧妙地融合在一起，给人一种悲秋的韵味。

三、四句，诗人描写在夜半时分寒山寺的钟声从远处传来。这种听觉描写，尤其在孤独的秋夜，更加衬托出秋夜的宁静和孤冷。此时难以入眠的诗人，想必也在凝神静听，其内心的孤寂之情也宣泄而出。

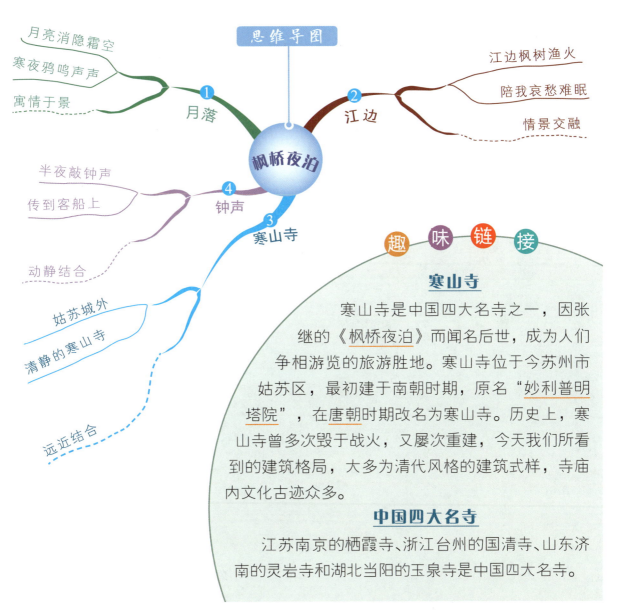

趣味链接

寒山寺

寒山寺是中国四大名寺之一，因张继的《枫桥夜泊》而闻名后世，成为人们争相游览的旅游胜地。寒山寺位于今苏州市姑苏区，最初建于南朝时期，原名"妙利普明塔院"，在唐朝时期改名为寒山寺。历史上，寒山寺曾多次毁于战火，又屡次重建，今天我们所看到的建筑格局，大多为清代风格的建筑式样，寺庙内文化古迹众多。

中国四大名寺

江苏南京的栖霞寺、浙江台州的国清寺、山东济南的灵岩寺和湖北当阳的玉泉寺是中国四大名寺。

学而思

一、填空题。

1. 诗的前两句是从_____觉方面来写的，后两句是从_____觉方面来写的，两者共同展现出了诗人_____的情感。

2.《枫桥夜泊》中提到的"姑苏"指的是今江苏省苏州市，这是我国历史文化名城之一。苏州不仅拥有中国四大名寺之一的寒山寺，还拥有被联合国教科文组织列为世界文化遗产的苏州古典园林。请你查阅相关图书或资料，了解苏州园林的基本知识，完成以下填空。

_____、_____、_____和_____被称为苏州"四大名园"。其中，_____、_____与北京颐和园、承德避暑山庄并称为中国四大古典名园。_____为"中国园林之母"。

二、请把下面的诗名、作者与对应的诗句连起来。

1.《春夜喜雨》　　A.张　继　　a.夜来风雨声，花落知多少
2.《春晓》　　　　B.杜　甫　　b.黄河远上白云间，一片孤城万仞山
3.《枫桥夜泊》　　C.孟浩然　　c.月落乌啼霜满天，江枫渔火对愁眠
4.《凉州词》　　　D.王之涣　　d.随风潜入夜，润物细无声

三、这首诗主要表达了（　　）。

A.诗人的乡愁　　　　B.寒山寺的幽静
C.江景之美　　　　　D.凄凉的冬夜

参考答案

01 春晓
一、热闹 对春天的喜爱 二、1.A 2.C

02 宿建德江
一、1.王维 山水和田园 2.秋江暮色 羁旅之思 3.日暮客愁新 思念家乡
二、1.√ 2.√ 3.√ 4.×

03 过故人庄
一、1.做客田家 近 远 叙事 平静质朴 2.对乡村生活的向往与热爱 二、1.√ 2.× 3.√ 4.√

04 出塞
一、平安归来 残酷 二、A 三、1.√ 2.× 3.√ 4.√

05 从军行（其四）
一、1.黄沙百战穿金甲 不破楼兰终不还 2.青海长云暗雪山 孤城遥望玉门关
二、示例：这首诗描写了"青海""长云""雪山""孤城""玉门关""黄沙"等富有边疆特色的景物。让我感受到边塞的荒凉和艰苦。

06 芙蓉楼送辛渐
一、送别 辛渐 平明/清晨 芙蓉楼/吴地 洛阳 二、A——b B——d C——a D——c

07 采莲曲
一、1.(1)小荷才露尖尖角 (2)莲叶何田田 2.(1)菊花 (2)梨花 (3)杏花 (4)桃花 (5)荷花 (6)桃花 二、ABCD

08 别董大
一、1.唐 高适 岑参 2.莫愁前路无知己 天下谁人不识君 3.(1)苍苍 茫茫 (2)纷纷 (3)粒粒 二、1.D 2.C 3.C

09 九月九日忆山东兄弟
一、1.重阳节 2.七夕节 3.春节 二、1.B 2.C

10 鸟鸣涧
一、1.花落 月出 鸟鸣 2.桂花 春山 山鸟 春涧 二、李白—诗仙 杜甫—诗圣 王维—诗佛 李贺—诗鬼

11 鹿柴
一、1.傍晚 山谷 森林 人语 青苔 2.(1)青 (2)红 绿 蓝 (3)碧 红 (4)黄 翠 白 青 二、B

12 山居秋暝
一、1.明月 青松 泉声 泉流 2.留恋
二、示例：明月的清晖，从松林间隙照射下来，林地上洒满了斑驳的光点；清冽的山泉，在山石间淙淙流淌，发出清脆悦耳的声音。

13 竹里馆
一、1.深林人不知 明月来相照 2.宁静 淡泊 独坐 弹琴 长啸 二、1.B 2.B A

14 送元二使安西
一、1.莫愁前路无知己 天下谁人不识君 劝君更尽一杯酒 西出阳关无故人 2.渭城 阳关
二、1.√ 2.× 3.×

15 画
一、远—近 有—无 去—来 二、1.山 水 花 鸟 远 近 去 来 2.画 三、1.远看山有色,近听水无声。 2.春去花还在,人来鸟不惊。

16 望庐山瀑布
一、C 二、1.E 2.A 3.F 4.D 5.B 6.C

17 望天门山
一、1.断 开 流 回 2.孤帆一片日边来 日边
二、1.一 万 2.两 一 3.三 4.千 一 5.三 九 6.二

18 静夜思
一、月 思乡 千古思乡第一诗 二、1.拟人

2.夸张 3.比喻

19 夜宿山寺
一、夸张　高　静　二、1.C　2.D　3.A

20 黄鹤楼送孟浩然之广陵
一、前 后 孟浩然 对好友依依不舍 二、C
三、示例:"孤帆"并不是说当时浩瀚的长江上只有一只帆船,而是说诗人当时的注意力全部集中在了好友乘坐的那只帆船上。

21 独坐敬亭山
一、1.独自 一 2.(1)庐山 (2)阴山 (3)敬亭山 二、B

22 古朗月行(节选)
1.白玉盘　瑶台镜　2.天真烂漫

23 秋浦歌(其十五)
一、1.秋天的寒霜　头发像霜一样白　2.愁　3.白发三千丈　缘愁似个长　二、1.B　2.C　3.C　4.D　5.A

24 赠汪伦
一、1.踏歌 2.桃花潭水深千尺 不及汪伦送我情 二、1.C 2.C 3.D 三、示例:折柳送别、饮酒饯别

25 早发白帝城
一、1.江陵　2.桃花潭　3.扬州　4.长江　5.龙城　阴山　二、藕　杜

26 春夜喜雨
一、A 二、示例:本诗赋予了春雨无私滋润万物、默默奉献、不求回报的品格;借此表达了作者乐民之乐,喜民之喜,关心民间疾苦的崇高的思想感情。

27 江畔独步寻花(其五)
一、春天　杜甫　江畔　桃花盛开　喜悦

二、A

28 江畔独步寻花(其六)
一、1.繁花盛开 赞美之情 2.留连戏蝶时时舞 自在娇莺恰恰啼 二、示例:杜甫在黄师塔前看到的只有一种花,即桃花,主要是写花的可爱;而在黄四娘家看到的花有很多,主要写花的茂盛。

29 绝句四首(其三)
一、1.黄鹂　翠柳　白鹭　西岭　雪　船　黄　翠　白　青　2.两个黄鹂鸣翠柳　一行白鹭上青天　二、1.√　2.√　3.×　4.×

30 绝句二首(其一)
一、1.春日白天渐长　2.万物欣欣向荣　春天　3.泥融飞燕子　沙暖睡鸳鸯　二、1.F　2.A　B　3.E　4.C　D

31 赠花卿
一、1.皇宫　皇宫之外　讽刺、劝谏　2.此曲只应天上有　人间能得几回闻　二、1.B　2.C

32 望 岳
一、会当凌绝顶　一览众小　二、C

33 闻官军收河南河北
一、1.动作(或神态) 得知收复的消息后 2.想象 疾速飞驰 二、1.C 2.C

34 江南逢李龟年
一、1.暮春,多指农历三月 季节 盛 衰 2.正是江南好风景 落花时节又逢君 二、C

35 枫桥夜泊
一、1.视 听 旅途忧愁 2.狮子林 沧浪亭 拙政园 留园 拙政园 留园 拙政园
二、1—B—d 2—C—a 3—A—c 4—D—b
三、A

穿越历史线
学透古诗词

中晚唐篇　　孙洋　主编

内容提要

本书以历史线为选文脉络,精选了148首中小学生必背古诗词,按照时间顺序,分为初唐及以前篇、盛唐篇、中晚唐篇、宋代篇、宋代以后篇5个分册。每个分册设置了诗人名片、诗人介绍、写作背景、注释、译文悦读、思维导图、诗词鉴赏、知识拓展、学而思等栏目。本书图文并茂,版式活泼,体例和内容的设置注重"融合",侧重"积累",加强"训练",突出"有趣",旨在培养中小学生学习古诗词的兴趣,并让其从中汲取中国传统文化之精华。

图书在版编目(CIP)数据

穿越历史线.学透古诗词 中晚唐篇/孙洋主编.—

上海:上海交通大学出版社,2024.6

(交大之星)

ISBN 978-7-313-29081-6

Ⅰ.①穿… Ⅱ.①孙… Ⅲ.①古典诗歌–中国–小学

–教学参考资料 Ⅳ.①G624.203

中国国家版本馆CIP数据核字(2023)第129666号

穿越历史线·学透古诗词(中晚唐篇)

CHUANYUE LISHIXIAN·XUETOU GUSHICI(ZHONGWANTANG PIAN)

主 编:	孙 洋			
出版发行:	上海交通大学出版社	地 址:	上海市番禺路951号
邮政编码:	200030	电 话:	021-64071208
印 制:	苏州市越洋印刷有限公司	经 销:	全国新华书店
开 本:	787mm×1092mm 1/16	印 张:	7.75
字 数:	130千字		
版 次:	2024年6月第1版	印 次:	2024年6月第1次印刷
书 号:	ISBN 978-7-313-29081-6	音像书号:	ISBN 978-7-88941-599-6
定 价:	199.00元(共5册)		

版权所有 侵权必究

告读者:如发现本书有印装质量问题请与印刷厂质量科联系

联系电话:0512-68180638

前 言

　　古诗文是中华民族五千年文化的瑰宝,是中国优秀传统文化最好的载体,有丰富的历史文化价值和教育价值,处世为人的哲学,修身、齐家、治国、平天下的道理都蕴含其中。学习经典古诗文,对我们的眼界、胸怀、志气、品格修养的提升大有裨益;学习经典古诗文,也是传承中华传统文化、树立民族精神、增强文化自信的重要渠道。

　　统编语文教材增加了古诗文比重。小学语文古诗文占全部选篇的36%,初中语文古诗文占全部选篇的48%,较原人教版教材有大幅增加。

　　中小学生学习古诗文的重要性和必要性不言而喻,但市面上与古诗文相关的书籍大都以主题或类别进行分类,而学生在学习古诗文的时候,往往需要联系作者或诗人所处的时代背景,这样才能更好地理解古诗文深层次的意蕴。而以"历史线"为脉络对古诗文进行梳理分类,有助于学生提高史实意识,在历史的线条中逐渐明晰作者或诗人的生平、遭遇,理解他们所处的时代发展背景,将同时代的作者、诗人或典籍串联起来,进一步拓展学习的广度和深度。因此,我们积极联合专家团队,倾力打造了"穿越历史线·学透古诗词""穿越历史线·学透小古文"系列图书。

　　"穿越历史线·学透古诗词"系列精选148首中小学生必背古诗词,按照时间顺序,分为初唐及以前篇、盛唐篇、中晚唐篇、宋代篇、宋代以后篇5个分册,每个分册设有诗人名片、诗人介绍、写作背景、注释、译文悦读、思维导图、诗词鉴赏、知识拓展、学而思等栏目。

　　"穿越历史线·学透小古文"系列从分布在"历史线"上的50多种典籍里,精选了166篇适合中小学生阅读的小古文,按照时间顺序,分为春秋战国篇、秦汉篇、三国两晋南北朝篇、唐宋篇、元明清篇5个

分册。每个分册设置典籍名片、小古文精讲、思维导图、智慧点拨、知识拓展、学而思等栏目。套书体例和内容的设置注重"融合"，侧重"积累"，加强"训练"，突出"有趣"。

希望这套图书能使学生更方便地学习古诗文，感受中华文化的丰厚博大，从中汲取民族文化智慧，积淀文化底蕴，在点滴的学习中浸润渗透，增强学生的文化认同感和民族自豪感。

囿于编写水平，书中如有不足之处，恳请广大读者批评指正，以便我们重印再版时修订完善。

编者

目 录

初唐　618—712
盛唐　713—765
中唐　766—835

穿越历史线

韩　翃　笔法轻巧送别诗，为妻多写唱和词。…… 1
01 寒　食 …… 2

刘长卿　刘随州仕途坎坷，五律称五言长城。…… 5
02 逢雪宿芙蓉山主人 …… 6

张志和　烟波钓徒玄真子，扁舟垂纶泛五湖。…… 9
03 渔歌子 …… 10

韦应物　浪子回头金不换，一城烟雨念苏州。…… 13
04 滁州西涧 …… 14

卢　纶　大历十才子之冠冕。…… 17
05 塞下曲（其二） …… 18
06 塞下曲（其三） …… 21

孟　郊　一生为诗而困，沉思苦吟而成。…… 23
07 游子吟 …… 24

韩　愈　退之诗豪健雄放，退之人勇夺三军。…… 27
08 早春呈水部张十八员外 …… 28

王　建　从军走马十三年，居乡终日忧衣食。…… 31
09 十五夜望月 …… 32

刘禹锡　一往情深深几许，深情化作豪情语。…… 35
10 望洞庭 …… 36
11 浪淘沙（其一） …… 39
12 浪淘沙（其七） …… 42
13 乌衣巷 …… 45
14 竹枝词 …… 48

白居易　童子解吟长恨曲，胡儿能唱琵琶篇。…… 51
15 赋得古原草送别 …… 52

— 1 —

16	池　上	55
17	忆江南	58
18	大林寺桃花	60
19	暮江吟	63

李　绅　公垂苦写悯农诗，短李以歌行自负。　65

| 20 | 悯　农（其一） | 66 |
| 21 | 悯　农（其二） | 68 |

柳宗元　我以我血荐轩辕，孤独钓客柳河东。　71

| 22 | 江　雪 | 72 |

贾　岛　推推敲敲苦作诗，一生穷愁为诗奴。　75

| 23 | 寻隐者不遇 | 76 |

胡令能　藏身民众之间，不失高雅志趣。　79

| 24 | 小儿垂钓 | 80 |

李　贺　不须浪饮丁都护，世上英雄本无主。　83

| 25 | 马诗（其五） | 84 |

836—907

杜　牧　道是樊川轻薄杀，犹将万户比千诗。　87

26	山　行	88
27	清　明	90
28	江南春	93
29	秋　夕	96

温庭筠　情到深处生悲凉，未妨惆怅是清狂。　99

| 30 | 商山早行 | 100 |

李商隐　昨夜星辰昨夜风，瑰迈奇古玉溪生。　103

| 31 | 乐游原 | 104 |
| 32 | 嫦　娥 | 107 |

林　杰　六岁能赋诗，下笔即成章。　109

| 33 | 乞　巧 | 110 |

罗　隐　诗名于天下，尤长于咏史。　113

| 34 | 蜂 | 114 |

907—960

960—1279

参考答案 …… 117

穿越历史线

晚唐

五代宋

韩翃

字　号	字君平
籍　贯	南阳（今属河南）
誉　称	"大历十才子"之一
诗　风	轻巧自然，写景别致
主要作品	《宿石邑山中》《寒食》《章台柳》等

韩翃(hóng)是中唐著名诗人，他是"大历十才子"之一。唐玄宗天宝十三年(754)考中进士，在淄(zī)青节度使侯希逸幕府中任从事(官职名)，后来随侯希逸回朝，十年没有做官，一直闲居长安。建中年间，因作《寒食》诗被唐德宗所赏识，因而被提拔为中书舍人。

韩翃的诗歌内容多是赠别酬唱之作，写景自然流畅、轻巧别致，笔法精巧，为时人所传诵。

名句集锦

◎春城无处不飞花，寒食东风御柳斜。《寒食》
◎日暮汉宫传蜡烛，轻烟散入五侯家。《寒食》
◎章台柳，章台柳，昔日青青今在否？《章台柳》
◎晓月暂飞高树里，秋河隔在数峰西。《宿石邑山中》
◎枕上未醒秦地酒，舟前已见陕人家。《送客水路归陕》

扫码听音频

01

寒　食①

〔唐〕韩　翃

春城无处不飞花②,
寒食东风御柳斜③。
日暮汉宫传蜡烛④,
轻烟散入五侯家⑤。

写作背景

中唐以后,几代皇帝都非常宠幸宦(huàn)官,这便使宦官的权力膨胀,他们结党营私,败坏朝政,排斥朝中大臣。正直人士对此深恶痛绝,诗人由此而发,便写下了这首诗。

译文悦读

暮春时节,京城长安处处飘荡着飞舞的柳絮和落花;寒食节里,和煦的东风吹斜了宫中的柳条。日暮时分,皇宫中的人员向那些大臣传赐着蜡烛;袅袅轻烟,轻轻地飘散进了王侯贵戚的家中。

❶寒食:古代的一个节日,大约在清明前一两天,家家户户不生火,只吃冷的食物,所以称为"寒食"。 ❷春城:春天的长安城。飞花:指飘落的柳絮和花。 ❸御柳:皇宫中的柳树。
❹汉宫:这里用汉代皇宫来代指唐代的皇宫。传蜡烛:寒食节家家不生火,权贵宠臣却能得到皇帝恩赐,可以点蜡烛。传,逐家传赐。
❺散入:袅袅飘落的样子。
五侯:汉朝时,汉成帝曾将王皇后的五个兄弟都封为侯爵,这里指官宦宠臣。

诗词鉴赏

这是一首节日感怀诗,诗人描写了寒食节长安城的景象。

一、二句,主要是对长安城中暮春美景的刻画。"无处不飞花"一句色彩丰富,不仅写出了京城落花纷飞的情景,同时还将寒食节的美景呈现了出来,飞花正好代表了暮春时候的特色。第二句中,诗人特意选取皇宫中的柳树为描写对象,将对春天美景的描绘定格在碧绿的柳枝上,这样正好和飞花景象形成了鲜明的对比。

三、四句,由景物描写转到人物活动的描写上,以"传""散"二字,生动地刻画了寒食节贵族们举行活动的盛况,语句空灵而富有韵味。

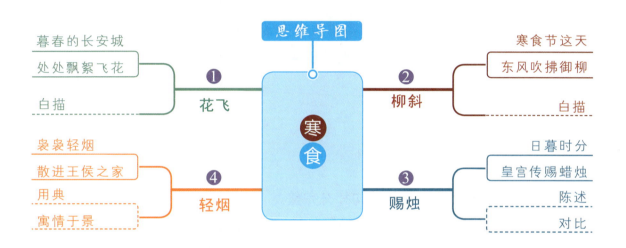

知识拓展

古诗的顿读方式

在五言诗中,一般是一句三顿:"二一二"式、"二二一"式。在七言诗中,通常有四种顿读方式:"二二一二"式、"二二二一"式、"二二三"式、"四三"式。

当然,古诗的诵读也不是千篇一律,但一般应遵循"不破词"的原则。下面是《寒食》诗的断句方式:

春城无处不飞花,　　☆☆/☆☆/☆/☆☆,
寒食东风御柳斜。　　☆☆/☆☆/☆☆/☆。
日暮汉宫传蜡烛,　　☆☆/☆☆/☆☆/☆☆,
轻烟散入五侯家。　　☆☆/☆☆/☆☆/☆。

寒食节的起源

春秋时期，晋国公子重(chóng)耳在逃亡期间，大臣介子推始终追随其左右，不离不弃，甚至"割股啖君"，公子重耳对介子推非常感激。后来，重耳做了晋文公后，下令封赏帮助过他的人。只有介子推没有接受封赏，他带着母亲到绵山隐居起来，不愿意出山。

于是晋文公想了一个办法，下令火烧绵山，把介子推逼出来。但是，没有想到介子推母子仍然不愿意出来，在大火中被活活地烧死了。

晋文公十分后悔，为了纪念介子推，他下令将绵山改名为介山。并且还下令在介子推遇难这天，全国上下都不许点火煮饭，只吃冷食。这就是"寒食节"的由来。

寒食节又称禁烟节、冷节 等，是在冬至后的一百零五天，清明节前一天或两天。随着时间的推移，寒食节习俗的活动内容也逐渐丰富起来。这天，人们可以祭扫、踏青、荡秋千、蹴鞠(cù jū)等。寒食节前后绵延两千余年，曾被称为中国民间第一大祭日。

学而思

一、请你把下面含有"春"字的诗句补充完整。

1. （　　　）不觉晓，处处闻啼鸟。（唐·孟浩然《春晓》）
2. （　　　）无处不飞花，寒食东风御柳斜。（唐·韩翃《寒食》）
3. （　　　）又绿江南岸，明月何时照我还？（宋·王安石《泊船瓜洲》）
4. （　　　）满园关不住，一枝红杏出墙来。（宋·叶绍翁《游园不值》）

二、选择题。

1. 下列句子中顿读方式错误的一项是（　　　）。
   A. 春城／无处／不／飞花　　B. 寒食／东风／御柳／斜
   C. 日暮／汉宫／传／蜡烛　　D. 轻烟／散入／五侯／家

2. "春城无处不飞花，寒食东风御柳斜"中的"寒食"是指我国古代的（　　　）。
   A. 中秋节　　　B. 端午节　　　C. 清明节
   D. 春节　　　　E. 寒食节

刘长卿

字　号	字文房
别　名	刘随州
籍　贯	宣城（今属安徽）
生卒年	?—约789
诗　风	语言精警通俗
主要作品	《送灵澈上人》《逢雪送芙蓉山主人》等

时间轴： 北朝 — 初唐 — 盛唐 — 中唐（刘长卿）— 晚唐 — 宋代

刘长卿是<u>中唐</u>著名诗人。祖籍在宣城，家居洛阳，因其官职最后达到随州刺史，所以世人称之为"<u>刘随州</u>"。他抱着学而入仕的愿望，从小便刻苦学习，年少入读嵩山，避世求学。二十岁时，他开始参加科考，十余年间，一再落第，可谓屡战屡败。三十二岁时，刘长卿科举中第，本以为愿望得以实现，没想到仕途坎坷，入仕后多次被贬，漂泊半生，蒙冤十余年。晚年他来到江东避难，在淮南节度使杜亚的幕府中打杂，直至病故。

刘长卿的诗以<u>五言</u>、<u>七言</u>近体为主，尤其擅长五言；五律简练浑括，于深密中见清秀，自称为"<u>五言长城</u>"。

名句集锦

◎柴门闻犬吠，风雪夜归人。《逢雪宿芙蓉山主人》
◎细雨湿衣看不见，闲花落地听无声。《别严士元》
◎寂寂江山摇落处，怜君何事到天涯！《长沙过贾谊宅》

逢雪宿芙蓉山主人 ❶

〔唐〕刘长卿

日暮苍山远❷，
天寒白屋贫❸。
柴门闻犬吠❹，
风雪夜归人❺。

写作背景

唐代宗大历四年（770），刘长卿任转运使判官，因他刚正不阿而得罪了鄂岳观察使吴仲儒，被诬陷贪赃。幸亏监察御史苗丕明镜高悬，刘长卿只落了个轻判，被贬为睦州司马。这首诗作于刘长卿到达睦州的第一年冬天，从诗中可隐约感受到诗人对官场黑暗的心酸以及对恩人苗丕的感激之情。

译文悦读

临近黄昏的时候，青灰色苍茫的远山显得更加遥远，寒冷的冬日夜晚，简陋的草屋使主人家看起来非常清贫。院子前面的篱笆门那里，传来了一阵阵狗的叫声，原来在这风雪交加的寒夜，是我这个夜行人前来这处主人家投宿了。

❶ 逢：遇上。宿：投宿，借宿。芙蓉山：山名。主人：这里指诗人投宿的人家。
❷ 日暮：太阳落山的时候，指傍晚。苍山：青黑色的山。 ❸ 白屋：茅草屋，多指穷人居住的简陋屋舍。贫：简陋。
❹ 柴门：用树枝编织的门。
犬吠：狗叫声。 ❺ 夜归人：这里指诗人自己。
夜归：夜晚回来。

诗词鉴赏

这是一首写景诗,诗人描写了自己在风雪之夜借宿山野人家的场景。

一、二句描写了一种天寒地冻的冬日景象。在诗人眼中,夜幕降临时,视野也跟着变得模糊起来,找不到住宿的焦急心情,更让他感到路途的遥远,所以"苍山远"一词很好地体现了诗人此时此刻的心情;而"白屋"的出现,是在一个天寒地冻的大背景下,北风呼啸,更让简陋的茅草屋显得孤单清冷。

三、四句,诗人采取动静结合的描写手法,最先觉察到诗人走近的是院子中的看家狗,诗人就在狗叫的指引中,一步步走向投宿的地方。能在这样一个风雪之夜寻找到温暖的住处,诗人的内心充满了兴奋之情。

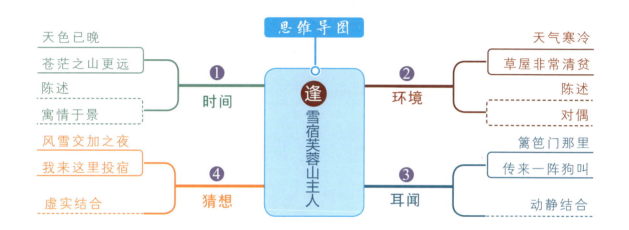

知识拓展

"寒"中的两点不是水

"寒"是一个会意字。金文1的外边像简陋的房屋,中间像一个人,人的左右两侧像草堆,人下边的两横表示冰,合起来表示人在低温的天气里,为避寒而住在一间堆满草的屋子里。金文2省略表示冰的元素,整体含义不变。

所以,"寒"的本义为寒冷,即温度低,如:饥寒交迫。由此引申为寒冷的季节,如:寒冬。

因古代贫困人家一般要忍受饥饿和寒冷,由此引申为(家境)贫困,如:家境贫寒。另外,"寒"还作谦辞,如:寒门出贵子。

金文1　　金文2　　小篆　　隶书　　楷书

"东道主"的由来

《逢雪宿芙蓉山主人》中"主人"的意思是指诗人投宿的人家。实际上,"主人"就是我们今天所说的"东道",即"东道主"(请客的主人)。关于"东道主"的由来,还有一段鲜为人知的故事。

鲁僖(xī)公三十年(前630)九月十三日,晋文公和秦穆(mù)公的联军包围了郑国国都。郑文公在走投无路的情况下,只得向老臣烛之武请教,设法解围。当夜,烛之武趁着天黑叫人用粗绳子把他从城头上吊下去,私下会见秦穆公。

烛之武凭借三寸不烂之舌,说服了秦穆公,他单方面跟郑国签订了和约,晋文公无奈,也只得退兵了。

"东道主"原指东方道路上可以招待过路宾客的主人。因郑国在秦国东边,所以称为"东道主"。后指款待宾客的主人或会议、赛事等的主办方。

学 而 思

一、填空题。

1. 诗中,作者按照_____的顺序把苍山暮色、_____、_____、_____等情景描写得绘声绘色,让人如临其境。

2. 首句"日暮苍山远"中的_____点明时间,正是傍晚;次句"天寒白屋贫"中的_____、_____和_____三字互相衬托,渲染了贫寒、清白的气氛,也反映了诗人独特的感受。

二、选择题。

下列朗读节奏不正确的一项是(　　)。

A. 日暮 / 苍山 / 远　　　　B. 天寒 / 白屋 / 贫

C. 柴门 / 闻犬 / 吠　　　　D. 风雪 / 夜归 / 人

张志和

字　号	字子同，号玄真子
别　名	张龟龄
籍　贯	婺州金华（今浙江金华）
生卒年	732—774
主要作品	《渔歌子》《渔父歌》《渔父》等

张志和是中唐著名诗人、词人。三岁能读书，六岁能作文，十六岁通过明经科目的考试。唐肃宗登基后，他因向肃宗献策，被授予左金吾卫录事参军，赐名为"志和"。后来因犯错误而被贬，不再入朝做官，到处漂泊，四海为家。曾隐居在太湖流域的东西苕溪与霅溪一带，扁舟垂纶，浮三江，泛五湖，渔樵为乐，因此自称为"烟波钓徒"。

唐大历九年（774），张志和应湖州刺史颜真卿的邀请，前往湖州拜会颜真卿，同年冬十二月，和颜真卿等东游平望驿时，不慎在平望莺脰湖落水身亡。

张志和的著作主要有《玄真子》十二卷和《大易》十五卷，有《渔父》词五首、诗七首传世。

名句集锦

◎西塞山前白鹭飞，桃花流水鳜鱼肥。《渔歌子》
◎青箬笠，绿蓑衣，斜风细雨不须归。《渔歌子》
◎江上雪，浦边风，笑着荷衣不叹穷。《渔父》
◎枫叶落，荻花干，醉宿渔舟不觉寒。《渔父》

扫码听音频

03

渔歌子①

〔唐〕张志和

西塞山前白鹭飞②,
桃花流水鳜鱼肥③。
青箬笠,绿蓑衣④,
斜风细雨不须归⑤。

写作背景

唐代宗大历七年(772)九月,颜真卿担任湖州刺史一职,第二年到任时,词人张志和驾舟前去拜访他。当时正值暮春,桃花水涨,美景无限,词人便即兴创作了这首词。

译文悦读

在美丽的西塞山前,一只只美丽的白鹭在空中飞翔,桃花盛开,流水淙淙,这个季节河中的鳜鱼正无比肥美。河边垂钓的人头上戴着青色的斗笠,身上穿着绿色的蓑衣,纵然此时有微风细雨的侵扰,但是也快乐得忘记了归程。

❶**渔歌子**:词牌名。 ❷**西塞山**:山名,在今浙江省湖州市西部。 ❸**桃花流水**:春天桃花开放的季节,时逢春水上涨。 ❹**箬笠**:又称斗笠,用竹叶、竹篾(miè)等编成。**蓑衣**:用茅草或棕丝等编成的雨衣,是一种防雨用具。 ❺**不须归**:无须回去。归,回去。

诗词鉴赏

一、二句点明了地点和时间。西塞山是词人观摩春天美好景物的立足点，这里有飞翔的白鹭、潺潺的溪水、肥美的鳜鱼，一派悠然自得、美景如画的场景。

三、四句描写的是渔人在溪边垂钓的乐趣。对渔人的外貌，词人用语简练，"青箬笠，绿蓑衣"，短短六个字，就色彩鲜明地描绘出了渔人特有的穿着；这样的打扮，和前文中的白鹭、红桃花相映成趣，和谐统一，令人印象深刻；而对于渔人垂钓的场面描写，一句"斜风细雨不须归"便将渔人对垂钓的痴爱心理刻画得淋漓尽致。

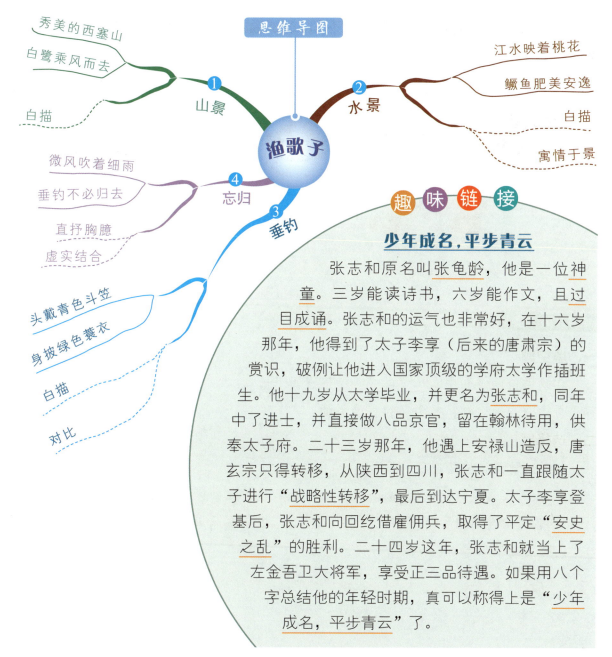

趣味链接

少年成名，平步青云

张志和原名叫张龟龄，他是一位神童。三岁能读诗书，六岁能作文，且过目成诵。张志和的运气也非常好，在十六岁那年，他得到了太子李亨（后来的唐肃宗）的赏识，破例让他进入国家顶级的学府太学作插班生。他十九岁从太学毕业，并更名为张志和，同年中了进士，并直接做八品京官，留在翰林待用，供奉太子府。二十三岁那年，他遇上安禄山造反，唐玄宗只得转移，从陕西到四川，张志和一直跟随太子进行"战略性转移"，最后到达宁夏。太子李亨登基后，张志和向回纥借雇佣兵，取得了平定"安史之乱"的胜利。二十四岁这年，张志和就当上了左金吾卫大将军，享受正三品待遇。如果用八个字总结他的年轻时期，真可以称得上是"少年成名，平步青云"了。

古代的"衣""裳"和"裙"

在现代汉语中,"衣"和"裳"可组成双音词"衣裳(shang)",指衣服。其实,在古代汉语中,"衣"和"裳"的含义有别:"衣"指上身穿的衣服;"裳"指下身穿的衣服,读作cháng,如"绿衣黄裳"中的"衣"指上衣,"裳"指下衣。

在古代汉语中,"裙"和"裳"都指下衣。在魏晋以前,男女都穿裙。到隋唐以后,"裙"才成为妇女的专用服饰。因妇女下身穿裙,头上戴钗(chāi),所以用"裙钗"指代妇女。

古人对衣服的称呼与现在有所不同。请试着把下面的服饰与对应的名称连接起来。

学而思

一、填空题。

在这首诗的首句中,"_____"点明了地点;"_____"是闲适的象征,写它自由自在地飞翔,是为了衬托渔夫的_____。

二、选择题。

1.《渔歌子》描绘出了一幅(　　)图。

　　A.《塞北风味的垂钓》　　　　B.《江南风味的垂钓》

　　C.《水乡雨景》　　　　　　　D.《塞北风光》

2."渔歌子"是(　　)。

　　A.诗名　　　　　　B.词牌名　　　　　　C.曲名

韦应物

字　号	字义博
别　名	韦苏州
籍　贯	京兆杜陵（今陕西西安）
生卒年	约737—791
派　别	山水田园派
主要作品	《观田家》《滁州西涧》《淮上喜会梁州故人》等

时代轴：北朝　初唐　盛唐（韦应物）中唐　晚唐　宋代

　　韦应物出身于名门望族，他的曾祖父是武则天时的宰相、文昌右相，祖父做过凉州都督，父亲官至少监。他少年时代练习武艺，有很高的骑射本领。韦应物凭着门荫和武艺，十五岁就当上了唐玄宗的侍卫。由于他年少即在御前侍奉，因而也沾染了不少纨绔子弟的不良习气。"安史之乱"爆发后，天下大乱，冷酷的现实逼得他只好走科举之途以求进身，于是下决心折节读书，以写诗为自己的终身事业。

　　后来，韦应物学诗有成，成为唐代诗坛的一位著名诗人。他对战火离乱的社会现实很有感触，便写下了很多具有一定现实意义的好作品。他的诗大多是为了抒发心事、赠别酬唱，感情真挚动人。他的山水田园诗，<u>语言简朴，风格清秀爽朗，韵味澄净</u>。因为他担任过苏州刺史，所以世称其为"<u>韦苏州</u>"。

名句集锦

◎我有一瓢酒，可以慰风尘。《简卢陟》
◎微雨众卉新，一雷惊蛰始。《观田家》
◎山空松子落，幽人应未眠。《秋夜寄邱员外》
◎浮云一别后，流水十年间。《淮上喜会梁州故人》
◎春潮带雨晚来急，野渡无人舟自横。《滁州西涧》

滁州西涧①

〔唐〕韦应物

独怜幽草涧边生②，
上有黄鹂深树鸣③。
春潮带雨晚来急④，
野渡无人舟自横⑤。

写作背景

在唐德宗建中二年（781），诗人担任滁州刺史，他平时常去郊外散心。滁州西涧也是诗人经常光顾的地方。作者喜爱西涧清幽的环境，常常在这里驻足凝思，思讨时弊，因而写下了这首感情浓郁的小诗。

译文悦读

我特别喜爱在山涧边生长的小草，山涧上面有可爱的黄鹂在树林中婉转鸣唱。春天的潮汐伴着傍晚的细雨急速地涌了过来，在无人的渡口处，只有一只小船随波漂荡。

❶滁州：在今安徽滁州西部一带。西涧：滁州城西郊的一条小溪。涧，夹在两山间的水流。 ❷独怜：特别喜爱。怜，喜爱。幽草：幽谷中的小草。 ❸深树：树林深处。 ❹春潮：春天的潮水。 ❺野渡：郊外的渡口。自：自由自在。横：即成横状，这里指船儿随意漂浮。

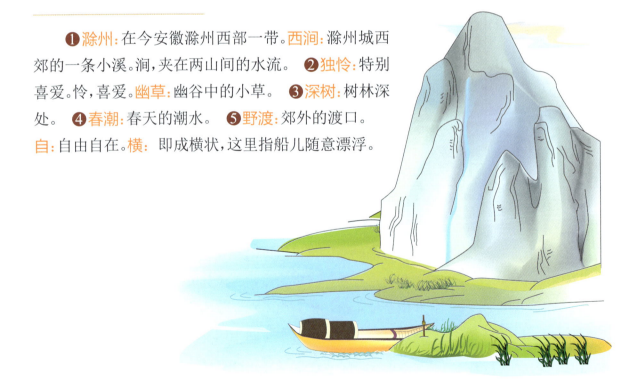

诗词鉴赏

一、二句,诗人巧妙地从西涧边上的两处景物入手,一个是"幽草",一个是"黄鹂"。幽草是静态绿色的,而黄鹂是动态黄色的,所以诗句动静结合,既有视觉描绘,也有听觉入耳,寥寥数语,便勾勒出一幅优美的画卷。

三、四句,诗人的视觉角度转移,目光聚焦在河岸的渡口上,那里有一只小船静静地停靠着。"自横"一词非常传神,突出了小船无人打扰、自由自在。此时结合上文的"幽草""黄鹂",突出表现了大自然的美景在无人打扰下的天然趣味。从更深层次看,这样的场景描写,其实就是诗人内心对自由生活的向往和渴望。

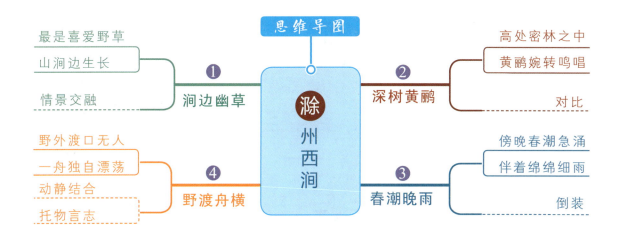

知识拓展

画院考题

韦应物是中唐诗人,以写田园风光著称,与同时代的柳宗元齐名,并称为"韦柳"。历代诗人、评论家对韦应物的诗作评价都很高。北宋大文学家苏轼不仅欣赏韦应物的诗作,而且还为韦应物的一些诗写过唱和诗。

有一年,宋代画院招考画士。用什么来做题目呢?主考官反复斟酌(zhēn zhuó),反复挑选,最后从韦应物《滁州西涧》这首诗中,选出"野渡无人舟自横"这句诗作为考题,一时被传为佳话。

"上""下"和"卡"

"上"字的甲骨文和金文下边的长横线表示地面,即位置的基准线,上边的短横线是指事符号,表示在地面之上。

"下"字的甲骨文和金文上边的长横线也表示地面,即位置的基准线,下边的短横线表示在基准线以下。

由此看来:上边的横短,下边的横长且像"二"的字是"上";上边的横长,下边的横短且与"上"对称的字是"下"。

后来,因"上""下"和"二"特别相似,容易混淆。所以在小篆阶段,聪明的古人保持"二"的结构不变,将"上"上边的短横变竖变曲且加一短横;又将"下"下边的短横变竖变曲也加一短横。

另外,"卡"字里既有"上"字,又有"下"字,表示上不来,下不去,意思是夹在中间,不能活动,如"鱼刺卡(qiǎ)在嗓子里"。

  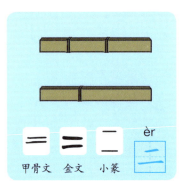

学而思

一、填空题。

1. 本诗首句直接表明了作者对涧边草的_____之情,诗句中"_____"一词最能体现。

2. 在本诗中,作者借水急舟闲的情境,表达了他悠闲恬淡的心情,其诗句是"_____,_____"。

二、选择题。

1. "野渡无人舟自横"中"横"字的意思是(　　)。
　　A.蛮横　　　B.纵横交错　　　C.横着　　　D.船儿随意漂浮

2. 这首诗中,没有出现下面哪种景物?(　　)。
　　A.黄鹂　　　B.船夫　　　C.舟　　　D.幽草

卢纶

字　号	字允言
别　名	卢户部
籍　贯	河中蒲州（今山西永济）
生卒年	约742—约799
主要作品	《塞下曲》《逢病军人》《送李端》等

　　卢纶是中唐著名诗人，是"大历十才子"之一。因为世道不宁，他父亲去世较早，家境贫寒，本人又多病，所以他的少年生活并不美好。几年后，卢纶走上科举之路，他虽然屡试不第，人生与仕途都极不顺利，但在诗坛却名声渐盛。他交游广泛，是一个活跃的社交家，最终因此步入仕途。

　　卢纶的诗以五言、七言近体为主，多是唱和赠答之作。他在从军生活中所写的《塞下曲》，风格雄浑，情调慷慨。他年轻时因避乱寓居各地，对现实有所接触，有些诗篇也反映了战乱后人民生活的贫困和社会经济的萧条，如《村南逢病叟》。清代管世铭《读雪山房唐诗钞》说："大历诸子兼长七言古者，推卢纶、韩愈，比之摩诘（王维）、东川（李颀），可称具体。"

名句集锦

◎ 故关衰草遍，离别正堪悲。《送李端》
◎ 林暗草惊风，将军夜引弓。《塞下曲（其二）》
◎ 月黑雁飞高，单于夜遁逃。《塞下曲（其三）》
◎ 欲将轻骑逐，大雪满弓刀。《塞下曲（其三）》
◎ 行多有病住无粮，万里还乡未到乡。《逢病军人》

05

塞下曲①（其二）

〔唐〕卢 纶

林暗草惊风②，
将军夜引弓③。
平明寻白羽④，
没在石棱中⑤。

写作背景

卢纶在"安史之乱"前考中进士，因逢战乱不第，仕途不顺。784 年，朱泚（cǐ）在长安发动兵变被镇压后，郭子仪部将浑瑊（jiān）奉旨出镇河中，提拔卢纶为元帅府判官。他从此开始了军旅生涯，接触了雄浑的边塞风景和粗犷的将士，于是一连创作了六首《塞下曲》，本诗便是其中的第二首。

译文悦读

树林昏暗浓密，野草被风吹动，将军在夜色下拉开弓箭。天刚亮的时候，他去寻找那支白羽箭，发现它被深深地射进了石头里。

---

①塞下曲：古代歌曲的名称，这些作品大多描写边塞风光和战争生活。 ②林暗：指由于夜色降临而树林昏暗。草惊风：野草被风吹动。惊风，忽然被风吹动。 ③将军：这里指西汉名将李广，人称"飞将军"。引弓：拉弓，这里指拉弓射箭。 ④平明：天刚亮的时候。寻：寻找。白羽：原指箭尾部装饰的白色羽毛，这里指箭。 ⑤没在石棱中：插在了石头中。没，陷入。石棱，石头的棱角。

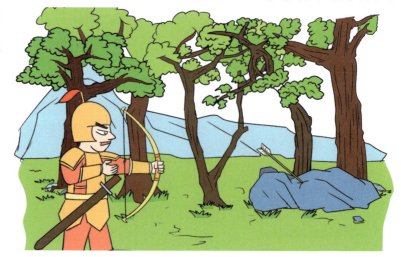

诗词鉴赏

前两句描写了紧急情况下将军放箭的情景。首句写幽暗阴森的密林里,地面的小草在风中瑟瑟发抖,真实地再现了野兽将要来袭的恐怖情景,让人毛骨悚然。次句写主人公毫不畏惧,急速而又从容地拉开手里的弓箭,向密林中隐隐晃动的黑影射去,体现了将军在狰狞的野兽面前的勇敢和眼疾手快。

后两句写将军去察看结果时的目瞪口呆。第三句可联想到凶猛的野兽被将军射来的劲箭吓得落荒而逃,黑夜中将军找不到受伤的野兽,只好等天亮再去寻找。最后一句描写将军没有发现猎物,却意外地看到射出的箭头穿入了坚硬的岩石中,只有一小节箭羽露在外面。

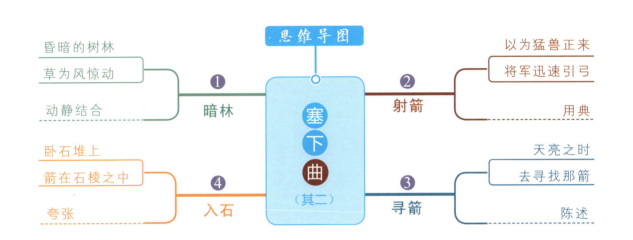

知识拓展

古代演奏《塞下曲》用的乐器

《塞下曲》是唐代乐府名,多展现边塞军旅的生活。为了表现出粗犷、雄壮、富于气势的战争场面或征戍者哀怨、凄切、荡气回肠的心境,《塞下曲》在演奏时需要使用特定的乐器。让我们结合图片,来认识一下这些乐器。

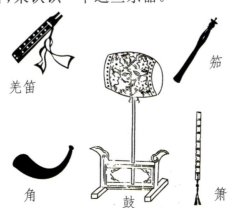

《塞下曲》中的飞将军

卢纶的《塞下曲》组诗共六首，分别写发号施令、射猎破敌、凯旋庆功等军旅生活，诗作多为赞美之辞。这组诗的第二首中"夜引弓"的"将军"，便是被人们称为"飞将军"的李广。李广是西汉时期一位神勇无比的将领。诗中描述的，就是他在镇守北方边境时发生的一件事。

一天夜晚，月色朦胧，李广带兵外出巡逻，路过一片松林。一阵疾风吹来，树木和野草发出"沙沙"的声音。李广想到这一带常有猛虎出没，便用警惕的目光四处搜寻。猛然间，李广发现前方的草丛中，影影绰绰似蹲着一只老虎，连忙搭弓射箭，只见他运足气力，拉开硬弓。"嗖"的一声，一支白羽箭射了出去。

第二天，天刚蒙蒙亮，李广的随从便去射虎的现场寻找猎物。呀！大家全都惊呆了，原来李将军射中的不是老虎，而是一块酷似老虎形状的巨石！那白羽箭深深地射进了石头里，将士们怎么拔也拔不出来。

学而思

一、填空题。

1．"将军夜引弓"中的"将军"就是被人们称为"飞将军"的_____。

2．这首诗中，"_____，_____"真实地再现了野兽将要来袭的恐怖情景。

3．诗中的"_____，_____"运用夸张的修辞手法，写出了将军力大无比、勇武过人。

二、解释下列加点字、词在诗中的意思。

1．林暗草惊风　_____

2．将军夜引弓　_____

3．平明寻白羽　_____

4．没在石棱中　_____

06

塞下曲(其三)

〔唐〕卢 纶

月黑雁飞高❶，
单于夜遁逃❷。
欲将轻骑逐❸，
大雪满弓刀❹。

写作背景

这首诗写于卢纶的人生低谷时期。当时诗人担任浑瑊元帅府的判官,这也是诗人边塞生活的开始。在军营中,诗人以边塞生活的所见所闻为基础,创作了这组边塞诗。

译文悦读

在一个没有月色的黑沉沉的夜晚,沉睡的大雁突然被惊飞到高空,原来是敌军首领单于想借助黑夜悄悄逃跑。将军发现了敌军逃跑,正要率领轻装骑兵前去追击,这个时候天空降下纷纷扬扬的大雪,很快大雪纷纷扬扬落满了身上的弓刀。

❶ **月黑**:没有月光。 ❷ **单于**:匈奴的最高首领,这里指入侵者的最高首领。 ❸ **欲**:准备,计划。**将**:率领。**轻骑**:轻装简便的骑兵。**逐**:追逐,追赶。 ❹ **满**:落满。

诗词鉴赏

这是一首边塞诗,诗人描写了边疆战士追击敌人的场面。

一、二句点明了时间背景,深夜高飞的大雁提醒边疆战士,此刻正有敌人准备逃跑。诗人用简洁凝练的语言刻画出了战士们时刻关注敌人动向的高度警觉性。

三、四句描写的是战士们准备追击的场景。诗人在这里采用了留白的写作手法,让读者有了无限的想象空间,究竟结果如何,只能发挥自己的想象力去猜测。大雪纷纷的场景描写突显了将士们不畏艰辛、勇敢杀敌的冲天豪情,也侧面反映了边疆艰苦的自然环境和生活条件。

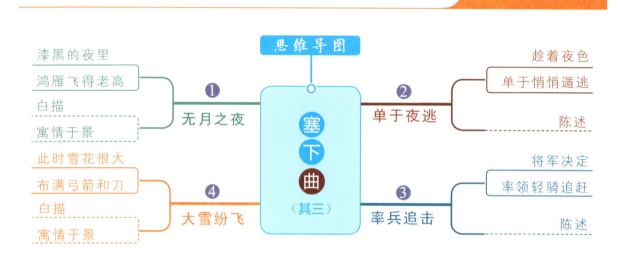

学而思

一、填空题。

1. "欲将轻骑逐"中"轻骑"的意思是＿＿＿＿＿＿,"逐"的意思是＿＿＿＿,这句话的意思是＿＿＿＿＿＿＿＿＿＿＿＿＿＿＿＿＿＿＿＿＿＿。

2. 这是一首＿＿＿＿诗,描写了将士们＿＿＿＿＿＿＿的场面。

3. 这首诗中的"＿＿＿＿＿＿＿＿＿＿,＿＿＿＿＿＿＿＿＿＿",将全诗意境推向高潮,描写了将士们不顾环境恶劣、英勇追敌的精神。

二、选择题。

"单"字是多音字。"单于夜遁逃"中的"单"字在这里应读作(　　　)。

A. dān　　　　B. chán　　　　C. shàn

孟郊

字　　号	字东野
籍　　贯	湖州武康（今浙江德清县）
生 卒 年	751—814
誉　　称	诗囚
派　　别	苦吟诗派
主要作品	《游子吟》《感怀》《伤春》《征妇怨》等

北朝　初唐　盛唐　中唐　晚唐　宋代

◀ 孟郊

　　孟郊是中唐著名诗人，后因他与贾岛齐名，故世人称之为"郊寒岛瘦"。孟郊早年家境贫困，生性孤僻，很少与人来往。青年时代隐居于河南嵩(sōng)山。他曾游历两湖、广西，终于在贞元十二年(796)，四十六岁的孟郊，奉母命第三次应试，才考中进士，随即东归，告慰母亲。元和初年，孟郊担任河南水陆转运从事，定居洛阳。

　　孟郊诗歌的主旋律是中下层文士对穷愁困苦的怨怼情绪，这是他屡试不第、仕途艰辛、中年丧子等生活遭遇所决定的。他属于苦吟诗派，其诗作描写内容多反映世态炎凉以及民间的苦难，故有"诗囚"之称。他的诗歌现存有500多首，以短篇的五言古诗最多。

名句集锦

◎青春须早为，岂能长少年。《劝学》
◎汉家正离乱，王粲别荆蛮。《感怀》
◎谁言寸草心，报得三春晖。《游子吟》
◎半夜倚乔松，不觉满衣雪。《苦寒吟》
◎春风得意马蹄疾，一日看尽长安花。《登科后》

扫码听音频

07 游子吟①

〔唐〕孟 郊

慈母手中线，
游子身上衣。
临行密密缝②，
意恐迟迟归③。
谁言寸草心④，
报得三春晖⑤？

写作背景

这首诗的写作地点是溧阳，当时诗人已经五十岁了，仅仅得到了一个溧阳县尉的小职务。生活安定之后，诗人便将母亲接来同住，在这样的感情激励下，他写下了这首感人至深的颂母之诗。

译文悦读

慈祥的母亲手中拿着针线，忙着为快要远行的儿子缝制身上的衣衫。临行的时候一针一线地认真缝制衣物，心中还在担心儿子长时间不能够返回家中。儿子的心意就好比那春天的小草，又如何能够报答如三月春光般温暖的慈母养育之恩呢？

❶游子：旅居在外的人士。吟：我国古代诗歌的一种体裁。 ❷临行：将要离开。临，将要。密密缝：形容缝制衣服很认真。 ❸意恐：担心。归：回家。 ❹言：说。寸草：小草，喻指子女。 ❺报得：报答。三春晖：春天灿烂的阳光，比喻慈母的恩情。晖，阳光。

诗词鉴赏

一、二句描写的是儿子出门远行，母亲为儿子缝制衣物的场景，简简单单的话语，就将母亲和儿子之间的骨肉亲情展现了出来。

三、四句重在母亲缝制衣物的动作与心理描写，母亲担忧儿子，一片深情都蕴含在了衣服的缝制上，以此来表达无私的母爱。尤其是"密密缝"一语，突出刻画了母亲对儿子的无限疼爱之情；一句"意恐迟迟归"，将母亲的担忧心理展现得淋漓尽致。

五、六句，诗人的描写角度发生了转换，儿子和母亲如春天的小草和阳光的关系一样，温暖的阳光照耀着青草的生长，那么对于伟大的母爱，又该如何去报答呢？

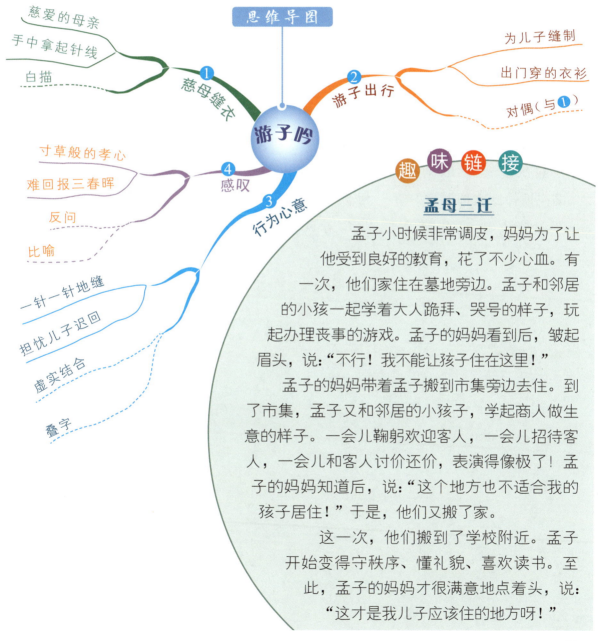

趣味链接

孟母三迁

孟子小时候非常调皮，妈妈为了让他受到良好的教育，花了不少心血。有一次，他们家住在墓地旁边。孟子和邻居的小孩一起学着大人跪拜、哭号的样子，玩起办理丧事的游戏。孟子的妈妈看到后，皱起眉头，说："不行！我不能让孩子住在这里！"

孟子的妈妈带着孟子搬到市集旁边去住。到了市集，孟子又和邻居的小孩子，学起商人做生意的样子。一会儿鞠躬欢迎客人，一会儿招待客人，一会儿和客人讨价还价，表演得像极了！孟子的妈妈知道后，说："这个地方也不适合我的孩子居住！"于是，他们又搬了家。

这一次，他们搬到了学校附近。孟子开始变得守秩序、懂礼貌、喜欢读书。至此，孟子的妈妈才很满意地点着头，说："这才是我儿子应该住的地方呀！"

知识拓展

三 春

古时候，人们常常将春天分为三个阶段，农历的正月为孟春，农历的二月为仲春，农历的三月为时春，这就是"三春"的由来。而农历三月的季春，正是阳光温暖、万物生长的大好时节。

学 而 思

一、填空题。

诗中，"＿＿＿＿＿＿＿＿＿＿，＿＿＿＿＿＿＿＿＿＿"用新奇的比喻，表达了游子对母亲的感激之情，这句话后来成为脍炙人口的千古名句。

二、选择题。

1. 孟郊的《游子吟》是一首赞美（   ）的诗。

   A. 父爱　　　B. 母爱　　　C. 师爱　　　D. 友情

2. "报得三春晖"中"晖"的含义是（   ）。

   A. 光线　　　B. 落日　　　C. 春风　　　D. 阳光

韩愈

字　号	字退之
别　称	昌黎先生
籍　贯	河南河阳（今河南孟州）
生卒年	768—824
地　位	"唐宋八大家"之首
主要作品	《师说》《劝学》等

韩愈是中唐杰出的文学家、思想家、哲学家、政治家。他三岁丧父，由兄长抚养成人。因韩愈是个孤儿，他从小就刻苦读书。贞元八年（792），韩愈科举及第，两任节度推官，后来升至监察御史。元和十二年（817），他出任宰相裴度的行军司马，参与平定"淮西之乱"。

韩愈是唐代古文运动的倡导者，主张学习先秦、两汉的散文语言，破骈为散，扩大文言文的表达功能，被后人尊为"唐宋八大家"之首。他与柳宗元并称为"韩柳"，还有"文章巨公"和"百代文宗"的美誉。宋代苏轼称他为"文起八代之衰"，后人将其与柳宗元、欧阳修和苏轼合称为"千古文章四大家"。他的作品大都收在《昌黎先生集》里。

名句集锦

◎闻道有先后，术业有专攻。《师说》

◎蚍蜉撼大树，可笑不自量。《调张籍》

◎最是一年春好处，绝胜烟柳满皇都。《早春呈水部张十八员外》

◎杨花榆荚无才思，惟解漫天作雪飞。《晚春》

早春呈水部张十八员外 ❶

〔唐〕韩 愈

天街小雨润如酥 ❷，

草色遥看近却无 ❸。

最是一年春好处 ❹，

绝胜烟柳满皇都 ❺。

写作背景

这首诗写于唐穆宗长庆三年（823）早春。当时诗人已经五十六岁了，他担任吏部侍郎（官职名），在这美好的春天，写下了这首诗送给当时任水部员外郎的张籍。

译文悦读

京城下着蒙蒙的细雨，细小的雨丝如酥油一般无声无息地滋润着大地，小草从大地之下悄悄地钻了出来，从远处看，可以看到一片碧绿的景象，而走到近前，却若有若无。早春是一年之中自然景色最为美丽的季节，它远远超过了晚春时节烟柳满城的景象。

---

❶ 呈：恭敬地送上，指下对上。水部张十八员外：指诗人张籍，他在兄弟辈中排行十八，曾任水部员外郎。 ❷ 天街：京城中的街道。隋唐时期，长安城中对朱雀大街的称呼。润：滋润。酥：酥油，这里形容春雨就像酥油一样光滑、细腻。 ❸ 遥看：从远处看。 ❹ 最是：正是。处：时候。 ❺ 绝胜：远远地超过。满：布满。皇都：京城，这里指长安。

诗词鉴赏

第一句写雨,第二句写草,描写角度很细微,词语简练生动。如诗中形容小雨的特点时,一个"酥"字便形象地刻画出了小雨细微轻柔的特征;初春的小草刚刚透出地面,在小雨的滋润下,淡淡的绿色若有若无,因此"近却无"一词充分地描写了这样的草色特点,展现出诗人敏锐的洞察力。

三、四句,诗人采用对比的修辞手法,究竟是初春的景色好,还是暮春的景色好?不难看出,诗人的情感倾向于初春的美景,因为经历了寒冬之后,初春万物悄然萌芽,渐渐展现出勃勃生机,这种昂扬向上的精神,却是暮春所不能比的。

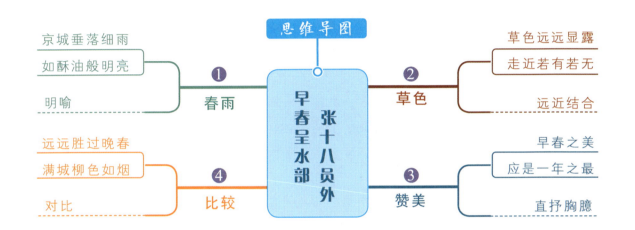

知识拓展

韩文公祭鳄

唐朝时期,潮州有条河,里面有很多鳄鱼,会吃过江的人,把百姓害得好苦,人们就把这条河称为"恶溪"。后来韩愈来此地做官。

有一天,又有一个百姓被鳄鱼吃掉了。韩愈知道后很着急,心想,鳄鱼害不除,后患无穷。便命人杀猪宰羊,到城北江边设坛祭鳄鱼。韩愈在渡口旁边的一个土墩上,摆上祭品,点上香烛,对着大江严厉地宣布道:"鳄鱼!鳄鱼!韩某到这里做刺史,为的是保土庇民。你们却在此祸害百姓。如今姑且念你们无知,不加惩处,只限你们在三天之内,带同族出海,三天不走就五天走,五天不走就七天走。七天不走,便要严处!"

从此,江里再也没有出现过鳄鱼,所有的鳄鱼都出海到了南洋。

现在,人们把韩愈祭鳄鱼的地方叫作"韩埔",渡口叫"韩渡""鳄渡",还把这条河叫作"韩江",河对面的山叫作"韩山"。

学而思

一、填空题。

1. 这首诗中的"＿＿＿＿＿＿＿＿"与谚语"一年之计在于春"所表达的意思有异曲同工之妙。

2. 诗中，运用对比突出早春可爱的诗句是："＿＿＿＿＿＿，＿＿＿＿＿＿。"

二、请给下列加点的字注音。

1. 天街小雨润如酥（　　　）　　2. 绝胜烟柳满皇都（　　　）

3. 绝胜烟柳满皇都（　　　）　　4. 天街小雨润如酥（　　　）

三、下列诗句中加点字、词解释不正确的一项是（　　　）。

A. 早春呈水部张十八员外　（恭敬地送上，指下对上）

B. 天街小雨润如酥　（天上的街市）

C. 最是一年春好处　（正是）

D. 绝胜烟柳满皇都　（远远地超过）

王建

字　　号	字仲初
籍　　贯	许州颍川（今河南许昌）
生卒年	约767—约830
誉　　称	张王乐府
派　　别	现实主义流派
主要作品	《十五夜望月》《宫词》《新嫁娘词》等

北朝　初唐　盛唐　中唐　晚唐　宋代

◀ 王建

　　王建是中唐著名诗人。他幼年家中贫困，四十岁后才开始担任县丞、司马之类的小官，曾出任陕州司马，故称为"王司马"。

　　王建的一生沉沦下僚，生活贫困，有机会接触社会现实，了解人民疾苦，因而写出了大量优秀的乐府诗，其诗作生活气息浓厚，思想深刻。他的乐府诗和张籍齐名，世称"张王乐府"。王建又以"宫词"知名，写了近百首宫词，突破前人抒写宫怨的窠臼(kē jiù)，在传统的宫怨之外，还广泛描写唐代宫中风物和宫廷生活，是研究唐代宫廷的重要材料。他的五言、七言近体诗中，有征戍迁谪、行旅离别、幽居宦况之作，篇幅短小，情思感人。他的绝句则清新婉约，大多是可以唱诵的作品。

名句集锦

◎三日入厨下，洗手作羹汤。《新嫁娘》
◎五月虽热麦风清，檐头索索缲车鸣。《田家行》
◎雨里鸡鸣一两家，竹溪村路板桥斜。《雨过山村》
◎中庭地白树栖鸦，冷露无声湿桂花。《十五夜望月》
◎今夜月明人尽望，不知秋思落谁家。《十五夜望月》

十五夜望月[1]

〔唐〕王　建

中庭地白树栖鸦[2]，

冷露无声湿桂花[3]。

今夜月明人尽望[4]，

不知秋思落谁家[5]。

写作背景

这首诗是诗人在中秋之夜与朋友相聚时所作。原诗题是"十五夜望月寄杜郎中"，可见该诗是诗人为朋友杜元颖所写。原诗诗题下注云："时会琴客"，表明中秋佳节好友相聚，并非独吟。

译文悦读

中秋的月光照在庭院中，地面上好像铺了一层白霜，树上栖息着乌鸦，秋天清冷的露水打湿了庭院中的桂花。今夜人们都仰望着皎洁的明月，不知道那茫茫的秋思会落在谁家？

❶十五夜：即中秋节，指农历八月十五的晚上。　❷中庭：即庭中，指庭院中。地白：指月光照在庭院的地上，像铺了一层白霜。鸦：鸦雀。　❸冷露：秋天的露水。　❹尽：都。　❺秋思：秋天的情思，这里指怀念人和思乡的思绪。落：在，到。

诗词鉴赏

前两句写景。诗人勾勒出了月色下庭院的景象，渲染了中秋之夜诗人望月的特定环境，为下文抒发秋思作了很好的铺垫。诗人写中庭月色，只用"地白"二字，却给人以积水空明、清冷之感。后两句是抒情。诗人运用形象的语言、丰富的想象，并没有直截了当地表达自己的相思之情，而是用委婉的问句表达。同时，诗人推己及人，扩大了望月人的范围，明明是自己怀人，却偏说"秋思落谁家"，由自己望月联想到天下人望月。

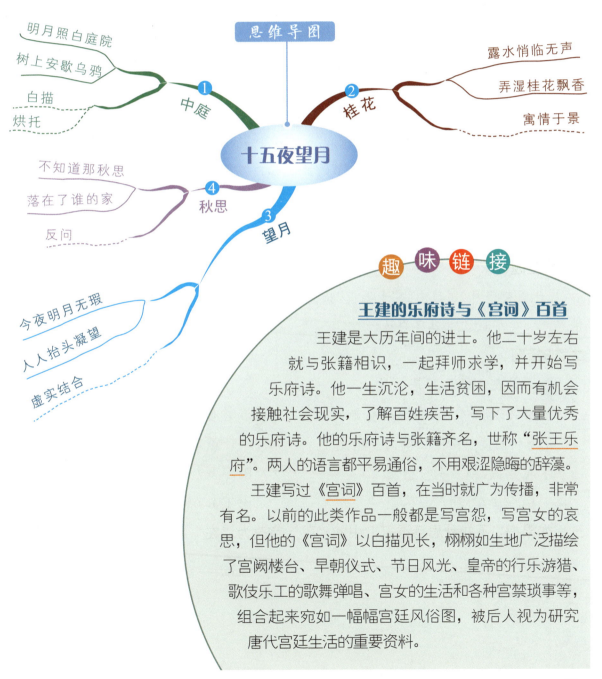

趣味链接

王建的乐府诗与《宫词》百首

王建是大历年间的进士。他二十岁左右就与张籍相识，一起拜师求学，并开始写乐府诗。他一生沉沦，生活贫困，因而有机会接触社会现实，了解百姓疾苦，写下了大量优秀的乐府诗。他的乐府诗与张籍齐名，世称"张王乐府"。两人的语言都平易通俗，不用艰涩隐晦的辞藻。

王建写过《宫词》百首，在当时就广为传播，非常有名。以前的此类作品一般都是写宫怨，写宫女的哀思，但他的《宫词》以白描见长，栩栩如生地广泛描绘了宫阙楼台、早朝仪式、节日风光、皇帝的行乐游猎、歌伎乐工的歌舞弹唱、宫女的生活和各种宫禁琐事等，组合起来宛如一幅幅宫廷风俗图，被后人视为研究唐代宫廷生活的重要资料。

知识拓展

元宵节的起源和习俗

元宵节又称"上元节""元夕节",时间为农历正月十五日。因为正月十五是一年中第一个月圆之夜,晚上要吃汤圆(又叫元宵),所以称为"元宵节"。在节日期间,要通宵张灯结彩,人们有观灯的习俗,所以又叫"灯节"。

东汉时期,汉明帝信奉佛教,于正月十五日之夜在宫廷、寺院里"燃灯表佛",命令官僚士族以及普通百姓,家家张灯结彩,以表示对佛教的信仰和敬重。以后相沿成俗。

到了唐宋时期,这一节日活动以娱乐为主,空前热闹,由汉朝的一夜挂灯增加到三夜。唐朝京城在十五日、十六日两夜,燃灯达五万盏之多。据《开元天宝遗事》记载:韩国夫人扎了一百株灯树,高八十尺,竖立在高山之上,晚上点燃,百里以外都能看到,灯光比月光还亮。为了让百姓过一个欢乐的元宵节,即使到了深夜,皇家的禁卫军也不搞宵禁了。宋朝《东京梦华录》记述京城(今河南开封)元宵节的盛况:面对着宣德楼搭山棚,游人会集在两廊下观看精湛的歌舞百戏等文艺表演。宋朝诗人用"花市灯如昼""东风夜放花千树""一夜鱼龙舞",描绘灯节的盛况和百姓载歌载舞的场面。

学而思

一、填空题。

《十五夜望月》题目中的"十五夜"指的是农历____月____日的夜晚,即中秋夜。作者借_____写离愁,表达了自己_____之情。

二、选择题。

1.《十五夜望月》是一首(　　　)。

　A.汉乐府　　　B.七言绝句　　　C.五言律诗　　　D.七言律诗

2.下列朗读节奏不正确的一项是(　　　)。

　A.中庭/地白/树/栖鸦　　　　　　B.冷露/无声湿/桂/花

　C.今夜/月明/人/尽望　　　　　　D.不知/秋思/落/谁家

三、 如果把"不知秋思落谁家"中的"落"字改为"在"字,好不好?为什么?

_____

_____

刘禹锡

字　　号	字梦得，自号庐山人
籍　　贯	洛阳（今属河南）
生 卒 年	约772—约842
誉　　称	诗豪
派　　别	豪放派
主要作品	《陋室铭》《竹枝词》《乌衣巷》等

时代坐标：北朝・初唐・盛唐・中唐（刘禹锡）・晚唐・宋代

刘禹锡是中唐著名的诗人、文学家、哲学家。他出身于书香门第，从小就学习儒家经典、吟诗作赋。他既聪明又勤奋，曾得到著名诗僧皎然、灵澈的熏陶和指点。十九岁前后，刘禹锡游学于洛阳、长安，在士林获得很高的声誉。贞元九年（793），他与柳宗元同榜进士及第，同年登博学鸿词科。

刘禹锡在政治上主张革新，是王叔文派政治革新活动的主要人物之一。革新失败后，他被贬离京，在和州受到知县的百般刁难，半年之间，三次搬家，住房一次比一次简陋，于是他愤然提笔写下了名作《陋室铭》，全文共81个字，字字珠玑。

刘禹锡的诗歌和散文都很出色，与白居易并称为"刘白"，与柳宗元并称为"刘柳"，与韦应物、白居易并称为"三杰"。

名句集锦

◎自古逢秋悲寂寥，我言秋日胜春朝。《秋词》
◎旧时王谢堂前燕，飞入寻常百姓家。《乌衣巷》
◎遥望洞庭山水翠，白银盘里一青螺。《望洞庭》
◎东边日出西边雨，道是无晴却有晴。《竹枝词》
◎山不在高，有仙则名。水不在深，有龙则灵。《陋室铭》

望洞庭 ❶

〔唐〕刘禹锡

湖光秋月两相和❷,

潭面无风镜未磨❸。

遥望洞庭山水翠,

白银盘里一青螺❹。

写作背景

这首诗作于长庆四年(824)的秋天。当年刘禹锡由夔(kuí)州(今重庆奉节)刺史调任和州(今安徽和县)刺史,赴任途中经过洞庭湖时,写下这首诗。

译文悦读

秋日的洞庭湖面泛着银色的月光,和天上的明月遥相辉映,湖面上平静得没有一丝微风,给人的感觉就像是一面还没有经过打磨的镜子一般。从远处观望,洞庭湖山水一片翠绿,而湖中的君山就好比是白银盘中的一个青螺。

❶ 洞庭:指洞庭湖,在今湖南省北部。
❷ 和:和谐,协调,这里指月光与水色融为一体。
❸ 潭:即洞庭湖。磨:铜镜未经过打磨,这里指湖面。
❹ 白银盘:用白银做的盘子。青螺:青绿色的螺壳,这里用来形容洞庭湖中的君山。

诗词鉴赏

这是一首山水小诗,描写的是诗人于秋日的月夜遥望洞庭湖时看到的美景。

一、二句描写的是湖光和秋月,月色皎洁,湖水清澈如镜。一个"和"字,将月色和湖水所独有的水天一色景象表现了出来;而湖面波澜不惊,如还未打磨好的镜子,进一步突出上一句中湖水和月色融为一体、和谐统一的景象。

三、四句,诗人用"白银盘"和"青螺"比喻洞庭山水美妙的自然风光,尤其贴合诗人遥望式的视觉观察,取得了较好的艺术效果,无形中也加深了人们对洞庭山水全貌的认识。

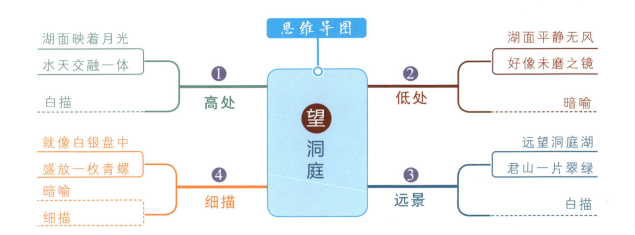

知识拓展

书屋趣话

自古以来,许多文人学者都喜欢给自己的书屋(又称书斋)取一些饶有趣味的名称,或表明志向,或自省自勉。下面摘录一些古人的书斋名:

陋室 唐代诗人刘禹锡的居室兼书房名。脍炙人口的《陋室铭》就是他为自己的书斋而写。他在这篇铭文中表明:虽然自己的书斋简陋,但只要自己品行高洁,即便是陋室也不显得简陋。

老学庵 南宋爱国诗人陆游晚年的书斋名。它表现了诗人生命不息,学而不止的精神。

七录斋 明朝著名文学家、学者张溥,年轻时酷爱读书,所读之书都是亲手抄写,诵读之后付之一炬,然后再抄,再读,再烧,这样反复六七次,所读之书就烂熟于心。因此他给自己的书斋取名为"七录斋"。

洞庭湖的传说

相传,以前洞庭湖所在的地方是一望无际的平原,在这里住着一户财主。

有一天,一位老爷爷带着一个年轻貌美的女子来到这户财主家,其实这是太白金星带着犯错的龙王三公主下凡历练。那户财主看到这个女孩如此漂亮,就想让儿子与她成亲。他们成亲之后,三公主在这里受尽了苦难,因为这家人都很恶毒。后来这件事被龙女的父亲知道后,他非常愤怒,把财主家所在的这片地方全部陷落了下去,形成了烟波浩渺的洞庭湖。

洞庭湖位于湖南省北部,是我国著名湖泊之一,也是我国的第二大淡水湖,古时人们称之为云梦泽和重湖。其面积两千多平方千米,有"八百里洞庭"的美誉。君山风光秀美,山势突兀,四季景色不同,是一处极佳的旅游胜地。

学而思

一、填空题。

这首诗是诗人被贬官后,途经_____时所作,描写出了_____,表达了诗人_____之情。

二、选择题。

1. 下列朗读节奏不正确的一项是（　　）。
   A. 湖光／秋月／两／相和　　　B. 潭面／无风／镜／未磨
   C. 遥望／洞庭／山水／翠　　　D. 白银／盘里／一青／螺

2. 《望洞庭》一诗中,作者是在什么时候望洞庭的？（　　）
   A. 清晨　　　B. 中午　　　C. 夜晚　　　D. 下午

三、判断题。（对的打"√",错的打"×"）

1. "湖光秋月两相和,潭面无风镜未磨"描写的是西湖的美景。（　　）
2. 诗中的"青螺"指的是一种田螺。（　　）
3. 全诗生动地描绘出了一幅和谐而宁静的《洞庭湖春夜图》。（　　）

浪淘沙（其一）❶

〔唐〕刘禹锡

九曲黄河万里沙❷，

浪淘风簸自天涯❸。

如今直上银河去❹，

同到牵牛织女家❺。

写作背景

永贞元年（805），诗人担任连州刺史，后来，多次遭贬，但诗人并没有沉沦，而是以积极乐观的态度面对人事的变迁。这首诗正是他此时此刻心情的表达。

译文悦读

弯弯的黄河奔腾万里，滔滔流水中携带着泥沙，波浪汹涌，激流澎湃，一路颠簸从遥远的天际而来。如今的我要迎着那狂风巨浪，对抗着万里黄沙逆流而上，一直走到银河边，同去寻访牛郎织女一家。

---

❶ **浪淘沙**：唐代教坊乐曲名，由白居易、刘禹锡创立，其形式为七言绝句，后又用作词牌名。 ❷ **九曲**：自古相传黄河有九道弯，这里形容黄河河道弯弯曲曲。 ❸ **浪淘**：波浪淘洗。**风簸**：颠簸摇晃。簸，掀翻，上下波动。**自**：来自。**天涯**：天边。 ❹ **银河**：横跨（kuà）夜空的一条乳白色亮带。 ❺ **牵牛织女**：民间传说中的两位人物，也可以理解为牵牛星和织女星。

诗词鉴赏

这是一首抒情诗，诗人借万里奔腾的黄河，抒发了内心的感受和情怀。

一、二句描写了黄河弯曲回旋的特点。"九曲"一词便是黄河蜿蜒曲折的真实写照，而"万里沙"一词，更是将奔腾不息的黄河水描绘了出来，让人们从中得知黄河水浑浊的特性；特别是其中数量词的使用，如"九曲"和"万里"，写出黄河雄浑博大的气势。第二句中的"淘""簸"二字，淋漓尽致地描绘出黄河波涛汹涌，气势非凡，气象万千。

三、四句，诗人充分发挥奇特的想象力：万里奔腾的黄河和天上的银河相连，不妨逆流而上直到牛郎和织女的家中。由此诗人无穷的想象和民间故事有机地联系在一起，展示了黄河的雄伟气魄，同时也是诗人不畏艰险、敢于迎难而上的大无畏精神的写照。

全诗语言洒脱豪迈，大气磅礴，在展现黄河雄壮的同时，也表达了诗人的志向和追求。

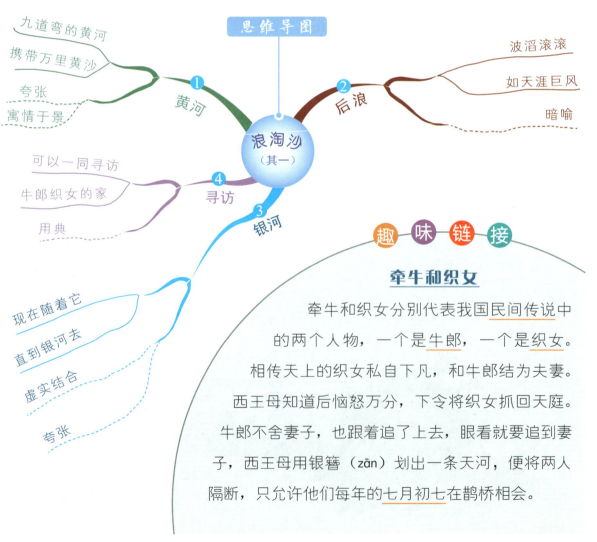

牵牛和织女

牵牛和织女分别代表我国民间传说中的两个人物，一个是牛郎，一个是织女。相传天上的织女私自下凡，和牛郎结为夫妻。西王母知道后恼怒万分，下令将织女抓回天庭。牛郎不舍妻子，也跟着追了上去，眼看就要追到妻子，西王母用银簪（zān）划出一条天河，便将两人隔断，只允许他们每年的七月初七在鹊桥相会。

为什么说"去"和"往"是一对近义词？

"去"字的甲骨文上面像一个人，下面的部分表示住处，合起来表示人离开住处。所以，"去"的本义为离开，即从所在地到别的地方去。

"往"字的甲骨文上面像一只脚，这里表示动作，下面像土堆，这里指住处，合起来表示人从住处走出来。所以，"往"的本义为到某地方去。

综上，"去"用人从住处走出来表示，而"往"用脚从土堆处走出来表示，二者的共同点是从一个地方走出来，到另一个地方去，所以，"去"和"往"是一对近义词。你知道了吗？

学而思

一、填空题。

1. 诗中的"_____，_____"描写了黄河的全貌，诗人从宏大的空间背景着手。

2. 诗中的"_____，_____"既表现出了黄河的磅礴气势，又表现出了诗人不畏艰难险阻、执着追求的精神。

二、选择题。

"曲"字是多音字，"九曲黄河万里沙"中的"曲"字应该读作（　　）。

　　　　A. qǔ　　　　　B. qū

三、请你写出下列诗句中所运用的修辞手法。

1. 九曲黄河万里沙，浪淘风簸自天涯。（　　　　）

2. 遥望洞庭山水翠，白银盘里一青螺。（　　　　）

浪淘沙（其七）

〔唐〕刘禹锡

八月涛声吼地来❶，
头高数丈触山回❷。
须臾却入海门去❸，
卷起沙堆似雪堆。

写作背景

《浪淘沙》九首是刘禹锡从京官调到地方官之后的流芳之作。此组诗是刘禹锡的后期之作，且非创作于一时一地。本诗是组诗中的第七首，主要描绘钱塘江潮，诗人用语言作画，创造了诗画合一的意境。

译文悦读

八月十八日的涛声如万马奔腾惊天吼地而来，数丈高的浪头冲向岸边的山石又被撞回。片刻之间便退向江海汇合之处而回归大海，它所卷起的座座沙堆在阳光的照耀下像洁白的雪堆。

❶ **八月涛**：浙江省钱塘江潮，每年农历八月十八日潮水最大，潮头壁立，汹涌澎湃，犹如万马奔腾，蔚（wèi）为壮观而闻名天下。

❷ **头**：这里指浪头。

❸ **须臾**：指极短的时间。**海门**：江海汇合之处。

诗词鉴赏

这是一首写景诗,主要描写了农历八月十八日钱塘江潮水涨落的壮观景象。

首句写潮来之势。直接点明观潮的时间,并由远及近,一个"吼"字,突出涛声如万马奔腾。

第二句紧承上句,写潮势达到顶点时的壮观景象。湍急的潮头昂扬着数丈高的身躯,撞击着两岸的山崖。

第三句主要是对潮去之后的描写。用"须臾"二字,形象地描绘了潮水应时而来,应时而退,来时凶猛,退去迅疾等特点。至此,诗由开头的动态描写转入对潮去之后的静态描写。

最后一句诗人运用比喻的修辞手法,将落潮后波涛卷起的座座沙堆比作洁白的雪堆,写出了钱塘江又一奇观,进一步从侧面烘托出潮水涨落的气势磅礴。

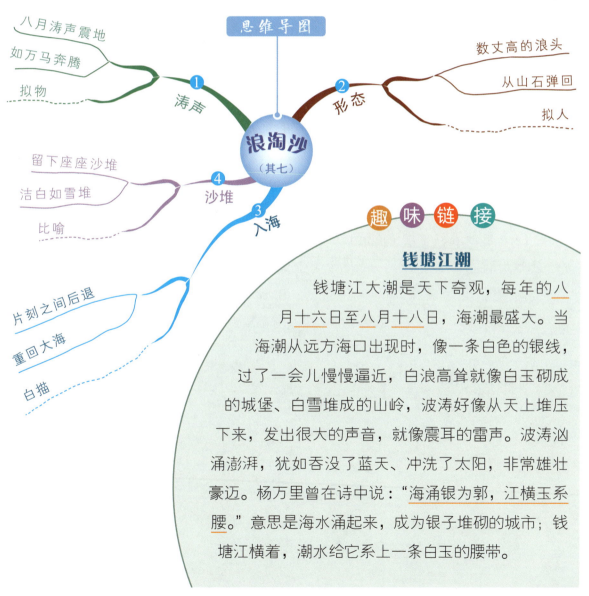

趣味链接

钱塘江潮

钱塘江大潮是天下奇观,每年的八月十六日至八月十八日,海潮最盛大。当海潮从远方海口出现时,像一条白色的银线,过了一会儿慢慢逼近,白浪高耸就像白玉砌成的城堡、白雪堆成的山岭,波涛好像从天上堆压下来,发出很大的声音,就像震耳的雷声。波涛汹涌澎湃,犹如吞没了蓝天、冲洗了太阳,非常雄壮豪迈。杨万里曾在诗中说:"海涌银为郭,江横玉系腰。"意思是海水涌起来,成为银子堆砌的城市;钱塘江横着,潮水给它系上一条白玉的腰带。

知识拓展

古代表示"一会儿"的词语何其多

在古代汉语中,有较多的词语,如"须臾""俄而""俄顷""未及""既而""少顷",这些词在现代汉语中都有"一会儿"的意思。

"一会儿"一词,在现代汉语中是数量词,指很短的时间,如"咱们歇一会儿"。又指在很短的时间之内,如"你妈妈一会儿就回来了"。

请你想出几个在现代汉语中表示"一会儿"的词语,填在下面的横线上吧!

_____、_____、_____、_____、_____

学而思

一、填空题。

1. "九曲黄河"用了_____的修辞手法,写出了黄河曲折的走势。

2. "天涯"即_____。诗人眼中的黄河远接_____,_____向前。

二、选择题。

1. 下列加点字读音不正确的是(   )。
   A. 八月涛声吼地来 (tāo)
   B. 头高数丈触山回 (shù)
   C. 卷起沙堆似雪堆 (juǎn)
   D. 须臾却入海门去 (yǔ)

2. 这首诗描写了(   )(地方)涨潮时的壮观景象。
   A. 黄河
   B. 钱塘江
   C. 洞庭湖
   D. 鄱阳湖

扫码听音频

13

乌衣巷[1]

〔唐〕刘禹锡

朱雀桥边野草花[2]，
乌衣巷口夕阳斜[3]。
旧时王谢堂前燕[4]，
飞入寻常百姓家[5]。

写作背景

这首诗写于唐敬宗宝历二年（826）。当时刘禹锡由和州刺史任上返回洛阳时，中途经过金陵（今江苏南京），此时这座繁华的六朝古都早已衰败不堪，诗人感慨万千，便写了这首诗。

译文悦读

朱雀桥边的野草丛中开出了无数的花朵，乌衣巷口的落日也渐渐向西方沉去。昔日在王导和谢安宅院里栖息的燕子，现在却又飞入了寻常的百姓家里寻泥筑巢。

[1] **乌衣巷**：古地名，在今江苏省南京市的秦淮区，东晋时期豪门世族的居住之处。 [2] **朱雀桥**：位于乌衣巷附近。**花**：这里指野花。 [3] **斜**：夕阳西下的场景。 [4] **旧时**：先前，昔日，这里指东晋。**王谢**：分别指代当时的豪门大户王导和谢安两大家族。 [5] **寻常**：普通，平常。

诗词鉴赏

这是一首抒情诗,诗人描写了乌衣巷在夕阳余晖下的景象,也是诗人对世事沧桑变迁的情感流露。

一、二句,诗人从微观角度出发,将视线投向了两处小景致,一个是朱雀桥边不知名的野草和野花,一个是乌衣巷口西下的夕阳。这两处景象,渲染的是一种荒凉、孤寂的氛围,由此使人自然地产生疑问:这里一直是这样一幅萧条的景象吗?这样的描写方式,为下文诗人情感的抒发奠定了坚实的基础。

三、四句,诗人笔锋一转,将视线投向了小小的燕子身上,自由自在的燕子从昔日富贵人家的院子中飞入了"寻常百姓家"。

诗歌言语的背后,是对岁月沧桑变迁的一种叹息和感慨,人世间多少富贵繁华,但都抵不过时间的无情流逝,最后都风消云散,成为过眼云烟。

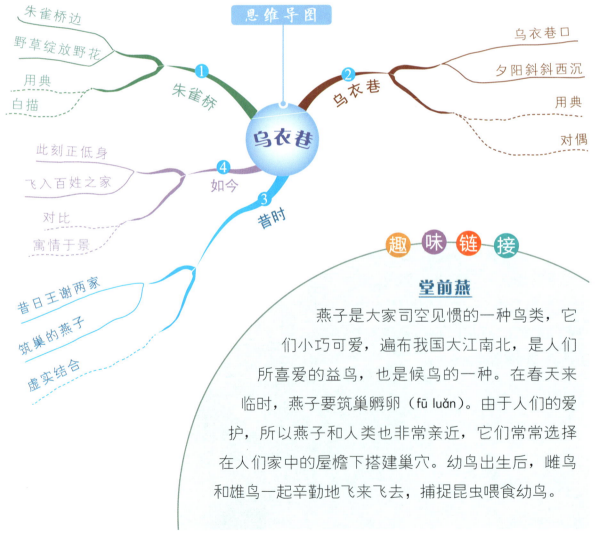

趣味链接

堂前燕

燕子是大家司空见惯的一种鸟类,它们小巧可爱,遍布我国大江南北,是人们所喜爱的益鸟,也是候鸟的一种。在春天来临时,燕子要筑巢孵卵(fū luǎn)。由于人们的爱护,所以燕子和人类也非常亲近,它们常常选择在人们家中的屋檐下搭建巢穴。幼鸟出生后,雌鸟和雄鸟一起辛勤地飞来飞去,捕捉昆虫喂食幼鸟。

知识拓展

北京的胡同文化

"胡同"源于蒙古语gudum,元人将街巷称为胡同,后来成为北方街巷的通称。胡同是北京特有的一种古老的城市小巷,名称五花八门。在北京城西有个胡同叫九道弯,原因是一个小小的胡同竟然要拐九个弯。有的胡同如果曾住过名人,那这条胡同就会以这个人的名字命名,比如王皮匠胡同。还有的胡同是按照其形状命名的,像羊尾巴胡同和耳朵眼胡同。北京的胡同共有7000余条,俗话说:有名的胡同三千六,没名的胡同赛牛毛。

北京十大胡同分别是南锣鼓巷、烟袋斜街、帽儿胡同、国子监街、琉璃厂、金鱼胡同、东交民巷、西交民巷、菊儿胡同和八大胡同。常见的街巷名词如下:

巷子 —— ①小街道;胡同。②指狭窄的通道。

小巷 —— 城镇里的街道、弄堂;"大街小巷"泛指城市里的各处地方。

里巷 —— 小街小巷;小胡同。

狭巷 —— ①小巷。②指花街柳巷。

闾(lú)巷 —— 狭小的街道,即里巷。也泛指乡里民间。

学而思

一、填空题。

1. 这是一首_____诗,作者通过对周围环境景物的描写,以燕子更换主人的变化,表达了作者对_____的情感流露。

2. 这首诗中,"_____,_____"通过今昔对比,寄托了作者对世事无常的感叹。

二、在括号里填上动物的名称,把诗句补充完整。

1. 意欲捕鸣(　　),忽然闭口立。

2. 遍身罗绮者,不是养(　　)人。

3. 牧童骑(　　)(　　),歌声振林樾。

4. 千山(　　)飞绝,万径人踪灭。

5. 月落(　　)啼霜满天,江枫渔火对愁眠。

6. 江上往来人,但爱(　　)(　　)美。

7. 两岸(　　)声啼不住,轻舟已过万重山。

14 竹枝词①

〔唐〕刘禹锡

杨柳青青江水平②，
闻郎江上唱歌声③。
东边日出西边雨，
道是无晴却有晴④。

写作背景

"竹枝词"是唐代四川东部的一种民歌，具有浓厚的民族风情。唐穆宗长庆二年（822），诗人刘禹锡担任夔（kuí）州刺史的职务时，他非常喜爱这里浓厚的民族风情，于是按照这种格式一连创作了九首《竹枝词》。后感觉意犹未尽，又写了《竹枝词》十一首。这十一首诗又分为两组，这便是后一组诗中的第一首。

译文悦读

江边的杨柳颜色青青，辽阔的江面水平如镜，忽然间听到江面上传来情郎踏歌的声音。东边艳阳高照，西边却落下丝丝小雨，说没有晴天，但是还可以看到有晴天的地方。

①竹枝词：古代四川一带的民歌。
②江水平：江面平静。平，水面像镜子一样平。 ③郎：情郎。唱歌声：有版本作"踏歌声"，即踩着节拍歌唱的声音。
④道：说。晴：天气晴朗，采用谐音双关的手法，与"情"同音，这里比喻爱情。

诗词鉴赏

一、二句既有景物的静态描写，又有男子歌唱的动态刻画。从诗中不难看出，前两句是从女子的视觉角度写起，描绘了杨柳嫩绿、江水清澈平静的动人景象，在这样的景象中，男子的出现也就有了一个令人非常舒心的氛围，而这也正是那名女子所热切期待的局面。

三、四句，诗人以巧妙细腻的笔法，刻画了女子听到情郎歌声之后的心理活动。一个"晴"字，语带双关，既是对变幻多样的天气状况的描写，也暗含青年男女情意绵绵的感情，恰到好处地抓住了女子满含期待且又犹犹豫豫的心态——她对情郎抱有热切的希望，同时又有一些小小的担心，这种复杂心理由此全面展现出来。

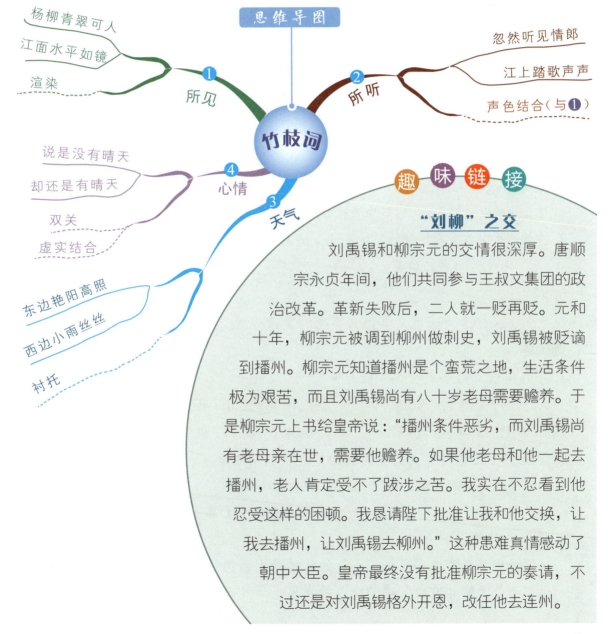

趣味链接

"刘柳"之交

刘禹锡和柳宗元的交情很深厚。唐顺宗永贞年间，他们共同参与王叔文集团的政治改革。革新失败后，二人就一贬再贬。元和十年，柳宗元被调到柳州做刺史，刘禹锡被贬谪到播州。柳宗元知道播州是个蛮荒之地，生活条件极为艰苦，而且刘禹锡尚有八十岁老母需要赡养。于是柳宗元上书给皇帝说："播州条件恶劣，而刘禹锡尚有老母亲在世，需要他赡养。如果他老母和他一起去播州，老人肯定受不了跋涉之苦。我实在不忍看到他忍受这样的困顿。我恳请陛下批准让我和他交换，让我去播州，让刘禹锡去柳州。"这种患难真情感动了朝中大臣。皇帝最终没有批准柳宗元的奏请，不过还是对刘禹锡格外开恩，改任他去连州。

知识拓展

竹枝词

竹枝词是诗歌体裁的一种,是由古代巴渝民歌的形式演变过来的。最初,作为一种带有浓厚地方风情的民歌,它在演唱时,常常以笛子、大鼓为伴奏乐器,歌唱者也随着节拍而起舞,演唱的声调委婉动人,带有鲜明的民族色彩。

连理枝

"连理枝"的传说是中国历史上古老、悲壮、富有浪漫色彩的传奇故事。

战国时期,一对夫妻为了爱情而坚强不屈,死后却被分别葬于两处,可望而不可即。谁知一夜之间,竟在两座坟茔(yíng)之上长出了两棵梓树。两树盘根错节,枝干相倾,其枝自相附结成连理,犹如两人相拥。人们就把这两棵树称为"相思树""连理枝"。

唐代大诗人白居易的《长恨歌》中"在天愿作比翼鸟,在地愿为连理枝"的诗句则成为描写爱情的经典佳作。至今,人们仍把婚姻结合称为"喜结连理"。

学而思

一、填空题。

1. 这首诗是以一位_____的口吻来写的,所以称对方为"郎"。

2. 这首诗是一首带有民歌性质的小诗,诗人描写出了_____的场景,对_____进行了赞美。

3. 诗中,"_____,_____"一语双关,既描写出天气的变化无常,又暗含女子既欢喜而又担忧的复杂心理。

二、选择题。

1. 下列朗读节奏不正确的一项是(　　)。

　A.杨柳/青青/江水/平　　　　B.闻郎/江上/唱/歌声

　C.东边/日出/西边/雨　　　　D.道是/无晴/却/有晴

2. 下列作品的作者与《竹枝词》的作者不相同的是(　　)。

　A.《乌衣巷》　　　　　　　　B.《望洞庭》

　C.《游子吟》　　　　　　　　D.《浪淘沙（其七）》

3. 下列说法错误的一项是(　　)。

　A."杨柳青青江水平"中"平"的意思是水面像镜子一般。

　B."道是无晴却有晴"中"晴"的意思是天气晴朗,这里比喻心情愉悦。

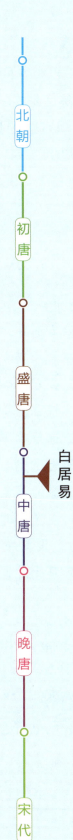

白居易

字　　号	字乐天，号香山居士
籍　　贯	河南新郑
生 卒 年	772—846
誉　　称	诗魔、诗王
派　　别	现实主义派
主要作品	《长恨歌》《琵琶行》《卖炭翁》等

白居易是中唐著名诗人。他聪颖过人，学习刻苦，读书读得口生疮、手磨出茧，年纪轻轻就白了头。

唐德宗贞元十六年（800），白居易考中进士，他以"兼济"为志，希望能对国家有所贡献。长庆初年，白居易任杭州刺史，主持疏浚六井，解决了杭州人的饮水问题；修堤蓄积湖水，以利灌溉，舒缓了旱灾所造成的危害；并作《钱塘湖石记》，将治理湖水的政策、方式与注意事项，刻石置于湖边。宝历初年，他又任苏州刺史，为了便利水陆交通，开凿了长达七里的山塘河，并修建道路，叫作"七里山塘"，简称为"山塘街"。

白居易是唐代三大诗人之一，他和元稹一起倡导新乐府运动，世称为"元白"。他的诗作内容丰富，流传广泛，对后世有很大的影响，有"诗魔""诗王"之称。

名句集锦

◎日出江花红胜火，春来江水绿如蓝。《忆江南》
◎可怜身上衣正单，心忧炭贱愿天寒。《卖炭翁》
◎同是天涯沦落人，相逢何必曾相识。《琵琶行》
◎在天愿作比翼鸟，在地愿为连理枝。《长恨歌》
◎乱花渐欲迷人眼，浅草才能没马蹄。《钱塘湖春行》

赋得古原草送别 ❶

〔唐〕白居易

离离原上草 ❷，
一岁一枯荣 ❸。
野火烧不尽，
春风吹又生 ❹。
远芳侵古道 ❺，
晴翠接荒城 ❻。
又送王孙去 ❼，
萋萋满别情 ❽。

写作背景

788年，年仅十六岁的白居易参加科考，题目是"古原草送别"，因为是规定的题目，前面必须加"赋得"二字。白居易在科场上便写下了这首诗，随即名震京师。

译文悦读

古原上生长的茂盛的野草，一年四季之中，春夏华茂，秋季枯萎，岁岁循环，生生不息。即使是熊熊的烈火也难以将野草烧尽，等到又一年春风吹过的时候，野草就会再次生长茂盛起来。远处芬芳的野草将人烟稀少的古道完全侵占了，晴日之下碧绿的翠色连接着荒芜的城池。在这样的一个时节中，我要送别好友离去，身边茂盛的野草此时也仿佛满怀离别的愁绪。

❶赋得：借古人诗句或成语命题作诗，是唐代科举考试中命题作诗的一种形式，作品被称为"赋得体"。　❷离离：草繁茂的样子。原：原野。　❸枯荣：枯萎和茂盛。荣，茂盛。　❹生：萌芽，生长。　❺远芳：远处芬芳的青草。侵：这里指野草的蔓延，长势的繁茂。古道：大路。　❻晴翠：翠绿的草原。荒城：荒芜(wú)的城池。　❼王孙：原指贵族子弟，这里指远方的友人。　❽萋萋：形容草木长得茂盛的样子。

诗词鉴赏

一、二句,诗人通过"一岁一枯荣"对野草生长规律的描写,暗含人生中的离散也是常有之事。

三、四句表达的意义更深入一层,野火也难以将野草烧尽,来年在春风的吹拂下,野草会再次郁郁葱葱。诗人以野草顽强的生命力来表达朋友间的友谊不会因波折而中断。

五、六句从表面上看描写的是春草四处蔓延,但实际上却是诗人暗示友人:朋友之间的友情也像春草一样生生不息,不会有所断绝。

七、八句,诗人以野草的"萋萋"情态来表达自己对友人的不舍,突出了诗歌送别的主题意境。

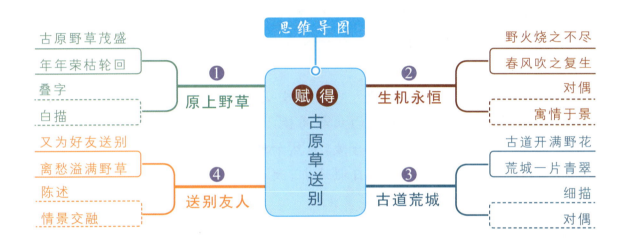

知识拓展

长安居,大不易

白居易有一首名作《草》(又名《赋得古原草送别》)。相传是白居易十六岁时所作。白居易到长安参加科举考试时,携带这首诗拜见当时的著作郎顾况。顾况看到白居易的名字,开玩笑说:"米价方贵,居亦弗易。"意思是现在长安的米价正贵,在长安居住恐怕不容易。当他看了白居易的第一首诗《草》后,赞赏道:"道得个语,居即易矣。"意思是能作出这样的好诗,在长安生活下去,是很容易的了。白居易这首诗中"野火烧不尽,春风吹又生"一句语言简易而含义深刻,饱含昂扬向上的革命精神,为后人赞叹不已。

新乐府运动

唐代一种诗歌写作的革新运动,发起人有白居易、元稹(zhěn)等人,他们主张诗的写作要恢复古时的采诗制度,以《诗经》和汉魏乐府为榜样,以现实主义为导向,以自创新题为准则,重在突出诗歌讽喻时政的优良传统。这一诗歌革新运动,和当时韩愈所提倡的古文运动遥相呼应,对中国文坛的发展起到了积极的助推作用。

什么是"城郭"?

城郭,又称"城廓""城池",是古代的军事防御建筑,有时泛指"城市""城邑"。城郭的古义是指内城和外城。城指内城的墙,郭指外城的墙。

从春秋时期一直到明清,除了秦始皇的咸阳城,其他各朝的都城都有城郭之制,即"筑城以卫君,造郭以守民""内之为城,外之为郭"的城市建设制度。

春秋战国时期,城郭的大小比例一般为3:7,即《孟子》中所说的"三里之城,七里之郭"。

自古以来,有很多关于"城郭"的诗词名句:

唐·杜甫《越王楼歌》:"孤城西北起高楼,碧瓦朱甍照城郭。"

宋·苏轼《超然台记》:"西望穆陵,隐然如城郭。"

清·姚鼐《登泰山记》:"望晚日照城郭,汶水、徂徕如画。"

学而思

一、填空题。

1. 这是一首_____诗,诗人以_____为喻,以此来表现_____,充满了作者_____之情。

2. 这首诗中的"_____,_____"以野草顽强的生命力来表达朋友间的友谊不会因为波折而中断,意蕴深刻。

二、选择题。

这首诗是通过歌咏(　　)来抒发朋友间的离别深情。

A. 古老的荒城　　　　　　B. 炽热的野火

C. 原上的野草　　　　　　D. 温暖的春风

扫码听音频

16 池上

〔唐〕白居易

小娃撑小艇❶，
偷采白莲回❷。
不解藏踪迹❸，
浮萍一道开❹。

写作背景

《池上二首》作于大和九年（835），当年白居易任太子少傅在东都洛阳任职。一天，诗人来到开满荷花的河边游玩，首先看到两个僧人在下棋，后来又看到一群孩子偷采莲藕，于是即兴写下了这组诗。本诗是其中的第二首，主要写孩子偷莲的情景。

译文悦读

小小的孩童用竹竿撑着小小的船儿，偷偷地采摘莲蓬回来。小小年纪的他不懂得隐藏行踪，船儿将水面上的浮萍分开，留下一道光亮的水带。

❶小娃：小孩子。撑：动词，指撑船，用篙(gāo)或桨(jiǎng)使船往前行。艇：这里指采莲用的轻便小船。　❷偷：偷偷地。采：采摘。　❸不解：不明白，不懂得。解，懂得。藏：隐藏。踪迹：行踪，这里指被小艇划开的浮萍。　❹浮萍：水生植物，叶子椭圆，夏季开白花。一道：一条水道。开：分开。

诗词鉴赏

一、二句，诗人从孩童的天性写起，他们为了获取美味的莲蓬，不惜偷偷采摘，一个"偷"字将孩童想要美食但又害怕被发现的心理充分展现出来。

三、四句继续描写孩童偷摘莲蓬后的情景，读来令人忍俊不禁。孩童毕竟年幼，做事也时时露出马脚，因此他只顾采摘和偷跑，得意扬扬之下，竟然不懂隐藏自己的行踪。

全诗语言流畅自然，精练传神，将孩童好奇、天真无邪等性情全部呈现在了读者面前，充满了童真童趣，带有浓郁的生活气息。

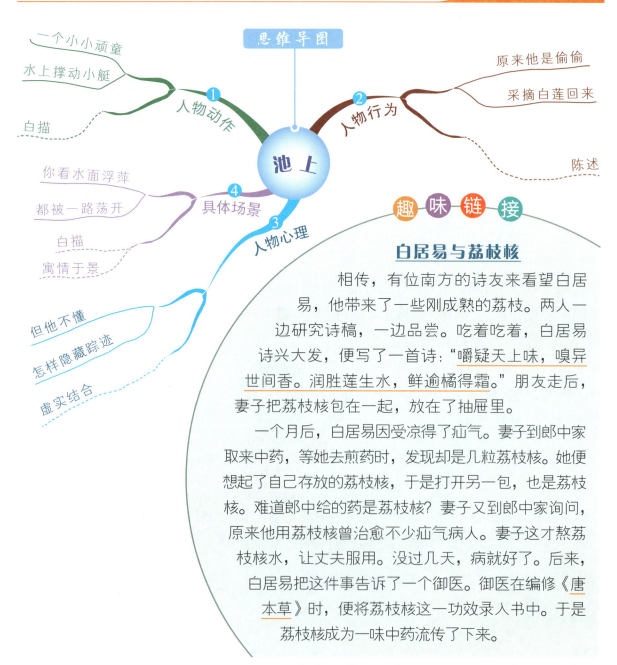

趣味链接

白居易与荔枝核

相传，有位南方的诗友来看望白居易，他带来了一些刚成熟的荔枝。两人一边研究诗稿，一边品尝。吃着吃着，白居易诗兴大发，便写了一首诗："嚼疑天上味，嗅异世间香。润胜莲生水，鲜逾橘得霜。"朋友走后，妻子把荔枝核包在一起，放在了抽屉里。

一个月后，白居易因受凉得了疝气。妻子到郎中家取来中药，等她去煎药时，发现却是几粒荔枝核。她便想起了自己存放的荔枝核，于是打开另一包，也是荔枝核。难道郎中给的药是荔枝核？妻子又到郎中家询问，原来他用荔枝核曾治愈不少疝气病人。妻子这才熬荔枝核水，让丈夫服用。没过几天，病就好了。后来，白居易把这件事告诉了一个御医。御医在编修《唐本草》时，便将荔枝核这一功效录入书中。于是荔枝核成为一味中药流传了下来。

描写顽童的诗句

牧童骑黄牛，歌声振林樾。　　　　　　　（清·袁枚《所见》）

儿童散学归来早，忙趁东风放纸鸢。　　　（清·高鼎《村居》）

儿童急走追黄蝶，飞入菜花无处寻。　　　（宋·杨万里《宿新市徐公店》）

知有儿童挑促织，夜深篱落一灯明。　　　（宋·叶绍翁《夜书所见》）

蓬头稚子学垂纶，侧坐莓苔草映身。　　　（唐·胡令能《小儿垂钓》）

学而思

一、填空题。

　　这首诗中的"＿＿＿＿＿＿＿＿，＿＿＿＿＿＿＿＿＿＿"针对小孩子天真无邪的人物性格进行刻画，生动有趣。

二、选择题。

　　《池上》是一首（　　　）。

　　A.汉乐府　　　　B.五言绝句　　　　C.五言律诗　　　　D.七言律诗

三、请你把下面诗句中缺少的植物名称补写在括号里。

1.离离原上（　　），一岁一枯荣。（唐·白居易《赋得古原草送别》）

2.遥知兄弟登高处，遍插（　　）少一人。（唐·王维《九月九日忆山东兄弟》）

3.小娃撑小艇，偷采（　　）回。（唐·白居易《池上》）

4.两个黄鹂鸣翠（　　），一行白鹭上青天。（唐·杜甫《绝句》）

17 忆江南①

〔唐〕白居易

江南好,
风景旧曾谙②。
日出江花红胜火③,
春来江水绿如蓝④。
能不忆江南⑤?

写作背景

公元826年,作者在苏州刺史上任,因病回洛阳休养,从此再未回到江南。十几年后,即公元838年,六十七岁的白居易倍加思念曾经生活过的江南。于是,他在洛阳一连写下了三首《忆江南》,本诗便是其中的第一首。

译文悦读

江南如此美好,我对那里的美丽风景曾是那么熟悉。艳阳出来的时候,江边红彤彤的花朵胜过火焰的颜色;明媚春天来临的时候,碧绿的江水好似被蓝草浸染了一般。这样优美绚丽的自然风光,又如何不叫我思念那美好的江南呢?

①**忆江南**:词牌名。忆,回忆。 ②**谙**:熟悉,明白。**旧**:与"新"相对。 ③**江花**:江岸边的花朵。**胜**:超过。 ④**蓝**:这里指蓝草,其叶可制作青绿色的染料。 ⑤**能不**:怎么能不。**忆**:回忆,想念。

诗词鉴赏

这是一首写景词，词人通过优美的语言，展现了江南美景独有的风采和神韵。

首句，词人直接用简练的语言写出了对江南美景的赞美，让人对美丽的江南有了一个整体的认识，这也是词人"忆江南"全词的情感基调。

二、三句描绘的是江南美丽的风光。为了突出这一主题，词人别出心裁，特意选择了江景为重点渲染对象，如日出时的江花，春回大地时的江水颜色，一个"红胜火"，一个"绿如蓝"，色彩感非常强烈，展现出一派生机勃勃的景象。读者虽然未能亲临其境，但在脑海中已经对江南有了深刻的印象。

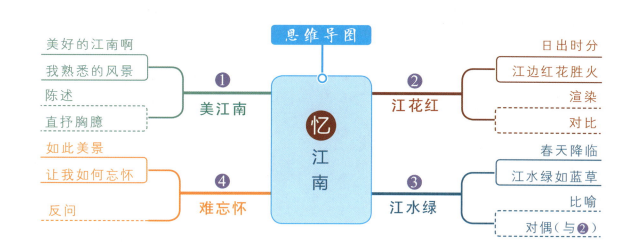

学而思

一、填空题。

1.这首词描写的是江南_____（季节）的风景，表达了作者对江南美景的_____之情，词中的"_____"也包含了这种情感。

2.这首词中的"_____，_____"运用了比喻和对偶的修辞手法，描绘了绚丽的江边美景，成为脍炙人口的千古名句。

二、选择题。

"能不忆江南？"这句诗采用了（   ）的修辞手法。

A．设问　　　　　B．反问　　　　　C．疑问

18 大林寺桃花①

〔唐〕白居易

人间四月芳菲尽②,
山寺桃花始盛开③。
长恨春归无觅处④,
不知转入此中来⑤。

写作背景

公元815年,白居易被贬为江州(今江西九江)司马,他曾多次游览当时的风景名胜——大林寺。

公元817年夏,作者再去庐山的大林寺游玩。当时山下百花都已凋谢,来到大林寺才发现桃花刚刚盛开。于是,他根据所见而作出了本诗。

译文悦读

四月的时候,山下的百花都已经凋谢了,而山上的桃花才开始盛开。我经常为春天回去了无处寻觅而怅恨,想不到春天反倒在这深山的寺庙里。

❶ **大林寺**:在今江西庐山大炉峰顶,是我国佛教圣地之一。　❷ **人间**:这里指庐山下的一个村庄。**芳菲**:指盛开的花,又泛指各种花。**尽**:没有了,这里指花朵都凋谢了。
❸ **始盛开**:才开始盛开。始,才,刚。　❹ **长恨**:经常惋惜。恨,惆怅叹息。**春归**:指春天回去了。**无觅处**:没有地方可以找到。觅,寻觅,寻找。　❺ **不知**:想不到,岂料。**转**:转移。

诗词鉴赏

这首诗描绘了诗人在山中的寺庙里发现残存的春景而惊喜的情景，别有一番情趣。

首句写每到四月，所有花朵都凋谢了，突出了诗人搜寻鲜花的踪迹却始终未能如愿的烦恼。次句写诗人偶然来到山中的大林寺，意外地发现这里的桃花才开始盛开。一方面表示山中气温低，桃花开得迟缓，另一方面也表达了诗人在这样的季节仍可以欣赏桃花的喜悦。第三句写诗人常常为美好的春天消失后怎么也找不到踪迹而惆怅，体现了诗人希望春天常驻人间的美好愿望。最后一句是逆向表达，表现了诗人没想到春天竟然藏在这一小小的寺庙里，突出了诗人偶然享受时光倒流的喜悦之情。

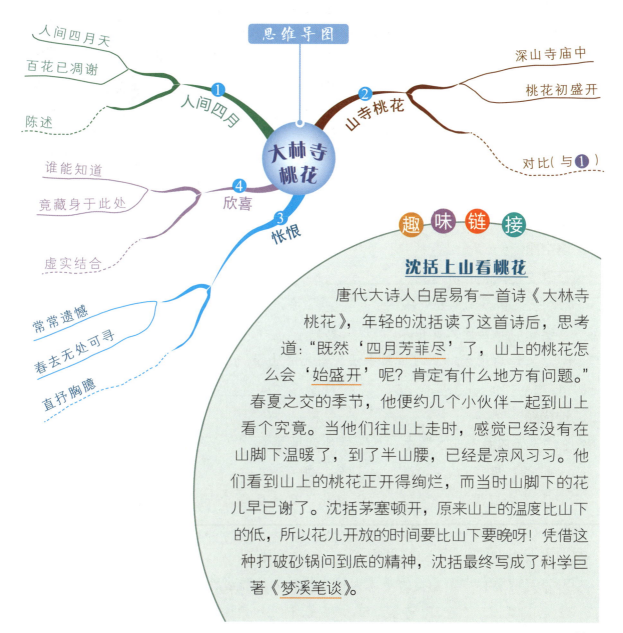

趣味链接

沈括上山看桃花

唐代大诗人白居易有一首诗《大林寺桃花》，年轻的沈括读了这首诗后，思考道："既然'四月芳菲尽'了，山上的桃花怎么会'始盛开'呢？肯定有什么地方有问题。"春夏之交的季节，他便约几个小伙伴一起到山上看个究竟。当他们往山上走时，感觉已经没有在山脚下温暖了，到了半山腰，已经是凉风习习。他们看到山上的桃花正开得绚烂，而当时山脚下的花儿早已谢了。沈括茅塞顿开，原来山上的温度比山下的低，所以花儿开放的时间要比山下要晚呀！凭借这种打破砂锅问到底的精神，沈括最终写成了科学巨著《梦溪笔谈》。

知识拓展

关于"桃花"的诗句

人间四月芳菲尽,山寺桃花始盛开。(唐·白居易《大林寺桃花》)

竹外桃花三两枝,春江水暖鸭先知。(宋·苏轼《惠崇春江晚景》)

桃花一簇开无主,可爱深红爱浅红?(唐·杜甫《江畔独步寻花(其五)》)

人面不知何处去,桃花依旧笑春风。(唐·崔护《题都城南庄》)

桃花源

"桃花源"出自《桃花源诗》《桃花源记》,由东晋文人陶渊明作于永初二年(421)。陶渊明虽然归隐田园,但他并没有忘记在动乱时代人们的痛苦生活,他希望有个美好的理想社会。他把"桃花源"描写成这样的乐土:一个没有战乱、没有压迫、自给自足、人人自得其乐的社会。"桃花源"与当时的黑暗社会形成鲜明对比,是作者与世人所向往的一种理想社会,它体现了人们的追求与向往,也反映出人们对现实的不满与反抗。

学而思

一、填空题。

1. 这首诗是写作者看到_____里的桃花而惊喜,别有一番情趣。

2. "长恨春归无觅处"中的"_____"字,表达出了作者为春光逝去而遗憾;但一片春景"不知转入此中来",他又感到_____。

3. 这首诗运用了对比的修辞手法,写出了山下与山上春花的不同景象,其诗句是:"_____,_____。"

二、选择题。

1. "人间四月芳菲尽"中"尽"字的意思是(   )。
   A. 最,极   B. 全,都
   C. 花朵都凋谢了   D. 终止,到达尽头

2. 《大林寺桃花》是一首(   )。
   A. 咏物诗   B. 记游诗   C. 田园诗   D. 山水诗

3. 下列的誉称中哪些指的是《大林寺桃花》的作者?(   )(多选)
   A. 诗魔   B. 诗圣   C. 诗王   D. 诗仙

扫码听音频

写作背景

这首诗大约作于唐长庆二年（822）。当年七月，白居易由中书舍人出任杭州刺史，途经襄阳、汉口，于十月一日抵达。这首诗写于去杭州的江行途中。当时朝廷政治昏暗，牛李党争激烈，诗人饱尝了在朝为官的辛酸，自己请求到地方任职。作者离开朝廷后立刻感到无比轻松和惬意，便欣然提笔写下了这首诗。

19 暮江吟[1]

〔唐〕白居易

一道残阳铺水中[2]，
半江瑟瑟半江红[3]。
可怜九月初三夜[4]，
露似真珠月似弓[5]。

译文悦读

傍晚时分，快要落山的夕阳柔和地铺在江水之上。晚霞斜映下的江水一半呈现出深深的碧绿，一半呈现出殷红色。九月初三的月夜真是可爱，晶莹的露水就像粒粒珍珠，一弯新月仿佛是一张精致的弓。

---

[1] **暮江吟**：黄昏时分在江边所作的诗。吟，古代诗歌体裁的一种。 [2] **残阳**：快落山的太阳光，也指晚霞。 [3] **瑟瑟**：原意为碧色珍宝，这里指碧绿色。 [4] **可怜**：可爱。 [5] **真珠**：指珍珠。**月似弓**：月亮像弯弓的样子。农历九月初三，为上弦月，其弯如弓。似，好像，如同。

诗词鉴赏

前两句主要写夕阳照耀下的江面。其中的"铺"字用得十分传神,形象地描绘出了"残阳"已接近地平线,几乎是贴着水面照射过来的。既突出照射范围之广,也表现了秋天夕阳的柔和,给人以亲切、安闲的感觉。之后,诗人抓住江面上呈现出的两种颜色,描绘了残阳照射下,江面波光粼粼、瞬息变化的景象。

后两句主要写新月初升的夜景。诗人通过"露""月"二字对视觉形象的描写,营造出了和谐、宁静的意境。同时,又用"九月初三夜"中的"夜"字把前后时间连接起来,由描绘暮江到赞美"露"和"月",足见诗人流连忘返和内心愉悦之情。

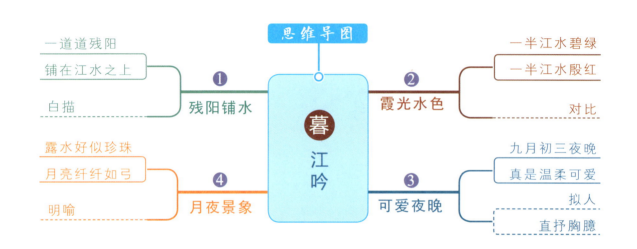

学而思

一、填空题。

1.这首诗的作者是_____代诗人_____,字_____,号_____,又号醉吟先生,与元稹共同倡导新乐府运动,世称二人为"_____",又与刘禹锡并称为"_____"。

2.这首诗中运用比喻的修辞手法,巧妙地展现出了月夜之美,其诗句是:"_____,_____。"

二、请把下列含有"月"字的诗句补充完整。

1._____,单于夜遁逃。(唐·卢纶《塞下曲》)

2.野旷天低树,_____。(唐·孟浩然《宿建德江》)

3.可怜九月初三夜,_____。(唐·白居易《暮江吟》)

4._____,呼作白玉盘。(唐·李白《古朗月行》)

李绅

字　号	字公垂
籍　贯	亳州（今安徽亳州）
生卒年	772—846
誉　称	悯农诗人
派　别	元白诗派
主要作品	《悯农》《莺莺歌》《悲善才》等

　　李绅是中唐宰相，同时也是一位诗人。他幼年丧父，由母亲传授经义，十五岁时在惠山读书。青年时期，他目睹农民终日劳作而不得温饱，以同情和愤慨的心情，写出了千古传诵的《悯农》诗二首，后以其中的名句"四海无闲田，农夫犹饿死""谁知盘中餐，粒粒皆辛苦"，被誉为"悯农诗人"。因他的诗短小精悍、感情朴实、语言精练，故被称为"短李"。李绅与元稹、白居易共倡新乐府诗体，史称新乐府运动。

名句集锦

◎四海无闲田，农夫犹饿死。《悯农（其一）》
◎锄禾日当午，汗滴禾下土。《悯农（其二）》
◎谁知盘中餐，粒粒皆辛苦。《悯农（其二）》
◎伯劳飞迟燕飞疾，垂杨绽金花笑日。《莺莺歌》
◎穆王夜幸蓬池曲，金銮殿开高秉烛。《悲善才》

悯 农（其一）[1]

〔唐〕李 绅

春种一粒粟[2]，
秋收万颗子[3]。
四海无闲田[3]，
农夫犹饿死[5]。

写作背景

公元799年春，二十七岁的李绅与李逢吉同榜中了进士。同年夏天，二人在亳州相遇，一起登上了城东的观稼台。此时，李逢吉吟诗希望仕途亨通，李绅却看到了田野中农夫劳作的辛苦，便吟出两首《悯农》诗，本诗便是其中的第一首。

译文悦读

春天的时候在农田中播下一粒粒种子，等到秋天的时候就可以收获很多粮食。四海之中并没有荒芜的农田，但还是有农夫因为没有饭吃而饿死。

❶**悯农**：同情、怜悯农民。 ❷**粟**：谷子，这里泛指粮食的种子。 ❸**万颗子**：形容粮食收获很多。万，虚指，指数量多。 ❹**四海**：全国各地。**闲田**：荒芜(wú)的田地。 ❺**犹**：还，仍然。

诗词鉴赏

一、二句，诗人以数量词的对比，"一粒粟"和"万颗子"相互映衬，描写了在农夫的辛勤劳作下，庄稼获得了大丰收的场景，同时也为诗人情感的转换埋下了伏笔，对比效果更加鲜明突出。

第三句依然是醒目的数量词，"四海"道出了农田全部得到开垦的现实，对应上文播种就可以获得丰收的场景，那么农夫们的生活也一定会非常富足了吧？

可是在诗的第四句，诗人笔锋陡转，即使是大丰收，农夫依然会被活活饿死。种田的农夫没有粮食吃，那么这些粮食都到哪里去了呢？诗人到此突然收笔，给读者留下了巨大的想象空间。

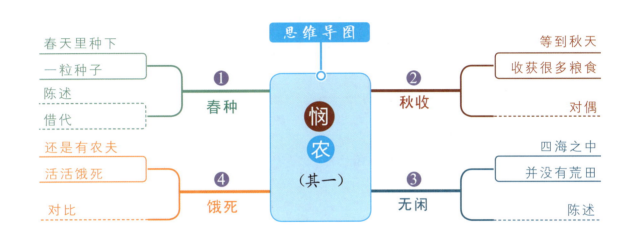

学而思

一、请从这首诗中为下列词语找出相应的反义词，并写在括号里。

忙——（　　）　饱——（　　）　有——（　　）　生——（　　）

二、填空题。

1. 这首诗中的对偶句是："_____，_____。"

2. 这首诗中，反映农民疾苦的诗句是："_____，_____。"

三、选择题。

这首诗中，"四海无闲田，农夫犹饿死"写的是（　　）。

　　A. 遇到大灾害　　　　B. 干活不努力

　　C. 制度不合理　　　　D. 有志难报国

21 悯农（其二）

〔唐〕李 绅

锄禾日当午❶，
汗滴禾下土❷。
谁知盘中餐❸，
粒粒皆辛苦❹。

写作背景

公元799年春，二十七岁的李绅与李逢吉同榜中了进士。同年夏天，二人在亳州相遇，一起登上了城东的观稼台。此时，李逢吉吟诗希望仕途亨通，李绅却看到了田野中农夫劳作的辛苦，于是，吟出两首《悯农》诗，本诗便是其中的第二首。

译文悦读

烈日当空的炎热中午，农夫们辛苦地在田间锄草，身上的汗珠一滴滴地落了下来，滴在禾苗下的泥土中。有谁知道那盘中的饭食，每一粒都是农夫们辛辛苦苦劳动得来的呀！

❶锄禾：给禾苗除去杂草、翻松土壤。禾，谷类植物的统称。当午：正中午，天气最为炎热的时候。　❷滴：动词，滴落。　❸盘中餐：盘中的食物。　❹皆：全，都。

诗词鉴赏

这是一首怜悯农民的诗歌，诗人通过对农夫辛勤劳动场面的描写，说明粮食来之不易的道理，表达对农民真挚的同情。

一、二句，诗人重点描写了农夫劳作的场景，他选取的时间点是烈日当空的中午，这时农夫辛勤劳作，挥汗如雨，所以才有"汗滴禾下土"这一细节的出现，由此展现了农夫们劳作的艰辛和不易。

三、四句，诗人进一步升华了诗的情感，抒发了自我感慨，流露出对农夫辛勤劳作的同情，具有较强的艺术感染力，也容易引起读者深深的情感共鸣。

全诗语言质朴自然，选题紧贴生活，展现出了农夫们的辛勤劳作，也紧扣诗歌题目中的"悯"字，让人读后心潮难平，不由得对农夫们产生无限的同情。

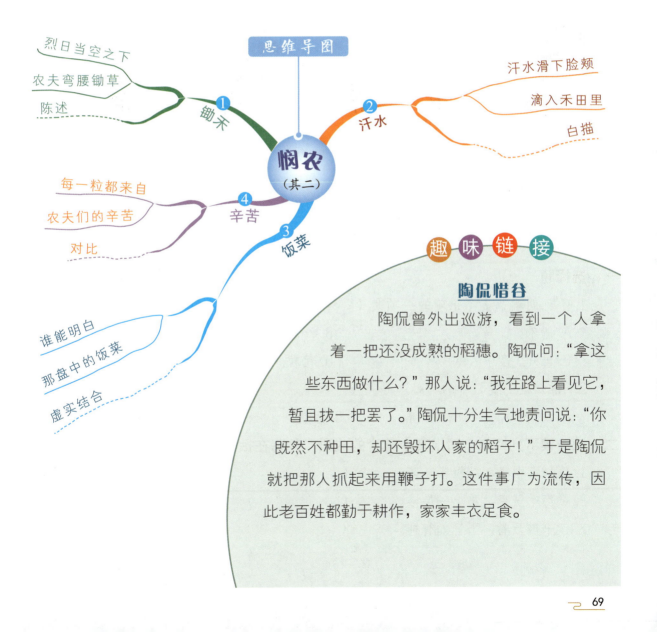

趣味链接

陶侃惜谷

陶侃曾外出巡游，看到一个人拿着一把还没成熟的稻穗。陶侃问："拿这些东西做什么？"那人说："我在路上看见它，暂且拔一把罢了。"陶侃十分生气地责问说："你既然不种田，却还毁坏人家的稻子！"于是陶侃就把那人抓起来用鞭子打。这件事广为流传，因此老百姓都勤于耕作，家家丰衣足食。

> 知识拓展

手持一禾称"秉",手持两禾称"兼"

"秉"字的甲骨文、金文中的"禾"表示一棵带穗的谷子,"又"表示手,整体像手持一棵带穗的谷子。所以"秉"的本义为一禾(庄稼)。因禾束可以用手持或握,所以由此引申为持、握。

"兼"字的金文中的"又"表示手,整体像手持两棵谷穗。所以"兼"的本义为兼有,即同时涉及几个方面或具有几种事物,如"兼收并蓄"(指把不同的人或事物都收容包罗进来)。

综上,在古代汉语中,手持一禾称"秉",手持两禾称"兼",这就是"秉"和"兼"字的会意所在。

学而思

一、选择题。

1. 下列朗读节奏不正确的一项是(　　)。

　A. 锄禾 / 日当 / 午　　　　　B. 汗滴 / 禾下 / 土

　C. 谁知 / 盘中 / 餐　　　　　D. 粒粒 / 皆 / 辛苦

2. "谁知盘中餐"中的"餐"是指(　　)。

　A. 蔬菜　　　B. 鱼肉　　　C. 饭食　　　D. 羹汤

二、读一读下列诗句,猜出其中蕴含的成语,并写在括号内。

1. 谁知盘中餐,粒粒皆辛苦。　　(　　　　　)

2. 欲穷千里目,更上一层楼。　　(　　　　　)

3. 读书破万卷,下笔如有神。　　(　　　　　)

柳宗元

字　　号	字子厚
别　　名	柳河东、柳柳州、河东先生
籍　　贯	河东（今山西运城）
生 卒 年	773—819
誉　　称	唐宋八大家之一
主要作品	《江雪》《渔翁》《溪居》等

时间轴：北朝 — 初唐 — 盛唐 — 中唐（柳宗元）— 晚唐 — 宋代

　　柳宗元是唐代著名文学家、哲学家、散文家、思想家，是"唐宋八大家"之一。因他出身于河东柳氏，所以世称为"柳河东"。祖上世代为官，能诗善文的父亲和信佛的母亲为他后来"统合儒佛"思想的形成奠定了基础。贞元九年（793），二十一岁的柳宗元考中进士，而名声大振。二十六岁时，他又参加了博学宏词科考试，并中榜，授集贤殿书院正字。因他最后一次做官是柳州刺史，所以又称"柳柳州"。

　　柳宗元和韩愈一起倡导古文运动，并称为"韩柳"。刘禹锡与他并称为"刘柳"，与王维、孟浩然、韦应物并称为"王孟韦柳"。

名句集锦

◎千山鸟飞绝，万径人踪灭。《江雪》
◎孤舟蓑笠翁，独钓寒江雪。《江雪》
◎来往不逢人，长歌楚天碧。《溪居》

扫码听音频

22 江 雪

〔唐〕柳宗元

千山鸟飞绝❶,
万径人踪灭❷。
孤舟蓑笠翁❸,
独钓寒江雪❹。

写作背景

"永贞革新"失败后,诗人被贬到"南荒"之极的永州(今湖南永州)担任司马一职。在龙兴寺的西厢里暂时居住,触景生情,便写下了这首诗。从诗中可以看出作者心中的孤傲与不服。

译文悦读

在寒冷的冬日,千山万岭之中,寻觅不到任何飞鸟的踪迹,弯弯曲曲的山间小路上,也看不到行人的踪影。然而还有一位身披蓑衣、头戴斗笠的渔翁,坐在一艘孤零零的小船上,独自在寒冷空旷的江面上迎着飞雪垂钓。

❶千山:虚数,形容山很多。绝:没有,无。 ❷万径:虚数,形容小路很多。径,小路。人踪灭:没有人的踪影,形容清冷无比。踪,踪迹。灭,没有了,消失。 ❸孤舟:这里指只有一条船。孤,孤零零。蓑笠:蓑衣和斗笠,都是防雨用具。 ❹钓:垂钓。寒江:形容冰凉寒冷的江水。

诗词鉴赏

一、二句,诗人向读者描摹出了一幅极为壮观、开阔的画卷。为了表现这一意境,诗人使用"千山""万径"等词语,极大地提高了诗歌雄浑的气魄;尤其是"绝"和"灭"字,更突出了在这样一个大雪纷飞的辽阔世界中一片寂静的景象,充满了肃杀孤寂的气氛,也为下文渔翁的出场作了很好的铺垫。

三、四句,重点突出一个在冰天雪地中独自垂钓的渔翁形象。一个"孤"字和一个"独"字,描写了渔翁的孤傲高洁,敢于同严酷的大自然作斗争的无畏气概,同时渔翁不屈的精神,也是诗人自我品格的写照。

全诗意境深沉,格调高远,寓情于景,场面描写宏大,环境气氛渲染到位,远山近人,向读者完美地呈现出了一幅独钓寒江的画面,渔翁清冷孤傲的形象也深深地映入人们的脑海之中。

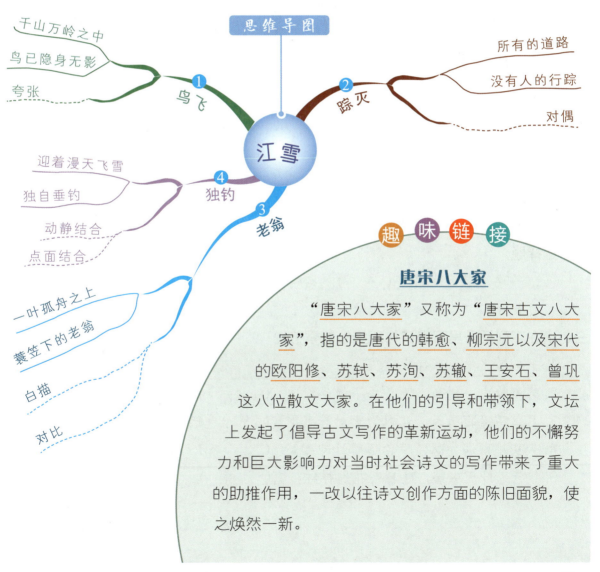

唐宋八大家

"唐宋八大家"又称为"唐宋古文八大家",指的是唐代的韩愈、柳宗元以及宋代的欧阳修、苏轼、苏洵、苏辙、王安石、曾巩这八位散文大家。在他们的引导和带领下,文坛上发起了倡导古文写作的革新运动,他们的不懈努力和巨大影响力对当时社会诗文的写作带来了重大的助推作用,一改以往诗文创作方面的陈旧面貌,使之焕然一新。

知识拓展

"雪"字的演变趣解

"雪"字的甲骨文是会意字，上边像天降大雪的样子，下边像两把扫帚，中间的小点像雪花，整体描绘出了天降大雪的场景。雪是可以用扫帚扫的，这是与雨的区别之一。

"雪"的本义为空气中的水蒸气遇冷凝结而成的白色结晶体，多为六角形状。引申作动词，指下雪。又引申为像雪的颜色或像雪花的东西，如"雪白"。

因雪花洁白晶莹，所以由此引申为清白、高洁，如"霜筋雪骨"。

又因雪的洁净如同去掉杂质后的结果，由此引申出了洗去或除去（冤屈、仇恨、耻辱等），如"报仇雪恨"。

学而思

一、填空题。

本诗的诗眼是 _____ 字。

二、选择题。

《江雪》一诗表达了诗人（　　　）的心情。

　A. 开心　　　　　B. 孤独　　　　　C. 愉快

三、请在下列括号里写出诗句所描绘的季节。

1. 千山鸟飞绝，万径人踪灭。（　　　）
2. 碧玉妆成一树高，万条垂下绿丝绦。（　　　）
3. 月落乌啼霜满天，江枫渔火对愁眠。（　　　）
4. 天街小雨润如酥，草色遥看近却无。（　　　）
5. 接天莲叶无穷碧，映日荷花别样红。（　　　）

贾岛

字　　号	字阆（làng）仙，号碣石山人
别　　名	贾瘦岛、贾神仙
籍　　贯	范阳（今河北涿州）
生卒年	779—843
誉　　称	诗奴
主要作品	《剑客》《寻隐者不遇》等

时间轴：北朝 — 初唐 — 盛唐 — 中唐（贾岛）— 晚唐 — 宋代

　　贾岛是中唐著名诗人，人称"诗奴"。早年出家为僧，法号无本，自号"碣石山人"。十九岁时，他云游四方，结识了孟郊、韩愈等人，还俗后屡次科举落榜。唐文宗时，贾岛因遭排挤，被贬为遂州长江县主簿，故称为"贾长江"。

　　贾岛一生穷困，苦吟作诗，与孟郊齐名，后人以"郊寒岛瘦"来比喻其诗风。他写诗时经常仔细推敲、认真雕琢，喜欢写荒凉、枯败的景色，诗中充满凄苦的感情，自称"两句三年得，一吟双泪流"。"两句三年得"是夸张的说法，但他吟诗常常煞费苦心却真有其事。正是因为他的刻苦努力，才得以弥补其天分的不足，使他终于在众星璀璨的唐代诗坛赢得一席之地，并且留下了许多佳作。

名句集锦

◎十年磨一剑，霜刃未曾试。《剑客》
◎掘井须到流，结交须到头。《不欺》
◎只在此山中，云深不知处。《寻隐者不遇》
◎鸟宿池边树，僧敲月下门。《题李凝幽居》
◎秋风生渭水，落叶满长安。《忆江上吴处士》

扫码听音频

23

寻隐者不遇 ❶

〔唐〕贾 岛

松下问童子 ❷,
言师采药去 ❸。
只在此山中 ❹,
云深不知处 ❺。

写作背景

这首诗写于中唐时期。有一次,诗人贾岛到山中寻访一位隐者,但是没有遇见对方,于是写下了这首诗。

译文悦读

在松树下面,我向隐士的小徒儿打听他师父的去向。小徒儿回答说他只知道师父采药去了,应该就在这座大山里面。但是山野之中雾气弥漫,师父具体在什么地方说不清楚。

❶寻:寻访。隐者:居住在山中不愿做官的人。遇:遇见。 ❷松下:在松树下。童子:少年,这里指代隐士的徒弟。 ❸言:说。师:这里指童子的师傅,即隐者。 ❹此:作代词,这。 ❺云深:山上云雾缭(liáo)绕。处:地方、处所,这里指师傅在山中的地方。

诗词鉴赏

这是一首生活小诗,描写的是诗人寻访隐士的过程,充满了深厚的韵味。

一、二句,诗人先从问话开始,交代了寻访的地点和对象,可是没有遇到隐者,于是只能够在隐者居住的地方询问童子。接下来是童子的回答,他告诉诗人,师父去采药了。一问一答,语言简洁自然,叙述得清楚明白。

三、四句依然是与童子的对话,面对诗人的期盼,童子也无能为力,他只知道师父在这座山中采药,然而具体的行踪并不清楚。由此人们也知道了诗人这次实地寻访隐者并没有成功,留下了小小的遗憾。

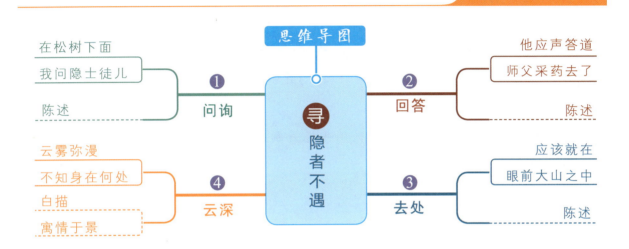

知识拓展

贾岛"推敲"

有一次,贾岛骑驴一边走,一边琢磨着一句诗:"鸟宿池边树,僧推月下门。"他觉得"僧推月下门"一句中的"推"不如"敲"好,便"推敲推敲"地念叨着,无意中驴闯进了大官韩愈的仪仗队里。韩愈问贾岛为什么乱闯。贾岛就把自己的诗念给韩愈听,并把原因说了一遍。韩愈听后哈哈大笑,对贾岛说:"我看还是用'敲'好,万一门是关着的,怎么能推开呢?再说去别人家,又是晚上,还是敲门有礼貌呀!而且一个'敲'字,使夜深人静时多了几分声响。静中有动,岂不活泼?"贾岛听罢连连点头。他不但没受处罚,还和韩愈交上了朋友。"推敲"一词由此而来,用来比喻写文章或做事时,反复琢磨,反复斟酌。

手握一只鸟称"只",手握两只鸟称"双"

"只"字(繁体字"隻")的甲骨文、金文像手里抓着一只鸟儿。隶书定型后写作"隻",今简化为"只"。本义为擒获(一只鸟),由此引申为单独的、极少的,如"只身"(一个人)。

"双"字(繁体字"雙")的楚系简帛、小篆像手里抓着两只鸟儿。隶书定型后写作"雙",今简化为"双"。本义为两只鸟,由此引申泛指两个、一对(与"单"相对),如"一箭双雕"。

综上,用手抓着一只鸟称"只",用手抓着两只鸟称"双",这就是"只"和"双"字的会意所在。

学而思

一、填空题。

1. 这首诗中涉及 _____(数词)个人,分别是 _____、_____、_____。

2. 这首诗采用了 _____ 的形式,描写出了诗人寻访隐士的过程,充满了深厚的韵味。

二、下列朗读节奏不正确的一项是( )。

A. 松下 / 问 / 童子　　B. 言 / 师采 / 药去

C. 只在 / 此山 / 中　　D. 云深 / 不知 / 处

胡令能

别　　名	胡钉铰
籍　　贯	圃田（河南中牟县）
生卒年	785—826
信　　仰	道教
主要作品	《小儿垂钓》

　　胡令能是中唐诗人。他少年家贫，以修补锅碗瓢盆为生，故人称为"胡钉铰"。传说胡令能曾经做过一个梦，梦中一位白发老者手持利刃，剖开其腹，将一卷书放在他腹中，梦醒之后，胡令能便能口吐珠玑，吟诗作对了。

　　胡令能勤奋好学，坚持读书，修补之余便作诗联句。他的诗歌语言浅显，构思精巧，充满浓厚的生活情趣。现在仅存的四首诗，都写得精妙超凡、生动传神，确有仙家之气。其中，《小儿垂钓》是他的代表作品，"蓬头稚子"学钓鱼，路人向他招手，想借问打听一些事情，那小儿却"怕得鱼惊不应人"，真是活灵活现、惟妙惟肖，其艺术成就丝毫不低于杜牧的《清明》一诗。

名句集锦

◎蓬头稚子学垂纶，侧坐莓苔草映身。《小儿垂钓》
◎路人借问遥招手，怕得鱼惊不应人。《小儿垂钓》
◎魂梦不知身在路，夜来犹自到昭阳。《王昭君》
◎绣成安向春园里，引得黄莺下柳条。《咏绣障》
◎儿童不惯见车马，走入芦花深处藏。《喜韩少府见访》

24 小儿垂钓①

〔唐〕胡令能

蓬头稚子学垂纶②，
侧坐莓苔草映身③。
路人借问遥招手④，
怕得鱼惊不应人⑤。

写作背景

有一次，诗人外出寻找朋友，向路边垂钓的一个儿童问路。诗人根据看到的情景，写下了这首富有生活情趣的佳作。

译文悦读

一个头发蓬乱的孩童正坐在河边学钓鱼，他侧身坐在青苔上，将自己的身子掩藏在野草之中。远远地听到过路的客人发出问路的声音，他连忙向来人摆手，恐怕惊动了水中的鱼儿，不敢回答客人的问话。

①垂钓：钓鱼。 ②蓬头：形容头发散乱的样子。稚子：孩童。垂纶：钓鱼。纶，钓鱼用的丝线。 ③莓苔：青苔。映：掩映，遮映。 ④借问：询问，打听。 ⑤怕：唯恐，担心。应：回答，这里指理睬。

诗词鉴赏

一、二句重点在一个"学"字上,孩童初学钓鱼时的神态、姿势都在诗人的笔下惟妙惟肖地展现出来,突出了孩童无比认真而又小心的一面,其可爱、机灵、活泼的天性也得以全面展现。

三、四句进一步描写孩童垂钓时的心理变化,由于是初学,又是如此认真,可以想象孩童非常希望能够钓上一条鱼儿来庆贺一番,所以这个时候路人的问话难免会惊到水中的鱼儿,因此他才表现出"遥招手""不应人"的动作,其率真、可爱、让人发笑的一面也呈现在了读者的面前。

全诗语言活泼生动,流畅自然,诗人以精练传神的白描手法,牢牢抓住孩童垂钓时的动作、神态以及谨慎的心理等几个方面,将一个天真活泼、率真可爱的孩童形象描绘得活灵活现。

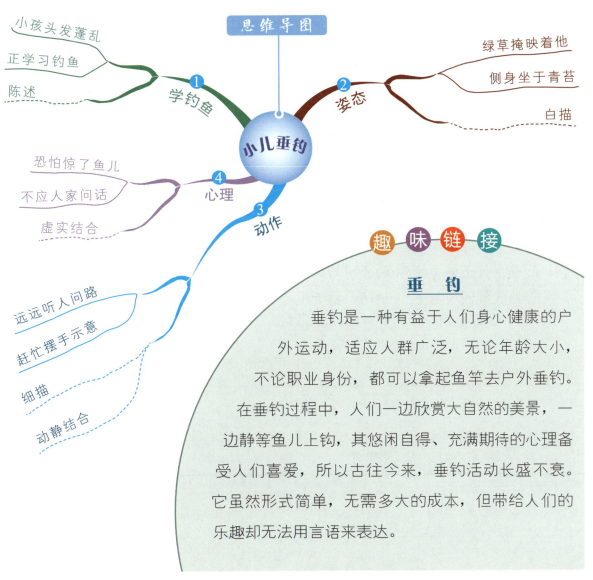

趣味链接

垂 钓

垂钓是一种有益于人们身心健康的户外运动,适应人群广泛,无论年龄大小,不论职业身份,都可以拿起鱼竿去户外垂钓。在垂钓过程中,人们一边欣赏大自然的美景,一边静等鱼儿上钩,其悠闲自得、充满期待的心理备受人们喜爱,所以古往今来,垂钓活动长盛不衰。它虽然形式简单,无需多大的成本,但带给人们的乐趣却无法用言语来表达。

知识拓展

古代年龄的称谓

襁褓	未满周岁的婴儿	**不惑**	男子四十岁
总角	八九岁至十三四岁的少年	**知命、知天命**	男子五十岁
豆蔻	十三四岁至十五六岁	**花甲**	六十岁
束发	男子十五岁	**古稀**	七十岁
弱冠	男子二十岁	**耄耋**	八九十岁
而立	男子三十岁	**期颐**	一百岁

学 而 思

一、填空题。

1. 这首诗的作者是 _____ 代诗人 _____。他年轻时以修补锅碗瓢盆为生，人称"_____"。他的诗歌语言浅显、构思精巧，富有浓厚的生活情趣。

2. 这首诗中的"_____"写出了小儿初学钓鱼之时的神态和姿势；"_____"交代了小儿钓鱼时周围的环境。

3. "路人借问遥招手"的原因是"_____"（用原诗句回答）。

二、选择题。

下列诗句中的加点字、词解释不正确的一项是（　　　）。

A. 蓬头稚子学垂纶（钓鱼用的丝线）　　B. 侧坐莓苔草映身（倒映）

C. 路人借问遥招手（询问，打听）　　D. 怕得鱼惊不应人（理睬）

李贺

字　号	字长吉
籍　贯	福昌（今河南宜阳县）
生卒年	790—816
誉　称	诗鬼
派　别	浪漫主义派

时间轴：北朝 — 初唐 — 盛唐 — 中唐 ◀ 李贺 — 晚唐 — 宋代

　　李贺是中晚唐著名诗人。他才思聪颖，七岁能诗，又擅长"疾书"。相传贞元十二年（796），韩愈、皇甫湜（shí）前来造访，正值七岁的他提笔写下了《高轩过》一诗，令二人大吃一惊，李贺从此名扬京洛。贞元二十年（804），十五岁的李贺已经誉满京华，与李益齐名。只是他的仕途之路并不顺利，二十七岁就英年早逝了。

　　李贺是继屈原、李白之后，中国文学史上又一位颇享盛誉的浪漫主义诗人，有"太白仙才，长吉鬼才"之说。他的诗作想象力极为丰富，引用神话传说，托古寓今，被后人誉为"诗鬼"。作为中唐到晚唐诗风转变期的代表人物，李贺与"诗仙"（李白）、"诗圣"（杜甫）、"诗佛"（王维）齐名，留下了"黑云压城城欲摧""雄鸡一声天下白""天若有情天亦老"等千古佳句。

名句集锦

◎我有迷魂招不得，雄鸡一声天下白。《致酒行》
◎黑云压城城欲摧，甲光向日金鳞开。《雁门太守行》
◎女娲炼石补天处，石破天惊逗秋雨。《李凭箜篌引》
◎男儿何不带吴钩，收取关山五十州。《南园十三首（其五）》
◎衰兰送客咸阳道，天若有情天亦老。《金铜仙人辞汉歌》

25 马诗（其五）

〔唐〕李 贺

大漠沙如雪^❶，
燕山月似钩^❷。
何当金络脑^❸，
快走踏清秋^❹。

写作背景

贞元、元和时期，藩镇割据极为跋扈，当时朝廷衰微，诗人渴望能够扫除战乱，建功立业，却因为种种原因，始终不被赏识。于是，诗人根据自己怀才不遇的现实，写下了不少抒发愤懑之情的诗作。《马诗》就是在此情况下创作的一组五言绝句，共二十三首，本诗是其中的第五首。

译文悦读

月光下，广阔的沙漠像雪一样晶莹洁白，连绵的燕山上空，月亮好像一把弯刀。什么时候才能给自己的马套上镶金的笼头，骑着它驰骋在秋天的原野上，杀敌立功呢？

---

❶ **大漠**：茫茫的沙漠。**如**：如同。　❷ **钩**：古代的一种兵器。　❸ **何当**：何时，即什么时候。**金络脑**：即金络头，用黄金装饰的马笼头。　❹ **踏**：走，跑，这里指 奔驰。**清秋**：指清朗的秋天。

诗词鉴赏

这是一首托物言志的五言绝句。全诗表面看似通过咏马、赞马来慨叹马的命运，其实是表现对自己的奇才异质、远大抱负以及怀才不遇的感慨与愤怒。

前两句写景。运用对偶、比喻的修辞手法，以雪喻沙，以钩喻月，生动形象地描绘出了边塞月夜悲凉肃杀的景色，也勾勒出一幅富有特色的边疆战场图，从侧面烘托出了诗人壮志未酬、怀才不遇的心境。

后两句由写景转为抒情，流露出了强烈的渴盼之情。诗人以马比兴，表面上希望马能够赶快得到"金络脑"，以便驰骋沙场，实际上是希望自己能够像良马一样获得重视，获得建功立业的机会。

纵观全诗，语言明快、风格激昂。诗人采用比兴、托物言志的手法，选取边塞富有代表性的典型事物加以渲染。

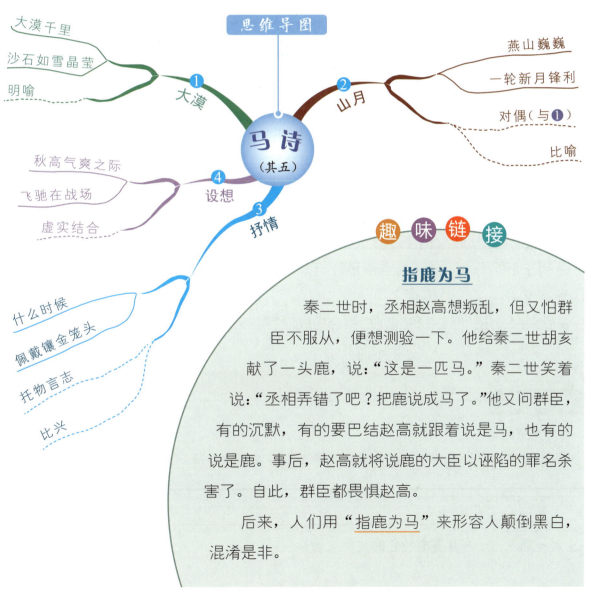

指鹿为马

秦二世时，丞相赵高想叛乱，但又怕群臣不服从，便想测验一下。他给秦二世胡亥献了一头鹿，说："这是一匹马。"秦二世笑着说："丞相弄错了吧？把鹿说成马了。"他又问群臣，有的沉默，有的要巴结赵高就跟着说是马，也有的说是鹿。事后，赵高就将说鹿的大臣以诬陷的罪名杀害了。自此，群臣都畏惧赵高。

后来，人们用"指鹿为马"来形容人颠倒黑白，混淆是非。

知识拓展

古今异义词荟萃

古今异义词是指古代汉语中一些词的意义、用法与现在不同的词。

异义词	古义	今义
兵	兵器	士兵
穷	困厄;不得志	经济贫困
再	两次	又一次
妻子	妻子和儿女	男子的配偶
可以	可以凭借	对某事赞同
走	跑	行走
去	距离;离开	到……去
布衣	平民	棉布衣服

呕心沥血

"呕心沥血"这个四字成语挺有趣,"呕心"二字出自诗人李贺的故事,"沥血"二字出自文学家韩愈的诗歌。

李贺是唐朝中期才华横溢的诗人。他不喜欢呆坐书房、冥思苦想地去作诗,而是常常骑着毛驴,带着书囊到处游览。遇到可以写诗的题材,便立刻记下来,投进书囊,回到家后再写成诗。李贺的母亲知道儿子的创作习惯,更明白他的身体很差,关切地责备他说:"你这孩子真是要把心呕出来才肯罢休啊!"

"沥血"出自韩愈的《归彭城》诗。诗中写道:"刳肝以为纸,沥血以书辞。"意思是割下肝当作纸,滴出血当作墨汁,以写作诗文。这句诗表现了韩愈对待创作的认真态度。

后来,人们把"呕心"和"沥血"组合为成语"呕心沥血",来表达费尽心思,用尽心血。

学而思

填空题。

1.《马诗》从表面看似通过咏马、赞马来慨叹马的命运,其实是作者抒发_____的感慨。

2.这首诗中,"_____,_____"运用比喻的修辞手法,生动地展现出了一片富有特色的边疆战场景色。

杜牧

字　号	字牧之，号樊川居士
籍　贯	京兆万年（今陕西西安）
生卒年	803—853
誉　称	小杜
主要作品	《江南春》《过华清宫》《阿房宫赋》等

时间轴：北朝 — 初唐 — 盛唐 — 中唐 — 晚唐（杜牧）— 宋代

　　杜牧是晚唐杰出诗人，他的政治才华十分出众。十几岁时，正值唐宪宗讨伐藩镇，振作国事。他在读书之余关心军事，后来专门研究并写下了13篇《孙子兵法》注解。有一次，杜牧献计平虏，被宰相李德裕采用，大获成功。二十岁时，杜牧博通经史，尤其专注于治乱与军事。二十三岁时，写出名篇《阿房宫赋》。二十五岁时，又写下了长篇五言古诗《感怀诗》，表达对藩镇问题的见解。可惜他虽有满腹才华，但其仕途之路并不顺利。

　　杜牧的诗、赋和古文都极负盛名，尤其诗的成就最高，被后人称为"小杜"。又和李商隐齐名，并称为"小李杜"。在艺术上，杜牧追求"高绝"，不学"奇丽"，不满"习俗"，所谓"不今不古"，正是力图在晚唐浮浅轻靡的诗风之外自具面目、独树一帜。

名句集锦

◎借问酒家何处有，牧童遥指杏花村。《清明》
◎停车坐爱枫林晚，霜叶红于二月花。《山行》
◎东风不与周郎便，铜雀春深锁二乔。《赤壁》
◎千里莺啼绿映红，水村山郭酒旗风。《江南春》
◎商女不知亡国恨，隔江犹唱后庭花。《泊秦淮》

扫码听音频

26

山 行[1]

〔唐〕杜 牧

远上寒山石径斜[2]，

白云生处有人家[3]。

停车坐爱枫林晚[4]，

霜叶红于二月花[5]。

写作背景

本诗的写作时间和地点不详，一般认为是833年杜牧到东都洛阳任监察御史时，由于职务清闲，时常外出凭吊古迹，途中偶然停车看到一处胜景，便即兴创作出了《山行》。但也有学者认为《山行》是杜牧在842年至848年之间在南方外放时所作。

译文悦读

深秋时节，行走在弯弯曲曲的山路之上，远远看去，在白云缭绕的深山中居住着几户人家。眼前的枫林晚景实在是太迷人了，我不由得停下了马车久久地欣赏着，这些被秋霜浸染过的枫叶的鲜艳色彩竟然比二月时候盛开的花朵的颜色还要红艳。

❶山行：在山里行走。行，行走。 ❷寒山：深秋时节的山。石径：石头小路。斜：曲折，倾斜。 ❸生处：也作深处，指大山的深处。 ❹坐：因为。晚：晚景。 ❺霜叶：经过秋霜后变红了的枫叶。于：用于比较，相当于"比，超过"。

诗词鉴赏

一、二句描写的是诗人一路行走时的所见所感。一个"寒"字,道出了诗人此行的时间和季节;一个"斜"字,就将弯弯曲曲的山路特点形象地描写出来;而一个"远"字是写山路的漫长蜿蜒。

三、四句,诗人的视觉角度转移,描写的是山中成片的枫林。这两句的字眼是一个"晚"字:一是表明时间很晚,流露出诗人流连忘返的痴迷和沉醉;二是为下文的原因解释作铺垫,诗人之所以长时间地欣赏这枫林树叶,是因为喜爱它艳丽的颜色,虽然是深秋季节,但其火红的色彩胜过二月娇艳的鲜花。

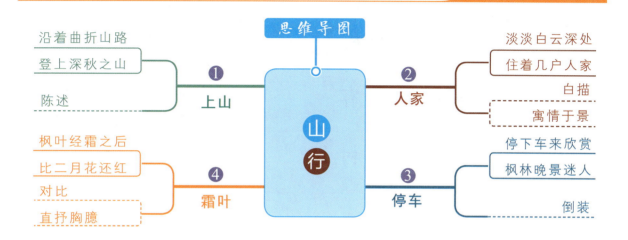

学而思

一、填空题。

这首诗的观察顺序是从_____到_____,通过描绘_____、_____、_____、_____等景物,勾勒出了一幅深秋山林美景图,表达了诗人对深秋山林景色的喜爱与赞美之情。

二、选择题。

1.《山行》描绘的是(　　)的景色。

　A.春季　　　B.夏季　　　C.秋季　　　D.冬季

2.诗中点到了不少景物,但诗人主要描写的景物是(　　)。

　A.白云　　　B.红叶　　　C.山路　　　D.人家

27 清 明

〔唐〕杜 牧

清明时节雨纷纷❷，
路上行人欲断魂❸。
借问酒家何处有❹，
牧童遥指杏花村❺。

写作背景

公元844年9月，杜牧到池州任刺史。第二年清明时节到杏花村饮酒（今安徽池州仍有杏花村），他借助清明这一节气，写下了这首脍炙人口的诗歌。

译文悦读

清明节的时候，天空下起了淅淅沥沥的小雨，路上行走的人们好像断了魂一样忧愁郁闷。我想询问一下哪里是卖酒的地方，牛背上的牧童指向远处那开满杏花的小山村。

❶清明：今指"清明节"，是中国传统节日，农历二十四节气之一，有扫墓、踏青等习俗。　❷时节：时令，节气。纷纷：小雨淅淅沥沥地下个不停。　❸欲：好似，好像。断魂：失魂落魄的样子，这里指心情低落到了极点。　❹借问：请问。　❺牧童：放牛的儿童。
遥指：向远处指。遥，远。
杏花村：开满杏花的小山村。

诗词鉴赏

这是一首描写清明节的诗歌,诗人在纷纷的细雨中希望能找到酒家。

一、二句,"清明"一词交代了诗的写作时间,"雨纷纷"说明了当时的天气情况。在清明节,诗人却独自一人在外,那种凄凉和感伤之情油然而生。所以诗中用"欲断魂"一词来形容"行人",贴切到位,也符合诗人当时的心理感受。

三、四句在诗人内心凄凉的基础上,进一步描写他希望能够找到一处酒家,通过饮酒的方式来抚慰内心的伤感,因此才去询问熟悉本地情况的牧童。牧童却没有直接回答诗人的提问,而是用"遥指"这个动作,让诗人顺着他手指的方向去寻找目标,如此,顽皮的牧童和酒家位置的想象画面都得以呈现,也使诗的意境和韵味得到了提升。

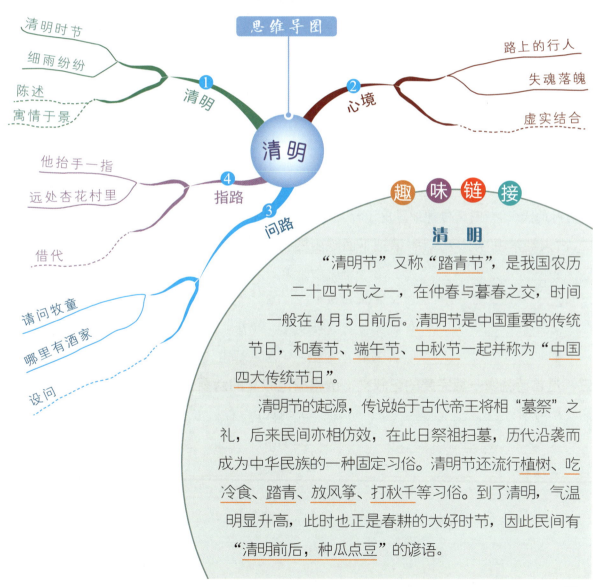

趣味链接

清 明

"清明节"又称"踏青节",是我国农历二十四节气之一,在仲春与暮春之交,时间一般在4月5日前后。清明节是中国重要的传统节日,和春节、端午节、中秋节一起并称为"中国四大传统节日"。

清明节的起源,传说始于古代帝王将相"墓祭"之礼,后来民间亦相仿效,在此日祭祖扫墓,历代沿袭而成为中华民族的一种固定习俗。清明节还流行植树、吃冷食、踏青、放风筝、打秋千等习俗。到了清明,气温明显升高,此时也正是春耕的大好时节,因此民间有"清明前后,种瓜点豆"的谚语。

二十四节气

二十四节气是我国古人计算时令变化的一种十分独特的历法。二十四节气是按照春夏秋冬,寒暑易季的气候,把每年进行等分,每个节气15天左右。告诉人们以岁时顺序,教民耕作,不误农时。

二十四节气包括立春、雨水、惊蛰、春分、清明、谷雨;立夏、小满、芒种、夏至、小暑、大暑;立秋、处暑、白露、秋分、寒露、霜降;立冬、小雪、大雪、冬至、小寒、大寒。人们为了便于记忆,便编出了《二十四节气歌》:

春雨惊春清谷天,夏满芒夏暑相连。
秋处露秋寒霜降,冬雪雪冬小大寒。
每月两节不变更,最多相差一两天。
上半年来六廿一,下半年是八廿三。

学而思

一、填空题。

1. 从"清明时节雨纷纷"可以看出,这首诗描写的季节是_____。

2.《清明》中的"_____,_____"不仅点明了写作时间和当时的天气特征,又传神地写出了行人凄迷忧伤的情态。

二、古人经常将"雨"字入诗,请把下面缺少的有关"雨"字的诗句补充完整。

1. _____,客舍青青柳色新。(唐·王维《送元二使安西》)

2. _____,花落知多少。(唐·孟浩然《春晓》)

3. _____,路上行人欲断魂。(唐·杜牧《清明》)

4. _____,当春乃发生。(唐·杜甫《春夜喜雨》)

三、这首诗就像一篇完整的记叙文,请根据记叙文的六要素填空。

A. 时间:_____　　B. 地点:_____

C. 人物:_____　　D. 事因:_____

E. 经过:_____　　F. 结果:_____

28 江南春

〔唐〕杜 牧

千里莺啼绿映红❶,
水村山郭酒旗风❷。
南朝四百八十寺❸,
多少楼台烟雨中❹。

写作背景

唐文宗大和七年(833)的春天,诗人由宣州途经江宁,前往扬州去拜访淮南节度使牛僧孺,在途中写下了这首诗。

译文悦读

辽阔千里的江南处处莺歌燕舞,一片桃红柳绿春意盎然的景象,水边的村寨、依山的城郭处处都飘动着酒旗。南朝时期所遗留下来的无数古寺楼阁,此时又有多少被笼罩在烟雨迷蒙的景色中呢?

❶啼:啼叫。映:衬托。 ❷山郭:靠山的城墙,这里指外城。酒旗:插在酒馆门口,招揽顾客用。 ❸四百八十寺:虚数,形容寺庙很多。 ❹楼台:亭台楼阁一类的建筑,这里指寺庙。烟雨:如烟的蒙蒙细雨。

诗词鉴赏

一、二句展现的是江南处处好风光。"千里"一词令人视野开阔，意境也雄浑大气。在诗人笔下，他为了展现江南优美的风光，选择了莺啼、桃红柳绿、水村、山郭以及酒旗等事物，将一幅江南春景图描摹了出来。读者在阅读时，脑海中会很自然地想象春天的江南处处莺歌燕舞、鲜花盛开，尤其是水村山郭的场景，更是江南典型风光的体现。

三、四句，在诗人笔下，明媚艳丽的江南风景突然转换为一片烟雨迷蒙的景象：无数寺庙楼台笼罩在烟雨之中。这种宁静迷离、朦胧深邃（suì）的景象，不仅增添了诗歌优美的意境，也使人感受到沧桑厚重的历史韵味，整个身心也自然而然地沉醉其中。

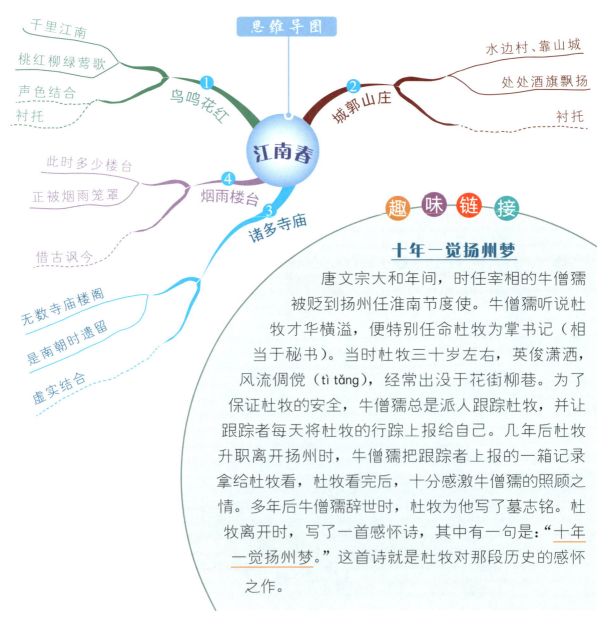

趣味链接

十年一觉扬州梦

唐文宗大和年间，时任宰相的牛僧孺被贬到扬州任淮南节度使。牛僧孺听说杜牧才华横溢，便特别任命杜牧为掌书记（相当于秘书）。当时杜牧三十岁左右，英俊潇洒，风流倜傥（tì tǎng），经常出没于花街柳巷。为了保证杜牧的安全，牛僧孺总是派人跟踪杜牧，并让跟踪者每天将杜牧的行踪上报给自己。几年后杜牧升职离开扬州时，牛僧孺把跟踪者上报的一箱记录拿给杜牧看，杜牧看完后，十分感激牛僧孺的照顾之情。多年后牛僧孺辞世时，杜牧为他写了墓志铭。杜牧离开时，写了一首感怀诗，其中有一句是："十年一觉扬州梦。"这首诗就是杜牧对那段历史的感怀之作。

诗 眼

诗眼是指诗歌作品中点睛传神之笔。它有两种表现形式:一种是诗句中最精练传神的某个字或词,一种是全篇最精彩和关键性的句子。由于有了这个字、词或句子,诗作的形象便更鲜活,意味深长,引人深思,富有艺术魅力。

杜牧《江南春》中的"烟雨"是本诗的诗眼,点出了季节和地点,即春季江南。如果没有这个"烟雨"就显不出整首诗朦胧与迷离的意境了。

例如:李清照的《如梦令》:"昨夜雨疏风骤,浓睡不消残酒。试问卷帘人,却道海棠依旧。知否?知否?应是绿肥红瘦。"

这首词通过描写晚春时节海棠花的凋谢,抒发了词人的感伤情绪。最后一句"应是绿肥红瘦"是这首词的词眼。这一句是含义丰富的情景交融之笔,也是这首词的点睛之笔,从而成为历代人们传诵的佳句。

学而思

一、填空题。

1."水村山郭酒旗风"中的"郭"字应读作_____,其含义是_____。

2.从这首诗的表面看,描写的是烟雨笼罩的寺庙景色,实际是寄托了作者自己内心的无限感慨,其诗句是:"_____,_____。"

二、选择题。

下列哪一首诗不是杜牧所作?（   ）

　　A.《江南春》　　B.《游子吟》　　C.《清明》　　D.《山行》

29

秋 夕[1]

〔唐〕杜 牧

银烛秋光冷画屏[2]，
轻罗小扇扑流萤[3]。
天阶夜色凉如水[4]，
卧看牵牛织女星[5]。

写作背景

公元835年，杜牧赴长安任监察御史，经常出入宫廷，目睹了宫中妇女具体的生活情况，这首诗便是在这一背景下创作出来的。

译文悦读

美丽的秋夜，银色的蜡烛散发出微弱的光芒，给画屏添上了几许清冷的色调；一名宫女手中拿着轻巧的丝制团扇，正在那里追扑着四处飞舞的萤火虫。天阶上的夜色清凉如水，一名宫女躺卧在那里遥看天上的牵牛星和织女星。

[1]**秋夕**：秋天的夜晚，这里指农历七月初七的夜晚，传说牛郎织女每年这一天在鹊桥上相会。 [2]**银烛**：白色的蜡烛，样式很精美。**冷**：形容光照很微弱。**画屏**：古时使用彩画装饰的屏风。 [3]**轻罗小扇**：一种小圆扇，蚕丝做成。**扑**：追扑的动作。**流萤**：在空中飞舞的萤火虫。 [4]**天阶**：宫殿的台阶。
[5]**卧**：躺卧着。一作"坐"。
牵牛织女星：两颗星的名称。

诗词鉴赏

这是一首写景诗，诗人描写了孤独清冷的秋夜景色，以此突出宫女们的哀怨之情。

一、二句描写的是宫中的秋夜景象。首句中的一个"冷"字，衬托出一种凄凉的氛围，同时也是宫女内心孤独的真实写照。第二句中的一个"扑"字，是宫女追扑流萤的动作，这既是对宫女寂寞生活的刻画，也使全句为之一动，画面感极强。

三、四句，诗人描写的场景转向室外，继续对宫女的形象进行刻画。在这样一个月凉如水的夜里，宫女们丝毫没有睡意，静静地躺卧着观看天上的牵牛星和织女星。这一细节描写，诗人重在表现这些宫女的内心，展现她们孤独寂寞的生活，尤其是一个"凉"字，突出了宫女所处环境的清冷以及内心的忧愁。

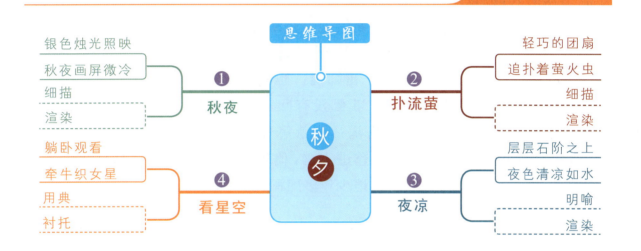

知识拓展

秦观与《鹊桥仙》

宋朝有一位词人叫秦观，他有一首《鹊桥仙》，写的是"牛郎织女"的故事：

纤云弄巧，飞星传恨，银汉迢迢暗度。

金风玉露一相逢，便胜却人间无数。

柔情似水，佳期如梦，忍顾鹊桥归路！

两情若是久长时，又岂在朝朝暮暮！

作者将古老的传说化为闪光的笔墨，将抒情、写景、议论融为一体，意境新颖，设想奇巧，另辟蹊径，写得自然流畅而又余味无穷。

趣辩"坐"和"座"

"坐"和"座"通常因读音相同且含义相近而让读者混淆,这两个字都与停坐有关,其区别是:"坐"通常用作动词,如"坐车、坐船";"座"通常用作名词,如"座位",还可以用作量词,如"一座山"。简言之:"坐的东西可以移动,如车、船可以移动;"座"的东西不能移动,如座位、山都是无法移动的。

因赋举进士

杜牧参加科举考试那一年,侍(shì)郎崔郾(yǎn)主持考试。太学博士吴武陵前去拜见崔郾,说:"前段时间,我偶然读到了杜牧的《阿房宫赋》。像他这样才能出众的人,应该是国家的栋梁之材。"

说着便将带来的《阿房宫赋》递给他。崔郾看后赞叹不已。吴武陵又说:"您把他列为状元吧!"崔郾说:"状元已经有人选了。"

吴武陵说:"那就第二名吧!"崔郾说:"也有人选了。"

吴武陵说:"那就第五名吧!"崔郾没有回答。吴武陵又说:"如果不行的话,就把这篇赋还给我。"崔郾急忙答道:"那就第五名吧!"

最后,杜牧以第五名的成绩登进士榜,他曾写了一首诗记述这件事:"东都放榜未花开,三十三人走马回。秦地少年多酿酒,已将春色入关来。"

学 而 思

一、填空题。

1. 这是一首写景诗,作者描写了_____的秋夜景色,以此突出宫女的_____之情。

2. 诗中,"_____,_____"渲染了秋夜室外月凉如水的氛围,进一步突出了诗的悲凉情调。

二、选择题。

1. 下列朗读节奏错误的一项是(   )。

   A. 银烛/秋光/冷/画屏　　　B. 轻罗/小扇/扑/流萤
   C. 天阶/夜色/凉/如水　　　D. 卧看/牵/牛织女/星

2. 下列诗句中加点字、词解释错误的一项是(   )。

   A. 银烛秋光冷画屏(寒冷)　　　B. 轻罗小扇扑流萤 (在空中飞舞的萤火虫)
   C. 天阶夜色凉如水(宫殿的台阶)　　　D. 卧看牵牛织女星(躺卧)

温庭筠

字　　号	字飞卿
籍　　贯	太原祁县（今山西祁县）
生 卒 年	约801—866
誉　　称	花间派鼻祖
派　　别	花间派
主要作品	《商山早行》《苏武庙》《菩萨蛮》等

时间轴：北朝 — 初唐 — 盛唐 — 中唐 — 晚唐（温庭筠）— 宋代

　　温庭筠是晚唐著名诗人、词人。他出身于没落的贵族家庭，年轻时苦心学文，才思敏捷，精通音律，善鼓琴吹笛。他喜欢纵酒放浪，一生不受羁束。他因讽刺权贵，而不为时俗所重，多次参加科举考试都以失败而告终。不过后来，温庭筠曾担任随县和方城县尉，官至国子监助教。他文思极为敏捷，据说他叉手一吟便能写成一韵，时人又称他为"温八叉""温八吟"。

　　温庭筠的诗词都很有名，其诗歌与李商隐齐名，并称为"温李"；其词与韦庄齐名，并称为"温韦"。他也是文人中第一个大量写词的人，在创作词的意境上也表现了杰出的才能，是"花间派"词的先导者。

名句集锦

◎鸡声茅店月，人迹板桥霜。《商山早行》
◎云边雁断胡天月，陇上羊归塞草烟。《苏武庙》
◎小山重叠金明灭，鬓云欲度香腮雪。《菩萨蛮》
◎照花前后镜，花面交相映。《菩萨蛮》
◎过尽千帆皆不是，斜晖脉脉水悠悠。《望江南·梳洗罢》

30 商山早行①

〔唐〕温庭筠

晨起动征铎②,
客行悲故乡。
鸡声茅店③月,
人迹板桥霜。
槲④叶落山路,
枳⑤花明驿墙。
因思杜陵⑥梦,
凫雁⑦满回塘。

写作背景

这首诗的写作年代不详,但根据温庭筠的生平,可推断出他曾担任过隋县县尉一职,这是859年左右的事情。据说诗人此时自长安赴隋县,从商山经过,于是有感而发,写下了这首诗歌。

译文悦读

清晨刚刚起床,就听到外面传来车马行动的铃声,旅客又要早早地上路了,远离家乡的人因为怀念故土而不由得心情悲伤。雄鸡长鸣告诉人们天色快要亮了,一轮残月悬挂在天空之中,行人的足迹在木桥的晨霜上留下了印记。槲叶飘落铺满了山间的小路,枳树盛开的白色花朵将驿站的围墙衬托得一片雪白。昨夜的梦境中(我)又回到了长安,看到野鸭和大雁挤满堤岸曲折的湖塘。

---

❶ 商山:山名,即楚山,在今陕西商洛市东南。 ❷ 动:震动。征铎:这里指出行车马所挂的铃铛。征,行动,出行。铎,大铃。 ❸ 茅店:屋顶用茅草搭建的旅舍,指条件简陋。 ❹ 槲:树木名,一种落叶小乔木。 ❺ 枳:又叫"嗅橘",一种落叶灌木或小乔木,春天开白花。 ❻ 杜陵:这里指京城长安。
❼ 凫雁:野鸭和大雁。凫,野鸭。雁,一种候鸟,春天向北飞,秋天向南飞。
回塘:岸边曲折的池塘。

诗词鉴赏

一、二句，诗人描写的是早起赶路的场景。首句中诗人使用了听觉词语，如"动征铎"，反衬出客人准备步入行程的场面。第二句是诗人情感的抒发，一个"悲"字点明了主题，旅居在外的游子们，会在赶路中不由自主地思念起家乡来。

三、四句描写的是山村黎明时所特有的景象。这里有听觉描写，也有视觉描写，有雄鸡的啼叫，也有天上的一轮残月，更有木桥上落下的晨霜，这都表明还有更早踏上路途的行人。丰富的视觉和听觉展现，使画面的层次感清晰无比。

五、六句，诗人描写的是沿途所见，山间小路落叶纷纷，盛开的花朵分外明亮，清冷环境的描写更加渲染了诗人思乡的悲愁情绪。

最后两句是全诗意境的升华，诗人指明之所以要"早行"，是因为在昨夜的梦中梦到了故乡熟悉的场景，所以才起床赶路，渴望早日回到家乡。这种强烈的心情，读者在阅读时也能够深深地体会到。

趣味链接

才高累身

温庭筠在咸通七年（866）担任科举考试的主考官，因为自己多次在考场上受到压制，他的主试和其他人不同，严格按照文章评判等级，然后将那些诗文公布，杜绝因人取仕的不良风气，为时人所称赞。但是温庭筠的这一做法打击了权贵的势力，遭到权贵忌恨。当时的宰相杨收对他的做法十分不满，于是将温庭筠贬为方城尉。不久，温庭筠抑郁而死。纪唐夫送他赴方城赠的诗中说："凤凰诏下虽沾命，鹦鹉才高却累身。"

知识拓展

商山四皓

秦末汉初，东园公唐秉、甪(lù)里先生周术、绮里季吴实和夏黄公崔广四位著名学者不愿意当官，长期隐居在商山，出山时都八十多岁了，须发皆白，所以被称为"商山四皓"。刘邦久闻他们的大名，曾请他们出山为官，但他们愿过清贫安乐的生活，拒绝了刘邦的请求。

刘邦登基后，见太子刘盈天生懦弱，才华平庸，而次子如意却聪明过人，才学出众，有意废刘盈而立如意。刘盈的母亲吕后得知消息后，非常着急，张良献策请来了"商山四皓"辅佐太子。一天，刘邦与太子一起饮宴，见到太子背后的"商山四皓"，知道太子有四位大贤辅佐，便消除了改立赵王如意为太子的念头。

学而思

一、填空题。

1. 这是一首_____诗，通过描写清晨匆匆赶路的场景，抒发了诗人浓浓的_____之情。

2. 这首诗中，"_____，_____"仅用六个名词，叙写了一个漫长的、完整的出行过程，运笔巧妙，是被人们称颂的千古名句之一。

二、请把下列诗句中描写的各类禽鸟补写完整。

1. 泥融飞（　　），沙暖睡鸳鸯。（唐·杜甫《绝句（其一）》）

2. （　　）声茅店月，人迹板桥霜。（唐·温庭筠《商山早行》）

3. 因思杜陵梦，凫（　　）满回塘。（唐·温庭筠《商山早行》）

李商隐

字　　号	字义山，号樊南生
籍　　贯	怀州河内（今河南沁阳）
生 卒 年	约813—858
誉　　称	凌云诗才
主要作品	《夜雨寄北》《蝉》《无题》等

　　李商隐是晚唐著名诗人。他年少时就才华横溢，而且关心国家大事。十三岁那年，李商隐看到朝纲不振，君臣昏庸，便写了一首《富平少侯》诗。"富平少侯"是他杜撰假托的人物，其写作目的是讥讽那些不谋国事的权贵之人。小小年纪就有如此手笔，真是难能可贵！后来入仕，李商隐卷入"牛李党争"的政治旋涡中，备受排挤，一生困顿不得志，郁郁寡欢。唐宣宗大中末年（约858），他病逝于郑州，年仅四十七岁。

　　李商隐是晚唐诗坛的一颗明星。他的诗作文学价值很高，和杜牧并称为"小李杜"，与温庭筠并称为"温李"，和同时期段成式、温庭筠的诗歌风格相近，因为三个人在家族中都排行十六，所以他们的诗体被时人称为"三十六体"。

名句集锦

◎夕阳无限好，只是近黄昏。《乐游原》
◎何当共剪西窗烛，却话巴山夜雨时。《夜雨寄北》
◎身无彩凤双飞翼，心有灵犀一点通。《无题》
◎沧海月明珠有泪，蓝田日暖玉生烟。《锦瑟》
◎春蚕到死丝方尽，蜡炬成灰泪始干。《无题》

31 乐游原[1]

〔唐〕李商隐

向晚意不适[2],

驱车登古原[3]。

夕阳无限好[4],

只是近黄昏[5]。

写作背景

公元844—845年间,李商隐回老家迁墓,多次往返于原籍与京师,同时路过乐游原。当时唐武宗虽然起用李德裕为相,朝政一度有起色,但整个唐王朝的衰落已无法避免。后来,诗人在乐游原游玩时,被眼前的美景所吸引,不由得勾起心中的失意之情,便挥笔写下了这首诗。

译文悦读

将近傍晚的时候,(我)感觉心情不太舒畅,于是就驾着车登上乐游原,想要以此来忘掉烦恼。眼前夕阳西下,晚霞色彩金光灿烂,无限美好,但令人惋惜的是已经接近黄昏时分,美好的时光实在是太过于短暂了。

[1] 乐游原:在长安(今陕西西安)城南,是唐代长安城内地势最高的地方。 [2] 向晚:临近晚上,即傍晚。意:心情。不适:不舒服,不高兴。 [3] 驱车:驾着车子。古原:即乐游原。 [4] 夕阳:傍晚时的太阳。 [5] 近:接近,快要。

诗词鉴赏

一、二句描写的是诗人感到内心郁闷，便有登乐游原的念头。"向晚"一词交代了出行的时间，"意不适"表明了诗人此时的心情，"登古原"则表明了诗人游玩的地点，通俗易懂。

三、四句，诗人写景的手法非常高超，他没有直接去赞美乐游原美丽的风光，而是将描写的对象变为夕阳。最后一句是诗人内心情感的流露，虽然夕阳如此美好，但夜幕很快就要来临，一切美景都会被黑夜吞没，深刻地表现了诗人对时光匆匆流逝的无奈，充满伤感之情。

知识拓展

古代的计时法

"夕阳无限好，只是近黄昏"中的"黄昏"，在现代汉语中是时间词，指日落后天黑以前的时候，即19时—21时。古人称这个时间段为"黄昏"。

下表是古人将一昼夜分成12个阶段的名词，并附有对应的时刻。

时间词	时段（单位:时）
夜半（子时）	23—次日1
鸡鸣（丑时）	1—3
平旦（寅时）	3—5
日出（卯时）	5—7
食时（辰时）	7—9
隅（yú）中（巳时）	9—11

时间词	时段（单位:时）
日中（午时）	11—13
日昃（zè）（未时）	13—15
晡（bū）时（申时）	15—17
日入（酉时）	17—19
黄昏（戌时）	19—21
人定（亥时）	21—23

乐游原

乐游原是唐代的一处风景名胜。在西汉时期,汉宣帝的第一位皇后去世后埋葬在这里,他在此建了一座乐游庙,所以人们以"乐游苑"来称呼它。但随着时间的推移,"乐游苑"逐渐演变为"乐游原",同时因为这里还是长安城外地势最高的地方,所以在当时很多文人墨客都曾登临于此,一边俯瞰(fǔ kàn)长安城全貌,一边临风赋诗,留下了许多脍炙人口的诗歌。

学而思

一、填空题。

1.这首诗主要描写了诗人在_____所见的风光,表达了诗人对_____。

2.这首诗中,"_____,_____"表现了对美好而又将消逝的事物的留恋和惋惜,极具有人生哲理,堪称千古绝唱。

二、选择题。

下列朗读节奏不正确的一项是(　　)。

A. 向晚/意/不适　　　　B. 驱车/登/古原

C. 夕阳/无限/好　　　　D. 只是/近黄/昏

三、连线题。

李商隐的诗优美动人,广为传诵。请试着将下列经典名句进行连线,然后再耐心地读一读、记一记。

何当共剪西窗烛　　·　　·心有灵犀一点通

此情可待成追忆　　·　　·一寸相思一寸灰

春心莫共花争发　　·　　·却话巴山夜雨时

可怜夜半虚前席　　·　　·只是近黄昏

夕阳无限好　　　　·　　·不问苍生问鬼神

身无彩凤双飞翼　　·　　·只是当时已惘然

扫码听音频

嫦娥[1]

〔唐〕李商隐

云母屏风烛影深[2]，
长河渐落晓星沉[3]。
嫦娥应悔偷灵药[4]，
碧海青天夜夜心[5]。

写作背景

本诗可能作于公元843—846年间。当时李商隐在家为母亲守孝，在此之前的宦海浮沉已经让他身心疲惫，本想守孝时去追求高洁的思想境界，没想到反而陷入更加孤独的境地。作者根据这种情况创作了这首诗，以抒发内心的感慨。

译文悦读

云母制作的屏风上深色的烛影轻轻晃动，看着银河渐渐消失，星辰也在晨光中隐没。想那月宫里的嫦娥一定后悔当初吃了长生不老之药，如今只好面对青天碧海，夜夜陪伴着她那孤独的心。

❶**嫦娥**：神话传说中在月宫居住的仙女。 ❷**云母**：一种矿物质，表面富有光泽，多用来装饰屏风。**屏风**：古代放置室内用于遮挡的装饰物。**深**：暗淡。 ❸**长河**：这里指天上的银河。**落**：隐没。**晓星**：晨星，清晨时出现在东方。**沉**：隐没。 ❹**偷灵药**：传说嫦娥偷吃了仙丹才飞向月亮。 ❺**碧海青天**：碧色的海和深蓝色的天。**夜夜心**：这里指嫦娥每晚都会感到孤单。

诗词鉴赏

"云母屏风烛影深,长河渐落晓星沉",这两句描绘了主人公嫦娥在孤独的环境中彻夜难眠的情景。室内,云母屏风上映着幽暗的烛影;室外,银河渐渐西移,晨星就要消失了。这一夜又一夜,嫦娥难以入睡。"嫦娥应悔偷灵药,碧海青天夜夜心","碧海青天"指嫦娥在月宫中的生活孤独而单调,只能见到深蓝色的天空,并且夜夜如此。所以民间这样感叹——"嫦娥应悔偷灵药!"

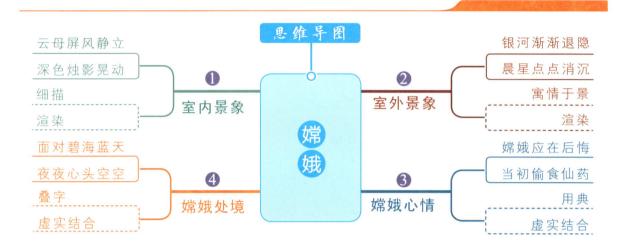

知识拓展

嫦 娥

嫦娥,中国古代神话传说中的人物,又称姮娥、恒娥,是上古时期三皇五帝之一帝喾(kù)之女、后羿(yì)之妻。传说她美貌非凡,为了保持年轻美貌,偷食西王母赐予后羿的不死药,之后飞升到了月中,成为月宫中的仙女,居住在广寒宫中。关于嫦娥奔月的传说有很多版本,有的说她是被逼无奈,有的说她是想独吞不死药,有的说她是为了拯救黎民百姓,众说纷纭。

学而思

请将下列诗句中的相关人物补写出来。

1.(　　)家花满蹊,千朵万朵压枝低。(唐·杜甫《江畔独步寻花(其六)》)
2.(　　)应悔偷灵药,碧海青天夜夜心。(唐·李商隐《嫦娥》)
3.(　　)乘舟将欲行,忽闻岸上踏歌声。(唐·李白《赠汪伦》)
4.桃花潭水深千尺,不及(　　)送我情。(唐·李白《赠汪伦》)

林杰

字　　号	字智周
籍　　贯	福建
生 卒 年	831—847
主要作品	《乞巧》《王仙坛》等

时间轴：北朝 — 初唐 — 盛唐 — 中唐 — 晚唐（林杰）— 宋代

　　林杰是晚唐诗人。他自幼聪慧过人，文思敏捷，六岁就能赋诗，下笔即能写成文章，又擅长书法棋艺，在当时被推举为神童。但天妒英才，唐大中元年(847)，林杰因病去世，年仅十六岁。《全唐诗》存其诗两首，其中《乞巧》是他描写民间七夕乞巧盛况的名篇佳作。

　　"乞巧"是人们向织女乞求一双巧手的意思。它最普遍的方式是对月穿针，如果线从针孔穿过，就叫"得巧"。这一习俗在唐宋最盛。虽然林杰英年早逝，但他留下的文学作品依旧被后人诵读。

名句集锦

◎七夕今宵看碧霄，牵牛织女渡河桥。《乞巧》
◎家家乞巧望秋月，穿尽红丝几万条。《乞巧》
◎羽客已登仙路去，丹炉草木尽凋残。《王仙坛》
◎不知千载归何日，空使时人扫旧坛。《王仙坛》

33

乞 巧 ①

〔唐〕林 杰

七夕今宵看碧霄②,
牵牛织女渡河桥。
家家乞巧望秋月,
穿尽红丝几万条③。

写作背景

幼年时的林杰,对乞巧这样的美妙传说十分感兴趣,经常也会和母亲或其他女性们一样,抬头观望深远的夜空里灿烂的天河,观望天河两旁耀眼的牵牛星和织女星,期待看到它们的相聚。于是他写下了《乞巧》这首诗。

译文悦读

七夕晚上,望着碧蓝的天空,就像看见隔着天河的牛郎和织女在鹊桥上相会。家家户户都一边观赏秋月,一边乞巧(对月穿针),穿过的红线都有几万条了。

❶ **乞巧**:即乞巧节。古代节日,在农历七月初七,又名七夕。旧时风俗,妇女们在这一天夜里穿针,向织女学巧,谓之乞巧。
❷ **碧霄**:指浩瀚(hàn)无际的青天。
❸ **几万条**:比喻数量多。

诗词鉴赏

这是一首七言绝句,主要描写了七夕之夜民间人们乞巧的盛况。

前两句交代了时间和环境,并引出了牛郎织女的故事。人们在七夕之夜,仰望夜空,由牛郎织女的故事,唤起了美好的愿望和丰富的想象,充满了浪漫色彩。

后两句交代了家家户户乞巧的情况。从"望秋月""穿尽"等词中,可以体会到人们过节时的喜悦心情。但这里诗人并没有具体点明人们乞巧的心愿,而是给读者留下了充分的想象空间,真正达到了言简而意丰的效果。

纵观全诗,语言质朴明快、音韵和谐,读起来朗朗上口。诗句通俗易懂,非常纯正,毫无浮华之词。另外,丰富的想象和美好的寓意,使本诗成为一首流传很广的名篇佳作。

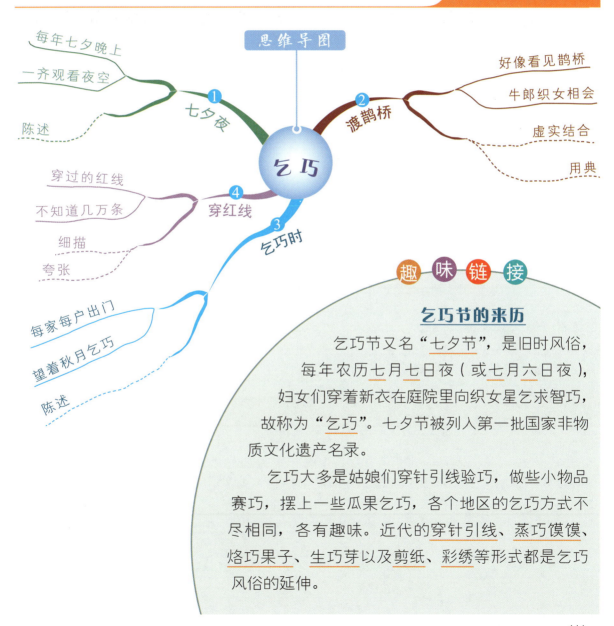

趣味链接

乞巧节的来历

乞巧节又名"七夕节",是旧时风俗,每年农历七月七日夜(或七月六日夜),妇女们穿着新衣在庭院里向织女星乞求智巧,故称为"乞巧"。七夕节被列入第一批国家非物质文化遗产名录。

乞巧大多是姑娘们穿针引线验巧,做些小物品赛巧,摆上一些瓜果乞巧,各个地区的乞巧方式不尽相同,各有趣味。近代的穿针引线、蒸巧馍馍、烙巧果子、生巧芽以及剪纸、彩绣等形式都是乞巧风俗的延伸。

学而思

一、填空题。

1. "乞巧"指的是农历 _____ 夜,又名 _____,是传说中 _____ 和 _____ 在鹊桥相会的日子。

2. 这首诗中,"_____,_____"述说了 _____ 的故事,唤起了美好的愿望和丰富的想象。

3. 这首诗中,"_____,_____"表现出了人们过节时的喜悦之情。

二、我国的传统节日是中华民族悠久历史文化的重要组成部分。从古至今,诗坛上留下了很多以传统节日为主题的佳作。你能写出与以下传统节日相关的古诗题目吗?

春　节 ——《_____》

元宵节 ——《_____》

清明节 ——《_____》

端午节 ——《_____》

七夕节 ——《_____》

中秋节 ——《_____》

重阳节 ——《_____》

除　夕 ——《_____》

罗隐

字　　号	字昭谏，自号江东生
别　　名	罗横、罗给事
籍　　贯	新城（今浙江杭州）
生卒年	833—910
主要作品	《西施》《雪》《蜂》等

北朝　初唐　盛唐　中唐　晚唐　宋代

◀ 罗隐

罗隐是晚唐诗人、文学家。他小时候在乡里就以才学出名，与另外两个同族才子被合称为"三罗"。大中十三年（859）初，罗隐开始应考进士，可他连考了七年都榜上无名。后来又断断续续考了几年，却屡败屡战，总共考了十多次，最终还是落选，自称为"十二三年就试期"，史称为"十上不第"，因此改名为"隐"，并隐居于九华山。五十五岁时，罗隐归乡投在吴越王钱镠（liú）门下，才入仕做官。

罗隐在唐末五代诗名很大，且受到晚唐贤相兼诗人郑畋（tián）、李蔚的欣赏。其诗歌语言精警通俗，其中，一些诗句脍炙人口，如"家财不为子孙谋""今朝有酒今朝醉"等成为经典名句。罗隐的讽刺散文也有很高成就，显示了他对现实的强烈批判精神和杰出的讽刺艺术才能。

名句集锦

◎长安有贫者，为瑞不宜多。《雪》
◎采得百花成蜜后，为谁辛苦为谁甜？《蜂》
◎西施若解倾吴国，越国亡来又是谁。《西施》
◎今朝有酒今朝醉，明日愁来明日愁。《自遣》
◎国计已推肝胆许，家财不为子孙谋。《夏州胡常侍》

34 蜂❶

〔唐〕罗　隐

不论平地与山尖❷，
无限风光尽被占❸。
采得百花成蜜后❹，
为谁辛苦为谁甜❺？

写作背景

859年，罗隐到京师长安参加科举考试，连续七年不第，他不甘心，后来又断断续续考了几年，可依旧名落孙山。极度失望的罗隐归乡时看到人们在田间地头辛苦劳作，而朝廷官员却不劳而获地享受人民的劳动成果，心中愤愤不平，于是写下了这首讽喻不劳而获的《蜂》。

译文悦读

无论是在空旷的原野，还是在高高的山巅，凡是鲜花盛开有着无限美好风光的地方，处处都有忙碌采蜜的蜜蜂。它们辛勤地采集花粉酿造甘甜的蜂蜜，这些蜜蜂所做的一切都是为谁辛苦为谁香甜呢？

❶蜂：即蜜蜂，善于采蜜。　❷山尖：山峰，山的高处。尽：全部，都。　❸风光：这里指盛开的鲜花。占：占有，占据。　❹采：采撷。百花：各种各样的花。　❺为：替。甜：醇香的蜂蜜。

诗词鉴赏

一、二句描写的是不论何处,只要有鲜花盛开的地方,都可以看到蜜蜂辛勤奔波的身影,简洁明快的语言,突出了蜜蜂勤劳的生活习性。

三、四句,诗人开始了自我思考:蜜蜂这样勤劳忙碌,酿成花蜜究竟是为了谁呢?显然小小的蜜蜂自己是享受不到的,而只有那些不劳而获之辈才能够拥有,由此诗的意境得到了极大的升华。进一步联想,由此及彼,蜜蜂的化身不正是千千万万的劳动人民吗?他们的辛苦和努力,最终创造的劳动成果反而被那些上层统治者占有,诗人的痛恨和愤怒也得以体现。

全诗语言清新明丽,诗人托物言志,尤其是结尾部分,诗人以疑问句收尾,从而引得人们更加深入地去思考问题,引人遐思。

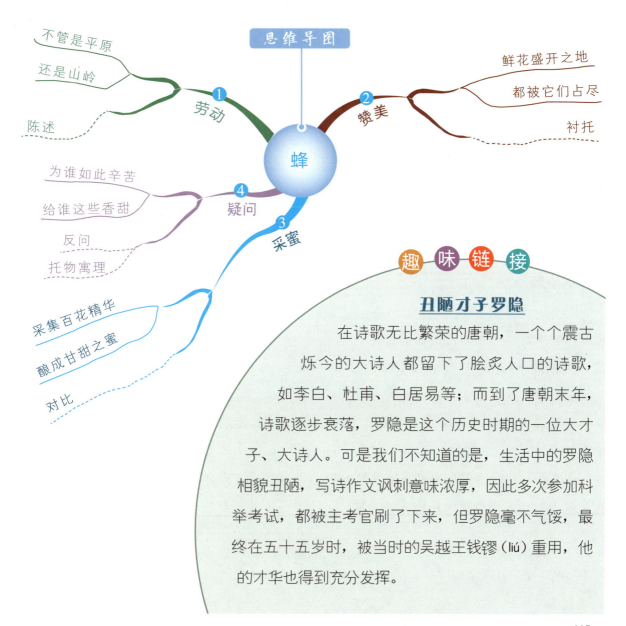

趣味链接

丑陋才子罗隐

在诗歌无比繁荣的唐朝,一个个震古烁今的大诗人都留下了脍炙人口的诗歌,如李白、杜甫、白居易等;而到了唐朝末年,诗歌逐步衰落,罗隐是这个历史时期的一位大才子、大诗人。可是我们不知道的是,生活中的罗隐相貌丑陋,写诗作文讽刺意味浓厚,因此多次参加科举考试,都被主考官刷了下来,但罗隐毫不气馁,最终在五十五岁时,被当时的吴越王钱镠(liú)重用,他的才华也得到充分发挥。

知识拓展

万物有灵，动物有情

动物有着自己的善恶观，有着自己的判断能力，有着自己的智慧，有着自己的情怀。

动物与人虽然语言不同，但它们用自己的行动证明着无声的情，甚至可以成为某种高尚品格的代名词。比如，"蜜蜂"在文人墨客眼里，具有辛勤的无私奉献精神。

请你给下列动物找一找美德朋友吧！

学而思

一、填空题。

"_____，_____？"这里用一个反问句，赞美了蜜蜂辛勤劳动、无私奉献的高尚品格。

二、判断题。（对的打"√"，错的打"×"）

1.《蜂》是一首咏物诗，也是一首寓理诗。（　　）

2.《蜂》的作者是唐代著名的诗人、文学家。其代表作有《西施》《雪》《江上渔者》。（　　）

3.《蜂》的后两句从蜜蜂采蜜发问，引出"为谁辛苦为谁甜"的思考，以蜂为喻，抒发诗人对普天下劳动人民的同情心理。（　　）

参考答案

01 寒食
一、1.春眠 2.春城 3.春风 4.春色
二、1.D 2.E

02 逢雪宿芙蓉山主人
一、1.时间 茅屋贫寒 柴门犬吠 风雪夜归
2.日暮 寒 白 贫 二、C

03 渔歌子
一、西塞山前 白鹭 悠然自得 二、1.B
2.A

04 滁州西涧
一、1.喜爱 独怜 2.春潮带雨晚来急 野渡无人舟自横 二、1.D 2.B

05 塞下曲(其二)
一、1.李广 2.林暗草惊风 将军夜引弓
3.平明寻白羽 没在石棱中 二、1.忽然被风吹动 2.拉弓射箭 3.天刚亮的时候
4.陷入

06 塞下曲(其三)
一、1.轻装简便的骑兵 追赶 将军发现敌军潜逃,正要率领轻装骑兵前去追击
2.边塞 追击敌人 3.欲将轻骑逐 大雪满弓刀 二、B

07 游子吟
一、谁言寸草心 报得三春晖 二、1.B 2.D

08 早春呈水部张十八员外
一、1.最是一年春好处 2.最是一年春好处 绝胜烟柳满皇都 二、1.sū 2.shèng
3.dū 4.rùn 三、B

09 十五夜望月
一、八 十五 望月 对家乡及亲友的思念
二、1.D 2.B 三、示例:不好。因为"落"字运用拟人的修辞手法,化无形为有形,给人以动的形象感,仿佛那秋思随着明月的清辉一起洒落人间,新颖别致,富有韵味。而"在"字没有这种表达效果。

10 望洞庭
一、洞庭湖 秋夜月光下的山水之美 对祖国大好河山的热爱 二、1.D 2.C
三、1.× 2.× 3.√

11 浪淘沙(其一)
一、1.九曲黄河万里沙 浪淘风簸自天涯
2.如今直上银河去 同到牵牛织女家
二、B 三、1.夸张 2.比喻

12 浪淘沙(其七)
一、1.夸张 2.天边 天涯 奔腾 二、1.D
2.B

13 乌衣巷
一、1.抒怀 世事沧桑变迁 2.旧时王谢堂前燕 飞入寻常百姓家 二、1.蝉 2.蚕
3.黄牛 4.鸟 5.鸟 6.鲈鱼 7.猿

14 竹枝词
一、1.女性 2.江面青年男女互唱情歌 纯洁、真挚的爱情 3.东边日出西边雨 道是无晴却有晴 二、1.B 2.C 3.B

15 赋得古原草送别
一、1.咏物送别 古原青草 长青的友谊 对友人的不舍和勉励 2.野火烧不尽 春风吹又生 二、C

16 池上
一、不解藏踪迹 浮萍一道开 二、B
三、1.草 2.茉莉 3.白莲 4.柳

17 忆江南
一、1.春季 赞美 江南好 2.日出江花红胜火 春来江水绿如蓝 二、B

18 大林寺桃花
一、1.大林寺 2.恨 惊喜 3.人间四月芳菲尽 山寺桃花始盛开 二、1.C 2.B 3.AC

19 暮江吟
一、1.唐 白居易 乐天 香山居士 元白 刘白 2.可怜九月初三夜 露似珍珠月似弓 二、1.月黑雁飞高 2.江清月近人 3.露似珍珠月似弓 4.小时不识月

20 悯农(其一)
一、闲 饿 无 死 二、1.春种一粒粟 秋收万颗子 2.四海无闲田 农夫犹饿死 三、C

21 悯农(其二)
一、1.A 2.C 二、1.来之不易 2.高瞻远瞩 3.开卷有益

22 江雪
一、独 二、B 三、1.冬季 2.春季 3.秋季 4.春季 5.夏季

23 寻隐者不遇
一、1.三 诗人 童子 隐者 2.问答 二、B

24 小儿垂钓
一、1.唐 胡令能 胡钉铰 2.蓬头稚子学垂纶 侧坐莓苔草映身 3.怕得鱼惊不应人 二、B

25 马诗(其五)
1.渴望建功立业而报国无门 2.大漠沙如雪 燕山月似钩

26 山行
一、远 近 山路 人家 白云 枫叶 二、1.C 2.B

27 清明
一、1.春季 2.清明时节雨纷纷 路上行人欲断魂 二、1.渭城朝雨浥轻尘 2.夜来风雨声 3.清明时节雨纷纷 4.好雨知时节 三、A.初春 B.乡间山村 C.行人、牧童 D.清明下雨 E.行人见牧童,问是否有酒家 F.牧童遥指杏花村

28 江南春
一、1.guō 外城 2.南朝四百八十寺 多少楼台烟雨中 二、B

29 秋夕
一、1.孤独清冷 哀怨 2.天阶夜色凉如水 坐看牵牛织女星 二、1.D 2.A

30 商山早行
一、1.旅途感怀 思乡 2.鸡声茅店月 人迹板桥霜 二、1.燕子 2.鸡 3.雁

31 乐游原
一、1.乐游原 时光流逝的无奈感慨以及对时代现实的感叹 2.夕阳无限好 只是近黄昏 二、D 三、略

32 嫦娥
1.黄四娘 2.嫦娥 3.李白 4.汪伦

33 乞巧
一、1.七月初七 七夕 牛郎 织女 2.七夕今宵看碧霄 牵牛织女渡河桥 牛郎织女 3.家家乞巧望秋月 穿尽红丝几万条 二、示例:元日 正月十五夜灯 清明 端午 鹊桥仙 月下独酌 九月九日忆山东兄弟 元日

34 蜂
一、采得百花成蜜后 为谁辛苦为谁甜 二、1.√ 2.× 3.√

穿越历史线
学透 古诗词

宋代篇　　孙洋　主编

内容提要

本书以历史线为选文脉络,精选了148首中小学生必背古诗词,按照时间顺序,分为初唐及以前篇、盛唐篇、中晚唐篇、宋代篇、宋代以后篇5个分册。每个分册设置了诗人名片、诗人介绍、写作背景、注释、译文悦读、思维导图、诗词鉴赏、知识拓展、学而思等栏目。本书图文并茂,版式活泼,体例和内容的设置注重"融合",侧重"积累",加强"训练",突出"有趣",旨在培养中小学生学习古诗词的兴趣,并让其从中汲取中国传统文化之精华。

图书在版编目(CIP)数据

穿越历史线.学透古诗词 宋代篇/孙洋主编.—
上海:上海交通大学出版社,2024.6
(交大之星)
ISBN 978-7-313-29081-6

Ⅰ.①穿… Ⅱ.①孙… Ⅲ.①古典诗歌–中国–小学
–教学参考资料 Ⅳ.①G624.203

中国国家版本馆CIP数据核字(2023)第129667号

穿越历史线·学透古诗词(宋代篇)
CHUANYUE LISHIXIAN·XUETOU GUSHICI(SONGDAI PIAN)

主 编	孙 洋			
出版发行	上海交通大学出版社	地 址	上海市番禺路951号
邮政编码	200030	电 话	021-64071208
印 制	苏州市越洋印刷有限公司	经 销	全国新华书店
开 本	787mm×1092mm 1/16	印 张	7.75
字 数	130千字		
版 次	2024年6月第1版	印 次	2024年6月第1次印刷
书 号	ISBN 978-7-313-29081-6	音像书号	ISBN 978-7-88941-599-6
定 价	199.00元(共5册)		

版权所有 侵权必究
告读者:如发现本书有印装质量问题请与印刷厂质量科联系
联系电话:0512-68180638

前　言

　　古诗文是中华民族五千年文化的瑰宝,是中国优秀传统文化最好的载体,有丰富的历史文化价值和教育价值,处世为人的哲学,修身、齐家、治国、平天下的道理都蕴含其中。学习经典古诗文,对我们的眼界、胸怀、志气、品格修养的提升大有裨益;学习经典古诗文,也是传承中华传统文化、树立民族精神、增强文化自信的重要渠道。

　　统编语文教材增加了古诗文比重。小学语文古诗文占全部选篇的36%,初中语文古诗文占全部选篇的48%,较原人教版教材有大幅增加。

　　中小学生学习古诗文的重要性和必要性不言而喻,但市面上与古诗文相关的书籍大都以主题或类别进行分类,而学生在学习古诗文的时候,往往需要联系作者或诗人所处的时代背景,这样才能更好地理解古诗文深层次的意蕴。而以"历史线"为脉络对古诗文进行梳理分类,有助于学生提高史实意识,在历史的线条中逐渐明晰作者或诗人的生平、遭遇,理解他们所处的时代发展背景,将同时代的作者、诗人或典籍串联起来,进一步拓展学习的广度和深度。因此,我们积极联合专家团队,倾力打造了"穿越历史线·学透古诗词""穿越历史线·学透小古文"系列图书。

　　"穿越历史线·学透古诗词"系列精选148首中小学生必背古诗词,按照时间顺序,分为初唐及以前篇、盛唐篇、中晚唐篇、宋代篇、宋代以后篇5个分册,每个分册设有诗人名片、诗人介绍、写作背景、注释、译文悦读、思维导图、诗词鉴赏、知识拓展、学而思等栏目。

　　"穿越历史线·学透小古文"系列从分布在"历史线"上的50多种典籍里,精选了166篇适合中小学生阅读的小古文,按照时间顺序,分为春秋战国篇、秦汉篇、三国两晋南北朝篇、唐宋篇、元明清篇5个

分册。每个分册设置典籍名片、小古文精讲、思维导图、智慧点拨、知识拓展、学而思等栏目。套书体例和内容的设置注重"融合",侧重"积累",加强"训练",突出"有趣"。

希望这套图书能使学生更方便地学习古诗文,感受中华文化的丰厚博大,从中汲取民族文化智慧,积淀文化底蕴,在点滴的学习中浸润渗透,增强学生的文化认同感和民族自豪感。

囿于编写水平,书中如有不足之处,恳请广大读者批评指正,以便我们重印再版时修订完善。

编者

目 录

晚唐　836—907
五代　907—960
北宋　960—1127

穿越历史线

范仲淹　先天下之忧而忧,后天下之乐而乐。 ……… 1
- 01　江上渔者 ……… 2

王安石　瑰玮之文足以藻饰万物,卓绝之行足以风动四方。 ……… 5
- 02　元　日 ……… 6
- 03　泊船瓜洲 ……… 9
- 04　书湖阴先生壁 ……… 11
- 05　梅　花 ……… 14

王观　看那眉眼盈盈处,王观羁旅却思春。 ……… 17
- 06　卜算子·送鲍浩然之浙东 ……… 18

黄庭坚　山谷道人黄庭坚,苏门学士宋四家。 ……… 21
- 07　清平乐·春归何处 ……… 22

苏轼　一门父子三词客,千古文章四大家。 ……… 25
- 08　六月二十七日望湖楼醉书(其一) ……… 26
- 09　饮湖上初晴后雨 ……… 29
- 10　春　宵 ……… 32
- 11　惠崇春江晚景 ……… 34
- 12　题西林壁 ……… 37
- 13　浣溪沙·游蕲水清泉寺 ……… 39
- 14　赠刘景文 ……… 42

李清照　风住尘香花已尽,千古第一之才女。 ……… 45
- 15　夏日绝句 ……… 46

曾几　三衢山里遣怀,茶山居士抒情。 ……… 49
- 16　三衢道中 ……… 50

陆游　亘古男儿一放翁,诗书清白赋家风。 ……… 53
- 17　示　儿 ……… 54

南宋 1127—1279

18 秋夜将晓出篱门迎凉有感（其二） ... 57

范成大 千古湖山人物，万年翰墨文章。 ... 59
19 四时田园杂兴（其二十五） ... 60
20 四时田园杂兴（其三十一） ... 62

杨万里 诚斋文章足盖世，清节足以励万世。 ... 65
21 小　池 ... 66
22 晓出净慈寺送林子方 ... 68
23 宿新市徐公店（其二） ... 71
24 稚子弄冰 ... 74

朱　熹 白鹿洞桃李满园，哲学史程朱理学。 ... 77
25 春　日 ... 78
26 观书有感（其一） ... 81
27 观书有感（其二） ... 83

辛弃疾 武比岳飞，文比苏轼，词龙辛弃疾。 ... 85
28 菩萨蛮·书江西造口壁 ... 86
29 清平乐·村居 ... 89
30 西江月·夜行黄沙道中 ... 92

雷　震 不与腐败同流，隐居闲写村晚。 ... 95
31 村　晚 ... 96

林　升 一生只为报国情，奈何达官醉奢靡。 ... 99
32 题临安邸 ... 100

叶绍翁 满园春色只观杏，游园不值倒也值。 ... 103
33 游园不值 ... 104
34 夜书所见 ... 107

翁　卷 苦吟因狭出奇，永嘉四灵翁卷。 ... 109
35 乡村四月 ... 110

卢　钺 卢钺《雪梅》很质朴，官至户部之尚书。 ... 113
36 雪　梅（其一） ... 114

元 1206—1368

参考答案 ... 117

穿越历史线

范仲淹

字　号	字希文
别　名	范履霜、范文正
籍　贯	邠州（今陕西彬州）
生卒年	989—1052
主要作品	《江上渔者》《岳阳楼记》等

时间轴：盛唐 — 中唐 — 晚唐 — 宋代（范仲淹）— 元朝 — 明朝 — 清朝

范仲淹是北宋著名的思想家、政治家、军事家、文学家。他两岁丧父，母亲带着他改嫁一朱姓人家，所以改名为"<u>朱说</u>"。大中祥符四年（1011），范仲淹知道自己的身世后，悲痛万分，毅然决定去应天府求学。1015年，他科举及第，成为进士。不久，他被任命为广德军司理参军。他把母亲接过来赡养，改回范仲淹本名。五十二岁时，他与韩琦一起抵御西夏对陕西的进攻。庆历三年（1043），宋仁宗将范仲淹提拔为参知政事，主持庆历新政。一年多后，他因改革失败，被贬离京。

范仲淹的文学成就很突出，存世诗歌305首，内容广泛，主要为关注民生、纪游山水、咏物寄兴等；词作存世仅五首，但首首脍炙人口；散文创作上以政疏和书信居多。他倡导的"<u>先天下之忧而忧，后天下之乐而乐</u>"的思想对后世影响深远。其作品多收集在《范文正公文集》中。

名句集锦

◎宁鸣而死，不默而生。《灵乌赋》
◎不以物喜，不以己悲。《岳阳楼记》
◎君看一叶舟，出没风波里。《江上渔者》
◎先天下之忧而忧，后天下之乐而乐。《岳阳楼记》
◎碧云天，黄叶地，秋色连波，波上寒烟翠。《苏幕遮》

江上渔者

〔宋〕范仲淹

江上往来人，
但爱鲈鱼美。
君看一叶舟，
出没风波里。

❶渔者：捕鱼的人。 ❷往来人：来来往往的游客，这里指富贵的人。 ❸但：仅仅，只。爱：喜欢。鲈鱼：一种淡水鱼，味道鲜美可口。美：鲜美的滋味。 ❹君：对他人的尊称，作人称代词，相当于"你"。一叶舟：船小得像一片树叶一样。 ❺出没：若隐若现。风波：波浪。

写作背景

范仲淹自幼生长在松江边，所以他对当地渔民的疾苦非常了解。他在这里观赏风景的时候，看到江水中起伏的小船，不由得想到了渔民劳作环境的危险，便创作了这首言浅意深的诗篇。

译文悦读

江面上来来往往的无数游人，你们只喜欢鲈鱼肥美的滋味。你们看看捕鱼人的小船儿，像一片树叶一样漂浮在水面之上，在狂风巨浪中若隐若现。

诗词鉴赏

这是一首即事感怀诗,描写的是渔人捕鱼的危险,蕴含诗人对他们的同情。

一、二句描写热闹的岸上场景,游人如织,他们一边欣赏江水的美景,一边寻找美味的鲈鱼。"但爱"一词,生动地描写了人们对鲈鱼美味的喜爱之情。

三、四句,诗人将描写对象从游人转移到渔人,虽然鲈鱼的味道无比鲜美,然而捕捉起来却是一件非常困难的事情。小小的船儿在波涛汹涌的大江之中,仿佛一片树叶,由此突出了捕鱼人的危险处境,他们靠辛勤和努力才能满足游人的口腹之欲。

全诗语言简洁流畅,通俗易懂。诗人分别从游人和渔人两个角度着手,通过对两者不同生活的对比,表现了渔人的艰辛和不易,展现了社会各种人群地位不平等的现实,表达了诗人对渔人的无限同情。

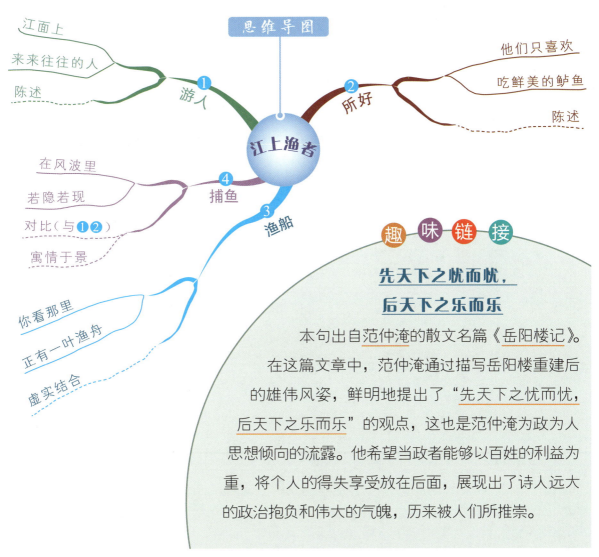

趣味链接

先天下之忧而忧,后天下之乐而乐

本句出自范仲淹的散文名篇《岳阳楼记》。在这篇文章中,范仲淹通过描写岳阳楼重建后的雄伟风姿,鲜明地提出了"先天下之忧而忧,后天下之乐而乐"的观点,这也是范仲淹为政为人思想倾向的流露。他希望当政者能够以百姓的利益为重,将个人的得失享受放在后面,展现出了诗人远大的政治抱负和伟大的气魄,历来被人们所推崇。

知识拓展

范仲淹与《岳阳楼记》

《岳阳楼记》是北宋文学家范仲淹应好友滕子京之邀,于北宋庆历六年(1046)为重修岳阳楼而写,其中"先天下之忧而忧,后天下之乐而乐"和"不以物喜,不以己悲"是名句。

滕子京因遭诬陷而被贬,范仲淹借作记之机,含蓄规劝他要"不以物喜,不以己悲",并试图以自己"先天下之忧而忧,后天下之乐而乐"的济世情怀和乐观精神感染老友,激其上进。

学而思

填空题。

1. 这是一首即事感怀诗,描写的是渔人捕鱼的危险,蕴含了诗人对渔人安危的_____心理。

2. 这首诗中"_____,_____"运用对比的修辞手法,巧妙地衬托出了渔人所面临的危险处境。

王安石

字　　号	字介甫，号半山
别　　名	临川先生
籍　　贯	抚州临川（今江西抚州）
生 卒 年	1021—1086
誉　　称	"唐宋八大家"之一
主要作品	《梅花》《书湖阴先生壁》《元日》等

盛唐 — 中唐 — 晚唐 — 宋代（王安石） — 元朝 — 明朝 — 清朝

　　王安石是北宋杰出的政治家、文学家、思想家。他自幼聪颖，酷爱读书，过目不忘，下笔成文。后来他跟随父亲遍游各地，接触了现实社会，也体验了民间疾苦。庆历元年（1041）王安石考中了进士，在江浙、安徽一带担任北宋地方政府的下级官员。王安石于北宋治平四年（1067）进京，1069年出任宰相，在宋神宗的支持下主持变法，对北宋农业、赋税、财政、科举、教育等方面的旧有制度进行改革，希望发展经济，富国强兵，史称为"王安石变法"。但由于守旧势力的反对及其他各种原因，变法在公元1086年宣告失败，王安石忧愤而逝。

　　在文学方面，王安石是"唐宋八大家"之一，在诗、文、词方面都有杰出的成就。他一生著述丰富，文章长于说理，言简意深，流传于世的有《临川集》《临川集拾遗》等。

名句集锦

◎遥知不是雪，为有暗香来。《梅花》
◎爆竹声中一岁除，春风送暖入屠苏。《元日》
◎春风又绿江南岸，明月何时照我还？《泊船瓜洲》
◎不畏浮云遮望眼，只缘身在最高层。《登飞来峰》
◎一水护田将绿绕，两山排闼送青来。《书湖阴先生壁》

扫码听音频

02

元 日①

〔宋〕王安石

爆竹声中一岁除②，
春风送暖入屠苏③。
千门万户曈曈日④，
总把新桃换旧符⑤。

写作背景

这首诗是诗人刚刚担任丞相职务，并着手实施新政时期的作品。1069年的春节，诗人看到家家户户都准备过春节，不由联想到变法后的种种新气象，兴奋之余，便创作出了这首诗。

译文悦读

在噼啪震天的鞭炮声中，旧的一年又过去了，春风送暖，家家户户团聚在一起饮用着屠苏酒。初升的朝阳照耀着千家万户，每一户人家都在忙着用新桃符换下旧桃符。

①**元日：** 即春节，农历正月初一。 ②**岁：** 年。**除：** 过去。 ③**屠苏：** 酒名，指屠苏酒，用屠苏草浸泡而成，古时人们认为阴历正月初一饮用此酒可以辟邪、避瘟疫，是古代习俗。 ④**曈曈：** 太阳初出时，明亮耀眼的样子。 ⑤**桃：** 桃符，相当于现在的春联。古代习俗，在农历正月初一那天，人们在桃木板上画门神或题写门神的名字，悬挂在大门上，一般有两块。

诗词鉴赏

这是一首民俗诗，诗人以春节为描写对象，赞美了节日气氛下人们欢快的庆贺场面，富有浓厚的生活气息。

一、二句，诗人从爆竹入手，将节日中人们的喜悦心情展现了出来。除了欢快的庆贺场面之外，诗人还以"春风送暖"展望了即将到来的美好春天景象；"入屠苏"是对民众饮酒辟邪风俗的描写，突出了元日欢乐的气氛和人们蕴藏其中的美好愿望。

三、四句，"瞳瞳日"描写了灿烂阳光照耀的景象。在这样的天气中，人们以"新桃换旧符"的方式，寄寓着对未来美好生活的向往。

全诗语言欢快明朗，节奏鲜明，既是诗人对元日美好场景的描写，也是他内心喜悦情感的流露，感情真挚热烈，充满了乐观自信的态度。

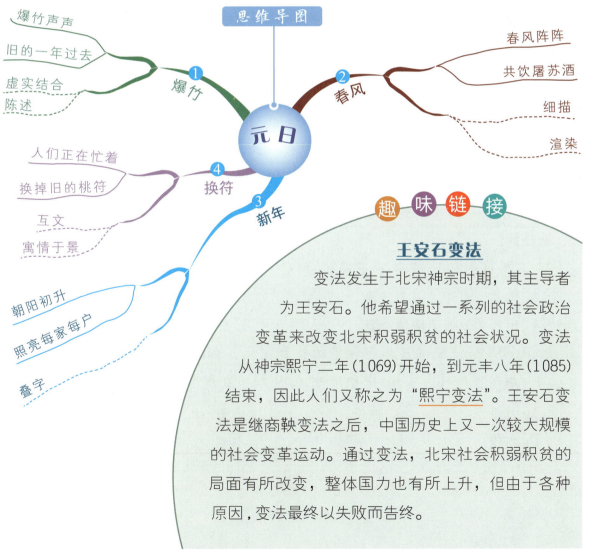

趣味链接

王安石变法

变法发生于北宋神宗时期，其主导者为王安石。他希望通过一系列的社会政治变革来改变北宋积弱积贫的社会状况。变法从神宗熙宁二年(1069)开始，到元丰八年(1085)结束，因此人们又称之为"熙宁变法"。王安石变法是继商鞅变法之后，中国历史上又一次较大规模的社会变革运动。通过变法，北宋社会积弱积贫的局面有所改变，整体国力也有所上升，但由于各种原因，变法最终以失败而告终。

知识拓展

苏东坡和王安石

有一天，苏东坡去拜访宰相王安石，恰巧王安石有事外出。苏东坡看到王安石的书案上有一首仅写了一半的咏菊诗：

西风昨夜过园林，吹落黄花满地金。

这两句诗的意思是：昨夜秋风横扫园林，早上起来，看到满园的菊花花瓣，一片金黄。苏东坡看后，心想：王宰相学识渊博，怎么作出这样的诗？菊花因耐严寒而闻名，说秋风"吹落黄花"就已经不对了，何况是"满地金"呢？于是，他提笔续写了两句：

秋英不比春花落，说与诗人仔细吟。

写完，因为等不到王安石，苏东坡就离开了。

后来，苏东坡被贬为黄州团练副使，这年重阳节，苏东坡邀请好友到后园饮酒赏菊。当他们来到后园，正值一阵大风吹来，只见菊花纷纷落下，满地铺金。这时，他猛然想起给王安石续诗的事情，半晌无言，便认识到自己错了。

学而思

一、填空题。

在这首诗中，作者对 _____、_____、_____ 和 _____ 具体地描写，赞美了节日中人们欢快的庆贺场面，富有浓厚的生活气息。

二、选择题。

1. 下列诗句朗读节奏不正确的是（　　）。

　A. 爆竹／声中／一岁／除　　　　B. 春风／送暖／入屠／苏

　C. 千门／万户／瞳瞳／日　　　　D. 总把／新桃／换／旧符

2. 我国每个传统节日都有独特的饮食文化，如春节吃（　　）、元宵节吃（　　）、端午节吃（　　）、中秋节吃（　　）、重阳节吃（　　）。

　A. 月饼　　　B. 粽子　　　C. 汤圆

　D. 水饺　　　E. 千层糕

扫码听音频

泊船瓜洲❶

〔宋〕王安石

京口瓜洲一水间❷，
钟山只隔数重山❸。
春风又绿江南岸❹，
明月何时照我还❺？

写作背景

公元1069年，王安石在开封主持变法运动，遭到守旧势力的强烈反对。王安石被迫在公元1074年罢相前往江宁（今江苏南京）。第二年阴历二月，宋神宗又传诏让王安石回京继续主持变法，王安石信心重燃。当王安石第二次拜相进京，路过瓜洲时，触景生情，便写下了这首诗。

译文悦读

京口和瓜洲两个地方被一条江水分隔开来，钟山和这里不过隔了几座大山。暖暖的春风又吹绿了长江南岸，皎洁的明月啊，你什么时候可以照耀着我返回家乡？

❶泊船：停船。泊，停泊。瓜洲：古渡口名，在今长江北岸，扬州南郊。 ❷京口：古地名，在今江苏镇江。一水：指长江。间：在一定的空间内。 ❸钟山：今南京市东面的紫金山。只：仅仅。隔：相距，间隔。数重：几层。
❹绿：作使动用法，吹绿，使……变绿。
❺何时：什么时候。还：返回。

诗词鉴赏

这是一首抒情诗,表达了诗人对故乡钟山的思念之情。

一、二句,点明了诗的写作地点,即瓜洲渡口,在这里诗人遥望长江南岸,看到京口和瓜洲距离如此之近,由此自然地联想起了自己的家乡钟山,万般滋味涌上心头,思念之情油然而生。

三、四句,重点描写的是江南的美景。在春风的吹拂下,整个江南地区重新焕发出无限生机,所以诗中"又绿"一词,精妙传神,写活了春风过后春草萌芽的景象。最后一句是书写乡愁的淋漓之笔,诗人以设问句形式表达出对家乡的依恋,同时字里行间也流露出盼望重返政治舞台,继续为国效力的情感。

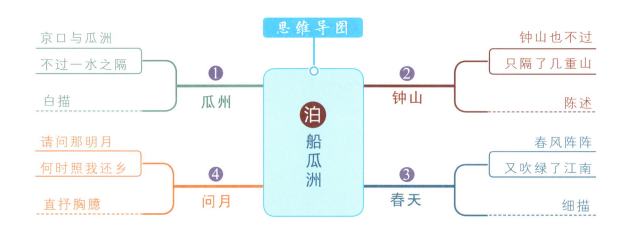

学而思

一、选择题。

1."京口瓜洲一水间"中的"一水"是指(　　)。

　　A.大运河　　B.珠江　　C.长江　　D.黄河

2.诗人写这首诗的深刻用意在于(　　)。

　　A.感叹春光易逝　　B.描写对风光的留恋之情

　　C.描写登高所见　　D.盼望重返朝廷,为国效力

二、"春风又绿江南岸"中的"绿"字经过诗人几次推敲才确定下来,并成为后世人们津津乐道的诗坛佳话,请问"绿"字好在哪里?

_____

_____

书湖阴先生壁 ❶

〔宋〕王安石

茅檐长扫净无苔❷，

花木成畦手自栽❸。

一水护田将绿绕❹，

两山排闼送青来❺。

写作背景

公元1074年，王安石改革受阻，不得不离开开封到南京闲居。他的邻居杨德逢（即诗中的湖阴先生）常与他来往，交情深厚。一次，二人欢聚后，王安石便在杨德逢家的墙壁上挥笔写下了这首诗。

译文悦读

茅屋房的庭院经常被打扫，干净得没有一丝青苔，主人还亲手栽培了一行行整齐的花草树木。一条清澈的小河将葱绿的农田紧紧环绕，两座大山仿佛打开门送来无限苍翠。

❶书：题写，书写。湖阴先生：指杨德逢别号，王安石的朋友。 ❷茅檐：茅屋檐下，这里指庭院。长：常常，经常。净：干净。苔：青苔。 ❸成畦：修整后成垄成行的田地。畦，田园里分出的小区。手自栽：亲手栽种。 ❹护田：指清水护卫着田野，这里指保护农田。绿：指水色。绕：环绕。 ❺排闼：推开门。排，推开。闼，小门。

诗词鉴赏

这是一首写景诗,诗人通过对友人居住环境的描写,赞美了友人高洁的隐士情怀。

一、二句描写的是友人湖阴先生居住的院落。干净的院子和成排的花草树木是友人辛勤打扫和劳作的结果,而这些优美恬静的院落景象,恰好表明了友人淡雅的生活情趣。

三、四句,诗人运用了对偶、拟人的修辞手法,以动态的描写技巧,将原本没有思想情感的青山、绿水赋予了人的深情厚谊和血肉情感。所以人们在阅读时,一方面对湖阴先生美丽幽静的居住环境向往不已,另一方面无形中升起了对他隐士情怀的敬佩之情,取得了较好的艺术效果。

全诗语言清新明丽,简洁自然,虽然没有明写友人,但在景物的描绘中,蕴含诗人对友人的推崇和赞美之情,也使人能够清晰地感受到湖阴先生所具有的隐士风度。

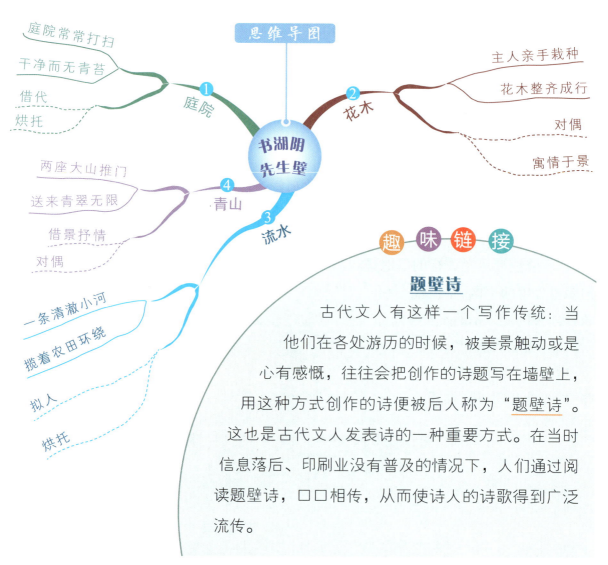

趣味链接

题壁诗

古代文人有这样一个写作传统:当他们在各处游历的时候,被美景触动或是心有感慨,往往会把创作的诗题写在墙壁上,用这种方式创作的诗便被后人称为"题壁诗"。这也是古代文人发表诗的一种重要方式。在当时信息落后、印刷业没有普及的情况下,人们通过阅读题壁诗,口口相传,从而使诗人的诗歌得到广泛流传。

知识拓展

王安石与集句诗人联句

王安石被罢相后,便回到江宁府,在钟山上一个名叫白塘的地方,修建了几间房屋,改名为"半山园"。

一天,王安石在半山园里跟一些宾客闲谈,忽然看到有人拿了张名片前来拜访。王安石一看,上写"集句诗人"四个大字。真是好大的口气!坐客们都很惊讶。王安石请那人坐在末位,说:"你既然精于集句,我就出个上联给你对。"

说着他随口吟了一句:"江州司马青衫湿。"这句出自白居易的《琵琶行》。

那人听罢,并不惊慌,也随口吟了一句:"梨园弟子白发新。"这句出自白居易的《长恨歌》,作为下联,浑然天成。王安石大呼:"好对!"他非常高兴,大为赞叹地说:"不愧是集句诗人。"

学而思

一、填空题。

1. 诗人运用了 _____ 、_____ 的修辞手法,以 _____ 的描写技巧,将原本没有思想情感的青山、绿水赋予了人的深情厚谊和血肉情感。

2. 诗中描写山水深情的句子是:"_____,_____。"

二、选择题。

下列诗句朗读节奏不正确的是( )。

A. 茅檐 / 长 / 扫净 / 无苔　　　　B. 花木 / 成畦 / 手 / 自栽

C. 一水 / 护田 / 将绿绕　　　　　D. 两山 / 排闼 / 送青来

05

梅 花

〔宋〕王安石

墙角数枝梅[1],
凌寒独自开[2]。
遥知不是雪[3],
为有暗香来[4]。

写作背景

写作这首诗的时候,诗人已经年过半百了,他遭遇了变法的重大失败,对政治早已心灰意冷,内心的苦闷可想而知。在这样一种心境下,诗人便写下了这首诗,以梅寄托自己的坚强和高洁的品行。

译文悦读

院子的一角生长着几株美丽的梅花,它们冒着严寒独自悄悄地盛开着。从远处观望就可以知道这些洁白的花儿并不是白雪,因为早有一股幽香扑鼻而来。

[1] 数：几。 [2] 凌寒：冒着严寒。 [3] 遥知：从远处观望就知道。遥，远远地。 [4] 为：因为。暗香：这里指梅花的幽香。

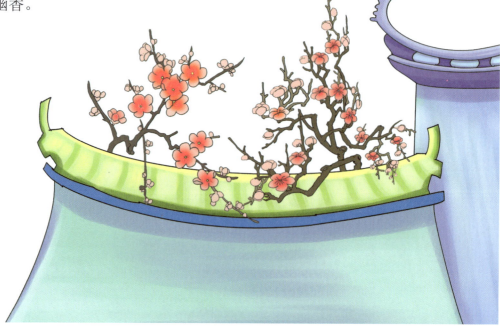

诗词鉴赏

一、二句，诗人以简练的语言交代了描写的对象。诗中"数枝梅"不仅写出了梅花的数量，同时还展示出了梅花所独有的蓬勃生机。

三、四句写梅花的香气，写得新颖别致。"遥知不是雪"着眼于人们的视觉形象，含蓄地写梅花的纯净洁白。"为有暗香来"是说让人得出"是梅非雪"的结论，是因为闻到了梅花的香气，从侧面表明了梅花的香气很浓。

全诗语言简洁晓畅，通俗易懂，但在描写时用词精练传神，生动形象地刻画出了梅花高洁孤傲的品行，突出了梅花特有的气度和风骨，读来韵味无穷。

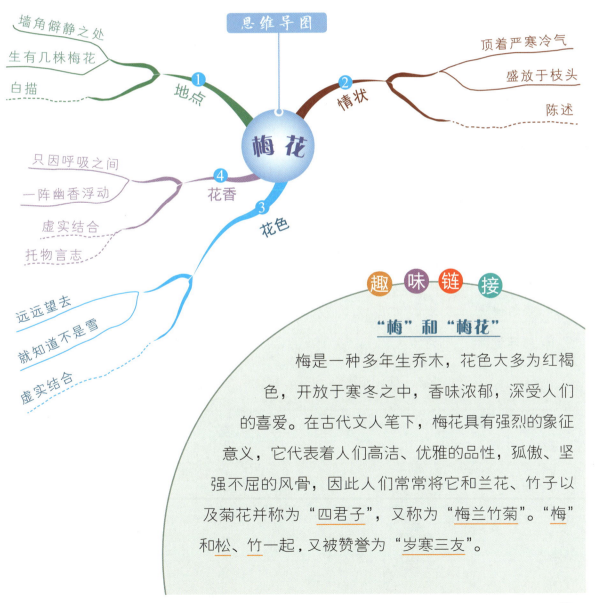

"梅"和"梅花"

梅是一种多年生乔木，花色大多为红褐色，开放于寒冬之中，香味浓郁，深受人们的喜爱。在古代文人笔下，梅花具有强烈的象征意义，它代表着人们高洁、优雅的品性，孤傲、坚强不屈的风骨，因此人们常常将它和兰花、竹子以及菊花并称为"四君子"，又称为"梅兰竹菊"。"梅"和松、竹一起，又被赞誉为"岁寒三友"。

知识拓展

骑驴游钟山

王安石晚年隐居江宁,在钟山建了座草堂,因为处在从钟山到江宁州城路途的半道上,故名半山堂(至今尚有遗迹,在南京紫金山风景区)。当时他住的地方叫谢公墩,原来是东晋名臣谢安曾经隐居过的地方。而谢安(字安石),与王安石的名字相同,于是王安石因此写过小诗调侃谢安,认为自己与谢安名字相同,又隐居同处,乃是巧合,而从此之后这块地方应该跟自己姓了。由于王安石不喜欢静坐,非卧即行,所以就养了一头驴子,每天都骑着驴在钟山上游逛,倦了就在山上的定林寺中休息,往往太阳偏西才回去。有人见他骑驴游钟山,认为堂堂退休宰相骑驴也太有失身份了,劝他改为坐轿子,王安石回答:"难道能够把人当作马牛吗?"

学而思

一、填空题。

1. 这是一首_____诗,诗人通过对_____的梅花的描写,抒发了自己对梅花的_____之情。

2. "四君子"指的是_____、_____、_____、_____。

3. 这首诗中,采用对比手法,将梅和雪相比,突出梅花香气沁人心脾的一句诗是:"_____,_____。"

二、请把下面的成语、诗句与相应的季节连起来。

1. 冰天雪地　　　　A. 春　　　　a. 霜叶红于二月花
2. 果实累累　　　　B. 夏　　　　b. 凌寒独自开
3. 骄阳似火　　　　C. 秋　　　　c. 竹外桃花三两枝
4. 桃红柳绿　　　　D. 冬　　　　d. 映日荷花别样红

王观

字　号	字通叟，号逐客
别　名	王冠柳
籍　贯	泰州如皋（今江苏如皋）
生卒年	1035—1100
主要作品	《卜算子·送鲍浩然之浙东》

时间轴：盛唐 — 中唐 — 晚唐 — **宋代（王观）** — 元朝 — 明朝 — 清朝

　　王观是北宋时期著名的词人。宋仁宗嘉祐二年（1057），他考中进士，后历任大理寺丞、江都知县等职。相传王观曾奉诏作《清平乐》一首，用来描写宫廷生活。当时高太后对王安石变法不满，认为王观是王安石门生，便以《清平乐》亵渎（xiè dú）宋神宗为由，第二天便将他罢职。于是王观自号"逐客"，从此以一介平民的身份生活。

　　王观与秦观并称为"二观"。王观的《卜算子·送鲍浩然之浙东》，以水喻眼波，以山指眉峰，设喻巧妙，又语带双关，妙趣横生，堪称杰作。他的《红芍药》词写人生短暂，从而提出人生应及早追欢，写法也很有特色。

名句集锦

◎红入桃腮，青回柳眼，韶华已破三分。《高阳台》
◎年年江上见寒梅。暗香来，为谁开？《江城梅花引》
◎水是眼波横，山是眉峰聚。《卜算子·送鲍浩然之浙东》
◎桃花应是我心肠。不禁微雨，流泪湿红妆。《临江仙》

卜算子·送鲍浩然之浙东 ❶

〔宋〕王 观

水是眼波横❷，
山是眉峰聚❸。
欲问行人去那边❹？
眉眼盈盈处❺。

才始送春归❻，
又送君归去。
若到江南赶上春，
千万和春住。

写作背景

时值春末，作者在越州大都督府为将要回故乡（浙东）的好友——鲍浩然送别。虽然作者家在如皋，自己却无法回家，思念家乡及亲人之情难以释怀，但是他仍衷心祝愿好友能与春光同住，尽情享受家乡的美好时光。于是，他欣然写下了这首词来送别友人。

译文悦读

水像美人横流的眼波，山如美人蹙起的眉峰。想问行人去哪里？到山水交会的地方。刚送走了春天，又要送你回去。假如你到了江南还能赶上春天的话，千万把春天的景色留住。

---

❶**卜算子：**词牌名。北宋时盛行此曲。**鲍浩然：**生平不详，作者的朋友。 ❷**水是眼波横：**美人流动的眼波。眼波，比喻目光似流动的水波。 ❸**眉峰聚：**蹙(cù)起的眉毛。 ❹**欲：**想，想要。**行人：**指作者的朋友鲍浩然。 ❺**盈盈：**美好的样子。 ❻**才始：**方才。

诗词鉴赏

词的上阕主要写友人回浙东途中的景色，含蓄地表达了词人与友人的惜别深情。前两句写秀丽的山水，后两句以问句的形式引出友人的目的地是"眉眼盈盈处"。这里可以从两方面理解：一是鲍浩然要去山水秀丽得像美人"眉眼盈盈"的地方；二是他要去与"眉眼盈盈"的心上人相会。同时，上文的山水与眉眼相合，意味着友人归途中既有山水相伴，又有朋友送别和自己心上人盼归的"眉眼"相伴。这里意境新奇，语带双关。

词的下阕直抒胸臆，写出了对友人离别的不舍和深切的祝愿。两个"送"字，将"送春"与"送君"巧妙地联系在一起，从"才"字到"又"字，情感递进一步。但结尾两句并没有停留在送别的离愁之中而不能自拔，而是借"春"字来表达对友人的美好祝愿，希望友人既能不负大好春光，又能与自己的心上人团聚。

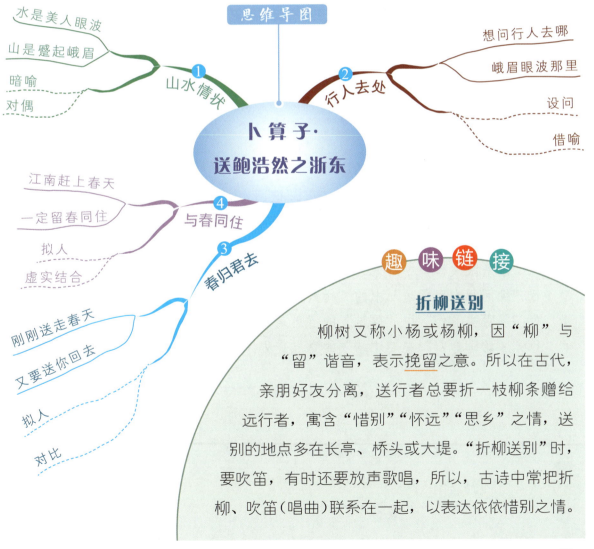

趣味链接

折柳送别

柳树又称小杨或杨柳，因"柳"与"留"谐音，表示挽留之意。所以在古代，亲朋好友分离，送行者总要折一枝柳条赠给远行者，寓含"惜别""怀远""思乡"之情，送别的地点多在长亭、桥头或大堤。"折柳送别"时，要吹笛，有时还要放声歌唱，所以，古诗中常把折柳、吹笛（唱曲）联系在一起，以表达依依惜别之情。

知识拓展

关于送别的名句

海内存知己,天涯若比邻。	(唐·王勃《送杜少府之任蜀州》)
又送王孙去,萋萋满别情。	(唐·白居易《赋得古原草送别》)
桃花潭水深千尺,不及汪伦送我情。	(唐·李白《赠汪伦》)
故人西辞黄鹤楼,烟花三月下扬州。	(唐·李白《黄鹤楼送孟浩然之广陵》)
劝君更尽一杯酒,西出阳关无故人。	(唐·王维《送元二使安西》)
莫愁前路无知己,天下谁人不识君?	(唐·高适《别董大》)
洛阳亲友如相问,一片冰心在玉壶。	(唐·王昌龄《芙蓉楼送辛渐》)

学而思

一、填空题。

这首诗中运用了比喻的修辞手法,巧妙地将山水比作为离别而伤感的有情之物,其诗句是:"_____,_____。"

二、选择题。

1. 下列诗句朗读节奏不正确的是( )。
   A. 水是/眼波/横　　　　　　B. 欲问/行人/去那边
   C. 若到/江南赶/上春　　　　D. 眉眼/盈盈处

2. 下列说法错误的一项是( )。
   A. "水是眼波横"中的"眼波"比喻目光似流动的水波。
   B. "欲问行人去那边"中的"行人"是指路上的行人。
   C. "眉眼盈盈处"中"盈盈"的意思是美好的样子。
   D. "才始送春归"中"才始"的意思是方才。

黄庭坚

字　　号	字鲁直，号山谷道人、涪翁
别　　名	黄山谷、豫章先生
籍　　贯	洪州分宁（今江西九江修水县）
生 卒 年	1045—1105
诗　　派	江西诗派
主要作品	《清平乐·春归何处》

时代坐标：盛唐 — 中唐 — 晚唐 — ▶ 黄庭坚（宋代）— 元朝 — 明朝 — 清朝

　　黄庭坚是北宋著名诗人、书法家。他出身于修水黄氏，是诗书世家，书香越过十代，传至黄庭坚，达到鼎盛。其曾祖父黄中理立下的《双井黄氏家规》，称为"黄金家规"，其中第八条就是读书家规，主要内容是：读书是修养身心的根本，也是光宗耀祖最重要的途径。现在的修水双井村被誉为"华夏进士第一村"。宋英宗治平四年（1067）黄庭坚考中进士，曾任地方官和国史编修官，后来他因修整《神宗实录》不实而被贬。

　　黄庭坚是江西诗派的开山祖师，其诗风格奇硬拗涩。他是"苏门四学士"之一，在文学界，与苏轼齐名，时并称为"苏黄"。但黄庭坚始终保持对苏轼的仰慕，坚持以弟子之礼相待。在苏轼被贬后，黄庭坚也不离不弃，此千古师生情谊，万代流芳。黄庭坚的书法独具一格，自成一家，与苏轼、米芾和蔡襄齐名，世称为"宋四家"。

名句集锦

◎落木千山天远大，澄江一道月分明。《登快阁》
◎桃李春风一杯酒，江湖夜雨十年灯。《寄黄几复》
◎春风春雨花经眼，江北江南水拍天。《次元明韵寄子由》
◎可惜不当湖水面，银山堆里看青山。《雨中登岳阳楼望君山》
◎若有人知春去处，唤取归来同住。《清平乐·春归何处》

清平乐·春归何处

〔宋〕黄庭坚

春归何处？

寂寞无行路①，

若有人知春去处，

唤取归来同住②。

春无踪迹谁知③？

除非问取黄鹂④。

百啭无人能解⑤，

因风飞过蔷薇⑥。

写作背景

徽宗崇宁二年（1103），党祸之争已起，黄庭坚被除名，编管宜州。黄庭坚至崇宁同年二月才经过洞庭，五、六月间终于抵达广西宜州被贬之地。他在被贬宜州的第二年，即崇宁四年（1105），创作了这首词。词作的内容是"惜春"，实际上有影射当时时局的意味。同年五月，黄庭坚突然病逝在宜州。

译文悦读

春天回到哪里去了？到处都找不到春的踪迹，四处一片寂静。如果有人知道春天回去的地方，喊它回来和我们住在一起。

谁会不知道春天的踪迹，如果想知道，除非问一问黄鹂。那黄鹂多次婉转啼叫，却没有人能够理解它的意思，一阵风起，黄鹂趁着风势，飞过了盛开的蔷薇。

---

①**寂寞**：清静，寂静。**无行路**：没有留下春去的行踪。 ②**唤取**：取来。 ③**谁知**：有谁知道。 ④**问取**：询问。 ⑤**百啭**：形容黄鹂婉转的鸣叫声。**解**：懂得，理解。 ⑥**因风**：凭借风势。因，凭着。

诗词鉴赏

词的上阕,以问句的形式开头,提出对春天踪迹的询问:春天回到哪里去了?为什么连个踪影也没有?一个"归"字,一个"无行路",表现出了词人因春天的消逝而感到寂寞。紧承前文,词人希望有人知道春的去处,并能把春天唤回。试想谁又能真正把归去的春天唤回来呢?这里,以巧妙的设想,表达了词人的惜春之情,使词作的情感曲折多变。

词的下阕,延续了想象,把思路引到春天具体的东西——黄鹂身上。既然无人知道春天的去处,只好去问黄鹂,因为黄鹂是在春去夏来时出现,词人设想它会知道春天的消息。这里想象奇特,极富情趣。然而,嘤嘤鸟语无人能解,最终还是随风飞离。这里暗含春的踪迹终究无法找到,无形之中加重了词人的寂寞,使惜春之情更为浓厚。

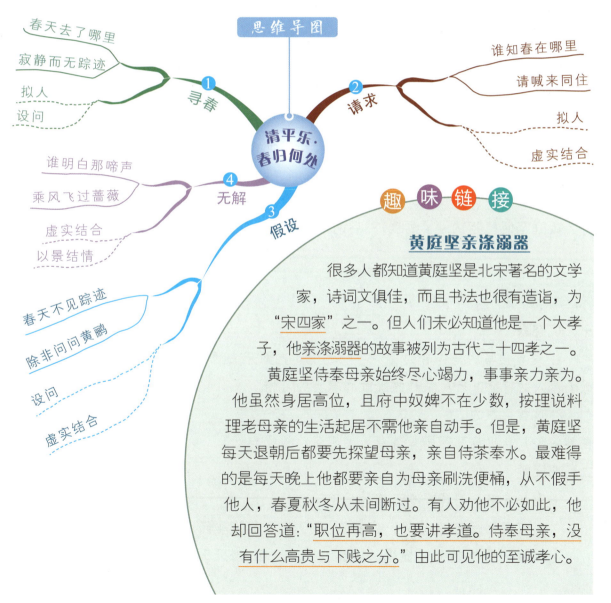

趣味链接

黄庭坚亲涤溺器

很多人都知道黄庭坚是北宋著名的文学家,诗词文俱佳,而且书法也很有造诣,为"宋四家"之一。但人们未必知道他是一个大孝子,他亲涤溺器的故事被列为古代二十四孝之一。黄庭坚侍奉母亲始终尽心竭力,事事亲力亲为。他虽然身居高位,且府中奴婢不在少数,按理说料理老母亲的生活起居不需他亲自动手。但是,黄庭坚每天退朝后都要先探望母亲,亲自侍茶奉水。最难得的是每天晚上他都要亲自为母亲刷洗便桶,从不假手他人,春夏秋冬从未间断过。有人劝他不必如此,他却回答道:"职位再高,也要讲孝道。侍奉母亲,没有什么高贵与下贱之分。"由此可见他的至诚孝心。

知识拓展

古代官职变动的词语

在古代,表示官职变动的词语较多,下面对常见词语加以说明。

- 谪 —— 降职并远调
- 拜 —— 授予官职
- 授 —— 授予官职
- 罢 —— 罢免,停职
- 黜 —— 废黜,贬退
- 擢 —— 选拔,提拔
- 免 —— 免除官职
- 左迁 —— 降职调动

苏轼与黄庭坚以棋作对

有一次,苏东坡来到一家酒馆,喝得酩酊大醉,却忘记了带钱。店主人就派小二骑驴跟苏东坡回家取钱。这时,著名的大诗人黄庭坚正乘船游玩,他看到了苏轼和小二的样子,便哈哈大笑起来。苏轼虽然酒醉,但诗兴不减,便自嘲地说道:

醉汉骑驴,颠头簸脑算酒账;

这时,黄庭坚正要下船找苏轼,船夫却向他讨要船钱,他一边从钱袋里取银子,一边向苏轼吟诵道:

艄公摇橹,打躬作揖讨船钱。

黄庭坚便替苏轼付了酒钱,然后两个人哈哈大笑,携手又去喝酒了。

学 而 思

一、填空题。

1. 这首词写的是作者的_____之情。上阕开头两句运用_____的修辞手法,赋予春人的特征,表现了春的可爱和春去的可惜。

2. 这首词中的"_____? _____。"以自问自答的形式表明黄鹂可能知道春天去哪了,趣味盎然。

二、选择题。

下列加点字、词解释不正确的是( )。

A. 寂寞无行路（清静,寂静）　　B. 除非问取黄鹂（询问）
C. 百啭无人能解（懂得,理解）　　D. 因风飞过蔷薇（因为大风）

盛唐　中唐　晚唐　◀ 苏轼　宋代　元朝　明朝　清朝

苏轼

字　　号	字子瞻，号东坡居士
别　　名	苏东坡、苏文忠、苏仙
籍　　贯	眉州眉山（今四川眉山）
生卒年	1037—1101
主要作品	《水调歌头》《题西林壁》《念奴娇·赤壁怀古》等

苏轼是北宋著名的文学家、书法家、画家，是初唐大臣苏味道之后。父亲苏洵，即《三字经》里提到的"二十七，始发奋"的"苏老泉"。苏轼生性放达，为人率真，深得道家风范。他好交友，好美食，创造了许多饮食精品（如东坡肉）。嘉祐二年（1057），二十一岁的苏轼与弟弟苏辙、父亲苏洵同登进士榜，成为美谈，合称为"三苏"。1079年，他因"乌台诗案"下狱，险些丧命，这一打击成为苏轼一生的转折点。

苏轼的文学成就极高，文、诗、词俱为一代大家。他是豪放派词人的代表人物，"唐宋八大家"之一，也是中国北宋时期的大文豪。他的诗与黄庭坚并称为"苏黄"，词与辛弃疾并称为"苏辛"，散文与欧阳修并称为"欧苏"。苏轼又擅长行书、楷书，居"宋四家"之首。在后代文人心中，苏轼是一位天才文学巨匠。

名句集锦

◎但愿人长久，千里共婵娟。《水调歌头》
◎大江东去，浪淘尽，千古风流人物。《念奴娇·赤壁怀古》
◎竹杖芒鞋轻胜马，谁怕？一蓑烟雨任平生。《定风波》
◎人有悲欢离合，月有阴晴圆缺，此事古难全。《水调歌头》

六月二十七日望湖楼醉书(其一)

〔宋〕苏 轼

黑云翻墨未遮山,
白雨跳珠乱入船。
卷地风来忽吹散,
望湖楼下水如天。

写作背景

1069年,苏轼因反对王安石变法而被贬杭州。他每次来到西湖岸边都会流连忘返。1072年阴历六月二十七日,诗人在游览望湖楼时恰巧遇到狂风暴雨,他被眼前的美景所吸引,便创作出了这首词。

译文悦读

高空中乌云翻滚,好似打翻的墨汁一般,它还没有来得及将大山全部遮掩,豆大的白雨点就像断了线的珍珠一样,一颗颗跳落到船上。转瞬间一阵狂风卷地而来,将漫天的乌云和白色的雨点全都吹散了,风雨过后的望湖楼下,波光粼粼,水天一色。

❶六月二十七日:宋神宗熙宁五年(1072)六月二十七日。望湖楼:古建筑名,又名看经楼,位于杭州西湖附近。醉书:醉酒时所写的。 ❷翻墨:打翻墨水,这里形容云层乌黑。遮:遮盖。 ❸白雨:夏天阵雨大而猛烈,看起来呈一片白色。跳珠:跳动的水珠,形容雨点大而杂乱。入:进入。 ❹卷地风:狂风席卷的场景。卷地,贴地面卷起。散:散开。 ❺水如天:形容湖面像天空一样开阔而平静。

诗词鉴赏

这首诗主要描写的是诗人在望湖楼所观察到的夏日西湖降雨又停雨的景象。诗的第一句以"翻墨"二字形容乌云的浓黑，写出了大雨欲来时黑云压境的景象。随后，第二句诗人以"跳珠"二字生动地展现出了大雨的凶猛，一个"白"字更是凸显了雨滴的颜色，给人如在眼前之感。诗的最后两句写雨停，乌云忽然被大风吹散，大雨停住，望湖楼下的湖面一动不动，像镜子一般与天空互相照映……全诗将雨前、雨中、雨后不同的情景描绘得淋漓尽致，变幻莫测，极为逼真。

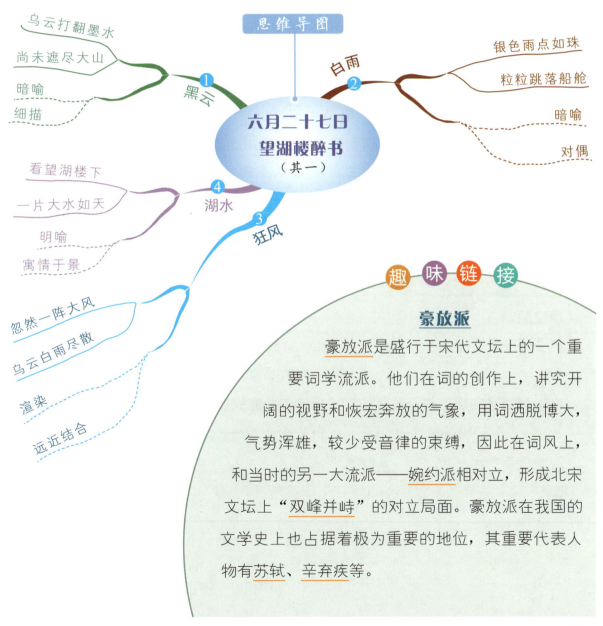

趣味链接

豪放派

豪放派是盛行于宋代文坛上的一个重要词学流派。他们在词的创作上，讲究开阔的视野和恢宏奔放的气象，用词洒脱博大，气势浑雄，较少受音律的束缚，因此在词风上，和当时的另一大流派——婉约派相对立，形成北宋文坛上"双峰并峙"的对立局面。豪放派在我国的文学史上也占据着极为重要的地位，其重要代表人物有苏轼、辛弃疾等。

知识拓展

苏轼偷改小妹联

传说，苏东坡的胞妹苏小妹才貌双全，能诗善对。为了替小妹找到称心如意的郎君，苏家准备以文选婿。豪门公子方若虚对小妹的文采才华钦羡已久，闻讯后连忙上门应选。他呈上几篇诗文，苏小妹一看，觉得平淡无奇，便提笔在上面写了一副对联，作为批复。联曰：

笔底才华少，胸中韬略无。

苏东坡一看小妹题写的联语，担心触怒了方府豪门，惹出是非，便悄悄地在小妹的上下联尾各添一字，把对联改成：

笔底才华少有，胸中韬略无穷。

方公子读后欣喜若狂，便急着想求见苏小妹。苏东坡知道小妹生性憨拙，担心玩笑开大了，不好收场，急忙托故阻之。他借用兄妹相戏所作的诗去骗方若虚，说："我胞妹脸长，额突，其貌不扬，你若不信，有诗为证。"说着，念道：

去年一滴相思泪，至今流不到腮边。

未出房门三五步，额头先到画堂前。

方若虚便信以为真，也就不再强求了。

学而思

一、填空题。

这首词写了_____的景象，诗人抓住夏日下阵雨时的特点，描绘出了_____、_____、_____不同的景象。

二、在下列括号内填上表示颜色的字，把诗句补充完整。

1.（　　）云翻墨未遮山，（　　）雨跳珠乱入船。

2. 接天莲叶无穷（　　），映日荷花别样（　　）。

3.（　　）毛浮（　　）水，（　　）掌拨清波。

饮湖上初晴后雨①

〔宋〕苏 轼

水光潋滟晴方好②，

山色空蒙雨亦奇③。

欲把西湖比西子④，

淡妆浓抹总相宜⑤。

写作背景

苏轼因反对王安石变法而被贬为杭州通判。在此期间，他常在西湖边游乐，留下了大量诗篇。这首诗是1073年夏天，苏轼在西湖游玩时所作。

译文悦读

晴日照耀下的西湖水面微波荡漾，景色是多么的美好啊；山色迷蒙，即使是雨中的西湖，景色也是如此的美丽动人。如果想要将这美丽动人的西湖比作那绝色的美女西施，那么无论是素雅的妆饰，还是浓艳华丽的打扮，都是一样的适宜。

---

❶饮湖上：在西湖的船上饮酒。 ❷潋滟：形容水波闪动的样子。方好：正好，刚刚好。方，正。 ❸空蒙：云雾迷茫的样子。亦：也。奇：美妙。 ❹西子：即西施，春秋时期的美女。 ❺淡妆浓抹：是一个成语，指女子淡雅和浓雅两种不同的打扮。后也比喻浓浓相间的景色。抹，涂脂搽（chá）粉。

相宜：适宜。宜，合适。

诗词鉴赏

这是一首写景诗,诗人描写的是西湖晴天和雨天的优美风光,读来引人入胜。

一、二句重在描写西湖晴雨时分各自的景象特点。晴天的西湖波光粼粼,而细雨下的西湖迷离朦胧,有一种不可言表的婉约美。诗人为了表现西湖独有的风姿,分别从湖光和山色两处入手,一个"好"字和一个"奇"字,形象地概括了西湖美丽的景象。

三、四句,诗人以比喻的修辞手法,将西湖比作美丽的西施,突出了西湖所特有的神韵。无论在何种天气和季节下,婉约动人的西湖都如同天生丽质的绝代佳人一般,总是那么美丽迷人,动人心魄。

全诗语言生动形象,比喻贴切自然,诗人从晴天、雨天两个角度展开描写,全面展现了西湖动人的美景,让人读后心驰神往。

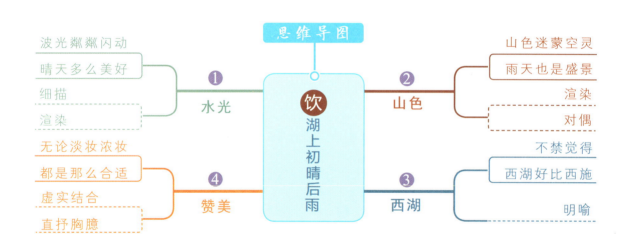

知识拓展

西湖的由来

传说远古时期,天河东边有一座石窟,里面住着一条玉龙;天河西边有一片树林,里面住着一只金凤。它们在银河的仙岛上找到了一块璞玉,便一起琢磨起来。多年后,璞玉变成了一颗璀璨的明珠。这颗明珠的光芒照到哪里,哪里的树木就常青,百花就盛开。

贪心的王母娘娘得知这个消息后,派天兵把明珠偷走了。玉龙和金凤赶往天宫向王母索取,在争夺中,明珠滚落到了人间。明珠落地之后,就变成了晶莹碧绿的西湖。

中国古代四大美女

西施与王昭君、貂蝉、杨玉环并称为"中国古代四大美女",其中,西施居首。四大美女享有"沉鱼落雁之容,闭月羞花之貌"之美誉。

❶ 西施——"沉鱼"(又称"西子")

西施五官端正,粉面桃花,相貌过人。有一天,她站在河边,清澈见底的河水映照着她的身影,使她显得更加美丽。河下面的鱼儿见到她的美丽身影时,都忘记了游水,并渐渐沉到了河底。从此,西施"沉鱼"这个代称便传播开来。

❷ 王昭君——"落雁"

一年秋天,王昭君与单于结成姻缘。她在去北方的路上,悲切之感难以平静。她拨动琴弦,奏起了伤心的离别之曲。南飞的大雁听到这悦耳的琴声,看到这个美女时,却忘记了摆动翅膀,跌落在地。从此,王昭君"落雁"这个代称便传了下来。

❸ 貂蝉(diāo chán)——"闭月"

有一天,王允的女儿貂蝉在后花园拜月时,忽然一阵轻风吹来,一片浮云将皎洁的明月遮住,刚好被王允看到。王允为了宣扬自己女儿的美丽,逢人便说月亮见到貂蝉时都要躲在彩云后面。从此,貂蝉就有了"闭月"的代称。

❹ 杨玉环(杨贵妃)——"羞花"

一天,杨玉环在花园里游逛时,触摸了一下花朵,没想到花瓣立即收缩起来(其实她触摸的是含羞草)。这个现象被一个丫鬟看到,丫鬟逢人便说杨玉环跟花比美时,花因比不过杨玉环的美丽,便害羞地低下了头。从此,杨玉环就有了"羞花"的代称。

学而思

一、填空题。

1."水光潋滟晴方好"中的"潋滟"应读作＿＿＿＿＿,其含义是＿＿＿＿＿＿＿＿,这句诗的意思是＿＿＿＿＿＿＿＿＿＿＿＿＿＿＿＿＿＿。

2.这首诗主要描写了西湖＿＿＿＿＿和＿＿＿＿＿的优美风光,表达了作者对西湖的＿＿＿＿＿＿＿＿＿＿之情。

二、判断题。(对的打"√",错的打"×")

1.《饮湖上初晴后雨》是唐代诗人苏轼写的一首诗。　　　　　　　　(　　)

2.《送元二使西安》《鹿柴》《饮湖上初晴后雨》都是唐代诗人王维所作。　(　　)

3."欲把西湖比西子"中的"西子"是指春秋时期的西施。　　　　　　(　　)

10 春宵[1]

〔宋〕苏 轼

春宵一刻值千金[2],
花有清香月有阴。
歌管楼台声细细[3],
秋千院落夜沉沉[4]。

写作背景

苏轼春夜散步回家途中,看到了两种不同的景象:一边是优雅宁静的景象;一边是繁华热闹的景象。这两种景象充斥着苏轼的脑海,生动形象,形成了鲜明的对比和强烈的反差,便创作了这首描写春夜景色的小诗。

译文悦读

春天的夜晚,哪怕是极短暂的瞬间都是如千金般珍贵的。看,花儿吐着芬芳,月光照出树影。楼台上传来悠扬婉转的音乐,而那悬挂着秋千的院子里,夜色越发深沉。

[1] 宵:夜。 [2] 一刻:指非常短暂的时间。刻,古代计时单位,一昼夜为一百刻。值:价值。 [3] 歌管:指音乐。歌,唱歌。管,乐器。声细细:形容音乐声悠扬婉转。 [4] 夜沉沉:形容夜色浓。沉沉,深沉。

诗词鉴赏

开篇第一句,是千古传诵的名句,也是含意极深的至理格言。对这首诗来说,它是提挈全诗的线,是统领全篇的魂。紧接着,诗人从三个不同的角度展示了春宵的美丽、可爱、温馨,从形象上使人心悦诚服:春宵的一刻确实千金难买!诗人先写所见,即花和月,清幽的芬芳、皎洁的月光、婆娑的树影,令人流连!接着写所闻,歌声和乐声细细的、柔柔的、甜甜的,令人陶醉!再写听感,寂静的院落、深沉的夜色,令人眷恋!于是,通篇动静相融,声色俱茂,不能不对难能可贵的春光从心底迸出一个"爱"字来!

知识拓展

古人珍惜春光的名言

《春宵》的第一句"春宵一刻值千金"后来演变为成语"一刻千金",用来形容时间非常宝贵。古人珍惜春光的名言还有很多,如:

①春风堪赏还堪恨,才见开花又落花。(唐·雍陶《过南邻花园》)

②持酒劝云云且住,凭君碍断春归路。(北宋·秦观《蝶恋花》)

③纵岫壁千寻,榆钱万叠,难买春留。(南宋·万俟咏《木兰花慢》)

④满地榆钱,算来难买春光住。(金·董解元《哨遍》)

学而思

一、写出"歌管楼台声细细,秋千院落夜沉沉"中相对应的词语。

(　　　)—(　　　)　　(　　　)—(　　　)

(　　　)—(　　　)

二、借助字典,读懂"知识拓展"中的名句,任选两句写出大概意思。

_____

_____

_____

_____

惠崇春江晚景❶

〔宋〕苏 轼

竹外桃花三两枝❷，

春江水暖鸭先知❸。

蒌蒿满地芦芽短❹，

正是河豚欲上时❺。

写作背景

宋元丰七年（1084），苏轼奉诏离开黄州赴汝州上任，途中路费耗尽，幼儿夭折，万分悲痛中请求改赴常州，第二年得到批准。心中重燃希望的苏轼行到江阴时，看到名僧惠崇的两幅画卷，于是欣然留下了这首题画诗。

译文悦读

在竹林的外面有三两枝桃花盛开着，鸭儿最先知道一江春水变得温暖，一只只在水中来回游动。河滩上蒌蒿遍地，隐藏一冬的芦苇也悄悄地发芽了，这个美好的季节，正是河豚逆江而上、洄游产卵的时候啊。

❶惠崇：宋代僧人，擅长诗歌和绘画，诗人的朋友。本诗是诗人为惠崇的画《春江晚景》所作的题画诗。 ❷竹外：竹林外。 ❸先知：先一步知道。知，知道。 ❹蒌蒿：一种草本植物，生长在河滩上，可食用。芦芽：芦苇的嫩芽。 ❺欲：将要。上：逆流而上，这里指河豚从海里游回河里。

诗词鉴赏

这是一首题画诗，诗人以丰富合理的想象，显示出高超的艺术功底。

一、二句，诗人从画面中展示出来的景物入手，分别突出了竹林、桃花、鸭子等景物，但是在具体描写时，诗人用词巧妙，想象合理。如"三两枝"这一数量词形象地刻画了早春时桃花依次盛开的景象；而"鸭先知"更多的是诗人合理的想象，鸭子最先感知到春水回暖，无形中使诗歌充满了美妙的韵味。

三、四句描写的是江岸和江上的景象，在春风的吹拂下，蒌蒿遍布河滩，芦苇也悄悄发芽了，河豚也将要逆江而上、洄游产卵。合理的想象加上动词的描写，使整个画面充满了动态之美。

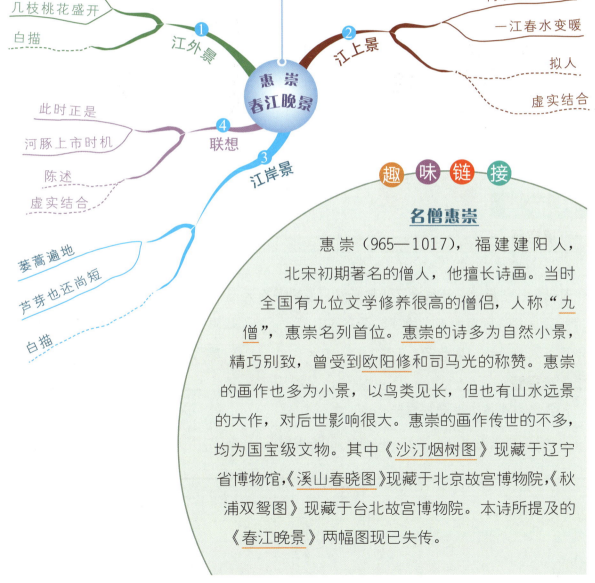

趣味链接

名僧惠崇

惠崇（965—1017），福建建阳人，北宋初期著名的僧人，他擅长诗画。当时全国有九位文学修养很高的僧侣，人称"九僧"，惠崇名列首位。惠崇的诗多为自然小景，精巧别致，曾受到欧阳修和司马光的称赞。惠崇的画作也多为小景，以鸟类见长，但也有山水远景的大作，对后世影响很大。惠崇的画作传世的不多，均为国宝级文物。其中《沙汀烟树图》现藏于辽宁省博物馆，《溪山春晓图》现藏于北京故宫博物院，《秋浦双鸳图》现藏于台北故宫博物院。本诗所提及的《春江晚景》两幅图现已失传。

巧辨"短"和"矮"

"短"字的形旁为"矢",声旁为"豆"。本义为物体两端之间的距离小(与"长"相对)。引申为时间不长(跟"长"相对)。又引申为缺少、不足。也引申为缺点、过失。

"矮"字的形旁也为"矢",声旁为"委"。本义为个子低,身材短小。引申为低、不高的、等级地位低。

综上,"短"和"矮"含义相近,"身材短小"也可说"身材矮小",都可以跟"墙"组成双音词"短墙、矮墙"。区别:"短"与"长"相对,既可以表示空间,也可以表示时间;"矮"与"高"相对,只表示空间。"时间短"不能说"时间矮"。另外,"短墙"指横向距离不长;"矮墙"则指纵向距离不高。

学而思

一、填空题。

1.这首诗中,"_____,_____"是诗人对画卷进行合理想象的结果,动静结合,情趣盎然,展现了春天万物欣欣向荣的景象。

2.这首诗所题的惠崇的画,是一幅以_____(时间)景物为背景的图。诗的前三句写了六种景物,即竹子、_____、江水、_____、蒌蒿和_____。

二、选择题。

这是宋代诗人苏轼所写的一首( )诗。

A．借景抒情　　　　B．山水田园　　　　C．题画

扫码听音频

12 题西林壁❶

〔宋〕苏 轼

横看成岭侧成峰❷,
远近高低各不同。
不识庐山真面目❸,
只缘身在此山中❹。

 写作背景

宋神宗元丰七年（1084），诗人由黄州（今湖北黄冈）调往汝州（治所在今河南汝南）任职，途经九江时，对庐山的神奇宏伟所惊叹，于是将一腔热情倾诉在庐山脚下的西林寺墙壁上。

译文悦读

从正面看庐山，它由一座座连绵起伏的山岭组成，而从侧面看，又会发现它是一座座陡峭挺拔的山峰，无论是从远处、近处、高处还是低处看，庐山总能呈现出千变万化的姿态。之所以一直看不清楚庐山真实的面目，是因为自己置身在这山峦层叠的深山之中啊！

---

❶**题西林壁**：写在西林寺的墙壁上。题，题写，书写。西林，指西林寺，寺庙位于庐山西麓(lù)。壁，墙壁。　❷**横看**：从正面看。庐山南北走向，从东面或西面看，即是横看。侧看，从侧面看。**识**：认识。　❸**庐山**：中国名山，位于江西省九江市南。**真面目**：指庐山真实的样子。　❹**只缘**：只是因为。缘，因为，由于。**此山**：指庐山。

诗词鉴赏

一、二句描写的是不同视觉角度下的庐山。诗人认为，从不同的方位看，庐山的姿态也就各不相同，这就是"横看成岭侧成峰"哲理的体现。从这里可以看出，诗人写作时，采用了移步换景的描写手法，多方位、多角度突出了庐山高低不同、千姿百态的外貌特征。

三、四句，诗人在前文写景和观察之后，开始了自我心理感受的抒发。在诗人眼里，庐山之所以能够呈现出千变万化的姿态，其原因就在于观察者身在庐山之中，观察的角度受到了限制，只能看到局部，而看不到全景，正如"盲人摸象"一样，得出的结论自然也就大相径庭了。

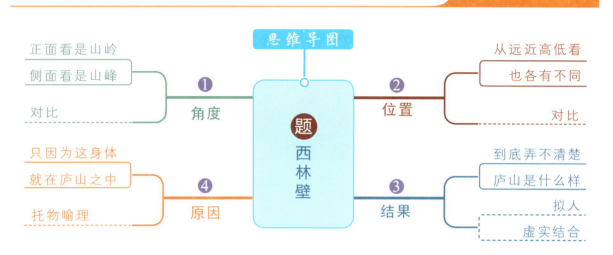

知识拓展

盐蛋和石榴

有一天，苏东坡在花园里饮酒，侍女端来一碟剖好的盐蛋。恰好苏小妹过来，她拿起半边盐蛋，顺口说道：

剖开舟两叶，内藏黄金白玉。

这是谜语对。苏东坡苦思许久，总是对不贴切。

这时，侍女又端来一碟石榴。苏东坡剥着石榴，触景生情，忽然悟出了对句：

打破坛一个，中藏玛瑙珍珠。

几天后，秦少游来了。苏小妹念出这副谜语对叫他猜。少游想了想，没有正面回答，只是笑着问："你请我吃盐蛋和石榴，是不是？"小妹点头笑了。

学而思

填空题。

人们常说"当局者迷，旁观者清"。这个朴素的道理可以用《题西林壁》中的"_____，_____"加以验证。

浣溪沙·游蕲水清泉寺

〔宋〕苏 轼

游蕲水清泉寺，寺临兰溪，溪水西流。

山下兰芽短浸溪，

松间沙路净无泥。

萧萧暮雨子规啼。

谁道人生无再少？

门前流水尚能西！

休将白发唱黄鸡。

---

❶**浣溪沙：**词牌名。**蕲水：**县名,今湖北省浠(xī)水一带。**清泉寺：**寺名,在蕲水县城外。 ❷**西流：**向西流。 ❸**短浸溪：**指初生的兰芽浸润在溪水里。 ❹**萧萧：**形容雨声。**子规：**杜鹃(juān)鸟,诗词中常借以抒写羁(jī)旅之思。 ❺**无再少：**不能再回到少年时代。 ❻**休：**不要。**白发：**指老年。**唱黄鸡：**原指黄鸡报晓,这里用来感叹时光的流逝。

写作背景

这首词是宋神宗元丰五年（1082）阳春三月作者游蕲水清泉寺（今湖北浠水县,距黄州不远）时所作。当时,苏轼因"乌台诗案",被贬任黄州（今湖北黄冈）团练副使。其实,苏轼谪居黄州已三年之久,他的心境由最初的心灰意冷逐渐获得自我慰藉和解脱,这首词体现出了苏轼由普通的自然景象得到启示而豁然开朗的心境。

译文悦读

游览蕲水的清泉寺,清泉寺靠近兰溪,溪水向西流淌。

山脚下兰草长出的嫩芽浸泡在溪水中,松林间的沙石路被雨水冲刷得一尘不染,傍晚下起了小雨,杜鹃的啼叫声从松林中传出。

谁说人老了不会再回到少年时代呢？那门前的溪水还在向西流淌,所以不要在老年感叹时光的飞逝啊！

诗词鉴赏

词的上阕主要写清泉寺淡雅的风光和环境。词人选用"兰芽""沙路""暮雨""子规"等典型景物，描绘了一幅清新、明丽的风景画。同时，由山下到松间，由水中到岸上，由地面到天空，随着视线的转移而流动，以淡墨点染山野间的清新景色，色彩淡雅，沁人心脾。

词的下阕承接前文的写景转入议论。词人即景取喻，由门前西流的溪水，联想到人生还能再年少，因此不必为时光流逝、人生短暂而叹息。黄鸡的典故出自白居易的《醉歌示妓人商玲珑》："黄鸡催晓丑时鸣，白日催年酉前没。"白居易表达的是红颜易老，良时不返，而词人偏偏反其道而用之，劝说世人不要因为时光流逝而心灰意冷，吟唱黄鸡催晓的悲伤调子，蕴含了积极的人生理趣。同时，也足以看出词人尽管身处逆境，而仍能保持一种积极向上的达观心态。

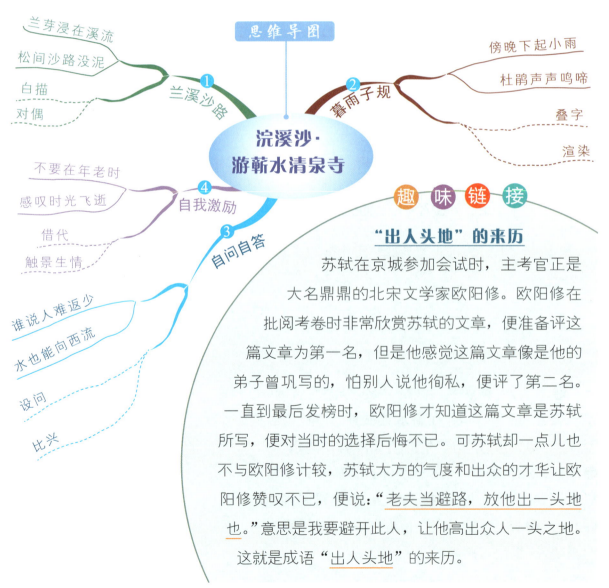

趣味链接

"出人头地"的来历

苏轼在京城参加会试时，主考官正是大名鼎鼎的北宋文学家欧阳修。欧阳修在批阅考卷时非常欣赏苏轼的文章，便准备评这篇文章为第一名，但是他感觉这篇文章像是他的弟子曾巩写的，怕别人说他徇私，便评了第二名。一直到最后发榜时，欧阳修才知道这篇文章是苏轼所写，便对当时的选择后悔不已。可苏轼却一点儿也不与欧阳修计较，苏轼大方的气度和出众的才华让欧阳修赞叹不已，便说："老夫当避路，放他出一头地也。"意思是我要避开此人，让他高出众人一头之地。这就是成语"出人头地"的来历。

"子规"的传说

子规,又称杜鹃鸟、催归。它总是朝着北方鸣叫,六七月时鸣叫最多,昼夜不止,发出的声音极其悲切,犹如盼子回归,所以叫"杜鹃啼归"。

传说古代有一个蜀国的蜀王叫杜宇,号望帝,他为蜀除水患有功,后来被迫禅位,退隐西山。杜宇死的时候,子规鸟日夜啼鸣,人们都以为是杜宇的魂魄化成了子规,所以就称子规鸟为杜宇、望帝。民间还传说,杜鹃鸟总是在快要播种的时候啼鸣,声音像"快快布谷,快快布谷",叫得嘴巴都流出了血,把山坡上的花都染红了,那些花的名字就叫"杜鹃花"。南朝宋文学家鲍照有一首《拟行路难》,诗中有句:"中有一鸟名杜鹃,言是古时蜀帝魂。声音哀苦鸣不息,羽毛憔悴似人髡(kūn,剃光头发)。"

天下十大名泉

从古至今,在中国境内有十大最负盛名的泉水。它们分别是:惠山石泉(江苏无锡)、陆羽泉(江西上饶广教寺内)、谷帘泉(江西庐山)、大明寺泉(扬州大明寺)、招隐泉(庐山三峡桥)、洪崖瀑布(南昌)、淮水源(河南)、白乳泉(蚌埠荆山北)、龙池水(庐山)和兰溪石下水(湖北)。

学而思

一、填空题。

苏轼在诗、书、文、词方面都有极高的造诣,堪称宋代文学最高成就的代表。因此,苏轼享有很多美誉,请你试着完成以下填空。

1. 苏轼与其父苏洵、其弟苏辙合称为"唐宋八大家"中的_____。

2. 因苏轼的散文自然畅达,他与欧阳修合称为_____。

3. 因苏轼的词奔放豪迈,他与辛弃疾合称为_____。

4. 因苏轼的诗题材广阔,清新豪健,他与黄庭坚并称为_____。

5. 因苏轼擅长写行书、楷书,他与黄庭坚、米芾(fú)、蔡襄并称为_____。

二、选择题。

"萧萧暮雨子规啼"中的"萧萧"一词在诗中是指(　　　)。

　A. 萧瑟　　　B. 萧条　　　C. 形容雨声　　　D. 叫声

赠刘景文①

〔宋〕苏 轼

荷尽已无擎雨盖②,

菊残犹有傲霜枝③。

一年好景君须记④,

最是橙黄橘绿时⑤。

写作背景

1090年,苏轼在朝中因反对王安石变法,被贬杭州。当时刘景文在杭州担任两浙兵马都监,这年冬天,苏轼便作此诗送给刘景文,以兹(zī)勉励。

译文悦读

荷叶没了,找不到撑伞的雨盖;菊花枯萎了,却依然傲雪枝头。一年最好的时光劝君一定要牢牢记住,那就是橙子发黄、橘子变绿的时候。

❶**刘景文**:北宋哲宗年间两浙兵马都监,是苏轼的好朋友。 ❷**荷尽**:指荷叶凋谢。**擎**:作动词,有举、向上托的意思。**雨盖**:旧指雨伞,这里喻指荷花。 ❸**菊残**:菊花凋残。**犹**:仍然。**傲霜**:这里比喻菊花不畏严寒,坚强不屈。 ❹**好景**:指好的时光。**须记**:一定要记住。 ❺**橙黄橘绿**:指深秋时节橙子发黄,橘子变绿。这里指秋末冬至,又形容人已步入老年。

诗词鉴赏

上半部分描绘景色。开篇首句写碧绿宽阔的荷叶消失得无影无踪，到哪里去寻求能够遮雨的伞盖，借荷叶的凋谢来形容人到晚年将不得不面对更多的风霜雨雪。次句写已经枯萎的残菊依然挺立在枝头，不怕霜雪的交相侵伐，借傲雪不屈的残菊来形容老年的友人依旧克服各种艰难，为国家在忙碌奔波。

下半部分抒发感慨。第三句劝慰友人一定要牢牢记住一年当中最好的时光，体现出了作者对仍在奔波劳碌的友人的关怀和爱护。最后一句解释一年之中最好时节就是橙子发黄、橘子变绿的时候，表达出了作者将一年之中的深秋时节看得最为庄重。

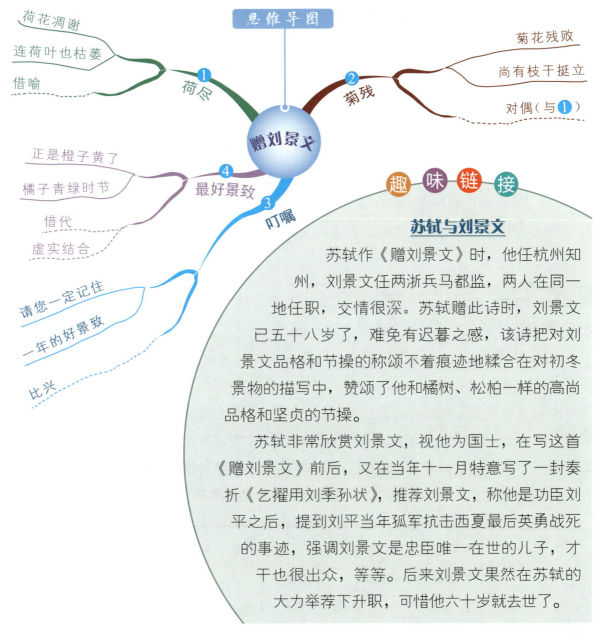

趣味链接

苏轼与刘景文

苏轼作《赠刘景文》时，他任杭州知州，刘景文任两浙兵马都监，两人在同一地任职，交情很深。苏轼赠此诗时，刘景文已五十八岁了，难免有迟暮之感，该诗把对刘景文品格和节操的称颂不着痕迹地糅合在对初冬景物的描写中，赞颂了他和橘树、松柏一样的高尚品格和坚贞的节操。

苏轼非常欣赏刘景文，视他为国士，在写这首《赠刘景文》前后，又在当年十一月特意写了一封奏折《乞擢用刘季孙状》，推荐刘景文，称他是功臣刘平之后，提到刘平当年孤军抗击西夏最后英勇战死的事迹，强调刘景文是忠臣唯一在世的儿子，才干也很出众，等等。后来刘景文果然在苏轼的大力举荐下升职，可惜他六十岁就去世了。

知识拓展

与苏轼有关的成语

苏轼一生创作了许多诗词文章,其中有一些诗文妙语成了后世的成语,如:

雪泥鸿爪　苏轼在任凤翔府判官时,写下了《和子由渑池怀旧》:"人生到处知何似?应是飞鸿踏雪泥。泥上偶然留指爪,鸿飞那复计东西。……""雪泥鸿爪"被概括为众所周知的成语。本指鸿雁走过在泥雪地上留下的足迹。比喻往事留下的痕迹。

河东狮吼　苏轼在《寄吴德仁兼简陈季常》一诗中,开朋友陈季常的玩笑说:"龙丘居士亦可怜,谈空说有夜不眠,忽闻河东狮子吼,拄杖落地心茫然。"因为这首诗,用"河东狮吼"表示惧内,因此这个成语也就千古流传了。"河东"是柳姓的郡望,暗指柳氏。"狮吼"佛家以喻威严。陈季常好谈佛,故苏轼借佛家语以戏之。后用"河东狮吼"比喻妻子妒悍,用来嘲笑惧内的人。

胸有成竹　文与可是北宋画墨竹的名家,与大诗人苏轼交情颇深。苏轼也喜欢画墨竹,曾向文与可求教。文与可在指点苏轼画竹时说:"画竹必先得成竹在胸,执笔熟视,乃见其所欲画者。"苏轼对此深以为然。宋人晁补之也有两句诗:"与可画竹时,胸中有成竹。"这就是"成竹在胸"或"胸有成竹"这一成语的出处。"胸有成竹"的意思是画竹之前心中要先有竹子的形象。后比喻在做事之前心中有全面的谋划打算。

学而思

一、填空题。

1. 这首诗中,"_____"描写了已经枯萎的残菊依然挺立枝头,不怕霜雪的交相侵伐。

2. 这首诗中,"_____,_____"比喻形象贴切,寓意深沉高远,充分表达了一个老人对自身社会地位的肯定,对后世产生深远影响。

二、请给下列诗句选择合适的动物名称,并把选项的序号填在对应括号里。

1. 春眠不觉晓,处处闻啼(　　)。(唐·孟浩然《春晓》)

2. 泥融飞(　　),沙暖睡(　　)。(唐·杜甫《绝句(其二)》)

3. 两岸(　　)声啼不住,轻舟已过万重山。(唐·李白《早发白帝城》)

4. 两个(　　)鸣翠柳,一行(　　)上青天。(唐·杜甫《绝句(其一)》)

A. 燕子　　B. 鸳鸯　　C. 黄鹂　　D. 白鹭　　E. 猿　　F. 鸟

李清照

字　　号	号易安居士
别　　名	李易安
籍　　贯	齐州章丘（今山东济南）
生 卒 年	1084—约1155
誉　　称	千古第一才女
派　　别	婉约词派
主要作品	《一剪梅》《如梦令》《夏日绝句》等

时间轴：盛唐　中唐　晚唐　宋代（←李清照）　元朝　明朝　清朝

　　李清照是北宋著名女词人，被后世誉为"千古第一才女"。她出身于书香门第，生活优裕，父亲李格非曾是大文豪苏轼的学生，母亲是状元王拱辰的孙女。李清照少年时所写的诗词就轰动京师。十八岁时，她与太学生赵明诚在汴梁成婚，两人都致力于金石书画的收集整理。北宋灭亡后，李清照夫妇仓皇南渡，所收集的大量宝贵书籍和字画也毁于战火。南宋建炎三年（1129），赵明诚在逃难中病逝。后来，李清照致力于丈夫的遗作《金石录》的写作，于1143年完成。

　　李清照诗、文、书、画皆通，尤擅长词。她前期的词多是描写闺中的生活情趣及大自然的绮丽风光；后期的词主要抒发伤时念旧和怀乡悼亡的情感，凄凉、深婉。其大量诗篇在战火中遗失，后人将残存部分收集在《漱玉词》中。

名句集锦

◎生当作人杰，死亦为鬼雄。《夏日绝句》
◎争渡，争渡，惊起一滩鸥鹭。《如梦令》
◎莫道不销魂，帘卷西风，人比黄花瘦。《醉花阴》
◎寻寻觅觅，冷冷清清，凄凄惨惨戚戚。《声声慢》
◎云中谁寄锦书来？雁字回时，月满西楼。《一剪梅》

夏日绝句

〔宋〕李清照

生当作人杰❶,

死亦为鬼雄❷。

至今思项羽❸,

不肯过江东❹。

写作背景

靖康二年(1127),金兵入侵中原,俘虏了宋徽宗、宋钦宗两位皇帝。当时,李清照的丈夫赵明诚出任建康知府,因城内发生骚乱,赵明诚仓皇出逃,诗人深深为丈夫的行为感到可耻,途经乌江时,便写下了这首诗。

译文悦读

人活着的时候要去做人中的豪杰,即使死后也要成为鬼魂中的英雄。直到现在人们还在怀念着千年之前的项羽,是因为他宁愿高傲地去死,也不愿卑微地逃回江东。

❶**人杰**:人中的豪杰。 ❷**亦**:也。**鬼雄**:鬼中的英雄。
❸**思**:怀念。**项羽**:即西楚霸王项羽,和刘邦争夺天下,失败后自杀身亡。 ❹**过**:回。
江东:项羽当初和叔叔项梁起兵的地方,又指长江下游地区。

诗词鉴赏

一、二句是诗人对人生价值的阐述和认识。在诗人看来,一个人最重要的是要有洒脱豪放的气概,活着的时候要意气风发,轰轰烈烈,即使死去,也要成为鬼魂中的英雄,这才是顶天立地的男子汉大丈夫所为。

三、四句,诗人采取借古讽今的写作手法,抒发对项羽豪迈志气的怀念之情。其实从深层次看,诗人更多的是在讽喻南宋软弱无能的统治者,希望他们能够像秦末的项羽一样,拿出视死如归的勇气和精神,敢于同金军抗争,绝不屈服。

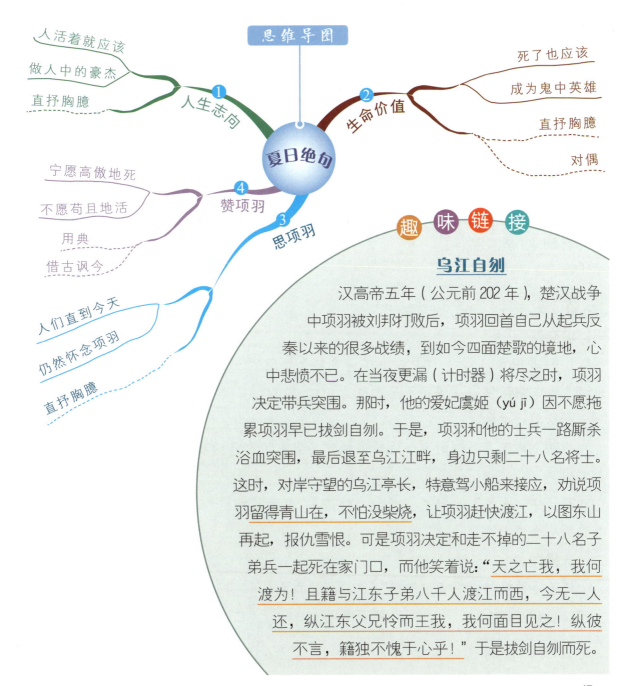

趣味链接

乌江自刎

汉高帝五年(公元前202年),楚汉战争中项羽被刘邦打败后,项羽回首自己从起兵反秦以来的很多战绩,到如今四面楚歌的境地,心中悲愤不已。在当夜更漏(计时器)将尽之时,项羽决定带兵突围。那时,他的爱妃虞姬(yú jī)因不愿拖累项羽早已拔剑自刎。于是,项羽和他的士兵一路厮杀浴血突围,最后退至乌江江畔,身边只剩二十八名将士。这时,对岸守望的乌江亭长,特意驾小船来接应,劝说项羽留得青山在,不怕没柴烧,让项羽赶快渡江,以图东山再起,报仇雪恨。可是项羽决定和走不掉的二十八名子弟兵一起死在家门口,而他笑着说:"天之亡我,我何渡为!且籍与江东子弟八千人渡江而西,今无一人还,纵江东父兄怜而王我,我何面目见之!纵彼不言,籍独不愧于心乎!"于是拔剑自刎而死。

知识拓展

古代对"死亡"的不同说法

"死"是常用字,又是人们不喜欢的字,都想方设法避开。古代对"死"的说法有很多,且有严格的等级区别。按照《礼记》记载:天子死了叫"崩(bēng)",诸侯死了叫"薨(hōng)",大夫死了叫"卒",士死了叫"不禄",没有爵位的庶人(老百姓)才叫"死"。除了这五个等级之外,还有一个泛指的说法叫"殁(mò)"。

◎ **趣辨"死"与"亡"** 二者都可以指生命的终结。区别:"亡"很少单独使用,常构成合成词,如"未亡人";"死"的用法较为灵活,可单独用,也可以构成合成词。另外,"亡"还有逃跑的意思,如"逃亡",也可以指国家的灭亡,如"亡国",而"死"则无此义。

婉约派

"婉约派"是宋词一大流派。婉约,即婉转含蓄。词在五代时期形成了"花间派",词风香软,北宋词家承其余绪,虽然在内容上有所开拓,但仍未脱离婉转柔美之风,故明人以"婉约派"来概括这一类型的词风。其特点主要是内容侧重儿女风情,结构深细缜密,音律婉转和谐,语言圆润清丽,有一种柔婉之美,但内容比较狭窄。代表人物有柳永、李清照等。

学而思

一、填空题。

1. 这是一首_____诗,描写了诗人怀念项羽"_____"的豪迈气概,以此讽喻南宋朝廷偏安一隅、不思进取的_____,表现了自己的_____情怀。

2. 这首诗中的"_____,_____",作者从生和死两个角度入手,对人生的价值和意义提出了自己的看法,成为脍炙人口的千古名句。

3. 诗中"人杰"指张良、萧何、韩信,"鬼雄"指_____。在李清照心中,项羽是一个_____。

二、选择题。

"至今思项羽,不肯过江东"一句,说的是( )的故事。

A. 破釜沉舟　　　B. 四面楚歌　　　C. 乌江自刎

曾几

字　号	字吉甫，号茶山居士
籍　贯	赣州（今江西赣州）
生卒年	1084—1166
派　别	江西诗派
主要作品	《三衢道中》《赠空上人》《南山除夜》等

　　曾几是南宋著名文学家。祖籍在赣州，先人徙居河南府，宋徽宗时因长兄曾弼（bì）得官职。北宋靖康元年（1126）后，曾几在湖北、广西、江西、浙江为官。南宋绍兴八年（1138），南宋与金之战，曾几与其兄曾开反对秦桧与金议和，二人在朝堂上与秦桧激烈争执，结果都被罢官。后来，曾几隐居山野，故号为"茶山居士"。1155年，秦桧病逝，曾几复职，任浙东提刑，不久改任台州知州。

　　曾几学识渊博，勤于政事。其诗多属抒情遣兴、唱酬题赠之作，娴雅清淡；五言、七言律诗讲究对仗自然，气韵疏畅。其学生陆游称其"治经学道之余，发于文章，雅正纯粹。而诗尤工，以杜甫、黄庭坚为宗"。曾几是承转江西诗派诗风的关键人物，对南宋诗坛影响很大，著有《茶山集》。

名句集锦

◎梅子黄时日日晴，小溪泛尽却山行。《三衢道中》
◎绿阴不减来时路，添得黄鹂四五声。《三衢道中》
◎千里稻花应秀色，五更桐叶最佳音。《苏秀道中》
◎江北江南犹断绝，秋风秋雨敢淹留？《寓居吴兴》

16 三衢道中①

〔宋〕曾 几

梅子黄时日日晴②，
小溪泛尽却山行③。
绿阴不减来时路④，
添得黄鹂四五声⑤。

写作背景

诗人是一位旅游爱好者，当他在游览浙江衢州三衢山时，被这里的美景所吸引，于是他写下了这首诗。

译文悦读

梅子成熟时原本是江南阴雨绵绵的季节，可接连是几日的晴天，乘着小舟行到溪流的尽头，再沿着山间的小路缓缓前行。山路上处处绿树成荫，风景和来时一模一样，深林中传来的几声黄鹂清脆的鸣叫声，为山行增添了几分乐趣。

❶**三衢道中：**在去三衢州的路上。三衢，即三衢山，在今浙江衢州常山县。**道中：**路上。 ❷**梅子：**南方一种植物的果实，味道鲜美。**黄时：**指梅子成熟的季节。 ❸**小溪：**小河沟。**泛尽：**乘船走到尽头。泛，乘船。尽，尽头。**却山行：**再走田间的山路。却，再。 ❹**绿阴：**树荫。**不减：**这里指差不多，没有减少。 ❺**黄鹂：**一种鸣禽，叫声响亮婉转。

诗词鉴赏

首句描写的是江南梅雨季节的景象，诗中的"梅子黄时"恰到好处地点明了诗的时节所在，而一个"晴"字则表明了当时的天气状况。在江南的梅雨季节中，很少能够出现晴天，所以诗人一连遇上几个大晴天，心情自然为之一振。次句写诗人晴天外出旅行的情景。诗人乘舟泛溪而行，到了小溪的尽头，又改走山路，一路走来，游兴愈浓。"却"字一转，道出了诗人高涨的游兴。

三、四句，诗人重点描写山路的所见所闻。在这晴朗的天气中，四周的景色也变得有趣、迷人，处处绿树成荫，时时黄鹂鸣叫，诗人感受到这种幽静，其舒畅和喜悦之情也得以显露。

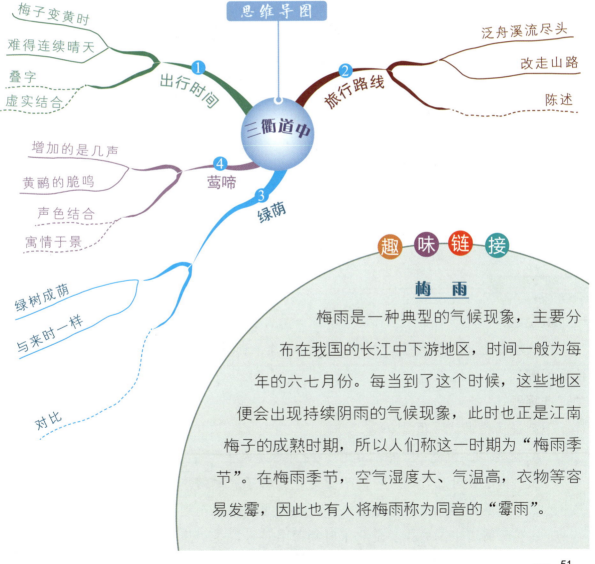

趣味链接

梅雨

梅雨是一种典型的气候现象，主要分布在我国的长江中下游地区，时间一般为每年的六七月份。每当到了这个时候，这些地区便会出现持续阴雨的气候现象，此时也正是江南梅子的成熟时期，所以人们称这一时期为"梅雨季节"。在梅雨季节，空气湿度大、气温高，衣物等容易发霉，因此也有人将梅雨称为同音的"霉雨"。

知识拓展

"衣"中藏乾坤

"衣"古字的整体像一件古代上衣的轮廓(kuò)图,上为衣领,两侧的开口处为衣袖,中间是交衽(rèn)的衣襟(jīn)。所以,"衣"的本义为上衣。凡含有"衣"的字,大多与衣服和布匹有关,如"初、衬、衫、裘(qiú)、表"等。

在古汉字中,"衣"字中包含部件组成的字是十分有趣的,现简要说明如下:

在"衣"中加"果"变成了"裹"字。本义为(用纸、布或其他片状或条状物)缠、包。

在"衣"中加"中"变成了"衷"字。本义为贴身穿的内衣。

在"衣"中加"保"变成了"褒"字。本义为衣襟宽大。夸赞、赞扬是假借义。

在"衣"中加"口"变成了"哀"字。本义为悲伤、悲痛。

小朋友,你还知道在"衣"中加什么字变成新字?请写在下面的横线上。

_____

学而思

一、填空题。

诗人在路上不但见到了_____的景象,而且听到了_____的鸣叫声,景致真好啊!

二、选择题。

下列说法错误的一项是(　　)。

A. 诗题"三衢道中"中"道中"的意思是路上

B. "梅子黄时日日晴"中的"黄时"指梅子成熟的季节

C. "小溪泛尽却山行"中"泛尽"的意思是乘船走到尽头

D. 《三衢道中》的作者是北宋时期著名诗人,是"唐宋八大家"之一

陆游

字　号	字务观，号放翁
籍　贯	越州山阴（今浙江绍兴）
生卒年	1125—1210
地　位	"中兴四大诗人"之一
主要作品	《示儿》《关山月》《卜算子·咏梅》等

　　陆游是南宋著名文学家、史学家、爱国诗人。他出身于江南藏书世家，从小勤奋好学，特别喜欢攻读兵书，学练剑术。父亲陆宰精通诗文、有节操，常与友人谈论国家民族兴亡之事，对陆游产生了潜移默化的影响。因此，陆游很早就立下了"上马击狂胡，下马草军书"的报国壮志。高宗绍兴二十三年（1153），陆游参加科举，得进士第一，但因遭奸相秦桧的忌恨而未被录取。1155年秦桧病逝，陆游初入仕途。后来，他三年三次上书献策北伐，三次被贬。七十七岁时，又被召入京编修国史。1210年，八十五岁的陆游在老家绍兴与世长辞。

　　陆游是个丰产作家，尤其擅长诗歌，现存有9300多首，此外还有散文、词、书法作品流传于世。朱熹说："放翁老笔尤健，在当今推为第一流。"后人誉南宋诗坛可称大家者仅陆游一人。他的诗饱含深沉的爱国热情，读之令人荡气回肠。

名句集锦

◎王师北定中原日，家祭无忘告乃翁。《示儿》
◎楼船夜雪瓜洲渡，铁马秋风大散关。《书愤》
◎山重水复疑无路，柳暗花明又一村。《游山西村》
◎零落成泥碾作尘，只有香如故。《卜算子·咏梅》
◎夜阑卧听风吹雨，铁马冰河入梦来。《十一月四日风雨大作》

扫码听音频

17 示儿①

〔宋〕陆 游

死去元知万事空②,
但悲不见九州同③。
王师北定中原日④,
家祭无忘告乃翁⑤。

写作背景

这首诗写于宋宁宗嘉定三年(1210),是诗人的绝笔诗。当时已经八十五岁的诗人一病不起,于是他在临终前,给儿子们留下了这首激励人心的诗作。

译文悦读

我原本就知道人在去世之后就应当无牵无挂了,但是因为不能亲眼看到祖国的统一,所以我才为此感到万分的悲伤。朝廷的军队向北方进发并收复中原的时候,你们在祭祀祖先时,一定不要忘记把这个好消息告诉我啊。

❶**示儿**:给儿子们看。示,给人看。
❷**元知**:原本知道。元,同"原",本来,原来。**万事空**:什么都没有了。
❸**但**:仅,只是。**悲**:悲伤。**见**:看见。**九州**:代指中国。**同**:统一。 ❹**王师**:这里指南宋朝廷的军队。**北定**:平定北方。**中原**:指淮河以北被金人侵占的地区。
❺**家祭**:家庭举行的祭祀。**无忘**:不要忘记。无,通"毋",指不要。**乃翁**:你的父亲,指诗人陆游自己。乃,你,你的。翁,指父母。

诗词鉴赏

一、二句描写的是诗人临死之前未了的心愿。诗人是一位具有乐观旷达精神的人士，他知道人死后万事皆空的道理，但即使这样，他依然放不下祖国未能统一的现实，因此才悲从中来。一个"悲"字，正是全诗的情感基调，蕴含诗人情真意切的爱国情怀。

三、四句，诗人嘱托儿子们，如果有朝一日国家能够统一，一定要在祭拜祖先时告诉九泉之下的他。这里既有诗人对祖国统一的热切期盼和坚定信念，也有对祖国未来命运的美好期许，其激越慷慨的情怀令人感动。

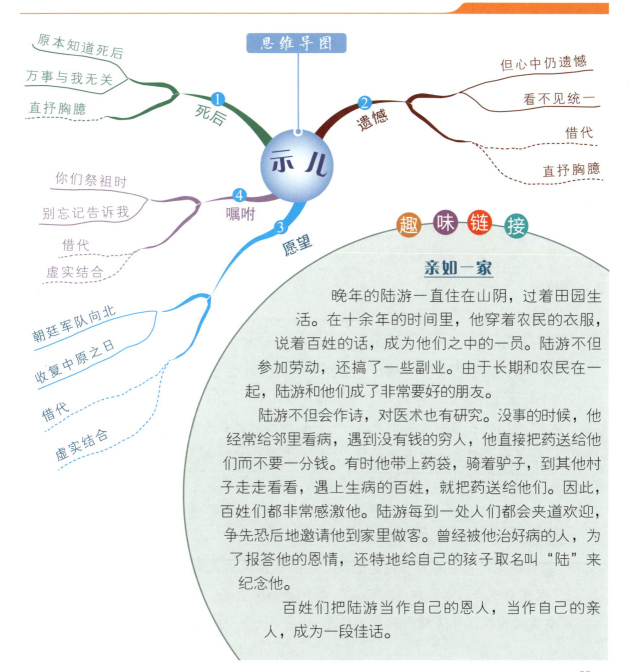

趣味链接

亲如一家

晚年的陆游一直住在山阴，过着田园生活。在十余年的时间里，他穿着农民的衣服，说着百姓的话，成为他们之中的一员。陆游不但参加劳动，还搞了一些副业。由于长期和农民在一起，陆游和他们成了非常要好的朋友。

陆游不但会作诗，对医术也有研究。没事的时候，他经常给邻里看病，遇到没钱的穷人，他直接把药送给他们而不要一分钱。有时他带上药袋，骑着驴子，到其他村子走走看看，遇上生病的百姓，就把药送给他们。因此，百姓们都非常感激他。陆游每到一处人们都会夹道欢迎，争先恐后地邀请他到家里做客。曾经被他治好病的人，为了报答他的恩情，还特地给自己的孩子取名叫"陆"来纪念他。

百姓们把陆游当作自己的恩人，当作自己的亲人，成为一段佳话。

家 祭

家祭是古人在家庙内祭祀祖先或家族守护神的礼仪。唐代时就有专人制定家祭礼仪,相沿施行。宋代陆游《示儿》诗中有两句:"王师北定中原日,家祭无忘告乃翁。"家祭在不同朝代、不同地区有不同的时间与形式。

中元节 农历七月十五,家家户户普遍举行家祭,设香案,摆供品,焚纸钱。

中秋节 农历八月十五,人们重视合家团圆,设宴赏月,面对良辰美景,自然怀念祖先,故在家宴之前,也设香案,列供品,焚纸衣,遥祭祖先,然后家人再饮宴赏月。

除夕 合家团圆之时,以鸡鸭肉祭祀祖先。烧纸钱,摆供品,全家一起祭拜,态度极其虔诚。

学而思

一、填空题。

1. "死去元知万事空"中的"元"字同"＿＿＿"字,意思是＿＿＿＿＿＿。
2. 诗中表明诗人临终前遗憾的诗句是"＿＿＿＿＿＿＿＿＿＿"和"＿＿＿＿＿＿＿＿＿＿"。

二、选择题。

1. 下列加点字读音不正确的一项是(　　　)。
   A. 但悲不见九州同 (zhōu)　　　B. 家祭无忘告乃翁 (jì)
   C. 家祭无忘告乃翁 (wēn)　　　D. 死去元知万事空 (zhī)
2. "王师北定中原日"中的"中原"指的是(　　　)。
   A. 淮河以南被金人侵占的地区　　B. 淮河以北被金人侵占的地区
   C. 长江以北被金人侵占的地区　　D. 山东以北被金人侵占的地区
3. 这首诗反映了诗人对恢复国土抱着(　　　)的思想。
   A. 顺其自然　　　B. 极度失望　　　C. 乐观希望

三、判断题。(对的打"√",错的打"×")

1. 这首诗是杜甫临终前写的,表现了他忧国忧民的高尚情操。(　　　)
2. "家祭无忘告乃翁"中的"乃翁"指的是诗人自己。(　　　)
3. 这首诗表现了作者强烈的爱国情感。(　　　)

扫码听音频

18

秋夜将晓出篱门迎凉有感❶（其二）

〔宋〕陆 游

三万里河东入海❷，

五千仞岳上摩天❸。

遗民泪尽胡尘里❹，

南望王师又一年❺。

写作背景

这首诗写于宋光宗绍熙三年（1192）的秋天。当时诗人已经六十八岁，一直在山阴老家居住。平静的生活难以使诗人的心情安定下来，他惦念着中原沦陷区的民众，夜不能眠，于是在天明之前，走出家门，以悲愤的心情写下了这首诗。

译文悦读

万里迢迢的黄河水汹涌澎湃，向东一直奔流到大海，数千丈高的华山直入云霄，仿佛和苍天连接在一起。那些身在沦陷区的百姓们，在金军铁骑的压迫下早已流干了泪水，他们日日盼望着南宋王朝的军队能够收复失地，等了一年又一年。

---

❶**将晓**：天将要亮。晓，天亮。**篱门**：篱笆的门。**迎凉**：迎着凉风。凉，这里指凉风。**感**：感想。　❷**三万里**：长度单位，虚数，形容很长。**河**：即黄河，古代的河一般专指黄河。❸**仞**：古代的长度单位，七尺或八尺为一仞。　❹**遗民**：指被金军占领沦陷区内的宋人。**泪尽**：眼泪都流干了，形容十分痛苦、悲惨。　❺**南望**：向南眺望。**王师**：指南宋朝廷的军队。

诗词鉴赏

一、二句描写的是壮丽无比的祖国山川美景。诗人运用夸张的修辞手法，以奔腾不息的黄河和高耸入云的华山为切入点，让人们感受到了祖国大地雄伟博大的壮美风采，更是诗人对祖国热爱情感的体现。

三、四句，诗人笔锋一转，从慷慨激昂转入了深沉伤感的情调。在诗人的眼中，如此美丽的山河，却被胡人占领，那些处于沦陷区的百姓生活在水深火热之中，因此"泪尽"一词深刻描写了百姓所遭受的压迫和苦难；而"又一年"则写出了百姓年复一年对国家军队的期盼与失望之情，这里既有诗人对沦陷区百姓的深切同情，也有对南宋朝廷偏安一隅、不肯努力振作的深深讽刺。

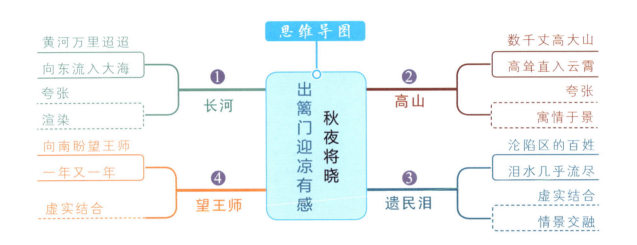

学而思

一、填空题。

1. 这首诗中的"河"指_____，"岳"指_____，"遗民"指_____，"王师"指_____。

2. 诗中运用了夸张的修辞手法，表达了诗人对祖国大好河山的热爱和赞美之情，其诗句是"_____，_____"。

二、选择题。

下列诗句朗读节奏不正确的是（　　）。

A. 三万里河/东/入海　　B. 五千仞岳/上/摩天

C. 遗民/泪尽/胡尘/里　　D. 南望/王师/又一/年

范成大

字　　号	字至能，号石湖居士
别　　名	范明州、范参政、范文穆
籍　　贯	平江吴县（今江苏苏州）
生 卒 年	1126—1193
主要作品	《四时田园杂兴·六十首》《田舍》等

时代：盛唐、中唐、晚唐、宋代（范成大）、元朝、明朝、清朝

范成大是南宋名臣、文学家。他幼年聪慧，十二岁遍读经史，十四岁开始创作诗文。1154年考中进士，官至吏部员外郎。1170年奉旨出使金国，不辱使命，迫使金国退还宋钦宗遗骨。淳熙二年（1175）范成大任四川制置使，主政四川，击败吐蕃、青羌对四川的侵扰，稳定了南宋在长江上游的局势。六十八岁那年，他在石湖病逝，谥号为"文穆"，故后世称为"范文穆"。

范成大继承了白居易的新乐府思想，文学创作具有现实主义的风格。他在诗、词、赋、文和书法方面的造诣都很高，并与杨万里、陆游、尤袤并称为南宋"中兴四大诗人"。其诗作题材丰富，风格多样，以反映农村社会生活图景的田园诗成就最高。流传后世的著作有《石湖集》《揽辔录》《吴船录》等。

名句集锦

◎料峭轻寒结晚阴，飞花院落怨春深。《晚步西园》
◎蝴蝶双双入菜花，日长无客到田家。《晚春田园杂兴》
◎梅子金黄杏子肥，麦花雪白菜花稀。《四时田园杂兴（其二十五）》
◎日长篱落无人过，惟有蜻蜓蛱蝶飞。《四时田园杂兴（其二十五）》
◎童孙未解供耕织，也傍桑阴学种瓜。《四时田园杂兴（其三十一）》

19 四时田园杂兴❶（其二十五）

〔宋〕范成大

梅子金黄杏子肥❷，
麦花雪白菜花稀❸。
日长篱落无人过❹，
惟有蜻蜓蛱蝶飞❺。

写作背景

范成大晚年退居家乡后，他把文笔对准了山野乡村和农民，一连创作了六十首田园诗，真实地反映了南宋农村的生活场景，合称为《四时田园杂兴》，分为春日、晚春、夏日、秋日、冬日五个部分，每个部分十二首。本诗是夏日的第一首，是六十首中的第二十五首。

译文悦读

满树的梅子果实都成熟了，一片金黄，杏子也越长越饱满；颜色雪白的荞麦花一眼望不到边，油菜花在这个时候却有些凋零稀疏了。白天的时间变长了，农夫们在田地里忙着打理着庄稼，中午时分也不回家，所以篱笆门前没有人走动，只有那些可爱的蜻蜓和蝴蝶在翩翩飞舞。

---

❶四时：指春、夏、秋、冬四个季节。田园：这里泛指农家生活。杂兴：有感而发，随事吟咏的诗篇。 ❷梅子：梅树的果实，夏季成熟，可以食用。肥：果肉饱满。 ❸麦花：荞麦花。菜花：油菜花。稀：稀疏。 ❹日长：指夏日白天的时间很长。篱落：即篱笆。 ❺惟有：只有。蛱蝶：菜粉蝶。飞：飞舞。

诗词鉴赏

一、二句，诗人从视觉角度描写。他选取农村生活中极为常见的景物，如梅子、杏子、麦花以及油菜花；并使用符合各自特征和浓烈色彩的词语，如"金黄""肥""雪白""稀"，描摹出了一幅美丽丰收的农村田园画卷，读后令人产生向往之情。

三、四句，诗人描写了农村夏忙的场景。在这样一个丰收的季节里，劳动人民都下地劳作，整个村庄显得空阔寂寥，所以用"无人过"一词来形容恰如其分；尤其是诗末"蜻蜓蛱蝶飞"，从昆虫的角度入手，更加突出了整个村庄的幽静和安宁，画面感空灵活泼。

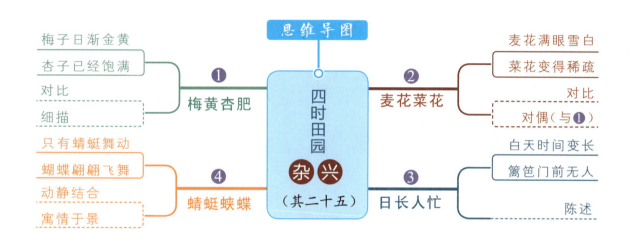

学而思

一、填空题。

1. 这是一首_____诗，诗人通过描写农村田园所特有的景物，表达了对美好田园生活的喜爱和赞美之情。

2. 这首诗中，诗人运用动静结合的手法，从侧面表现了农村的夏忙场景，其诗句是"_____，_____"。

二、选择题。

1. "长"字是多音字。"日长篱落无人过"中的"长"应该读作（　　）。

    A. cháng　　　　　B. zhǎng

2. 下列说法错误的一项是（　　）。

    A. 诗题"四时田园杂兴"中，"杂兴"的意思是杂乱的兴趣。

    B. "梅子金黄杏子肥"中的"肥"意思是饱满。

    C. "日长篱落无人过"中的"日长"是指夏日白天的时间很长。

20 四时田园杂兴[1]（其三十一）

〔宋〕范成大

昼出耘田夜绩麻[2]，
村庄儿女各当家[3]。
童孙未解供耕织[4]，
也傍桑阴学种瓜[5]。

写作背景

范成大晚年退居家乡后，他把文笔对准了山野乡村和农民，一连创作了六十首田园诗，真实地反映了南宋农村的生活场景，被合称为《四时田园杂兴》，分为春日、晚春、夏日、秋日、冬日五个部分，每个部分十二首。本诗是夏日的第七首，是六十首中的第三十一首。

译文悦读

白日里在农田中辛勤地锄草，夜里编织麻绳纺织麻线，村子里的男男女女都快乐地劳作，维持着家中的生活。那些小小的孩童们，虽然不懂得耕田织布这种大人的劳作，但是他们也在桑树的树荫下面学着种瓜。

---

[1] 兴：诗歌的表现方法之一。 [2] 昼：白天，与"夜"相对。耘田：除去田里的杂草。耘，除草。 绩：把麻搓成线。 [3] 当家：从事农业生产，维持生计。 [4] 童孙：这里泛指儿童。 未解：不明白，不懂得。供：从事，参加。 [5] 傍：靠近。桑阴：桑树的树荫。

诗词鉴赏

一、二句描写的是农民们的劳作场景。"昼"和"夜"点明了他们日夜辛苦劳作不停的状况;"耘"和"绩"则是农家劳作内容的主要方面。一家如此,一村也是如此。诗中"村庄儿女"中的"儿女",是指村子里的成年男女,反映了他们热火朝天的劳作场面。

三、四句,诗人描写的角度从成人转移到了孩童。他们虽然年幼,也不太懂得农家生产之事,但也不肯闲着,学着大人的样子在树荫下忙着种瓜。这样的描写角度,深深地抓住了孩童好奇、天真、善于模仿的天性,展现了他们童真童趣的一面,读来令人会心一笑。

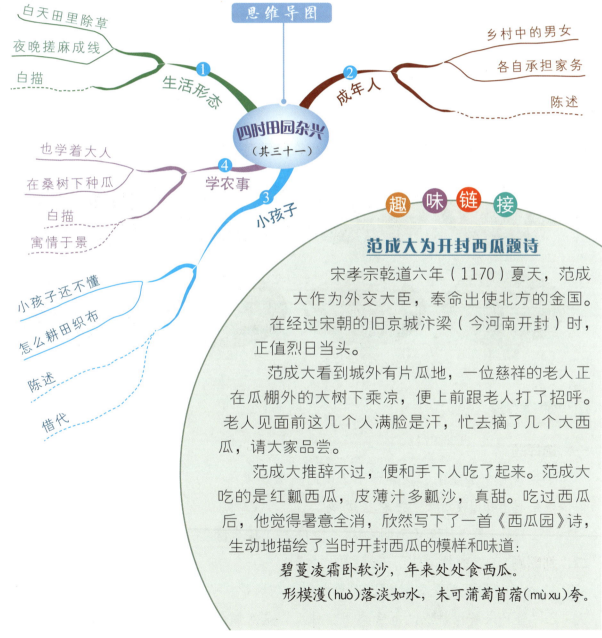

范成大为开封西瓜题诗

宋孝宗乾道六年(1170)夏天,范成大作为外交大臣,奉命出使北方的金国。在经过宋朝的旧京城汴梁(今河南开封)时,正值烈日当头。

范成大看到城外有片瓜地,一位慈祥的老人正在瓜棚外的大树下乘凉,便上前跟老人打了招呼。老人见面前这几个人满脸是汗,忙去摘了几个大西瓜,请大家品尝。

范成大推辞不过,便和手下人吃了起来。范成大吃的是红瓤西瓜,皮薄汁多瓤沙,真甜。吃过西瓜后,他觉得暑意全消,欣然写下了一首《西瓜园》诗,生动地描绘了当时开封西瓜的模样和味道:

碧蔓凌霜卧软沙,年来处处食西瓜。

形模濩(huò)落淡如水,未可蒲萄苜蓿(mù xu)夸。

知识拓展

"瓜"与"果"的区别

"瓜"字的甲骨文像藤蔓(téng wàn)和果实自然下垂的样子,下边的三个圆圈表示果实。"瓜"义为瓜类,即蔓生植物,叶子掌状,花多为黄色,如"顺藤摸瓜"(顺着瓜藤去寻找瓜。比喻按已有的线索去探求,以获得更多的收获)。

"果"字的甲骨文像一棵结满果实的树,上边的圆圈表示果实,下边的部分表示树干。所以"果"的本义为果实,即植物的花受精后,子房发育长成的东西。

综上,"瓜"是指藤蔓上结的果实;"果"是指树上结的果实。

下列瓜果中哪种是瓜,哪种是果?现在你清楚了吗?

学而思

一、选择题。

下列诗句中加点字、词解释不正确的一项是(　　)。

A. 昼出耘田夜绩麻(把麻搓成线)　　B. 村庄儿女各当家(从事农业生产)

C. 童孙未解供耕织(不明白,不懂得)　　D. 也傍桑阴学种瓜(傍晚)

二、判断题。(对的打"√",错的打"×")

1. 这首诗描写的是农村秋日生活中的一个场景。(　　)

2. "童孙未解供耕织,也傍桑阴学种瓜"是对偶句。(　　)

盛唐	
中唐	
晚唐	
宋代	◀ 杨万里
元朝	
明朝	
清朝	

杨万里

字　　号	字廷秀，号诚斋
籍　　贯	吉州吉水（今江西吉水）
生 卒 年	1127—1206
派　　别	山水田园派
主要作品	《竹枝歌》《小池》《插秧歌》等

　　杨万里是南宋著名文学家、爱国诗人。高宗绍兴二十四年（1154），他考中进士，担任南宋政府地方官吏。1167年，他写下了《千虑策》，共三十篇，总结了北宋灭亡的教训，引起朝野震动。后来，他因在江西奉新县治理有功，被提拔进南宋朝廷，官至尚书省右司郎中。杨万里为官清正廉洁，不扰百姓，不贪钱物。诗人徐玑称赞他"清得门如水，贫惟带有金"，这正是诗人清贫一生的真实写照。他力主抗金，反对屈膝议和，爱国之情溢于言表。

　　杨万里和陆游、尤袤、范成大并称为"南宋四大家""中兴四大诗人"。他的诗歌大多以描写山川自然景物为主，语言清新活泼，富有幽默情趣，被称为"诚斋体"。他作诗两万余首，现仅存四千二百多首，都收录在杨万里本人编撰的《诚斋集》中。

名句集锦

◎小荷才露尖尖角，早有蜻蜓立上头。《小池》
◎儿童急走追黄蝶，飞入菜花无处寻。《宿新市徐公店》
◎敲成玉磬穿林响，忽作玻璃碎地声。《稚子弄冰》
◎月子弯弯照九州，几家欢乐几家愁。《竹枝歌》
◎接天莲叶无穷碧，映日荷花别样红。《晓出净慈寺送林子方》

21 小池

〔宋〕杨万里

泉眼无声惜细流❶，

树阴照水爱晴柔❷。

小荷才露尖尖角❸，

早有蜻蜓立上头❹。

写作背景

杨万里晚年因坚持抗金而遭陷害，故愤怒辞官归乡。1177年，杨万里到常州任知州，有感于当地风景优美、民风淳朴，便创作了这首诗。

译文悦读

无声的泉眼仿佛十分珍爱流出的涓涓细流，树影倒映在水面上，好像是喜欢晴日中柔和温暖的风光。池塘中小小的荷叶才刚露出了嫩绿的尖尖角，早已有蜻蜓飞落在上面了。

❶泉眼：泉水的出口。惜：爱惜，舍不得。细流：细小的流水。 ❷照水：倒映在水面上。晴柔：晴天里柔和的风光。 ❸小荷：初生的嫩荷叶。才：刚刚。露：露出。尖尖角：嫩绿的尖角。 ❹立：站立，停留。上头：顶端，上面。

诗词鉴赏

一、二句,诗人巧妙地使用了"无声""细流""树阴照水"等轻灵细柔的词语,向读者展示出了宁静优美的池塘美景。而一个"惜"字,写活了美景独特的风韵,泉眼本无知无觉,但因"惜"字的妙用,它被赋予了人的情感,溪流才静静地流淌。这一点与下文中的"爱"字相对应,都是拟人的修辞手法,赋予了物体以灵动的生命,因此极大地提高了诗的意境和风韵,让人无形中感受到宁静池塘的静谧、轻柔之美。

三、四句,诗人的观察更为细微,将目光投向了池塘中嫩绿的荷叶。一个"立"字,生动形象地展现了蜻蜓和荷叶之间的亲密关系,场景动静结合,相映成趣,极富层次感。

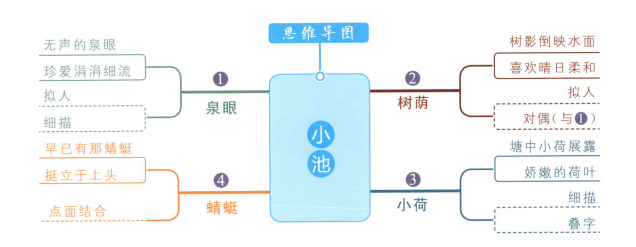

学而思

一、填空题。

这首诗分别描写了小池中＿＿＿＿、＿＿＿＿、＿＿＿＿、＿＿＿＿四种景物,并用＿＿＿＿、＿＿＿＿、＿＿＿＿、＿＿＿＿四个动词把四种景物刻画得生动逼真。

二、选择题。

1. 这首诗描写了下面哪个时节的景象?(　　)

   A.春季　　B.夏季　　C.秋季　　D.冬季

2. 下列诗句朗读节奏不正确的是(　　)。

   A.泉眼／无声／惜／细流　　B.树阴／照水／爱／晴柔

   C.小荷／才露／尖尖／角　　D.早有／蜻蜓／立上／头

晓出净慈寺送林子方①

〔宋〕杨万里

毕竟西湖六月中②，
风光不与四时同③。
接天莲叶无穷碧④，
映日荷花别样红⑤。

写作背景

1187年夏，林子方奉命去福州上任，他喜出望外，认为以后可以飞黄腾达。此时的杨万里是林子方的上级，他见林子方如此浮躁，于是在送行时写诗两首予以劝诫。本诗是其中的第二首，意在劝阻好友不要去那里上任。

译文悦读

毕竟是六月时节的西湖啊，美丽动人的风景和其他的季节格外不同。嫩绿青翠的荷叶一眼望不到尽头，好像和蓝色的天空连接在一起；骄阳照耀下盛开的荷花，显得如此的娇艳诱人。

① **晓**：太阳刚刚升起的时候。**净慈寺**：全名是"净慈报恩光孝禅寺"，杭州西湖附近的名寺。**送**：送别。**林子方**：诗人的朋友。　② **毕竟**：到底，终究。　③ **四时**：指春、夏、秋、冬四季。这里指六月以外的其他时节。**与**：和，同。　④ **接天**：与天空相接。**碧**：青绿色。　⑤ **映日**：太阳映照。**别样**：特别，不同一般。

诗词鉴赏

一、二句描写了送别友人的时间和地点。西湖的六月在炎炎的夏日下，又有怎样一番动人的景象呢？诗人由此出发，以"不与四时同"为描写角度，极大地调动了读者的好奇心。

三、四句，诗人将描写的视角集中在两个方面：一是无边无际碧绿的荷叶，一是红艳娇美的荷花。为了表现它们所呈现的勃勃生机，诗人巧妙地使用了"接天"和"映日"两个形象生动的词语，令人读后眼界大开，眼前仿佛浮现出荷叶层层叠叠以及荷花娇艳诱人的场景，画面扑面而来，直入脑际。

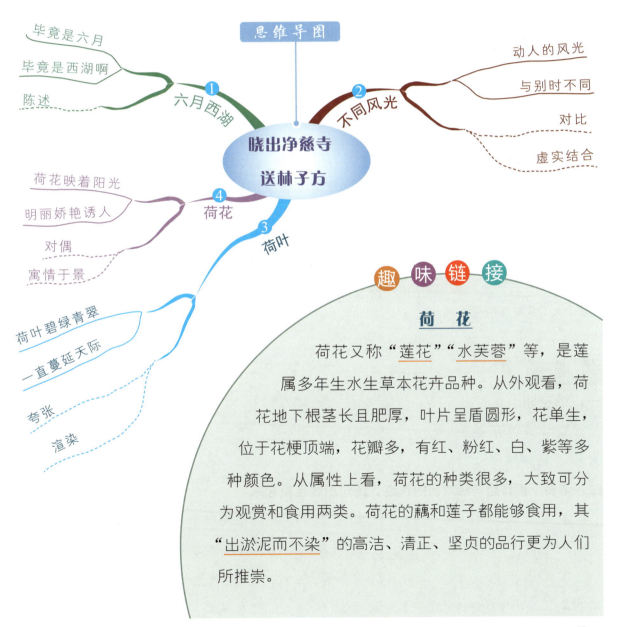

趣味链接

荷 花

荷花又称"莲花""水芙蓉"等，是莲属多年生水生草本花卉品种。从外观看，荷花地下根茎长且肥厚，叶片呈盾圆形，花单生，位于花梗顶端，花瓣多，有红、粉红、白、紫等多种颜色。从属性上看，荷花的种类很多，大致可分为观赏和食用两类。荷花的藕和莲子都能够食用，其"出淤泥而不染"的高洁、清正、坚贞的品行更为人们所推崇。

知识拓展

古人是怎样送行的?

古代交通十分不便,亲朋好友一旦远走,就要隔很长时间才能再次见到,所以古人对送别特别重视。

古人告别时间的长短,是由朋友之间的亲密程度及朋友要去的地方来决定。像在《送元二使安西》这首诗里,元二要去很远的安西,王维送了六十多里,他们在驿站住了一晚,第二天才依依不舍地分开。

古代的送别方式有多种,现列举如下:

折柳送别 因"柳"与"留"谐音,所以,古人"折柳送别",以示不舍、挽留。

吟诗送别 依依惜别的感情要怎么表达呢?对诗人来说,当然是写诗。古代诗人几乎都写过送别诗,李白一个人就写了大约一百四十首,因为他的朋友圈人很多。

攀花送别 "攀花"是指采折花草。因古人喜欢攀花弄草,所以,"攀花送别"是唐代流行的送别习俗。宋代王安石《杖策》诗中就有:"杖策窥园日数巡,攀花弄草兴常新。"

送花并不一定就是送桐花,梅花、牡丹、山茶花、桃花、杏花、樱花也是诗人选取的对象,甚至不知名的野花只要随手可摘,都可以送。如唐代诗人元稹曾用樱花送别,他也曾折牡丹花送别⋯⋯

饯饮送别 在朋友即将分离之时,在一起聚餐饮酒,也是古代最为常见的一种送别方式,并流传至今。如唐代诗人王维的《送元二使安西》中有:"劝君更尽一杯酒,西出阳关无故人。"

唱歌送别 古人送别时还有唱歌的,这也代表着对远行人的祝福。流传最久的送别歌曲,就是王维的《送元二使安西》。这首诗配上曲子,被人唱了一遍又一遍,流传到后来就成了著名的《阳关三叠》。又如李白的《赠汪伦》诗:"李白乘舟将欲行,忽闻岸上踏歌声。桃花潭水深千尺,不及汪伦送我情。"

学而思

一、填空题。

这首诗的诗句"＿＿＿＿＿＿＿＿,＿＿＿＿＿＿＿＿"采用夸张的修辞方法来描写西湖美景。

二、请将下面诗题与相对应的作者、诗句用线连接起来。

1.《春晓》　　　　　　　A.杨万里　　a.少小离家老大回,乡音无改鬓毛衰。

2.《回乡偶书》　　　　　B.杜 牧　　b.停车坐爱枫林晚,霜叶红于二月花。

3.《山行》　　　　　　　C.贺知章　　c.接天莲叶无穷碧,映日荷花别样红。

4.《晓出净慈寺送林子方》　D.孟浩然　　d.夜来风雨声,花落知多少?

宿新市徐公店（其二）❶

〔宋〕杨万里

篱落疏疏一径深❷，
树头新绿未成阴❸。
儿童急走追黄蝶❹，
飞入菜花无处寻❺。

写作背景

1167年，杨万里居丧期满后回京上任，追随丞相虞允文，志得意满。当时新市离南宋京城杭州不远，是南宋酿酒中心之一，文风鼎盛，杨万里常去新市痛饮。一天，他大醉后投宿徐公店，醒来后便写诗两首。本诗是其中的第二首。

译文悦读

稀疏的篱笆旁，有一条小路伸向远方，小路旁边树上的花都已经凋落了，而新叶刚刚长出来，还没有形成树荫。一只黄色的蝴蝶引得儿童急慌慌地追赶，但那只蝴蝶飞入油菜花中再也找不到了。

❶宿：住宿，过夜。新市：地名，今浙江德清县新市镇，以酿酒闻名。徐公店：姓徐的人家开的酒店。公，古代对男子的尊称。❷篱落：篱笆环绕的院落。篱，篱笆。疏疏：稀疏。一径：一条小路。径，小路。深：距离远。❸树头：树枝头或梢。末：没有。阴：树下的阴影。❹急走：奔跑，快跑。走，跑。追：追赶。黄蝶：黄色的蝴蝶。❺菜花：油菜花。无处：没有地方。寻：寻找。

诗词鉴赏

上半部分描绘了乡村生活的宁静。开篇首句写稀稀落落的篱笆外一条小路弯弯曲曲地通向远方，让人领悟出当地民风淳朴，社会秩序良好。次句写树上的花朵已纷纷飘落，但新生的枝芽还不是很茂密，所以树下也没有形成阴暗的树荫。寥寥几笔便展现出了暮春时节的风景，让人仿佛看到植物的枝叶正在阳光下茁壮成长。

下半部分描绘蝴蝶的飞舞和儿童的活泼。第三句写一群儿童争先恐后地追赶一只翩翩起舞的黄色蝴蝶。最后一句写那只蝴蝶非常聪明，飞进跟自己颜色一样的油菜花地，让儿童们再也找不见了，显示出了蝴蝶的善飞、智慧以及儿童们的气急败坏，让人看后忍俊不禁。

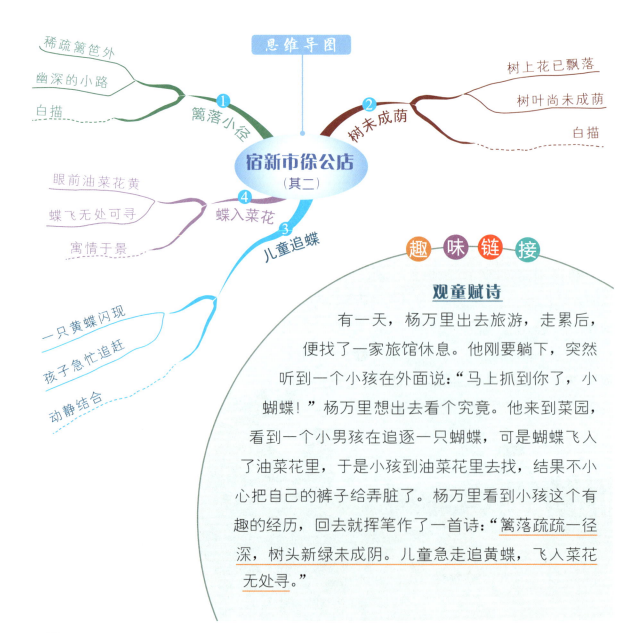

思维导图

- 篱落小径①：稀疏篱笆外／幽深的小路／白描
- 树未成荫②：树上花已飘落／树叶尚未成荫／白描
- 儿童追蝶③：一只黄蝶闪现／孩子急忙追赶／动静结合
- 蝶入菜花④：眼前油菜花黄／蝶飞无处可寻／寓情于景

中心：宿新市徐公店（其二）

趣味链接

观童赋诗

有一天，杨万里出去旅游，走累后，便找了一家旅馆休息。他刚要躺下，突然听到一个小孩在外面说："马上抓到你了，小蝴蝶！"杨万里想出去看个究竟。他来到菜园，看到一个小男孩在追逐一只蝴蝶，可是蝴蝶飞入了油菜花里，于是小孩到油菜花里去找，结果不小心把自己的裤子给弄脏了。杨万里看到小孩这个有趣的经历，回去就挥笔作了一首诗："篱落疏疏一径深，树头新绿未成阴。儿童急走追黄蝶，飞入菜花无处寻。"

知识拓展

"走"和"奔"的前世之别

你看,"走"和"奔"的金文,上面都像一个人甩开两臂快走的样子。不同的是:"走"的下面有一个脚印,而"奔"的下面有三个脚印(强调速度之快)。另外,从模拟图上人的摆臂和跨步动作,也可以看出"奔"比"走"快。

"走"的本义是跑。引申为趋向、奔向等义。另外,"走"还有步行的意思,在河南方言中,"溜地走"就是步行的意思。"奔"本义是急走、快跑。引申为战败逃跑等义。

而古代的"跑"却不是跑步的意思,而相当于现在的"刨",意思是动物用脚刨地。后来,"跑"才有迅速前进的意思。

学而思

一、填空题。

这首诗中,"_____,_____"两句通过人物的动态描写了儿童的天真可爱、烂漫活泼。

二、选择题。

1.《宿新市徐公店》中的"宿"字是多音,在这里应读作(　　)。
   A.sù　　　　　　B.xiǔ　　　　　　C.xiù

2.下列诗句朗读节奏不正确的是(　　)。
   A.篱落／疏疏／一径／深　　　　B.树头／新绿／未／成荫
   C.儿童／急走／追／黄蝶　　　　D.飞入／菜花／无／处寻

3.下列说法错误的一项是(　　)。
   A.诗题中的"公"是指我国古代对男子的尊称。
   B."篱落疏疏一径深"中的"疏疏"形容篱笆稀疏。
   C."树头新绿未成荫"中的"成荫"指枝叶繁茂形成阴影。
   D."儿童急走追黄蝶"中的"走"指慢慢行走。

24 稚子弄冰[1]

〔宋〕杨万里

稚子金盆脱晓冰[2]，
彩丝穿取当银钲[3]。
敲成玉磬穿林响[4]，
忽作玻璃碎地声[5]。

写作背景

宋孝宗淳熙六年（1179）春，杨万里在常州为官。见到儿童穿冰当钲玩耍的景象，于是创作了这首诗。全诗描绘了儿童玩冰的趣事，表现出了儿童的天真活泼。

译文悦读

儿童早晨起来，从结了坚冰的铜盆里剜冰，用彩色的丝线穿起来当作钲敲。他提着银钲似的冰块在树林里边敲边跑，敲打出像玉磬的响声穿越森林，忽然冰块被敲碎落地，发出像美玉摔碎一样的声音。

[1] **稚子**：指幼小的孩子。[2] **脱晓冰**：指儿童早晨起来在结了冰的铜盆里剜(wān)冰。脱，脱离，取出。[3] **取**：这里无实意。**钲**：古代一种像锣的乐器。[4] **磬**：古代一种打击乐器，用玉、石制成，可以悬挂在墙上。[5] **玻璃**：与现在的玻璃不同，这里指古时候的一种天然玉石，也叫水玉。

诗词鉴赏

这首诗主要描绘了一幅儿童在冬天清晨脱冰作戏的场景图,表现了儿童的天真、可爱与活力。

一、二句主要写儿童一大早起来弄冰的场景,充满童趣。其中,"金""彩""银"几个字从色泽上进行描绘,"银钲"一词从形态上进行描绘。这两句诗在视觉描写儿童弄冰的同时,也从侧面表现了儿童的调皮与机灵。

三、四句具体描绘了儿童提冰玩耍及脱冰的过程。诗人主要从听觉上抓住声音来写,既写出了"玉磬穿林响"的高亢,又写出了"玻璃碎地声"的清脆。

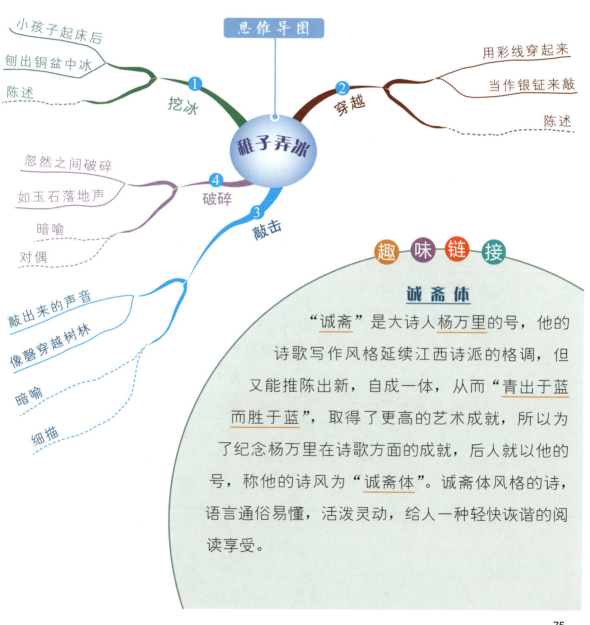

趣味链接

诚斋体

"诚斋"是大诗人杨万里的号,他的诗歌写作风格延续江西诗派的格调,但又能推陈出新,自成一体,从而"青出于蓝而胜于蓝",取得了更高的艺术成就,所以为了纪念杨万里在诗歌方面的成就,后人就以他的号,称他的诗风为"诚斋体"。诚斋体风格的诗,语言通俗易懂,活泼灵动,给人一种轻快诙谐的阅读享受。

知识拓展

什么是"磬"？

磬是中国历史上最古老的石制打击乐器，也是一种礼器。甲骨文中的"磬"字，左半边像悬石，右半边像用手拿槌子在敲击。

相传，磬是黄帝时期的伶伦创造的，他用片状的石材钻孔，悬挂起来敲打而形成音乐。最早用在先民的乐舞活动中，后来和编钟一样，用于配合征战和祭祀等各种活动的雅乐。

磬有单个的特磬和按律吕依次编排的"离磬"（编磬）。其中，编磬起源于鲁国，将十六面"磬"编为一组，这种磬除了可以演奏出具有十二正律的音色外，还有四个半音。根据传说，春秋时代的孔子是制磬的高手。

学而思

一、选择题。

1. 下列加点字读音不正确的一项是（　　　）。

　　A. 稚子金盆脱晓冰（zhì）　　　B. 彩丝穿取当银钲（zhèng）

　　C. 敲成玉磬穿林响（qìng）　　　D. 忽作玻璃碎地声（dì）

2. "稚子金盆脱晓冰"中的"稚子"指的是（　　　）。

　　A. 不懂事的男孩子　　　　　　B. 固执倔强的儿童

　　C. 幼小的孩子　　　　　　　　D. 顽皮的儿童

二、请把下面对儿童的不同称呼填写到对应的括号内。

　　　　A. 牧童　　　B. 稚子　　　C. 小娃　　　D. 儿童

1.（　　）急走追黄蝶，飞入菜花无处寻。（宋·杨万里《宿新市徐公店》）

2.（　　）撑小艇，偷采白莲回。（唐·白居易《池上》）

3.（　　）金盆脱晓冰，彩丝穿取当银钲。（宋·杨万里《稚子弄冰》）

4.（　　）归去横牛背，短笛无腔信口吹。（宋·雷震《村晚》）

朱熹

字 号	字元晦、仲晦，号晦庵、晦翁
别 名	紫阳先生、考亭先生
籍 贯	南剑州尤溪（今福建尤溪县）
生卒年	1130—1200
尊 称	朱子
派 别	程朱学派
主要作品	《四书章句集注》《楚辞集注》等

时间轴：盛唐 — 中唐 — 晚唐 — 宋代（◀ 朱熹）— 元朝 — 明朝 — 清朝

朱熹是南宋时期著名的理学家、哲学家、教育家、诗人。十三岁时，他的父亲去世后，被义父收养，并受到三位儒学大师的教诲。他十九岁考中进士，任同安县主簿，建立学堂。隆兴元年（1163），他提出抗金主张，因不被采纳而辞官。1169年，他创立"中和新说"，哲学思想趋于成熟，受世人敬重。后来，朱熹在信州鹅湖寺与大学者陆九龄、陆九渊兄弟展开了为期三天的辩论，史称为"鹅湖之会"，对中国的儒学发展产生深远影响。1194年，他任潭州知州，扩建岳麓书院并到书院讲课，使书院闻名天下。

朱熹与"二程"（程颢、程颐）合称为"程朱学派"。他是唯一非孔子亲传弟子而享祀孔庙，位列大成殿十二哲者。朱熹又是理学集大成者，闽学代表人物，被后世尊称为"朱子"。他的理学思想对元、明、清影响很大，成为三朝的官方哲学。

名句集锦

◎等闲识得东风面，万紫千红总是春。《春日》
◎日省其身，有则改之，无则加勉。《近思录》
◎读书有三到，谓心到，眼到，口到。《训学斋规》
◎读书之法，在循序而渐进，熟读而精思。《读书之要》
◎问渠那得清如许，为有源头活水来。《观书有感（其一）》

25 春日

〔南宋〕朱 熹

胜日寻芳泗水滨❶,
无边光景一时新❷。
等闲识得东风面❸,
万紫千红总是春❹。

写作背景

1180年,朱熹在南康(今江西赣州西)任军兼管时重修白鹿洞书院。白鹿洞书院落成后,朱熹在春天郊游时,被美景所吸引,借对北方孔府景象的遥想以表达其育人成才的思想观念。故作此诗。

译文悦读

在一个春光明媚的大好日子里,我来到泗水河畔踏青寻景。站在这里四处观看,处处都是无限美好、焕然一新的风光景致。随意便可以看到东风吹拂的动人景象,眼前万紫千红的景象,都是这融融的春光催生出来的呀。

❶胜日:天气晴朗的日子。寻芳:寻找美丽的花草美景。泗水:河流名,泗河,山东中部较大河流,发源于泗水,流入淮河。滨:水边。 ❷光景:美景。一时:一时间。
❸等闲:随意,平常。识得:感受到,认识到。东风:这里指春风。面:面貌。
❹万紫千红:形容百花盛开、绚丽多彩的景象。总:全是,都是。

诗词鉴赏

这是一首写景诗，诗人描写的是鲜花盛开、无限优美的春日风光。

一、二句，诗人交代了游览的时间、地点以及心理感受等。首句中的"胜日"一词，直接点明了春日明媚如画的大自然风光。第二句中的"新"字，突出刻画了春日里万物欣欣向荣、生机无限、焕然一新的景象。

三、四句，诗人的思维又前进了一步，是什么使春景灿烂如画呢？自然是那恰到好处的东风。在春风的吹拂下，春天才呈现出万紫千红的动人美景。

全诗语言简洁明了，清新脱俗，说理深刻，引人深思。

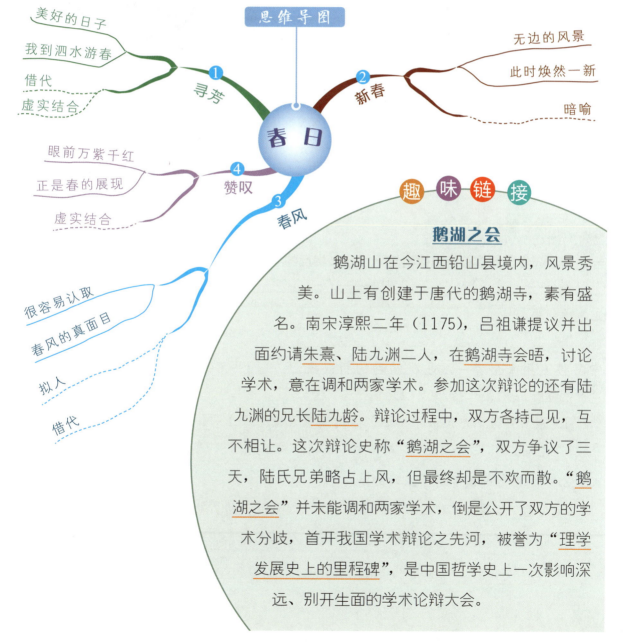

趣味链接

鹅湖之会

鹅湖山在今江西铅山县境内，风景秀美。山上有创建于唐代的鹅湖寺，素有盛名。南宋淳熙二年（1175），吕祖谦提议并出面约请朱熹、陆九渊二人，在鹅湖寺会晤，讨论学术，意在调和两家学术。参加这次辩论的还有陆九渊的兄长陆九龄。辩论过程中，双方各持己见，互不相让。这次辩论史称"鹅湖之会"，双方争议了三天，陆氏兄弟略占上风，但最终却是不欢而散。"鹅湖之会"并未能调和两家学术，倒是公开了双方的学术分歧，首开我国学术辩论之先河，被誉为"理学发展史上的里程碑"，是中国哲学史上一次影响深远、别开生面的学术论辩大会。

知识拓展

古代的春游

古代的"春游"有许多雅称，如<u>游春</u>、<u>踏青</u>、<u>寻春</u>、<u>探春</u>等。我国各地春游、踏青时间不一，四川地区比较早，为农历正月初八，广东、福建一带以二月初二为踏青节，长江以北春天来得晚，大多以<u>清明</u>为踏青节。

许多古代文献都记载了春游习俗的生动景象。孔子曾带领弟子们一起春游："暮春者，春服既成，冠者五六人，童子六七人……"后来，春游的习俗继续沿袭，到了唐宋，更是盛行。

关于春游踏青的诗词：

◎ 春日游，杏花吹满头。陌上谁家年少，足风流？（韦庄《思帝乡·春日游》）

◎ 逢春不游乐，但恐是痴人。（白居易《春游》）

◎ 客念纷无极，春泪倍成行。今朝花树下，不觉恋年光。（王勃《春游》）

◎ 二月春游须烂漫。秉烛看花，只为晨曦短。（葛胜仲《蝶恋花·二月春游须烂漫》）

学 而 思

一、请从《春日》这首诗中找出与下面意义相反的字，并填写在括号内。

败——（　　）　　　　旧——（　　）　　　　忙——（　　）

二、填空题。

"_____，_____"准确地反映了春天的特征，常常被人用来形容一派生机勃勃的新气象。

三、选择题。

1."胜日寻芳泗水滨"中"泗"字的读音为（　　）。

A. shì　　　　　　B. sì　　　　　　C. sī

2.下列诗句朗读节奏不正确的是（　　）。

A.胜日/寻芳/泗水/滨　　　　B.无边/光景/一时/新

C.等闲/识得/东风/面　　　　D.万紫/千红/总/是春

26 观书有感①（其一）

〔南宋〕朱 熹

半亩方塘一鉴开②，
天光云影共徘徊③。
问渠那得清如许④？
为有源头活水来⑤。

写作背景

庆元二年（1196），为了躲避权臣韩侂胄（tuō zhòu）的迫害，诗人和门人黄干、蔡沈、黄钟等来到新城福山双林寺侧的武夷堂讲学，同时又应南城县上塘蛤蟆窝村吴伦、吴常兄弟的邀请，前往该村讲学。这首诗便是此时所作。

译文悦读

半亩大小的方形池塘好像一面被打开的镜子一般，池水清澈明净；天空蔚蓝的色彩和浮云的影子一起倒映在池塘之中，波光闪动间微微荡漾。如果要询问这一池方塘的水为何如此清澈明净，这是因为它有着不会枯竭的源头，一直持续不断地为它输送着活水呀。

❶ **感**：感想。 ❷ **方塘**：半亩大小的池塘。塘，池塘。**鉴**：镜子。**开**：打开。 ❸ **天光**：天空的光彩。**共**：一起，共同。**徘徊**：来回移动，这里指在镜子中荡漾。 ❹ **渠**：它，第三人称代词，这里指方塘之水。**那得**：怎么会。那，通"哪"，表示反问，相当于"怎么"。**清如许**：这样清澈明净。如许，这样，如此。 ❺ **为**：因为。**活水**：流动的水源，这里比喻后天勤奋学习，努力获取知识营养。

诗词鉴赏

这是一首哲理诗,诗人表面写景,而实则告诉人们一个深刻的道理,即希望人们能够明白要想有所成就,就需要不断地加强后天的学习,如此才能日日新、日日高。

一、二句描写的对象是一处小小的池塘,虽然其面积不大,但却能够始终清澈透明,其原因是什么呢?诗人由眼前景物写起,进而激发自我的思考,为下文的提问和回答做了一个良好的铺垫。

三、四句,诗人先提出疑问,他疑惑池水的清澈明净,然后又自问自答,告诉读者,池水之所以能够一直保持这样清澈透明,就在于它有着源头活水一直在持续不断地注入。

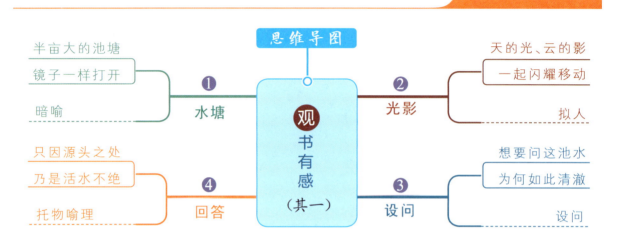

知识拓展

朱熹的读书法

"朱子读书法"是由朱熹的弟子对朱熹读书法所作的集中概括,告诉人们,读书应按照一定次序,循序渐进,不可囫囵吞枣,急于求成。既要熟读成诵,又要精于思考,反复咀嚼,细心体会。除了读书必须抓紧时间之外,朱熹还强调读书必须全神贯注,要树立远大志向,并以顽强的毅力长期去坚守。

学而思

一、填空题。

这首诗中,诗人用自问自答的句式,告诉世人后天学习对人成长的重要性的诗句是:"_____?_____。"

二、判断题。(对的打"√",错的打"×")

1. 这首诗是一首七言律诗,作者是南宋的朱熹。　　（　　）

2. "天光云影共徘徊"中的"徘徊"可读作 pái huái。（　　）

3. "半亩方塘一鉴开"的下一句是"天山云影共徘徊"。（　　）

27 观书有感(其二)

〔南宋〕朱 熹

昨夜江边春水生,
蒙冲巨舰一毛轻❶。
向来枉费推移力❷,
此日中流自在行❸。

写作背景

本诗为《观书有感》组诗的第二首。有人认为这首诗写于鹅湖之会的后一年,即南宋淳熙三年(1176)春,朱熹游学三清山时触景顿悟,有感而发写下了这首诗;另有人根据朱熹写给许顺之的书信《答许顺之》推断这首诗于南宋乾道二年(1166),朱熹在闽北崇安五夫里时所作。

译文悦读

昨天夜里江边涨起了春潮,巨大的舰船像一片羽毛一样轻盈。原先白费很多力气来推船行驶,今天却能在河流中间自在移动。

❶蒙冲:古代攻击性很强的战舰名,这里指大船。一毛轻:像一片羽毛一样轻盈。 ❷向来:原先,指涨起春潮前。推移力:指浅水行船困难,需人推而行。枉费:白费。 ❸中流:河流的中心。

诗词鉴赏

一、二句先描写一种常见的自然现象。因为"昨夜"下了大雨，所以本来搁浅的"蒙冲巨舰"却借助滔滔的"江边春水"，就像羽毛般浮了起来。这里运用比喻、夸张的修辞手法，生动形象地描绘了春潮大涨后巨舰行驶的轻快和便捷。

三、四句主要写往日费尽力气也很难推动的巨舰，在春水猛涨后可以在水中自由航行，从而突出了春水的重要性。同时，通过类比，进一步表明学习和行舟一样，都需要一个循序渐进的过程，初学时需要有"推移力"，等到后来探得规律，懂得事理后，就可以"自在"而行了。

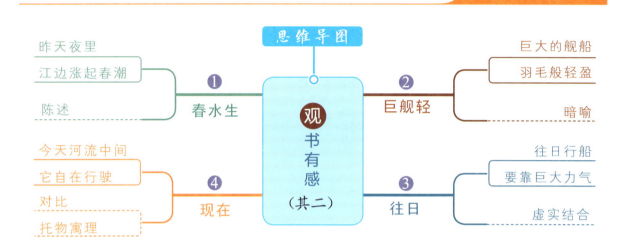

知识拓展

关于"读书"的名言警句

业精于勤，荒于嬉；行成于思，毁于随。（唐·韩愈）

读书之法，在循序而渐进，熟读而精思。（宋·朱熹）

旧书不厌百回读，熟读精思子自知。（宋·苏轼）

书痴者文必工，艺痴者技必良。（清·蒲松龄）

好读书，不求甚解，每有会意，便欣然忘食。（东晋·陶渊明）

尽信书，则不如无书。（战国·孟子）

学而思

填空题。

这是一首描写观书感受的_____诗，诗人以_____为例，说明读书是一个_____的过程，初学时需要"_____"之力，等到后来熟悉之后，懂得规律与事理之时，就可以"_____"前行了。

辛弃疾

字　　号	字幼安，号稼轩
籍　　贯	济南府历城县（今山东济南）
生卒年	1140—1207
誉　　称	词中之龙
派　　别	豪放词派
主要作品	《永遇乐·京口北固亭怀古》等

辛弃疾是南宋将领、著名词人。他与苏轼并称为"苏辛"，与李清照并称为"济南二安"。辛弃疾出生时，北方已沦陷于金人之手。他后来目睹了在金人统治下百姓所受的屈辱与痛苦，所以青少年时代就立下恢复中原、报国雪耻的志向，养成了燕赵奇士的侠义之气。绍兴三十二年（1162），二十三岁的辛弃疾率五十多人夜袭五万人的金军营垒，生擒敌军将领张安国，将其押回南宋问斩，因而被宋高宗任命为江阴签判，辛弃疾的仕途之路从此拉开了帷幕。他有出色的才干，但豪迈倔强的性格以及"归正人"的尴尬身份却阻拦了他仕途的发展。

辛弃疾是豪放派词人的代表人物，有"词中之龙"的美誉。他的现存词有六百多首，是两宋存词最多的词人。其词多以国家、民族等现实问题为题材，抒发了慷慨激昂的爱国之情。有词集《稼轩长短句》传世。

名句集锦

◎醉里挑灯看剑，梦回吹角连营。
◎八百里分麾下炙，五十弦翻塞外声，沙场秋点兵。
◎千古兴亡多少事？悠悠。不尽长江滚滚流。
◎想当年，金戈铁马，气吞万里如虎。
◎稻花香里说丰年，听取蛙声一片。

菩萨蛮·书江西造口壁❶

〔南宋〕辛弃疾

郁孤台下清江水❷，
中间多少行人泪❸。
西北望长安❹，
可怜无数山❺。

青山遮不住❻，
毕竟东流去。
江晚正愁余❼，
山深闻鹧鸪。

写作背景

这首词是1176年辛弃疾担任江西提点刑狱，驻节赣州时，他途经造口，登临郁孤台时所作。词人在这里"借水怨山"，抒发了自己对国家兴亡的无限感慨。

译文悦读

奔流向东的清江河水从郁孤台下汹涌而过，但是谁又知道它曾汇聚了多少落难人们的血水和泪水呀。想要抬起头遥望西北方向的长安，然而令人惋惜的是，一座座巍巍青山将视线遮挡住了。

可是青山又如何能够将滚滚的江水遮挡住呢，要知道江水一定能够冲破阻碍继续向前奔腾不息。在江边的暮色中，我陷入无限的愁苦和惆怅情绪中时，远处的深山里传来了鹧鸪鸟凄楚的鸣叫声。

---

❶菩萨蛮：词牌名。书：题，写。造口：即皂口，在今江西省万安县西南。 ❷郁孤台：古台名，在今江西赣(gàn)州西南的贺兰山上。清江：赣江与袁江交汇处，旧称"清江"。 ❸行人：这里指金兵南下时逃亡的人群。 ❹长安：今陕西西安。 ❺无数山：这里暗指投降派。 ❻遮：遮挡。 ❼愁余：使我感到忧伤。

诗词鉴赏

词的上阕描写的是词人登上郁孤台遥望山河时的所见所感。眼前的清江河水波涛滚滚，蕴含多少难民的血泪，点出了北宋末年国家大乱的悲惨场景。词人悲愤之下，想要眺望西北的长安，却被群山遮挡了视线，望而不得见，表达了作者对中原故土无比怀念的思想感情。

词的下阕，从写景到抒情，展现了自我的一腔热血和报国决心。词人以清江水为情感的寄托对象，以江水的奔流冲出重围为理想的折射，表现出词人对朝廷主和派的声讨，以及相信最终能够克敌制胜、收复失地的满腔豪情。

趣味链接

《菩萨蛮》词的由来

郁孤台矗立在山崖的一角，清澈的赣江水从台下流过。站在台上可将山水景致尽收眼底。

一天，一位将领伫立台上，他为河山娇美而自豪，又为中原沦陷而悲哀。他想一眼望到北方的故土，可青山遮挡了他的视线。他眼眶含泪，心底在呼喊："故国啊，你在哪里？"这位将领就是辛弃疾。他满怀热情，盼望收复失地，可英雄无用武之地。他愤恨朝廷，同情遭难的百姓。他想起四十六年前，金兵侵入江西，太后怀抱小太子逃到赣州的情景。

这时山林传来鹧鸪的鸣叫声，那声音像在说："行不得也，哥哥！"北伐抗金"行不得"吗？收复中原不可为吗？不！他脱口吟出了一首《菩萨蛮》词。

知识拓展

独特的客家习俗

赣州百姓受客家人习俗的影响，除了重视春节、清明、端午、中秋等传统节日外，还特别注重立春、立夏、中元节、重阳节这几个节日。

立春 要点燃香烛，鸣放鞭炮，谓之"迎春"，还要摆春酒，吃春卷。

立夏 家家都要吃一顿米粉肉和薤(xiè)包子。

中元节 这一天，家家都要为去世的亲人备些纸钱。傍晚时，杀一只鸭子，将鸭血溅在纸钱上，然后点燃香烛，将纸钱和冥物一同焚烧。

重阳节 家家都要做"薯包"，就是把脚板薯捣成泥浆状，加上面粉或米粉，油炸而成香薯包。

"书"的本义是"写字"

"书"字的甲骨文是会意字，上边像手持笔的样子，下边的"口"表示说，合起来表示用笔写下口中所说的内容。

"书"的本义为用笔写字。字的载体开始是绢帛，后来是竹木简，现在是纸。

"书"由用笔写字引申作名词，指装订成册的著作。也引申为字体，如"隶书"。

学而思

一、填空题。

这首词中，"＿＿＿＿＿＿＿，＿＿＿＿＿＿＿"体现出了作者想收复失地、驱逐敌人的强烈愿望。

二、判断题。（对的打"√"，错的打"×"）

1. 这首词中的"菩萨蛮"是词牌名，"书江西造口壁"是题目。（　　）

2. 这首词中作者以"借水怨山"，抒发了对国家兴亡的无限感慨。（　　）

29 清平乐·村居①

〔南宋〕辛弃疾

茅檐低小，
溪上青青草。
醉里吴音相媚好②，
白发谁家翁媪③？

大儿锄豆溪东④，
中儿正织鸡笼⑤，
最喜小儿亡赖⑥，
溪头卧剥莲蓬⑦。

写作背景

辛弃疾坚持抗金，却屡屡遭受当权投降派的排斥。他从四十三岁起，在信州（今江西上饶）闲居时间长达二十年之久。人生理想的破灭，让他在隐居时更加关注农村生活。于是，他写下了大量的闲适词和田园词。这首词就是其中的一首。

译文悦读

草屋矮小，屋檐低垂，溪边长满了碧绿的小草。让人醉意的吴地方言互相逗趣取乐，那满头白发的老人是谁家的呀？

大儿子在溪东边给豆田锄草，二儿子忙着编织鸡笼，最令人喜爱的是顽皮的小儿子，他正趴在溪头草丛里，剥着刚摘下的莲蓬。

---

❶ 清平乐：原为唐教坊曲名，后用作词牌名。村居：这首词的题目，意思是住在农村。❷ 吴音：吴地的方言。相媚好：相互逗趣取乐。❸ 翁媪：老翁和老妇。❹ 锄豆：给豆田锄草。❺ 织：编织。❻ 亡赖：无赖，这里指小孩子又顽皮，又可爱。亡，通"无"。❼ 溪：小溪。卧：趴着。

诗词鉴赏

上阕的前两句写景，点明五口之家所处之地。同时，词人用简单的两笔勾勒出了由茅屋、小溪、青草组成的清新秀丽的画面，为下文人物的出场设置了背景。后两句，紧接前文，主要描写翁媪悠闲自乐的场景。

下阕采用白描手法，对农家三个孩子不同的行为活动进行了集中刻画，呈现出鲜明的人物形象。其中，词人对小儿子的着墨最多，先以"最喜""亡赖"总结出小儿子活泼、可爱的性格特征，之后又用一个"卧"字极其巧妙地把小儿子天真、活泼、顽皮等特点表现得淋漓尽致。读之，让人感到诗情画意尽在其中。

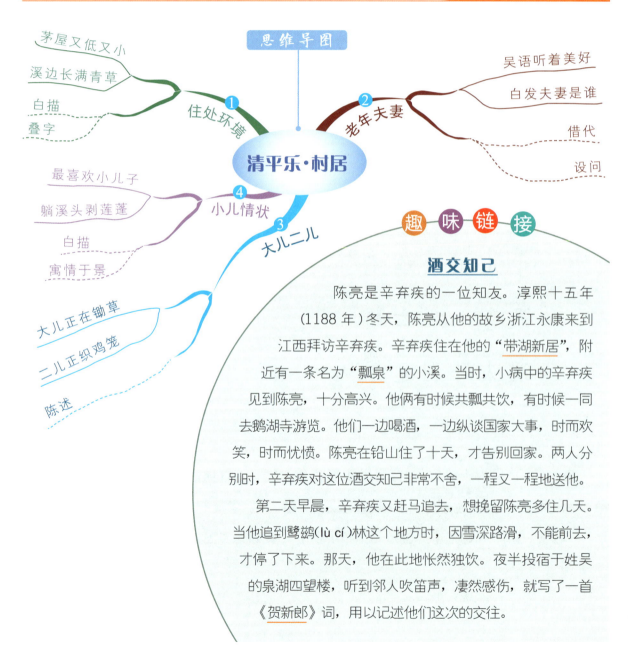

趣味链接

酒交知己

陈亮是辛弃疾的一位知友。淳熙十五年（1188年）冬天，陈亮从他的故乡浙江永康来到江西拜访辛弃疾。辛弃疾住在他的"带湖新居"，附近有一条名为"瓢泉"的小溪。当时，小病中的辛弃疾见到陈亮，十分高兴。他俩有时候共瓢共饮，有时候一同去鹅湖寺游览。他们一边喝酒，一边纵谈国家大事，时而欢笑，时而忧愤。陈亮在铅山住了十天，才告别回家。两人分别时，辛弃疾对这位酒交知己非常不舍，一程又一程地送他。第二天早晨，辛弃疾又赶马追去，想挽留陈亮多住几天。当他追到鹭鹚（lù cí）林这个地方时，因雪深路滑，不能前去，才停了下来。那天，他在此地怅然独饮。夜半投宿于姓吴的泉湖四望楼，听到邻人吹笛声，凄然感伤，就写了一首《贺新郎》词，用以记述他们这次的交往。

知识拓展

何为词？

词是起源于隋唐、流行于两宋的一种文学体裁，由五言诗、七言诗或民间歌谣发展而成，原是为配乐歌唱而写的歌词，句的长短随歌调而改变，因此又叫"长短句"。

词牌是词调的名称，其主要来源于以下情况：

（1）本来是乐曲的名称，例如《菩萨蛮》《西江月》《蝶恋花》等。

（2）摘取一首词中的几个字作为词牌，例如《忆秦娥》《忆江南》《如梦令》《念奴娇》等。

（3）本来就是词的题目，例如《踏歌词》《舞马词》《渔歌子》《浪淘沙》等。

大多数词，词牌之外还有词题，表示该词所写的内容，例如《念奴娇·赤壁怀古》。

学而思

一、填空题。

1. 这首诗描绘出了乡村一个五口之家的_____和_____，表现出了作者对农村生活的_____和_____之情。

2. 这首诗中的"_____，_____"两句诗，描绘了农村充满生机的环境，富有浓厚的生活气息。

二、选择题。

1. 在这首词中，当地的方言是（　　）。

　　A. 北京话　　　B. 上海话　　　C. 客家话　　　D. 吴地方言

2. 下列说法错误的一项是（　　）。

　　A. "醉里吴音相媚好"中的"相媚好"指相互逗趣取乐。

　　B. "白发谁家翁媪"中的"翁媪"指老翁和老妇。

　　C. "中儿正织鸡笼"中"织"的意思是编织。

　　D. "最喜小儿亡赖"中的"亡"是死亡的意思。

西江月·夜行黄沙道中 ❶

〔南宋〕辛弃疾

明月别枝惊鹊 ❷，
清风半夜鸣蝉 ❸。
稻花香里说丰年，
听取蛙声一片。

七八个星天外，
两三点雨山前。
旧时茅店社林边 ❹，
路转溪桥忽见 ❺。

写作背景

辛弃疾坚持抗金，却屡屡遭受当权投降派的排斥。他从四十三岁起，在信州（今江西上饶）闲居时间长达二十年之久。人生理想的破灭，让他在隐居时更加关注农村生活，写下了大量的闲适词和田园词。

译文悦读

明月惊飞了栖息在枝头的喜鹊，清爽的晚风吹来了远处的蝉鸣声。在稻谷飘出的香气里，人们谈论着丰收的年景，耳边传来一阵阵青蛙的叫声。

天空中轻云飘浮，闪烁的星星时隐时现，山前下起了淅淅沥沥的小雨，急忙想从小桥过溪躲雨。往日土地庙附近树林旁的茅屋小店哪里去了？拐过溪桥，茅店忽然出现在我的眼前。

---

❶**西江月**：词牌名。**黄沙**：黄沙岭，在江西信州上饶的西边，作者闲居带湖时，常常往来经过此岭。 ❷**别枝惊鹊**：惊动喜鹊飞离树枝。别枝，斜枝，旁枝。 ❸**鸣蝉**：蝉叫声。 ❹**社林**：土地庙附近的树林。古时村有社树，为祀神处，故曰"社林"。社，土地神庙。 ❺**见**：通"现"，指出现，显现。

诗词鉴赏

词的上阕主要写月明风清的夏夜之景。作者将看似极为平常的明月、惊鹊、清风、鸣蝉、稻花、蛙声巧妙地组织在一起,使这些平常的景物显露出不平常的韵味,从而展现出了山野乡村特有的情趣。这几句词,动中有静,静中有动,把夜晚"明月""清风"下的景色描绘得令人神往。

词的下阕,侧重抒发了夜行人的感情。用天边的稀星、山前的疏雨和突然出现的旧游之地,表现出了作者在乡间夜行的乐趣。前两句运用对仗和略带夸张的手法,用"七八个"修饰"星"字,来表示星的稀少、疏散;用"两三点"修饰"雨"字,来表示雨的稀疏。

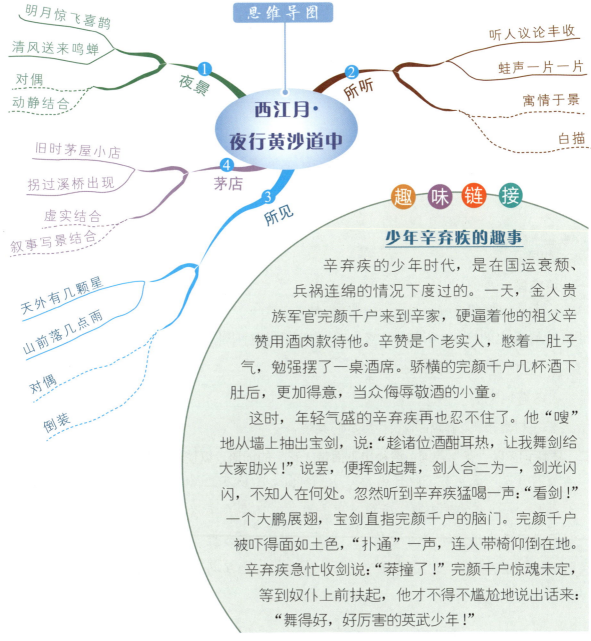

趣味链接

少年辛弃疾的趣事

辛弃疾的少年时代,是在国运衰颓、兵祸连绵的情况下度过的。一天,金人贵族军官完颜千户来到辛家,硬逼着他的祖父辛赞用酒肉款待他。辛赞是个老实人,憋着一肚子气,勉强摆了一桌酒席。骄横的完颜千户几杯酒下肚后,更加得意,当众侮辱敬酒的小童。

这时,年轻气盛的辛弃疾再也忍不住了。他"嗖"地从墙上抽出宝剑,说:"趁诸位酒酣耳热,让我舞剑给大家助兴!"说罢,便挥剑起舞,剑人合二为一,剑光闪闪,不知人在何处。忽然听到辛弃疾猛喝一声:"看剑!"一个大鹏展翅,宝剑直指完颜千户的脑门。完颜千户被吓得面如土色,"扑通"一声,连人带椅仰倒在地。辛弃疾急忙收剑说:"莽撞了!"完颜千户惊魂未定,等到奴仆上前扶起,他才不得不尴尬地说出话来:"舞得好,好厉害的英武少年!"

知识拓展

常用的通假字荟萃

通假字是一个汉语词汇,是中国古书的用字现象之一,"通假"就是"通用、借代"的意思,就是用读音或字形相同或者相近的字代替本字。通假字所代替的那个字我们把它叫作"本字"。

下面将常用的通假字总结如下:

本字	通假字	含义
见	现	出现,显露
元	原	本来
柴	寨	栅栏
具	俱	全,皆
无	毋	不要
食	饲	喂
说	悦	愉快,高兴

本字	通假字	含义
止	只	只有
反	返	返回
支	肢	肢体,四肢
扳	攀	牵,引
见	现	出现
坐	座	座位
尔	耳	罢了

学而思

一、填空题。

1.这是一首_____的词,从____、____、____三个方面叙写出了夜行黄沙岭途中的所见、所闻、所感,表达出了作者对丰收所怀有的____和对农村生活的____之情。

2.这首词中的"_____,_____",以动衬静,描绘出了农村夏夜的清幽恬静,让人如临其境。

二、古诗词多以"花"入词,请补出下面带"花"的词语,以使诗句更加完整。

1.接天莲叶无穷碧,映日（　　）别样红。（杨万里《晓出静慈寺送林子方》）

2.（　　）香里说丰年,听取蛙声一片。（辛弃疾《西江月》）

3.儿童急走追黄蝶,飞入（　　）无处寻。（杨万里《宿新市徐公店》）

4.人间四月芳菲尽,山寺（　　）始盛开。（白居易《大林寺桃花》）

雷震

民　　族	汉族
籍　　贯	眉州（今四川眉山）
生 卒 年	不详
所处时代	南宋末期
主要作品	《村晚》

　　雷震是南宋末期的著名诗人，生卒年月不详。据记载，他是眉州（今四川眉山）人，也有学者认为他是江西南昌人。宋宁宗嘉定年间（1208—1224），他考中进士，但也有人说是宋度宗咸淳元年（1265）考中的。学者多认同后者，因为嘉定年间的史料比较详细，对诗人的记录少有遗失，而蒙古人南侵的战乱中对著名文人的记录则无法保证。雷震的诗都收录在清代人厉鹗编撰的《宋诗纪事》中。

　　雷震的《村晚》入选统编版语文课本。全诗语言清新温柔，画面鲜活生动，在色彩与声音的巧妙搭配中让人领略到宋代四川农村的风情。品读该诗让人感受到了南宋知识分子对故土风情的无限眷恋之情。

名句集锦

◎草满池塘水满陂，山衔落日浸寒漪。《村晚》
◎牧童归去横牛背，短笛无腔信口吹。《村晚》

31

村　晚①

〔南宋〕雷　震

草满池塘水满陂②，
山衔落日浸寒漪③。
牧童归去横牛背④，
短笛无腔信口吹⑤。

写作背景

公元1265年，雷震考中进士，晚年回到老家眉州（今四川眉山）隐居。《村晚》是作者晚年在眉州隐居时所作。

译文悦读

池塘四周长满了绿草，塘里的水满得快要溢出来了，日落西山，余晖淹没在泛着寒意的水波里。回家的牧童侧身坐在牛背上，用短笛随口吹着不成调的曲子。

---

①村晚：山村的傍晚。　②陂：蓄水的池塘。　③衔：口中含着，这里指落日西下，好像被山吞没。浸：淹没。寒漪：带有寒意的水波。漪，水的波纹，小波浪。　④横牛背：横坐在牛背上。横，这里指侧身坐着。　⑤无腔：形容没有腔调，听不出任何规律。腔，曲调。信口吹：随口吹，这里形容不按照曲调，想怎么吹就怎么吹。　信口，随口。

诗词鉴赏

上半部分写景。开篇首句写水草长满了池塘，秋水快要涨破湖泊，展示了深秋时节草木茂盛、山水大涨的情景，次句写远山将落日咬去了一半，霞光浸入已泛有凉意的水面，形象地展示了又红又圆的落日在山后露出半张脸，霞光映红半天空，并在秋季宽广的水面上悄悄晃动，描绘了一幅山水辉映的落日图。

下半部分写人。第三句写牧童在霞光中斜坐在牛背上，摇摇晃晃地往家走；又以简洁的笔墨展现了一幅富有中国传统文化气息的牧童晚归图。最后一句写短笛发出一连串奇怪的音调，说明牧童是在漫无目的地乱吹，突出了放牧一天的牧童终于回家的兴奋和喜悦。

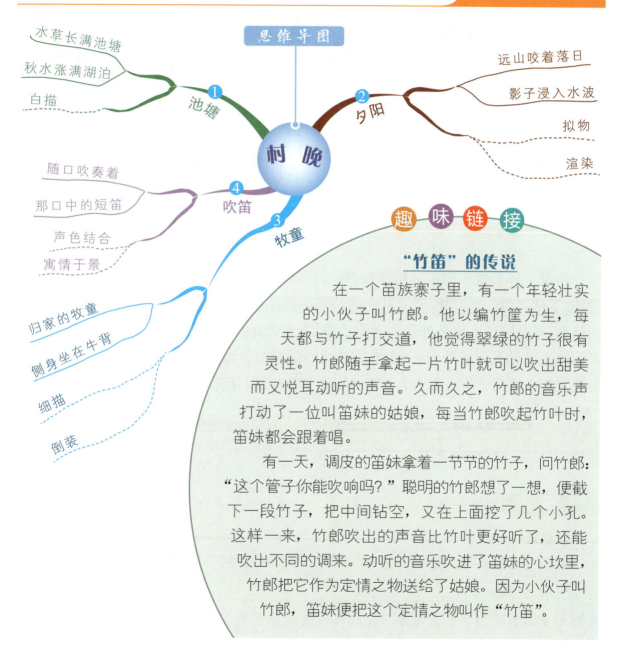

趣味链接

"竹笛"的传说

在一个苗族寨子里，有一个年轻壮实的小伙子叫竹郎。他以编竹筐为生，每天都与竹子打交道，他觉得翠绿的竹子很有灵性。竹郎随手拿起一片竹叶就可以吹出甜美而又悦耳动听的声音。久而久之，竹郎的音乐声打动了一位叫笛妹的姑娘，每当竹郎吹起竹叶时，笛妹都会跟着唱。

有一天，调皮的笛妹拿着一节节的竹子，问竹郎："这个管子你能吹响吗？"聪明的竹郎想了一想，便截下一段竹子，把中间钻空，又在上面挖了几个小孔。这样一来，竹郎吹出的声音比竹叶更好听了，还能吹出不同的调来。动听的音乐吹进了笛妹的心坎里，竹郎把它作为定情之物送给了姑娘。因为小伙子叫竹郎，笛妹便把这个定情之物叫作"竹笛"。

知识拓展

十二生肖

十二生肖又称为"属相",是十二地支的形象化代表,即子(鼠)、丑(牛)、寅(虎)、卯(兔)、辰(龙)、巳(sì,蛇)、午(马)、未(羊)、申(猴)、酉(yǒu,鸡)、戌(xū,狗)、亥(hài,猪)。随着历史的发展,十二生肖逐渐融合到相生相克的民间信仰观念,表现在婚姻、人生、年运等。每一种生肖都有丰富的传说,并以此形成一种观念阐释系统,成为民间文化中的形象哲学,如婚配上的属相、庙会祈祷、本命年等。现代,更多人把生肖作为春节的吉祥物,成为娱乐文化活动的象征。

什么是"笛"?

笛是一种无簧片的木管乐器,由通过乐器开口的空气来发声。常见的笛为直身长管,除了吹奏用的吹口外,还有几个调整音高的开口,各开口的打开或闭合会产生不同的音高。笛是除了人声之外最古老的乐器。考古研究发现:最早的笛是用动物的尺骨锯去两端关节钻孔而成的骨笛。在中国的河南漯河的贾湖村,人们从其地的"贾湖遗址"发现了距今约九千年至七千七百年的贾湖骨笛(贾湖骨管)。

曲笛　　　　　　　　梆笛

学而思

填空题。

1. 这首诗描绘了我国宋代四川农村_____的风景,给人_____的感觉。

2. 这首诗中,"_____,_____"运用拟人手法,生动形象地描绘出了山峦与落日交相辉映的美丽图景。

林升

字　　号	字梦屏，号平山居士
籍　　贯	浙江平阳(今浙江温州)
生 卒 年	不详
主要作品	《长相思》《题临安邸》等

时间轴：盛唐 — 中唐 — 晚唐 — 宋代（林升）— 元朝 — 明朝 — 清朝

　　林升是南宋时期的著名诗人。他生卒年月不详，大约生活在南宋高宗、孝宗年间（1127—1189），是一位擅长诗文的士人。林升的父祖、子孙史籍都有记载，唯独他的史料欠缺。学者推测，因为林升的《题临安邸》深深地刺痛了封建统治者，引起刻骨仇恨，所以他一生科举不第，诗作也不准各派学者收录，生平事迹因此缺失。直到民国时期，人们才从《平阳县志》《西湖志》中找到一些残存的有关林升的记载。

　　《题临安邸》作为绝妙的讽刺诗，时至今日仍是脍炙人口的文学佳作。当政者腐败无能，不思收复中原失地，对外屈膝投降，对内残酷迫害岳飞等爱国人士。这首诗倾吐了郁结在广大人民心头的义愤，也表达了诗人对国家民族命运的深切忧虑。

名句集锦

◎山外青山楼外楼，西湖歌舞几时休？　《题临安邸》
◎暖风熏得游人醉，直把杭州作汴州。　《题临安邸》
◎和风熏，杨柳轻，郁郁青山江水平，笑语满香径。《长相思》
◎思往事，望繁星，人倚断桥云西行，月影醉柔情。《长相思》

32 题临安邸①

〔南宋〕林 升

山外青山楼外楼②,
西湖歌舞几时休③?
暖风熏得游人醉④,
直把杭州作汴州⑤。

写作背景

1127年,金人攻陷开封,北宋灭亡。南宋高宗逃往杭州建立小朝廷,不思报仇收复失地,反而花天酒地继续向金人投降。作者有感于南宋朝廷的腐败无能,于是,他激愤地在一家旅舍墙壁上写下这首诗,原本没有题目,题目是后人所加。

译文悦读

青山之外还有无尽的青山,高楼之外还有高楼,在那西湖边上,轻歌曼舞的行为什么时候才会停止呢?暖洋洋的风将那些游人吹拂得好像喝醉了一般,他们在醉意朦胧之中却将江南的杭州当作了北方中原的汴州啊!

❶题:题写。临安:南宋都城,在今浙江杭州。邸:原指高官的住所,这里指旅馆、旅店。 ❷楼外楼:楼阁遍地的景象。 ❸几时:什么时候。休:停止、罢休。 ❹暖风:温暖的风,这里指由歌舞所带来的令人痴迷的暖风。熏:吹拂。 ❺直:径直,一直。作:当成,当作。汴州:汴京,即东京,北宋都城,今天的河南开封。

诗词鉴赏

一、二句描写的是南宋都城临安一片歌舞升平的景象。这里青山连绵，楼阁无数，从表面上看，好似一派太平盛世的景象，实质上却处处隐藏着危机，因此诗人才说"西湖歌舞几时休"，希望能够给当朝统治者警醒。

三、四句，诗人的笔调转入了情感的抒发上。从诗中不难看出，自上而下，当政者都沉浸在纸醉金迷、纵情声色的享受之中，他们不思进取，苟且偷安，完全将"靖康之耻"忘在了脑后，这两句蕴含诗人对他们深深的批判之情。

趣味链接

林升笔下的"青山"和"楼"

林升的《题临安邸》在当时就名扬天下，几乎达到妇孺皆知的地步。但后人一般认为林升笔下的"青山"和"楼"都是泛指，并非有具体的参照物。但现在的学者经仔细研究，发现林升诗中所提的"青山"确有其名，而"楼外楼"在南宋时期也确实存在。杭州城三面是山，其中的一支伸入城内，因古时山上供奉着春秋名臣伍子胥，所以被称为"胥山"。春秋时杭州当地"胥"跟"青"的发音相似，所以"胥山"被人误称为"青山"，这一称谓一直沿用到南宋。南宋建都临安后，皇宫就在青山之南的凤凰山，所以林升诗中的"山外青山"指的就是南宋的皇宫。1189年，宋孝宗为避讳"山外青山"的恶劣影响，下令把"青山"改称"吴山"。时间一长，人们便渐渐忘了"青山"的真正所指。"楼外楼"在南宋初期也是尽人皆知，其实就是杭州丰乐桥上的丰乐楼。丰乐桥正对上朝的官道，桥北为当时的仁和县管辖，桥南为钱塘县管辖，桥上的丰乐楼两县都不管，所以被人戏称为"楼外楼"。

知识拓展

杭州丝绸

杭州素有"丝绸之府"的美誉，良渚出土的距今四千七百多年的丝织物就已说明了杭州丝绸的历史悠久。唐代大诗人白居易"丝袖织绫夸柿蒂,青旗沽酒趁梨花"的诗句，又道出了当时杭州丝绸的水准之高。如今，杭州的丝绸对人们依然有着巨大吸引力，"千里迢迢来杭州,半为西湖半为绸"。杭州丝绸质地轻软，色彩绮丽，在汉代就已通过举世闻名的"丝绸之路"远销国外。现在，杭州丝绸已发展到绸、缎、绫、罗、锦、纺、绒、绉、绢等十几类品种。

靖康之耻

人们又称"靖(jìng)康之耻"为靖康之祸、靖康之乱，它发生于北宋靖康年间(1126—1127)，当时强盛的金国看到北宋王朝虚弱不堪，于是挥兵之下，攻破了当时北宋的都城东京，将宋徽宗、宋钦宗两位皇帝以及大量的赵氏皇族俘虏，北宋自此宣告灭亡。随后宋钦宗的弟弟康王赵构在临安建立了南宋王朝。整个南宋王朝依然弱小腐朽，最终被元朝取而代之。

学而思

一、填空题。

1. 诗题"题临安邸"中的"邸"字应读作_____，意思是_____。这首诗是写在_____上面的诗。

2. 这首诗表面写景，实质上表达了诗人对南宋朝廷的_____以及对国家前途命运的_____。

二、将下列诗句中加点字的拼音写在括号里。

A. 暖风熏得游人醉（　　　　）　　B. 直把杭州作汴州（　　　　）
C. 山外青山楼外楼（　　　　）　　D. 西湖歌舞几时休（　　　　）

三、选择题。

下列诗句朗读节奏不正确的是（　　　）。

A. 山外/青山/楼外/楼　　　　　B. 西湖/歌舞/几时/休
C. 暖风/熏得/游人/醉　　　　　D. 直把/杭州/作汴/州

叶绍翁

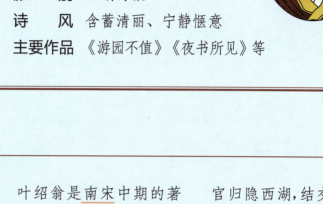

字　号	字嗣宗，号靖逸
出生地	龙泉(今浙江龙泉)
生卒年	1194—1269
派　别	江湖诗派
诗　风	含蓄清丽、宁静惬意
主要作品	《游园不值》《夜书所见》等

时间轴： 盛唐 — 中唐 — 晚唐 — 宋代◀叶绍翁 — 元朝 — 明朝 — 清朝

　　叶绍翁是南宋中期的著名文学家、诗人。他原姓李，祖籍浦城(今福建南平)，其祖父李颖士当年在浙江参加抗金，因为有功而升任南宋大理寺丞、刑部郎中，后来支持赵鼎反对与金和议而被罢职。李家因此家道中落，叶绍翁儿时被过继给龙泉的一户叶姓人家，改姓为叶。他在南宋光宗和宁宗时期(1190—1224)曾担任过南宋朝廷的下级官员，后来辞官归隐西湖，结交了大批下层文人。他隐居临安(今浙江杭州)十年以上，与葛天民等隐逸名士吟诗唱和，以江湖派诗人的身份闻名一时。

　　叶绍翁是南宋江湖诗派的代表人之物之一，擅长七言绝句，多写田园风光，匠心独具，富有生活情趣。他的诗作多追求闲散隐逸，被收录在陈起的《江湖集》中。

名句集锦

◎应怜屐齿印苍苔，小扣柴扉久不开。《游园不值》
◎春色满园关不住，一枝红杏出墙来。《游园不值》
◎萧萧梧叶送寒声，江上秋风动客情。《夜书所见》
◎知有儿童挑促织，夜深篱落一灯明。《夜书所见》
◎梅花宜雪犹宜月，水畔山边更自奇。《赏梅》

33 游园不值

〔南宋〕叶绍翁

应怜屐齿印苍苔,

小扣柴扉久不开。

春色满园关不住,

一枝红杏出墙来。

写作背景

作者的一位朋友因仕途失意后隐居。一天,作者提着一壶好酒前去探访。不巧,这位朋友不在家。扫兴之余,他抬头偶然看到墙头上一枝盛开的红色杏花探出头来,仿佛替主人表示歉意似的。他由此触景生情,忽然有了灵感,回家以后,就写出了这首脍炙人口的诗篇。

译文悦读

园子的主人大约是担心我脚上的木屐会将地面上的青苔踩坏吧,所以我轻轻地敲击了很长时间的柴门,也不见有人前来开门。然而,这满园的春色是无论如何也关不住的,一枝红色的杏花早已从墙头探出身来。

❶游园不值:想游园却没有遇到主人。不值,没有碰上。值,遇到,碰上。 ❷应:应该,这里表示猜测,有"大概是"的意思。怜:爱惜,怜悯。屐齿:木屐底部的锯齿可以防滑。木屐是一种木质的鞋,鞋底有横木齿。印:踩坏。苍苔:青苔。
❸小扣:轻轻地敲。柴扉:使用木柴、树枝编成的门。
❹红杏:红色的杏花。

诗词鉴赏

一、二句描写的是诗人前去拜访好友,却没有遇到,自然有了一份小小的遗憾和失落。在诗中,诗人用词生动传神,一个"怜"字使诗的想象空间得到了极大的扩展,诗人狡黠地猜想可能是主人担心木屐会踩坏青苔,所以才久久不应,从侧面反映出没有和友人相见的实情;而"小扣"一词突出诗人的小心谨慎,生怕破坏了这和谐的美景,读来生动有趣。

三、四句写出了春色的调皮和红杏喜欢凑热闹的场景。正因为春色关不住,所以红杏才从墙内探出头来,由此赋予了春色、红杏人格化的特征,其鲜活形象的描写,令人浮想联翩。

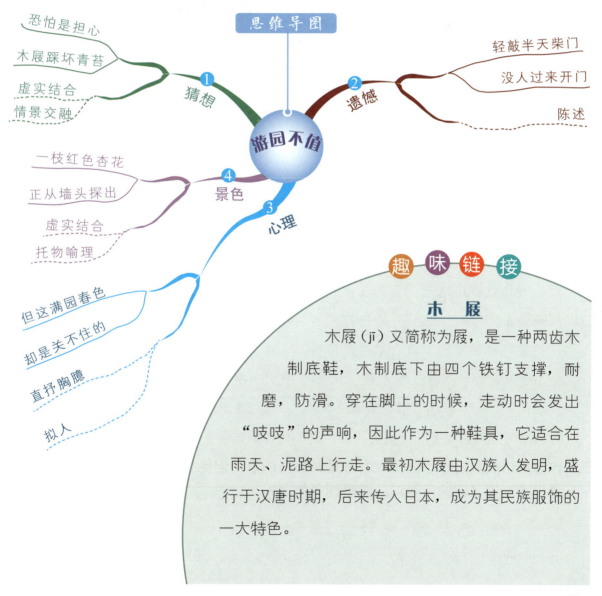

知识拓展

趣辨"牙""齿"

"牙"是一个象形字。金文的整体像动物的上下两颗臼齿对合的样子。"臼齿"又称大牙、槽牙,是"牙"的本义。后来,泛指牙齿,指人和动物嘴里咀嚼食物的器官。

"齿"的甲骨文是象形字,整体像张开口后,里面露出的上下两排牙齿,就是我们所说的门牙。"齿"的本义为门牙,后来泛指牙齿。

综上,"牙"指口腔里的大牙;而"齿"指门牙。你知道了吗?

学而思

一、选择题。

给下列加点的字选择正确的读音。

1. 应怜屐齿印苍苔（　　）　　A. tāi　　B. tái
2. 小扣柴扉久不开（　　）　　A. fēi　　B. fěi
3. 春色满园关不住（　　）　　A. shǎi　　B. sè
4. 一枝红杏出墙来（　　）　　A. qiáng　　B. qiǎng

二、判断题。（对的打"√",错的打"×"）

1. 这首诗题目中的"值"意思是值得。（　　）
2. "应怜屐齿印苍苔"中"屐"读作"jī",指的是木鞋。（　　）
3. 这是一首七言绝句,"春色满园关不住,一枝红杏出墙来"是其中的名句。（　　）
4. 这首诗描写出了自己游园赏花的经过,场面刻画得生动活泼而富有情趣。（　　）

三、作者探访朋友进不了园门,本来是件扫兴的事,但他并不扫兴,你从哪儿可以看出来?读了诗的后两句,你想到了什么?

_____

_____

34 夜书所见

〔南宋〕叶绍翁

萧萧梧叶送寒声[1],
江上秋风动客情[2]。
知有儿童挑促织[3],
夜深篱落一灯明[4]。

写作背景

江上的秋风吹过来,梧桐树叶沙沙作响,使诗人感受到阵阵寒意。秋风的声音,触动了诗人的思乡之情。他忽然看到远处篱笆下的灯火,猜想是孩子们在捉蟋蟀,当时的情景瞬间让他倍感亲切,于是写下了这首情思婉转的小诗。

译文悦读

秋风吹动梧桐叶送来阵阵寒意,江上的秋风牵动着旅客的思乡之情。在这深夜时分,篱笆下闪动着一盏明灯,料想是孩子们拨动草丛在捉蟋蟀。

---

[1] 萧萧:风吹梧桐叶发出的声音。　[2] 客情:旅客的思乡之情。　[3] 挑:用细长的东西拨动。　[4] 促织:俗称"蟋蟀",有的地区又叫"蛐蛐"。篱落:篱笆。

诗词鉴赏

一、二句写景,以叠字拟声词起笔,开始写读者对听觉的联想,并用声音反衬出秋夜的寂静。同时,运用拟人的修辞手法,赋予梧叶、秋风以人的情态。

三、四两句点题,写户外所见。从庭内移到户外,来了个大跳跃,并采用倒装句,按意思顺序,应该前后互移。诗人意绪纷繁,难以入睡,转身走出户外,本想借以排遣内心的愁苦,但没想到眼前的夜景又给自己增添了更多的愁绪。诗人看到儿童深夜捉蟋蟀,不禁想到自己的儿女此刻是否也在捉蟋蟀?诗人回忆起自己童年捉蟋蟀的情景,倍增思乡之情。

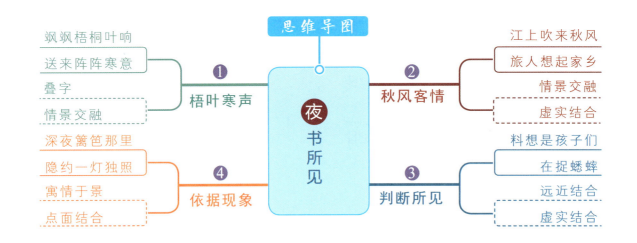

学而思

一、填空题。

1. 这首诗是诗人客居他乡,静夜感秋所作,抒发了_____之愁和_____之情。

2.《夜书所见》中的"_____,_____"以欢掩悲,幻想天伦之乐,更显流浪天涯的孤寂无奈和思亲之情。

二、选择题。

1. 下列加点字读音不正确的一项是(　　)。
   A. 萧萧梧叶送寒声 (xiāo)
   B. 知有儿童挑促织 (chù)
   C. 夜深篱落一灯明 (lí)
   D. 江上秋风动客情 (qíng)

2. 下列说法错误的一项是(　　)。
   A. "萧萧梧叶送寒声"中的"萧萧"指的是风吹梧桐叶发出的声音
   B. "江上秋风动客情"中的"客情"指的是作者的心情
   C. "知有儿童挑促织"中的"促织"俗称"蟋蟀",有的地区又称"蛐蛐"
   D. "夜深篱落一灯明"中的"篱落"意思是篱笆

翁卷

字　　号	字续古，一字灵舒
籍　　贯	永嘉（今浙江温州乐清市）
生 卒 年	不详
主要作品	《乡村四月》《山雨》《野望》等

翁卷是南宋时期的著名诗人。他一生仅参加过一次科举考试，但没有成功，此后便拒绝入仕。他以平民的身份周游天下，除浙江外，还到过江西、福建、湖南和长江以北的江淮地区。晚年，翁卷在深山过着隐居生活，自己动手盖了三四间草房，以种植高粱和林木为生，大约六十岁时去世。

翁卷与徐照（字灵晖）、徐玑（字灵渊）、赵师秀（字灵秀）并称为"永嘉四灵"。他们彼此志趣相投，诗风类似，走贾岛、姚合的"苦吟"之路，因字中都带有"灵"字，又都是永嘉人，于是称之为"永嘉四灵"。翁卷的著作《苇碧轩集》又称《西岩集》，艺术成就很高，也在中国文学史上占据一席之地，给后人留下一份难得的精神文化遗产。

名句集锦

◎一阶春草生，几片落花轻。《春日》
◎轻烟分近郭，积雪盖遥山。《冬日登富览亭》
◎一夜满林霜月白，亦无云气亦无雷。《山雨》
◎绿遍山原白满川，子规声里雨如烟。《乡村四月》
◎乡村四月闲人少，才了蚕桑又插田。《乡村四月》

35 乡村四月

〔南宋〕翁 卷

绿遍山原白满川❶,

子规声里雨如烟❷。

乡村四月闲人少❸,

才了蚕桑又插田❹。

写作背景

翁卷一生以布衣终身。《乡村四月》就是诗人在浙江乐清作为一个农民从事耕田时所作,从中可以看出诗人对乡村生活的熟悉和热爱。

译文悦读

无论是平原还是山岭,大地都呈现出一派碧绿的景象,河道涨满了水,一片白茫茫,在如烟如雾的蒙蒙细雨中,杜鹃鸟在深情地鸣唱着。四月的乡村也开始忙碌起来了,整个村庄看不到一个闲人,人们刚刚忙完了采桑养蚕的工作,又赶忙投入到插秧的劳作中去了。

---

❶山原:山丘和平原。白满川:指河流里的水面映照着天光。川,平地。 ❷子规:鸟名,指杜鹃(juān)鸟,又叫布谷鸟,在暮春初夏时节较为活跃。 ❸闲人:无所事事的人。 ❹才了:刚刚完成。了,做完,结束。蚕桑:采桑、喂蚕。插田:插秧。

诗词鉴赏

这是一首写景诗，诗人讴歌了农村田园风光的秀美和宁静。

一、二句，诗人先从大处着眼，描写的是乡村四月大自然的壮观美景。大地不仅碧绿一片，而且在蒙蒙的细雨中，还有杜鹃应和农忙时节的叫声，趁着宝贵的春雨，乡村的人们自然要抓紧忙碌了，这也为下文农忙的写作奠定了基础。

三、四句，诗人重点描写的是农忙时的场景。"闲人少"突出表现了乡村家家户户都投入到繁忙农活中的景象，那么这些劳动人民都在忙碌些什么呢？诗人接着给出了答案，原来他们在从事采桑、养蚕和稻田插秧工作。一个农活接着一个农活，一个"又"字，生动地反映出农民们无比繁忙的劳动景象。

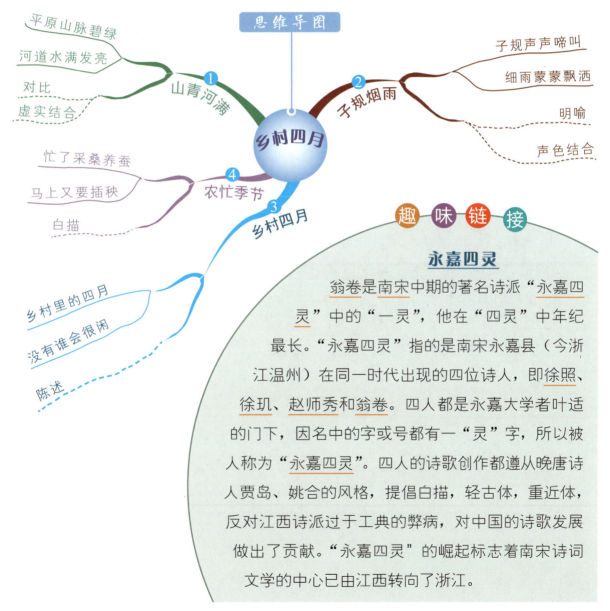

趣味链接

永嘉四灵

翁卷是南宋中期的著名诗派"永嘉四灵"中的"一灵"，他在"四灵"中年纪最长。"永嘉四灵"指的是南宋永嘉县（今浙江温州）在同一时代出现的四位诗人，即徐照、徐玑、赵师秀和翁卷。四人都是永嘉大学者叶适的门下，因名中的字或号都有一"灵"字，所以被人称为"永嘉四灵"。四人的诗歌创作都遵从晚唐诗人贾岛、姚合的风格，提倡白描，轻古体，重近体，反对江西诗派过于工典的弊病，对中国的诗歌发展做出了贡献。"永嘉四灵"的崛起标志着南宋诗词文学的中心已由江西转向了浙江。

知识拓展

量词可以省略吗？

《夜书所见》中"夜深篱落一灯明"中的"一灯"在现代汉语中的意思是"一盏灯"，由此我们看出："一灯明"省略了量词"盏"字。这一现象在古诗文中特别常见，又如杜牧《江南春》中的"南朝四百八十寺"中的"四百八十寺"，省略了量词"座"。而在现代汉语中，这种量词是不可缺少的。

量词是表示人、事物或动作的单位的词，如"尺、寸、斗、升、斤、两、个、只(zhī)、支、匹、件、条、根、块、种、双、对、副、打(dá)、队、群、次、回、遍、趟(tàng)、阵、顿"等。量词经常跟数词一起使用。

学而思

一、填空题。

这首诗描写出了农村田园风光的_____，充满了浓重的生活气息，表达了诗人的_____之情。

二、选择题。

1.下列诗句朗读节奏不正确的是（   ）。

A.绿满／山原／白／满川　　　　　B.子规／声里／雨／如烟

C.乡村／四月／闲／人少　　　　　D.才了／蚕桑／又／插田

2.请把下列词语或诗句中缺少的量词序号写在对应的括号里。

A.南朝四百八十寺（   ）　　B.二仆（   ）　　C.十花（   ）

D.二犬（   ）　　　　　　　E.五车（   ）　　F.四马（   ）

a.匹　　　b.辆　　　c.只　　　d.束　　　e.个　　　f.座

卢钺

字　　号	字威节、威仲，号梅坡
别　　名	卢梅坡
籍　　贯	闽县（今福建福州）
生 卒 年	不详
所处时代	南宋末期
主要作品	《雪梅》二首等

　　卢钺是南宋末期的著名诗人，生卒年月不详。《全宋诗》收录有他的诗句，但没有小传。根据宋代人的文学记录，卢钺在宋度宗咸淳八、九年(1272—1273)时还在世。"梅坡"并不是他的正名，只是他自号"梅坡"，所以后人在《全宋诗》中将诗文的作者命名为卢梅坡。宋末元初时战乱频起，文化收集整理工作长期中断，所以许多像卢钺这样的文人的相关具体资料没有被保存下来。

　　学者从卢钺的诗中总结出：他擅长写绝句，尤其是写植物，喜欢咏花，极其喜欢梅花。他长期居住在京城，并且与辛派词人刘过是好朋友。《柳梢青·送卢梅坡》这首词就是刘过为他送别时写的，表达了离别后对友人卢钺的思念之情，写得情真意切，饶有余味。

名句集锦

◎梅雪争春未肯降，骚人搁笔费评章。《雪梅（其一）》
◎梅须逊雪三分白，雪却输梅一段香。《雪梅（其一）》
◎有梅无雪不精神，有雪无诗俗了人。《雪梅（其二）》
◎日暮诗成天又雪，与梅并作十分春。《雪梅（其二）》

扫码听音频

36

雪 梅（其一）

〔南宋〕卢 钺

梅雪争春未肯降[1]，
骚人阁笔费评章[2]。
梅须逊雪三分白[3]，
雪却输梅一段香[4]。

写作背景

卢梅坡是南宋末年诗人，生卒年月不详。《雪梅》大约作于南宋末年的一个初春，全诗共两首，本诗是其中的第一首。

译文悦读

梅花和白雪都以为自己占尽了春色，谁也不肯让步，作为裁判的诗人难以下评论，放下笔反复思量。梅花在洁白上肯定比白雪低个三分，白雪却在芳香上比梅花输了一个档次。

[1] **梅雪**：梅花和雪。**未肯**：不肯。未，不。**降**：认输，退让。 [2] **骚人**：诗人，古人多以屈原的《离骚》比喻优美的诗篇，所以写出优美诗篇的人常被称为"骚人"。**阁笔**：放下笔。阁，同"搁"(gē)，有放下的意思。评章，评议的文章，这里指评议梅与雪的高低。 [3] **逊**：不及，比不上。 [4] **输**：负于。

诗词鉴赏

　　这首诗用拟人的修辞手法描绘了梅花与白雪之间的比拼，情节引人入胜。

　　上半部分描绘出了梅花与白雪之间的争斗。开篇首句写梅花与白雪一直在争春，谁也不肯让步，使人仿佛看到争斗的双方剑拔弩张、誓不相让的态势，暗示梅花与白雪的高雅风韵让人永远也分不清谁高谁低。次句写诗人已经搁笔，现在又不得不再次大做评论，突出了中国诗坛一直在为二者谁优谁劣争论不休。

　　下半部分主要写作者最终给出了中肯结论。第三句写梅花肯定是在洁白方面比白雪低了三分，强调梅花在色泽上不如白雪圣洁的现实。最后一句写白雪在芳香上却比梅花差了一个等级，突出了白雪在飘香四溢上永远赶不上梅花的遗憾。

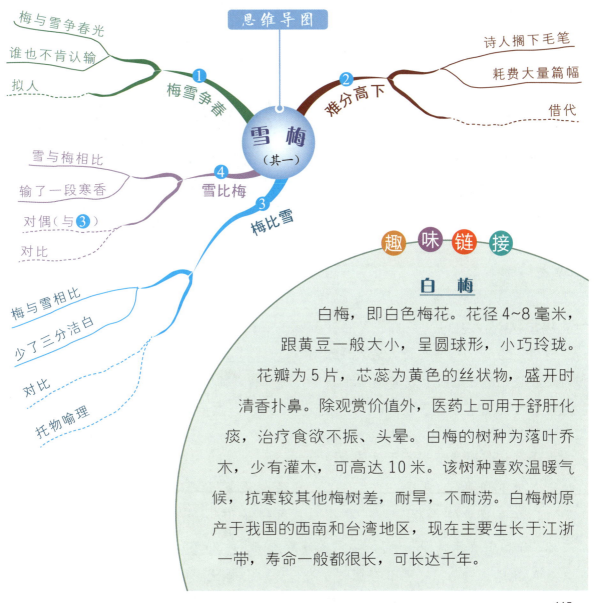

趣味链接

白 梅

　　白梅，即白色梅花。花径4~8毫米，跟黄豆一般大小，呈圆球形，小巧玲珑。花瓣为5片，芯蕊为黄色的丝状物，盛开时清香扑鼻。除观赏价值外，医药上可用于舒肝化痰，治疗食欲不振、头晕。白梅的树种为落叶乔木，少有灌木，可高达10米。该树种喜欢温暖气候，抗寒较其他梅树差，耐旱，不耐涝。白梅树原产于我国的西南和台湾地区，现在主要生长于江浙一带，寿命一般都很长，可长达千年。

知识拓展

梅 花

梅花是"四君子"之一,它身披银雪,孤傲高洁,在严冬盛放,不畏寒冷,任由风吹雪落,有一种坚韧不拔的精神。古往今来,文人墨客常常对梅花进行歌颂。

◎ 无意苦争春,一任群芳妒。(宋·陆游《卜算子·咏梅》)
◎ 零落成泥碾作尘,只有香如故。(宋·陆游《卜算子·咏梅》)
◎ 不要人夸好颜色,只留清气满乾坤。(元·王冕《墨梅》)
◎ 疏影横斜水清浅,暗香浮动月黄昏。(宋·林逋《山园小梅(其一)》)
◎ 墙角数枝梅,凌寒独自开。(宋·王安石《梅花》)
◎ 梅须逊雪三分白,雪却输梅一段香。(宋·卢钺《雪梅(其一)》)
◎ 不经一番寒彻骨,怎得梅花扑鼻香。(唐·黄檗禅师《上堂开示颂》)

 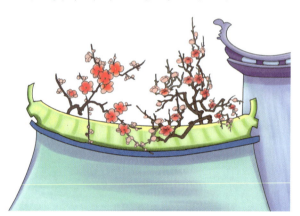

学而思

一、填空题。

　　这是一首 _____ 诗。诗人通过对"_____"和"_____"的比较,巧妙地写出它们各自的特点,并寓理于其中。诗中将"梅"与"雪"对比的诗句是"_____,_____"。

二、选择题。

1. 下列诗句朗读节奏不正确的是( )。
   A. 梅雪/争春/未/肯降　　　　B. 骚人/阁笔/费评/章
   C. 梅须/逊雪/三分/白　　　　D. 雪却/输梅/一段/香

2. "梅雪争春未肯降"一句诗运用的修辞手法是( )。
   A. 比喻　　　B. 夸张　　　C. 排比　　　D. 拟人

参考答案

01 江上渔者
1.同情 2.君看一叶舟 出没风波里

02 元 日
一、爆竹声 春风 屠苏酒 新桃旧符
二、1.D C B A E 2.B

03 泊船瓜洲
一、1.C 2.D 二、"绿"字将无形的春风化为鲜明的形象，表现出春天到来后江南一片新绿的景象变化，色彩鲜明，富有动感，把春的意境写活了。

04 书湖阴先生壁
一、1.对偶 拟人 动态 2.一水护田将绿绕 两山排闼送青来 二、A

05 梅 花
一、1.咏物 高洁孤傲 赞美 2.梅 兰 竹 菊 3.遥知不是雪 为有暗香来 二、1-D-b 2-C-a 3-B-d 4-A-c

06 卜算子·送鲍浩然之浙东
一、水是眼波横 山是眉峰聚 二、1.C 2.B

07 清平乐·春归何处
一、1.惜春 拟人 2.春无踪迹谁知 除非问取黄鹂 二、D

08 六月二十七日望湖楼醉书（其一）
一、夏天西湖下阵雨时 雨前 雨中 雨后
二、1.黑 白 2.碧 红 3.白 绿 红

09 饮湖上初晴后雨
一、1.liàn yàn 形容水波闪动的样子 晴日照耀下的西湖水面微波荡漾，景色是多么美好啊 2.晴天 雨天 喜爱和赞美
二、1.× 2.× 3.√

10 春 宵
一、歌管—秋千 楼台—院落 声细细—夜沉沉 二、①春天真是叫人又喜欢又埋怨，它刚让鲜花开放，又马上让它们凋谢了。②我举酒杯请云朵停住脚步，请它快快阻断春天离开的脚步吧！③哪怕你找遍了所有的地方、用尽了再多的钱财，还是留不住春天的。④哪怕满地的金钱，也买不来春光再现。

11 惠崇春江晚景
一、1.竹外桃花三两枝 春江水暖鸭先知 2.早春 桃花 鸭 芦芽 二、C

12 题西林壁
不识庐山真面目 只缘身在此山中

13 浣溪沙·游蕲水清泉寺
一、1.三苏 2.欧苏 3.苏辛 4.苏黄 5.宋四家 二、C

14 赠刘景文
一、1.菊残犹有傲霜枝 2.一年好景君须记 最是橙黄橘绿时 二、1.F 2.AB 3.E 4.CD

15 夏日绝句
一、1.咏史言志 不肯过江东 软弱现状 爱国 2.生当作人杰 死亦为鬼雄 3.屈原 英雄 二、C

16 三衢道中
一、一路浓荫 黄鹂 二、D

17 示 儿
一、1.原 本来，原来 2.但悲不见九州同 王师北定中原日 二、1.C 2.B 3.C
三、1.× 2.√ 3.√

117

18 秋夜将晓出篱门迎凉有感（其二）
一、1.黄河 华山 被金军占领沦陷区内的宋人 南宋朝廷的军队 2.三万里河东入海 五千仞岳上摩天 二、D

19 四时田园杂兴（其二十五）
一、1.田园 2.日长篱落无人过 惟有蜻蜓蛱蝶飞 二、1.A 2.A

20 四时田园杂兴（其三十一）
一、D 二、1.× 2.×

21 小池
一、泉眼 树阴 小荷 蜻蜓 惜 爱 露立 二、1.B 2.D

22 晓出净慈寺送林子方
一、接天莲叶无穷碧 映日荷花别样红 二、1.D-d 2.C-a 3.B-b 4.A-c

23 宿新市徐公店（其二）
一、儿童急走追黄蝶 飞入菜花无处寻 二、1.A 2.D 3.D

24 稚子弄冰
一、1.B 2.C 二、1.D 2.C 3.B 4.A

25 春日
一、1.胜 2.新 3.闲 二、等闲识得东风面 万紫千红总是春 三、1.B 2.D

26 观书有感（其一）
一、问渠那得清如许 为有源头活水来 二、1.× 2.√ 3.×

27 观书有感（其二）
说理 泛舟 循序渐进 推移 自在

28 菩萨蛮·书江西造口壁
一、青山遮不住 毕竟东流去 二、1.√ 2.√

29 清平乐·村居
一、1.生活环境 生活场景 喜爱 向往 2.茅檐低小 溪上青青草 二、1.D 2.D

30 西江月·夜行黄沙道中
一、1.咏田园风光 视觉 听觉 嗅觉 喜悦 热爱 2.明月别枝惊鹊 清风半夜鸣蝉 二、1.荷花 2.稻花 3.菜花 4.桃花

31 村晚
1.傍晚 心旷神怡 2.草满池塘 水满陂 山衔落日浸寒漪

32 题临安邸
一、1.dǐ 旅馆 墙壁 2.批判和讽刺 担忧 二、1.A.xūn B.biàn C.wài D.xiū 三、D

33 游园不值
一、1.B 2.A 3.B 4.A 二、1.× 2.√ 3.√ 4.√ 三"一枝红杏出墙来"，作者由一枝露出墙头的红杏想象出满园春色，感受到生机勃勃，心情由失望转为惊喜。后两句既渲染了浓郁的春色，又揭示了深刻的哲理：一切新生的美好事物是封锁不住的，它必将冲破束缚，蓬勃发展。

34 夜书所见
一、1.羁旅 思乡 2.知有儿童挑促织 夜深篱落一灯明 二、1.B 2.B

35 乡村四月
一、秀美和宁静 热爱 二、1.C 2.A.f B.e C.d D.c E.b F.a

36 雪梅（其一）
一、咏物言志 梅 雪 梅须逊雪三分白 雪却输梅一段香 二、1.B 2.D

穿越历史线
学透古诗词

宋代以后篇

孙洋 主编

内容提要

本书以历史线为选文脉络,精选了148首中小学生必背古诗词,按照时间顺序,分为初唐及以前篇、盛唐篇、中晚唐篇、宋代篇、宋代以后篇5个分册。每个分册设置了诗人名片、诗人介绍、写作背景、注释、译文悦读、思维导图、诗词鉴赏、知识拓展、学而思等栏目。本书图文并茂,版式活泼,体例和内容的设置注重"融合",侧重"积累",加强"训练",突出"有趣",旨在培养中小学生学习古诗词的兴趣,并让其从中汲取中国传统文化之精华。

图书在版编目(CIP)数据

穿越历史线.学透古诗词 宋代以后篇/孙洋主编
.—上海:上海交通大学出版社,2024.6
(交大之星)
ISBN 978-7-313-29081-6

Ⅰ.①穿… Ⅱ.①孙… Ⅲ.①古典诗歌–中国–小学
–教学参考资料 Ⅳ.①G624.203

中国国家版本馆CIP数据核字(2023)第129668号

穿越历史线·学透古诗词(宋代以后篇)
CHUANYUE LISHIXIAN·XUETOU GUSHICI(SONGDAI YIHOU PIAN)

主　编:	孙　洋		
出版发行:	上海交通大学出版社	地　址:	上海市番禺路951号
邮政编码:	200030	电　话:	021-64071208
印　制:	苏州市越洋印刷有限公司	经　销:	全国新华书店
开　本:	787mm×1092mm 1/16	印　张:	5
字　数:	84千字		
版　次:	2024年6月第1版	印　次:	2024年6月第1次印刷
书　号:	ISBN 978-7-313-29081-6	音像号:	ISBN 978-7-88941-599-6
定　价:	199.00元(共5册)		

版权所有　侵权必究
告读者:如发现本书有印装质量问题请与印刷厂质量科联系
联系电话:0512-68180638

前言

　　古诗文是中华民族五千年文化的瑰宝,是中国优秀传统文化最好的载体,有丰富的历史文化价值和教育价值,处世为人的哲学,修身、齐家、治国、平天下的道理都蕴含其中。学习经典古诗文,对我们的眼界、胸怀、志气、品格修养的提升大有裨益;学习经典古诗文,也是传承中华传统文化、树立民族精神、增强文化自信的重要渠道。

　　统编语文教材增加了古诗文比重。小学语文古诗文占全部选篇的36%,初中语文古诗文占全部选篇的48%,较原人教版教材有大幅增加。

　　中小学生学习古诗文的重要性和必要性不言而喻,但市面上与古诗文相关的书籍大都以主题或类别进行分类,而学生在学习古诗文的时候,往往需要联系作者或诗人所处的时代背景,这样才能更好地理解古诗文深层次的意蕴。而以"历史线"为脉络对古诗文进行梳理分类,有助于学生提高史实意识,在历史的线条中逐渐明晰作者或诗人的生平、遭遇,理解他们所处的时代发展背景,将同时代的作者、诗人或典籍串联起来,进一步拓展学习的广度和深度。因此,我们积极联合专家团队,倾力打造了"穿越历史线·学透古诗词""穿越历史线·学透小古文"系列图书。

　　"穿越历史线·学透古诗词"系列精选148首中小学生必背古诗词,按照时间顺序,分为初唐及以前篇、盛唐篇、中晚唐篇、宋代篇、宋代以后篇5个分册,每个分册设有诗人名片、诗人介绍、写作背景、注释、译文悦读、思维导图、诗词鉴赏、知识拓展、学而思等栏目。

　　"穿越历史线·学透小古文"系列从分布在"历史线"上的50多种典籍里,精选了166篇适合中小学生阅读的小古文,按照时间顺序,分为春秋战国篇、秦汉篇、三国两晋南北朝篇、唐宋篇、元明清篇5个

分册。每个分册设置典籍名片、小古文精讲、思维导图、智慧点拨、知识拓展、学而思等栏目。套书体例和内容的设置注重"融合"，侧重"积累"，加强"训练"，突出"有趣"。

希望这套图书能使学生更方便地学习古诗文，感受中华文化的丰厚博大，从中汲取民族文化智慧，积淀文化底蕴，在点滴的学习中浸润渗透，增强学生的文化认同感和民族自豪感。

囿于编写水平，书中如有不足之处，恳请广大读者批评指正，以便我们重印再版时修订完善。

编者

目 录

穿越历史线

唐 618—907
宋 960—1279
元 1206—1368

➤ 王　冕　梅花屋主爱梅花，墨梅画中亦有华。……1
01 墨　梅 …… 2

明 1368—1644

➤ 于　谦　于谦一世忠烈，不朽两袖清风。……5
02 石灰吟 …… 6

➤ 唐　寅　桃花庵里桃花仙，桃花仙也未看穿。……9
03 画　鸡 …… 10

➤ 王　磐　王磐于城筑西楼，文人雅士歌吟咏。……13
04 朝天子·咏喇叭 …… 14

➤ 文　嘉　昨日今日明日歌，文嘉心怀子孙事。……17
05 今日歌（节选） …… 18
06 明日歌 …… 21

➤ 戚继光　烟波万里战平生，平倭平寇戚家军。……23
07 马上作 …… 24

清 1616—1911

➤ 查慎行　东南诗坛领袖，初白庵里慎行。……27
08 舟夜书所见 …… 28

➤ 纳兰性德　饮水词哀感顽艳，得南唐二主之遗。……31
09 长相思 …… 32

➤ 郑　燮　难得糊涂郑板桥，一枝一叶总关情。……35
10 竹　石 …… 36

| 袁　枚 | 随园老人隐仓山，笔法精粹性灵说。 | 39 |

11 所　见 ……………………………………………… 40

| 赵　翼 | 赵翼诗坛之巨匠，亦为史家之大拿。 | 43 |

12 论　诗（其二） ……………………………………… 44

| 龚自珍 | 我劝天公重抖擞，不拘一格降人才。 | 47 |

13 己亥杂诗（其一） …………………………………… 48

14 己亥杂诗（其五） …………………………………… 51

| 高　鼎 | 为国为民反侵略，奈何只能隐村居。 | 53 |

15 村　居 ……………………………………………… 54

| 谭嗣同 | 戊戌变法定维新，不畏牺牲反封建。 | 57 |

16 狱中题壁 …………………………………………… 58

| 秋　瑾 | 女侠魂断轩亭口，女权运动永传承。 | 61 |

17 对　酒 ……………………………………………… 62

穿越历史线

中华民国 1912—1949

中华人民共和国 1949年10月1日成立

| 毛泽东 | 天若有情天亦老，人间正道是沧桑。 | 65 |

18 菩萨蛮·大柏地 ……………………………………… 66

19 卜算子·咏梅 ………………………………………… 68

20 七律·长征 …………………………………………… 71

参考答案 ……………………………………………………… 74

字　　号	字元章，号煮石山农
别　　名	梅花屋主、食中翁
籍　　贯	浙江绍兴诸暨市
生 卒 年	1310—1359
主要作品	《墨梅》《江南妇》《三君子图》等

王冕

　　王冕是元朝著名的画家、诗人、篆刻家。他出身贫寒，幼年替人放牛，常偷偷潜入学堂听人读书，致使牛跑丢，遭到主人鞭打。成年后，王冕自学成才，成为名震一方的诗人和画家。当时，地方官员李孝光推荐他当官，遭到他的拒绝。王冕喜欢游历名山大川，到大都(今北京)时，好友蒙古人泰不花推荐他入朝为官，也被他推辞。王冕晚年隐居会稽(今浙江绍兴)九里山，建草房三间，种梅树千余株，以卖画为生，自称为"梅花屋主"。

　　王冕性格孤傲，鄙视权贵，一生爱好梅花，他以画梅著称，尤其擅长墨梅。现存世的画迹有《三君子图》《墨梅图》等。王冕的诗歌多同情人民苦难，谴责豪门权贵，描写田园生活。

名句集锦

◎读书当努力，写字莫糊涂。《元日示师文》
◎我家洗砚池头树，朵朵花开淡墨痕。《墨梅》
◎不要人夸好颜色，只留清气满乾坤。《墨梅》
◎冰雪林中著此身，不同桃李混芳尘。《白梅》
◎忽然一夜清香发，散作乾坤万里春。《白梅》

扫码听音频

01

墨(mò) 梅(méi) ❶

〔元〕王 冕

我(wǒ)家(jiā)洗(xǐ)砚(yàn)池(chí)头(tóu)树(shù)❷，

朵(duǒ)朵(duǒ)花(huā)开(kāi)淡(dàn)墨(mò)痕(hén)❸。

不(bú)要(yào)人(rén)夸(kuā)好(hǎo)颜(yán)色(sè)❹，

只(zhǐ)留(liú)清(qīng)气(qì)满(mǎn)乾(qián)坤(kūn)❺。

写作背景

诗人王冕一生没有出仕，过着田园的隐居生活。《墨梅》就是他在家乡隐居期间题咏自己所画梅花图的诗作。

译文悦读

在我家的洗砚池边生长着一棵梅树，满树都是盛开的梅花，花瓣好像是被淡淡的墨迹点染而成的。梅花不需要人们去夸赞它楚楚动人的颜色，只希望能够将清香留在这天地之间。

❶**墨梅**：用水墨画成的梅花。 ❷**我家**：指诗人的家。**洗砚池**：洗刷毛笔和砚的池子。**头**：边上。 ❸**墨痕**：墨汁留下的痕迹。痕，痕迹，印记。 ❹**夸**：夸赞。 ❺**清气**：清香的气味。这里指纯洁的品格。**满**：充满，弥漫。**乾坤**：天地之间。

诗词鉴赏

一、二句描写的是墨梅所在的位置和颜色。一个"淡"字写出了梅花所特有的色泽，表明了它独立寒风、淡雅朴素的一面，同时也是描摹梅花的一种绘画技巧。诗人对梅花的描写虽然平淡朴实，然而却鲜明地刻画出梅花淡雅高洁的艺术形象。

三、四句，诗人以梅花为喻，进一步阐述自我的心理感受和思考所得。在诗人的笔下，梅花虽然并不娇艳，但在它的身上，人们所看到的反而是梅花不同于其他花朵的高洁孤傲品性。它孤芳自赏，不甘俗流，满身清气，其实这一品格，何尝不是诗人自我的写照呢？

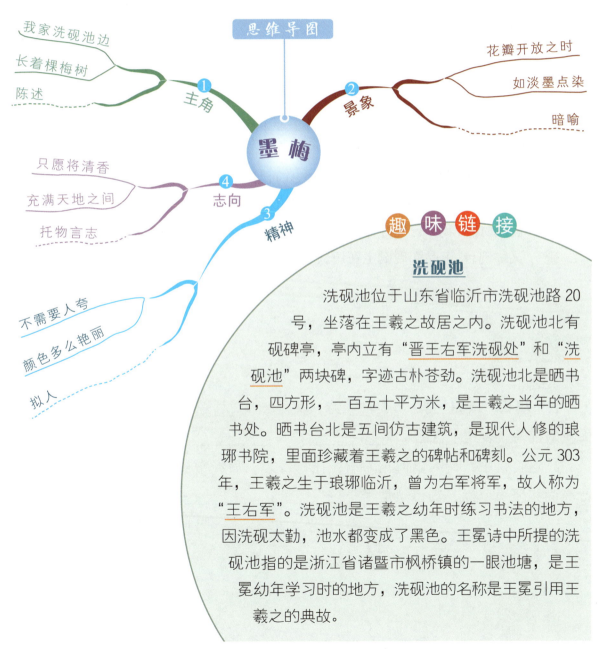

趣味链接

洗砚池

洗砚池位于山东省临沂市洗砚池路20号，坐落在王羲之故居之内。洗砚池北有砚碑亭，亭内立有"晋王右军洗砚处"和"洗砚池"两块碑，字迹古朴苍劲。洗砚池北是晒书台，四方形，一百五十平方米，是王羲之当年的晒书处。晒书台北是五间仿古建筑，是现代人修的琅琊书院，里面珍藏着王羲之的碑帖和碑刻。公元303年，王羲之生于琅琊临沂，曾为右军将军，故人称为"王右军"。洗砚池是王羲之幼年时练习书法的地方，因洗砚太勤，池水都变成了黑色。王冕诗中所提的洗砚池指的是浙江省诸暨市枫桥镇的一眼池塘，是王冕幼年学习时的地方，洗砚池的名称是王冕引用王羲之的典故。

知识拓展

"乾坤"象征天和地，气势磅礴要牢记

"只留清气满乾坤"中的"乾坤"，象征天地、阴阳等，如"扭转乾坤"（指根本改变已成的局面）。"乾坤"也可以单独使用，其含义如下：

"乾"指八卦之一，代表天。古代又指男性的，如"乾造"（婚姻中的男方）"乾宅"（婚姻中的男家）。"坤"也指八卦之一，代表地。又指女性的，如"坤包"（指妇女用的挎包、手提包等，一般比较小巧）。

含有"乾坤"的成语较多，如：乾坤再造、袖里乾坤、颠倒乾坤、朗朗乾坤。

文房四宝

"文房四宝"是指笔、墨、纸、砚四种文具，又称"文房四士"。

笔 指毛笔，是我国各式笔类中最为独特的一种，也是中国使用最早的笔，从殷商时就已经发明毛笔。相传，秦朝名将蒙恬改良了毛笔，他采用"兔羊之毫，纳颖（yǐng）于管"，制成了后人所称的"湖笔"。

墨 古人利用天然墨作为书写颜料，史前已经有用墨的痕迹，而人工墨从汉代才开始出现。尤其是明清时期的徽墨，是制墨中的精华杰作。

纸 西汉时期，我国已经开始了纸的制作，而到东汉时期，蔡伦的造纸术更为成熟。

砚 又称砚台。上品端砚诞生在唐代初期的广东肇（zhào）庆（古称端州）。

学而思

填空题。

1.《墨梅》既是一首 _____ 诗，又是一首 _____ 诗，诗人借助对所画梅花的描写，表达了自己 _____。

2.这首诗中，诗人以梅花为喻，托物言志，后经常被人们引用，借喻自我品行高尚和坚贞节操，其诗句是"_____，_____"。

于谦

字　号	字廷益，号节庵
别　名	于忠肃、于少保
籍　贯	杭州府钱塘（今浙江杭州）
生卒年	1398—1457
誉　称	西湖三杰
主要作品	《石灰吟》《荒村》《咏煤炭》等

晚唐　宋代　元朝　明朝　清朝

◀ 于谦

于谦是明朝初期著名的大臣、民族英雄，和岳飞、张煌言并称为"西湖三杰"。他少年时期刻苦读书，志向高远。八岁时，他穿着红色衣服，骑马玩耍。邻家老者觉得很有趣，便戏弄他说："红孩儿，骑黑马游街。"于谦应声而答："赤帝子，斩白蛇当道。"下联不仅对仗工整，而且还显露出了他非凡的气势。

永乐十九年（1421），于谦考取辛丑科进士，从此踏入仕途。1449年，明英宗在土木堡被瓦剌俘获，于谦升任兵部尚书，力排众议，拥明代宗登基，坚决固守北京。瓦剌押明英宗至城下，要挟于谦献城投降，于谦却以"社稷为重，君为轻"予以回绝。最终大败瓦剌，使中国免遭生灵涂炭。1457年，明英宗复辟，于谦被害。明成化初年（1465），于谦被平反。1489年谥号"肃愍"，后改谥号"忠肃"。

名句集锦

◎千锤万凿出深山，烈火焚烧若等闲。《石灰吟》
◎粉骨碎身浑不怕，要留清白在人间。《石灰吟》
◎但愿苍生俱饱暖，不辞辛苦出山林。《咏煤炭》
◎清风两袖朝天去，免得闾阎话短长。《入京》

扫码听音频

02

石灰吟①

〔明〕于 谦

千锤万凿出深山②,
烈火焚烧若等闲③。
粉骨碎身浑不怕④,
要留清白在人间⑤。

写作背景

相传,诗人写这首诗时,年仅十二岁。他的老家在钱塘县,一次他信步来到一座石灰窑前,驻足观看工人师傅们煅烧石灰的场景,触景生情,便写下了这首脍炙人口的诗篇。

译文悦读

石灰经过千万次锤打才从深山之中开采出来,然后经过熊熊的烈火焚烧,但是在石灰看来,这些都再寻常不过了。纵然粉身碎骨,石灰也没有丝毫的胆怯和畏惧,它所希望的是将自身的清白长留在人世间。

---

❶ 吟:古代诗歌的一种体裁。 ❷ 千锤万凿:多次锤击开凿。形容开采石灰的艰难。锤,名词用作动词,用锤击打。凿:开凿。 ❸ 若:好像。等闲:寻常,平常。 ❹ 粉骨碎身:是一个成语,指丧失生命,多指为了某种目的而献出生命。浑:全,全然。 ❺ 清白:语意双关,原指石灰的颜色,这里指高尚的品格。

诗词鉴赏

一、二句描写的是石灰的开采。诗人运用拟人的修辞手法,将石灰看作一个历经千百磨难,但始终坚强不屈的人士。为了突出这一艺术形象,诗人在文中使用一系列动词来加以形容,如"千锤万凿""烈火焚烧"等,从而将石灰视磨难"若等闲"的从容不迫的顽强性格与博大气度完美地呈现出来。

三、四句,诗人依然运用拟人的修辞手法,通过石灰的自我叙述,表明自己的志向和情操。诗中的"清白"一词,一语双关,既是对石灰颜色的写实描写,也是对人们所具有的高尚品格的比喻,显示的是诗人无畏牺牲的品格和希望自己始终能够以清白长留世间的高洁志向。

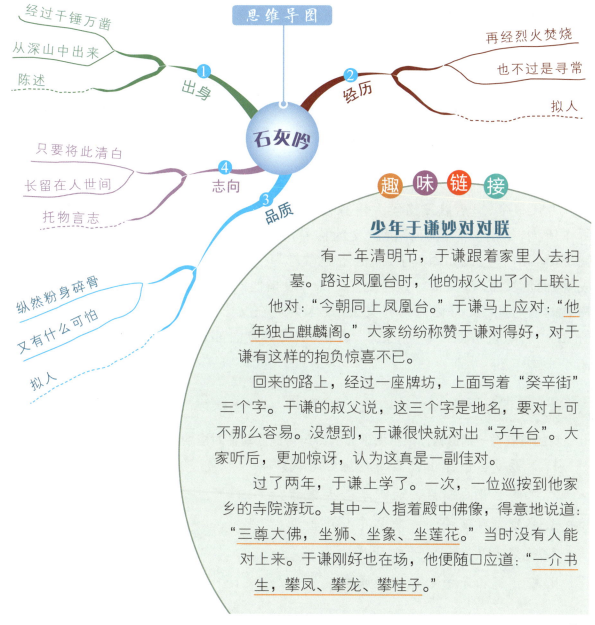

少年于谦妙对对联

有一年清明节,于谦跟着家里人去扫墓。路过凤凰台时,他的叔父出了个上联让他对:"今朝同上凤凰台。"于谦马上应对:"他年独占麒麟阁。"大家纷纷称赞于谦对得好,对于谦有这样的抱负惊喜不已。

回来的路上,经过一座牌坊,上面写着"癸辛街"三个字。于谦的叔父说,这三个字是地名,要对上可不那么容易。没想到,于谦很快就对出"子午台"。大家听后,更加惊讶,认为这真是一副佳对。

过了两年,于谦上学了。一次,一位巡按到他家乡的寺院游玩。其中一人指着殿中佛像,得意地说道:"三尊大佛,坐狮、坐象、坐莲花。"当时没有人能对上来。于谦刚好也在场,他便随口应道:"一介书生,攀凤、攀龙、攀桂子。"

知识拓展

名词活用作动词

词类活用是指一个词在特定的语言环境中临时改变词性而作另一类词使用,随着词性的改变,这个词又同时具有新的含义。

名词活用作动词,是指一个名词在特定的情况下作动词使用,活用后的意义仍和这个名词的意义密切相关,只是动作化而已。

如于谦的《石灰吟》:"千锤万凿出深山,烈火焚烧若等闲。"其中的"锤",本是名词,意思是锤子,这里活用作动词,可理解为"用锤子击打"。

又如《采薇》:"今我来思,雨雪霏霏。"其中的"雨",本是名词,这里活用作动词,可理解为"下"。

另外,你还知道哪些名词活用作动词,请找出来和同学们分享一下吧!

石 灰

石灰的前身是大家非常熟悉的石灰石、白云石等碳酸钙含量高的石料,经过900～1100℃的高温煅烧而成,它具有原材料分布广、生产工艺简单便捷、成本低廉等特点。成型后的石灰颜色发白,具有强烈的碱性,主要用于建筑等。

谥 号

古代皇帝、皇后以及诸侯大臣等社会地位较高的人去世后,朝廷会依据其生前所作所为,给出一个具有评价意义的称号,用来高度概括一个历史人物的生平,这就是谥(shì)号。比如周武王、汉武帝等谥号为"武",表明他们生前在军事上有较大成就。而周文王、汉文帝等谥号为"文",一般指他们生前在治理国家上有较大成就。韩愈的谥号叫"文",称他为韩文公,是因为他在文学上的成就很高。而范仲淹称为"范文正公",说明他在学问、文才、道德、治国等方面都非常优秀。

学而思

有的诗就像一则谜语,请根据下面的诗句将谜底写在对应的括号里。

1. 千锤万凿出深山,烈火焚烧若等闲。（　　　）
2. 采得百花成蜜后,为谁辛苦为谁甜？（　　　）
3. 我家洗砚池头树,朵朵花开淡墨痕。（　　　）
4. 解落三秋叶,能开二月花。（　　　）
5. 咬定青山不放松,立根原在破岩中。（　　　）

唐寅

字　　号	字伯虎，号六如居士
别　　名	唐伯虎、桃花庵主
籍　　贯	苏州府吴县（今江苏苏州）
生 卒 年	1470—1524
誉　　称	"明四家"之一
主要作品	《桃花庵歌》《落花诗》等

时间轴：晚唐 — 宋代 — 元朝 — 明朝（唐寅）— 清朝

唐寅是明代著名的画家、书法家、诗人。成化二十一年（1485），他考中苏州府试第一名，进入府学读书。二十五岁之前唐寅才华横溢，轰动苏州，妻子徐氏温柔体贴，家庭美满；二十六岁之后，父母、妻子、妹妹、儿子相继离世，家道中落，在好友祝允明的帮助下参加科举。弘治十一年（1498），唐寅考中应天府乡试第一（解元），入京参加会试。第二年，因卷入徐经科场舞弊案，坐罪入狱，被贬为浙藩小吏。从此，唐寅丧失科场进取心，游荡江湖，埋没于诗画之间，终于成为一代名画家。唐寅的晚年生活较为清苦，常常依靠朋友接济。

唐寅的绘画作品融宋代院体技巧与元人笔墨韵味为一体，呈现出劲峭而又不失秀雅的品貌风骨，与沈周、文徵明、仇英并称为"吴门四家"，又称为"明四家"。诗文上，与祝允明、文徵明、徐祯卿并称为"吴中四才子"。

名句集锦

◎头上红冠不用裁，满身雪白走将来。《画鸡》
◎平生不敢轻言语，一叫千门万户开。《画鸡》
◎别人笑我太疯癫，我笑他人看不穿。《桃花庵歌》
◎不见五陵豪杰墓，无花无酒锄作田。《桃花庵歌》
◎扑檐直破帘衣碧，上砌如欺地锦红。《落花诗》

扫码听音频

03

画鸡

〔明〕唐 寅

头上红冠不用裁❶,
满身雪白走将来❷。
平生不敢轻言语❸,
一叫千门万户开❹。

写作背景

这是作者为自己所画的大公鸡所题的诗(题画诗)。明代中后期,统治阶级内部斗争激烈,作者托物言志,在画完这只高昂的大公鸡后,看到大公鸡羽毛雪白,冠顶通红,不由激发出了兴致,便创作出了这首诗。

译文悦读

雄鸡头上的红色冠子不用特别剪裁,身披雪白的羽毛威风地走来。它平常不敢轻易鸣叫,可一旦叫起来,千家万户却会把门打开。

❶裁:裁剪,这里指制作。❷将:助词,用在动词之后,"来""去"等表示趋向的词之前,在这里无实义。 ❸平生:平素,平常。轻:随便,轻易。言语:喻指说或发表意见,这里指啼鸣。 ❹一:一旦。千门万户:即千家万户,指许许多多的人家。

诗词鉴赏

前两句主要描写公鸡的动作、神态。"头上红冠"和"满身雪白",由局部到整体,描绘出了大公鸡的体貌特征。同时,二者色彩的对比十分鲜明,使红的更红、白的更白,只用简洁的八个字,便勾画出了一只冠红、羽白、美丽的大公鸡形象。

后两句主要写公鸡的心理和声音,并进一步对公鸡的品性加以赞美。它平时不轻易鸣叫,一声鸣叫,便意味着黎明的到来,千家万户都要打开门迎接新的一天的到来。最后一句,紧承前句,写出了公鸡鸣叫时声音的嘹亮,进而也赞美了公鸡所具备的美德和权威。

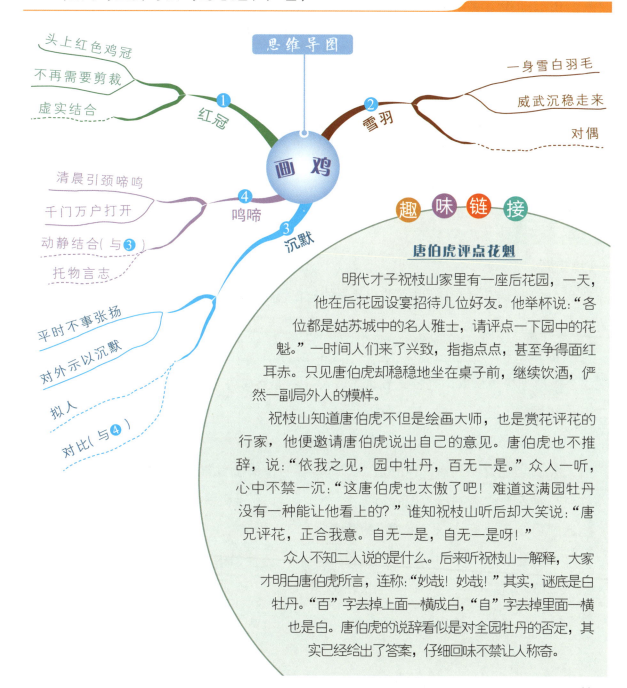

唐伯虎评点花魁

明代才子祝枝山家里有一座后花园,一天,他在后花园设宴招待几位好友。他举杯说:"各位都是姑苏城中的名人雅士,请评点一下园中的花魁。"一时间人们来了兴致,指指点点,甚至争得面红耳赤。只见唐伯虎却稳稳地坐在桌子前,继续饮酒,俨然一副局外人的模样。

祝枝山知道唐伯虎不但是绘画大师,也是赏花评花的行家,他便邀请唐伯虎说出自己的意见。唐伯虎也不推辞,说:"依我之见,园中牡丹,百无一是。"众人一听,心中不禁一沉:"这唐伯虎也太傲了吧!难道这满园牡丹没有一种能让他看上的?"谁知祝枝山听后却大笑说:"唐兄评花,正合我意。自无一是,自无一是呀!"

众人不知二人说的是什么。后来听祝枝山一解释,大家才明白唐伯虎所言,连称:"妙哉!妙哉!"其实,谜底是白牡丹。"百"字去掉上面一横成白,"自"字去掉里面一横也是白。唐伯虎的说辞看似是对全园牡丹的否定,其实已经给出了答案,仔细回味不禁让人称奇。

知识拓展

古汉语中的"走路"

1. 根据使用场合不同，含有"走路"意思的词语举例如下：

◎ 在大路上快走叫"奔"；　　◎ 在堂上举足慢慢地走叫"步"；
◎ 在水中走叫"涉"；　　　　◎ 在堂上小步走叫"行"；
◎ 在草丛或山林中走叫"跋"。

2. 根据动作方式不同，含有"走路"意思的词语有以下几种：

◎ 跑叫"走"，通常指主动行为；　　◎ 急走、快跑叫"奔"，带有被迫的意味；
◎ 快步行走叫"趋"；　　　　　　　◎ 逃亡或出奔叫"亡"；
◎ 缓慢而行叫"步"；　　　　　　　◎ 漫步行走叫"踱"；
◎ 走路缓慢从容叫"姗姗"；　　　　◎ 自由自在地来回行走叫"徜徉"。

另外，你还知道哪些表示"走路"的词语？请试着写下来吧！

_____

学而思

一、填空题。

1.《画鸡》是作者在自己的画作上题写的一首_____，描绘出了雄鸡_____的品格。

2. 这首诗中，"_____，_____"对比鲜明，既表现了公鸡的美德和权威，也借此表达了诗人自己渴望成为时代先驱的志向。

二、选择题。

1. 下列加点字读音不正确的是(　　)。

A.头上红冠不用裁（guàn）　　B.头上红冠不用裁（cái）

C.满身雪白走将来（jiāng）　　D.平生不敢轻言语（qīng）

2. "平生不敢轻言语"中"轻"的意思是(　　)。

A.重量小　　　　　B.轻松

C.随便，轻易　　　D.轻便，轻快

王磐

字　号	字鸿渐，号西楼
籍　贯	江苏高邮（今江苏高邮）
生卒年	约1470—1530
誉　称	南曲之冠
主要作品	《朝天子·咏喇叭》《野菜谱》等

晚唐　宋代　元朝　明朝　清朝

王磐

　　王磐是明代散曲作家、画家，他也精通医学，有"南曲之冠"的美誉。他生于富贵家庭，喜欢读书，但鄙视仕途，终生不仕，一直纵情于山水之间。王磐曾经在高邮城西筑楼，与名士谈咏其间，所以自号"西楼"。

　　王磐的诗风近似唐人李贺，其主要成就在散曲方面。他的散曲题材宽广，风格清丽精雅，个别讽刺作品较为豪辣。王磐著有《王西楼乐府》1卷，多庆节、赏花、纪游等闲适之作，反映了他的生活和性格特点。由于他脱略尘俗，不事权贵，对于当权者的倒行逆施很看不惯，所以小令《朝天子·咏喇叭》借"曲小""腔大"的官船喇叭为题，把正德年间擅权的宦官在运河沿岸鱼肉百姓的罪恶行径，以及他们装腔作势的嘴脸，揭露得淋漓尽致。

名句集锦

◎ 眼见的吹翻了这家，吹伤了那家，只吹的水尽鹅飞罢！
　《朝天子·咏喇叭》

◎ 那里有闹红尘香车宝马？只不过送黄昏古木寒鸦。
　《古调蟾宫·元宵》

04

朝天子·咏喇叭①

〔明〕王 磐

喇叭，唢呐，

曲儿小，腔儿大②。

官船来往乱如麻③，

全仗你抬声价④。

军听了军愁，民听了民怕。

那里去辨甚么真共假⑤？

眼见的吹翻了这家⑥，

吹伤了那家，

只吹的水尽鹅飞罢⑦！

写作背景

明朝正德年间（1506—1521），朝中宦（huàn）官当政，欺压鱼肉百姓，出行时常以各种乐器助阵，引起了百姓的极度反感。基于这种情况，诗人写下了这首散曲，予以讽刺。

译文悦读

喇叭和唢呐，吹奏的曲子很短小，但是音调响亮。江面上的官船来来往往乱成一片，全靠这些乐器来提高名誉和地位。乐曲的声音传到了士兵的耳朵里，他们不由感到一阵愁苦；传到了百姓的耳中，他们也会惊慌失措。哪里去分辨其中的真与假呢？眼看着这样的乐曲将这家吹得倾家荡产，将那家吹得难以维持生计，最后吹得池塘水源枯竭，白鹅也无奈地飞走了！

---

❶**朝天子**：曲牌名。**咏**：歌咏。 ❷**腔儿大**：吹奏的腔调很大，比喻嚣（xiāo）张跋扈（bá hù）的气焰。 ❸**乱如麻**：乱哄哄的样子。 ❹**仗**：倚仗，指望。**声价**：声望和社会地位。 ❺**那里**：同"哪里"。**共**：和。 ❻**吹翻**：折腾得倾家荡产。 ❼**水尽鹅飞罢**：水干了，鹅也飞光了。比喻民穷财尽，家破人亡。

诗词鉴赏

曲子的第一层描写的是喇叭和唢呐吹奏时候的音色特点，其音调大小的背后，蕴含作者深深的批判和讽刺情感。

曲子的第二层，作者通过一个"乱"字，生动形象地刻画了这些仗势欺人的宦官身上所具有的飞扬跋扈的丑恶特性。他们狐假虎威，借助统治者的威风而自抬"声价"，而在其背后，是作威作福封建统治者不顾民众死活的嘴脸，蕴含作者辛辣的嘲讽和抨击。

曲子的第三层是作者的全面总结，他采用了夸张的修辞手法，写出"水尽鹅飞"的场面，更加突出了这些宦官为非作歹、残害百姓的恶劣行径，使得全曲的揭露和控诉力度得到了极大提高。

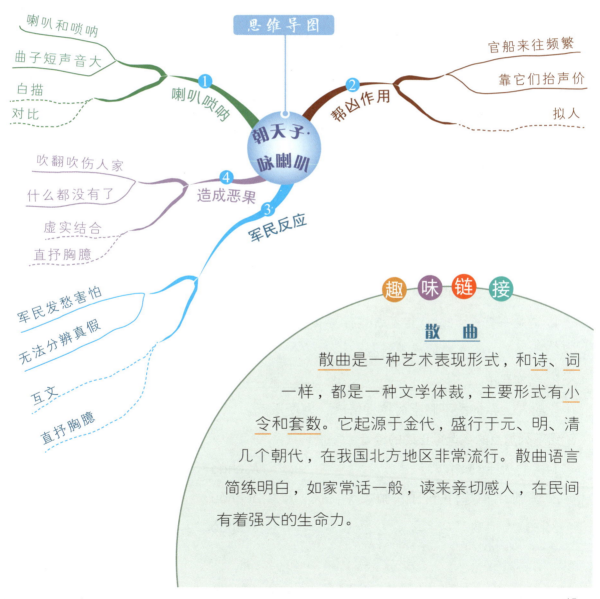

趣味链接

散 曲

散曲是一种艺术表现形式，和诗、词一样，都是一种文学体裁，主要形式有<u>小令</u>和<u>套数</u>。它起源于金代，盛行于元、明、清几个朝代，在我国北方地区非常流行。散曲语言简练明白，如家常话一般，读来亲切感人，在民间有着强大的生命力。

押 韵

押韵是指在诗文中,把同韵字(韵腹和韵尾相同的字),如本诗中"大""麻""价""怕""假""家""罢"都有"a"韵,放在不同句子的相同位置上,一般放在句尾,所以又叫韵脚。句子押韵,不仅便于吟诵和记忆,更使作品具有节奏、声调和谐之美。

为何网熊称"罢",网鸟称"罗"

"罢"是一个会意字。小篆由"网"(罒)和"能"两部分组成,"网"表示法网,"能"在古代指熊,这里表示贤能的人,整体表示贤能的人误入法网,应赦免他。所以,"罢"的本义为释放罪人。由此引申为免去或解除职务,如"罢免"。

"罗"也是一个会意字。甲骨文由"网"和"鸟"两部分组成,整体表示用网捕鸟。所以"罗"的本义为用网捕鸟,如"门可罗雀"。

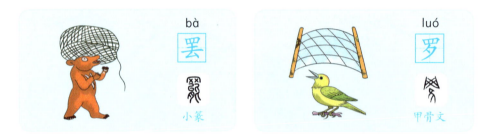

学而思

一、填空题。

1.这是一首_____,作者通过描写官府欺压百姓的场景,无情地批判了官宦们_____、_____的残暴行径。

2.这首诗中,"_____,_____,_____!"蕴含诗人对官宦们仗势欺人,弄得民不聊生的控诉情感,力度深沉。

二、给下列加点的字选择正确的读音。

1.《朝天子·咏喇叭》　　（　　）　A. cháo　　B. zhāo

2.军听了军愁,民听了民怕　（　　）　A. chóu　　B. cóu

3.喇叭,唢呐　　　　　　（　　）　A. shuǒ　　B. suǒ

字 号	字休承，号文水
籍 贯	苏州府长洲（今江苏苏州）
生卒年	1501—1583
派 别	吴门画派
主要作品	《钤山堂书画记》《和州诗》等

文嘉

晚唐 — 宋代 — 元朝 — 明朝（文嘉） — 清朝

文嘉是明朝著名画家，是"吴中四大才子"文徵明的次子。早年为乌程（今浙江湖州）训导，后来成为和州（今安徽和县）学正。他从小深受父亲教诲，诗文技艺精湛，书法小楷清劲，更有名的是绘画。他的绘画风格多变，其绘画艺术成就凸显了其对前辈先贤艺术财富的继承和创新，又维持了文氏家族艺术世家的荣耀。其中《石湖小景图》轴、《夏山高隐图》轴、《琵琶行图》轴、《溪山行旅图》轴藏于故宫博物院，被视为国家珍宝。

文嘉还精于鉴别古籍，著名藏书家项元汴每次遇到宋椠元刻（宋元时期书的刻本）时，就聘用文彭、文嘉兄弟，为其鉴定版本，所以项元汴的藏书皆是精妙绝伦。文嘉专门建有藏书楼，收集了大批宝贵的古代图书文献，可惜在清兵入关的战火中大都散失。

名句集锦

◎万事立业在今日，莫待明朝悔今朝！《昨日歌》
◎今日复今日，今日何其少！《今日歌》
◎今日又不为，此事何时了？《今日歌》
◎明日复明日，明日何其多！《明日歌》
◎我生待明日，万事成蹉跎。《明日歌》

05

今日歌（节选）

〔明〕文 嘉

今日复今日❶，
今日何其少❷！
今日又不为❸，
此事何时了❹？

写作背景

文嘉晚年为训诫子弟儿孙勤奋学习而创作了组诗"三日歌"：《昨日歌》《今日歌》和《明日歌》。本诗是《今日歌》的前半部分。

译文悦读

一个今天又是一个今天，今天的日子是多么少啊！可今天又什么都不做，事情什么时候才能做完呢？

❶复：又。 ❷何其：多么。 ❸不为：指什么都不做。 ❹何时：什么时候。了：完结。

诗词鉴赏

第一句阐述了今日美好时光的稍纵即逝。开篇首句用一个"今日"跟着一个"今日"，突出了人们对眼前时光的流逝麻木不仁，总以为今后的日子还很长。次句感叹今天的日子是多么短暂啊！提醒年轻力壮的晚辈如不珍惜眼前的时光，白发苍苍的老年很快就会来到。

第二句展现出了作者对许多年轻人终日无所事事的强烈不满。第三句写出了作者对许多后辈终日游手好闲，任凭时光流逝而不痛惜。最后一句感叹一生中应该做的事情什么时候才能做完啊！表达出了作者对许多自以为是的年轻人到老必然一事无成的忧虑。

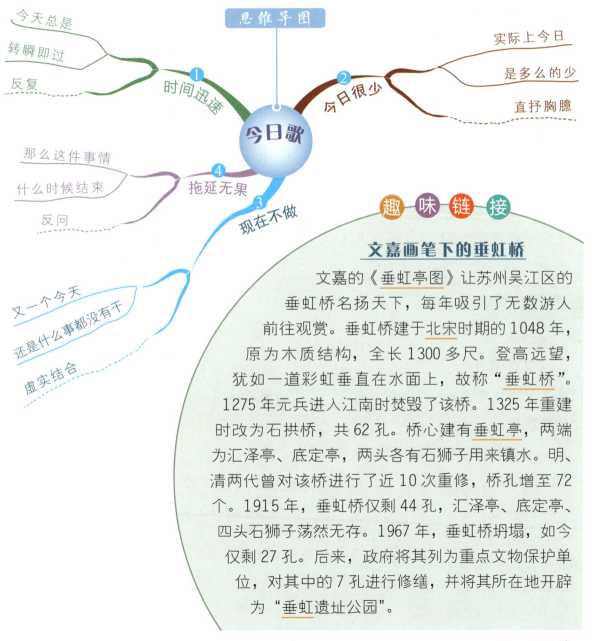

趣味链接

文嘉画笔下的垂虹桥

文嘉的《垂虹亭图》让苏州吴江区的垂虹桥名扬天下，每年吸引了无数游人前往观赏。垂虹桥建于北宋时期的1048年，原为木质结构，全长1300多尺。登高远望，犹如一道彩虹垂直在水面上，故称"垂虹桥"。1275年元兵进入江南时焚毁了该桥。1325年重建时改为石拱桥，共62孔。桥心建有垂虹亭，两端为汇泽亭、底定亭，两头各有石狮子用来镇水。明、清两代曾对该桥进行了近10次重修，桥孔增至72个。1915年，垂虹桥仅剩44孔，汇泽亭、底定亭、四头石狮子荡然无存。1967年，垂虹桥坍塌，如今仅剩27孔。后来，政府将其列为重点文物保护单位，对其中的7孔进行修缮，并将其所在地开辟为"垂虹遗址公园"。

知识拓展

有关珍惜时间的诗句

◎ 逝者如斯夫,不舍昼夜。（孔子）
◎ 不饱食以终日,不弃功于寸阴。（葛洪）
◎ 花有重开日,人无再少年。（关汉卿）
◎ 一年之计在于春,一日之计在于晨。（《增广贤文》）
◎ 莫等闲,白了少年头,空悲切！（岳飞）

有关珍惜时间的格言警句

◎ 一万年太久,只争朝夕。（毛泽东）
◎ 放弃时间的人,时间也放弃他。（莎士比亚）
◎ 时间就像海绵里的水一样,只要你愿意挤,总还是有的。（鲁迅）
◎ 时间是由分秒积成的,善于利用零星时间的人,才会做出更好的成绩来。（华罗庚）
◎ 敢于浪费哪怕一个钟头时间的人,说明他还不懂得珍惜生命的全部价值。（达尔文）
◎ 世界上最快而又最慢,最长而又最短,最平凡而又最珍贵,最易被忽视而又最令人后悔的就是时间。（高尔基）

学而思

一、填空题。

这首诗中的"_____,_____",运用反复的修辞手法,让人们在反复吟诵中领会到"今日"在人一生中的重要作用。

二、选择题。

下列诗句朗读节奏不正确的是（　　）。

A. 今日／复／今日　　　　B. 今日／何／其少
C. 今日／又／不为　　　　D. 此事／何时／了

明日歌

〔明〕文 嘉

明日复明日❶,
明日何其多❷!
我生待明日❸,
万事成蹉跎❹。
世人皆被明日累❺,
明日无穷老将至❻。
晨昏滚滚水东流❼,
今古悠悠日西坠❽。
百年明日能几何❾?
请君听我《明日歌》❿。

写作背景

《明日歌》有两种版本:一为明朝文嘉的版本,一为明朝钱福的版本。钱福(1461—1504),文嘉(1501—1583),由生卒年判断《明日歌》是钱福所写,文嘉版本是按钱福版本修改而成。

译文悦读

一个明日又是一个明日,明日是多么多啊!我的一生如果一直在等待明日,万事都会在虚度中成为泡影。世间的人痛苦万状都是被明日所累,不知不觉春去秋来老年就在眼前。早晨看着河水滚滚东流,晚上看着太阳日薄西山。人生百年能有多少个明日啊?请大家仔细听听我的《明日歌》。

❶复:又。 ❷何其:那么,多么。 ❸生:一生之中。待:等待,将希望寄托在这里。 ❹蹉跎:形容光阴虚度,一事无成。 ❺世人:世间的人。若:如果。累:拖累,使受害。 ❻老将至:这里指人很快就老了。 ❼晨:早晨。 ❽坠:落,落下。 ❾百年:指人的一生,一辈子。几何:多少。 ❿君:古代对人的一种尊称,这里指诸位。

知识拓展

成语的来源，你知道多少？

成语的来源主要有五个方面：

一、神话传说，如"夸父追日、精卫填海、女娲造人、牛郎织女"等；

二、寓言故事，如"刻舟求剑、狐假虎威、愚公移山、杞人忧天"等；

三、历史典故，如"负荆请罪、破釜沉舟、完璧归赵、指鹿为马"等；

四、文人作品，如"来之不易、青出于蓝、自强不息、鞠躬尽瘁"等；

五、外来文化，如"功德无量、火中取栗、脱胎换骨、长生不老"等。

请把下列图画所蕴含的成语及成语来源名称写在横线上。

_____　　　　_____　　　　_____

学而思

一、填空题。

1. 这首诗描绘了 _____ 的无情，告诫人们 _____。

2. 这首诗中的"_____，_____"，表达了坐等明日必然一事无成，富含深刻的哲理。

二、选择题。

下列诗句朗读节奏不正确的是（　　　）。

A. 明日 / 复 / 明日　　　　B. 万事 / 成 / 蹉跎

C. 暮看 / 日西 / 坠　　　　D. 百年 / 明日 / 能 / 几何

三、将下列加点字的拼音写在括号里。

1. 万事成蹉跎　　（　　　　）　　2. 暮看日西坠　　（　　　　）

3. 世人皆被明日累　（　　　　）　　4. 朝看水东流　　（　　　　）

戚继光

字　号	字元敬，号南塘、孟诸
籍　贯	山东蓬莱（今山东烟台）
生卒年	1528—1588
誉　称	民族英雄、抗倭名将
主要作品	《纪效新书》《练兵实纪》《武备新书》等

时间轴：晚唐 — 宋代 — 元朝 — 明朝（戚继光）— 清朝

戚继光是明代杰出的军事家、诗人、书法家，又是民族英雄。他爱好读书，通晓儒家经典。嘉靖二十三年（1544）世袭登州卫指挥佥事，联合俞大猷等抗击倭寇十余年，组建了闻名天下的"戚家军"，扫平为祸多年的倭患，确保了沿海人民的生命财产安全。隆庆元年（1567），他被调到北方的蓟门任守备，筑金山岭长城，多次击败蒙古的入侵，保障了北部疆域的安全，促进了蒙汉民族的和平发展。

戚继光生前留下《纪效新书》和《练兵实纪》两部重要兵书，在中国军事史上有很高的地位。文学上留下《止止堂集》诗文集。同时，他也是一位杰出的兵器专家和军事工程家，改造、发明了各种火攻武器；建造的大小战船、战车，使明军水陆装备优于敌人；富有创造性地在长城上修建空心敌台，进可攻退可守，是极具特色的军事工程。

名句集锦

◎封侯非我意，但愿海波平。《韬钤深处》
◎南北驱驰报主情，江花边草笑平生。《马上作》
◎一年三百六十日，都是横戈马上行。《马上作》
◎繁霜尽是心头血，洒向千峰秋叶丹。《望阙台》
◎遥知百国微茫外，未敢忘危负岁华。《过文登营》

07

马上作[1]

〔明〕戚继光

南北驱驰[2]报主情,
江花边草笑平生[3]。
一年三百六十日,
都是横戈马上行[4]。

写作背景

1555年,戚继光奉命移驻南方,组建了名闻天下的"戚家军",多次痛歼入侵的倭寇。1568年又奉调北方,修筑了边地长城,击败蒙古对北方的侵扰。《马上作》便是作者在蓟(jì)门(今天津蓟州)驻守时所作。

译文悦读

骑着战马南征北讨,纵横驰骋就是为了报答皇恩,江边的鲜花和北国的小草微笑着陪我走过一生。一年整整三百六十天,我都是手拿长戈、骑在战马上在疆场中往来奔驰度过的。

[1] 马上作:在战马上书写。 [2] 驱驰:纵马驰骋(chí chěng)。主情:指皇上的恩情。 [3] 江花:南方江岸两旁的鲜花。边草:北方边塞地区的草木。平生:一生,终身。 [4] 横戈:手中握着兵器,形容高度戒备。戈,古代的一种冷兵器,刃在两侧,主要用于砍杀,刃后装有长柄。

诗词鉴赏

一、二句,诗人总结自我驰骋疆场的军事生涯。首句中的"南北驱驰"正是诗人转战大江南北这一奔波劳碌生活场景的写照,而这一切的付出,诗人是为了"报主情",为了江山社稷的安宁,甘愿劳苦奔波。次句中的"笑"字,是诗人拟人修辞手法的运用,他赋予花草人格化特征,通过它们的微笑,将自我匆匆来去、无暇欣赏江山美景的忙碌刻画得淋漓尽致。

三、四句,诗人进一步叙述军事生涯的忙碌和艰辛。一年之中几乎所有时间,诗人都在金戈铁马上度过,突出了诗人忠贞报国的一面,在人物形象的刻画上取得了成功。

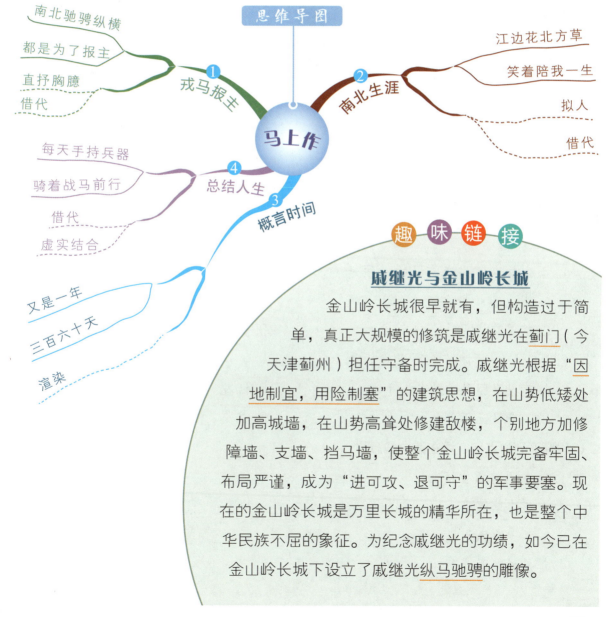

趣味链接

戚继光与金山岭长城

金山岭长城很早就有,但构造过于简单,真正大规模的修筑是戚继光在蓟门(今天津蓟州)担任守备时完成。戚继光根据"因地制宜,用险制塞"的建筑思想,在山势低矮处加高城墙,在山势高耸处修建敌楼,个别地方加修障墙、支墙、挡马墙,使整个金山岭长城完备牢固、布局严谨,成为"进可攻、退可守"的军事要塞。现在的金山岭长城是万里长城的精华所在,也是整个中华民族不屈的象征。为纪念戚继光的功绩,如今已在金山岭长城下设立了戚继光纵马驰骋的雕像。

知识拓展

"马"字为什么要竖着写？

"马"的古字像一匹头朝上、背朝右、尾朝下马的形象，头附近加短斜线来表示马的鬃（zōng）毛。

"马"本来是横着的，为什么表示它的字都要竖着写呢？这是因为那个年代还没有纸，古人都是在竹片或木片上写字，这些竹片或木片称为"简"。因这种"简"很窄，如果将"马"字横着写，无法写下，所以，聪明的古人常常将原来横着的东西竖着写。这样表示动物竖着写的汉字有很多，如"兔、龟、象、虎"等。

学而思

一、选择题。

1. 下列加点字拼音有误的一项是（　　）。
   A. 南北驱驰报主情（chí）
   B. 江花边草笑平生（píng）
   C. 都是横戈马上行（háng）
   D. 都是横戈马上行（héng）

2. 下列诗句朗读节奏不正确的是（　　）。
   A. 南北/驱驰/报/主情
   B. 江花/边草/笑/平生
   C. 一年/三百/六十/日
   D. 都是/横戈马/上行

二、解释下列加点字、词在诗中的意思。

1. 南北驱驰报主情　　驱驰：_____
2. 江花边草笑平生　　平生：_____
3. 一年三百六十日　　日：_____
4. 都是横戈马上行　　戈：_____

查慎行

字　号	字悔余，号他山
别　名	查嗣琏、查初白、初白先生
籍　贯	杭州府海宁花溪（今浙江嘉兴市海宁市）
生卒年	1650—1727
主要作品	《舟夜书所见》《三闾祠》《邺下杂咏》等

　　查慎行是清代诗人和著名文学家。他出身于书香门第，初名嗣琏，六岁即可作诗，十岁便写下了数百言的《武侯论》，被同乡称为"旷世神童"。二十岁时，查慎行遍游我国华中、华北、东南各地，一边游玩一边作诗而名声大噪。康熙二十八年(1689)，查慎行因牵涉洪昇《长生殿》的国恤张乐事件，遭到革职，被驱逐回籍；后改名慎行，意在提醒自己谨言慎行。1702年，查慎行得到大学士陈廷敬等人的推荐，入直南书房。后来，查慎行深得皇帝器重，亲笔写下"敬业堂"的匾额赐给他。1713年，他回乡建初白庵，人称为"初白先生"。其长子克建、堂弟嗣珣都是进士，时称为"一门七进士、叔侄五翰林"。

　　查慎行的诗兼具唐宋两朝文坛之精华，其写诗手法多以白描为主，对后辈诗人及以袁枚为代表的性灵诗派影响颇深。为此，查慎行可以位列清朝最尖端诗人之列。

名句集锦

◎月黑见渔灯，孤光一点萤。《舟夜书所见》
◎微微风簇浪，散作满天星。《舟夜书所见》
◎莫嫌举世无知己，未有庸人不忌才。《三闾祠》
◎放逐肯消亡国恨？岁时犹动楚人哀！《三闾祠》
◎晓风催我挂帆行，绿涨春芜岸欲平。《晓过鸳湖》

舟夜书所见 ❶

〔清〕查慎行

月黑见渔灯❷，
孤光一点萤❸。
微微风簇浪❹，
散作满河星。

写作背景

这首诗的具体创作时间不详。夜泊河上，诗人在船上过夜时，对自己所见情景有所感触，于是他写下了所看到的景物，并给此诗取名为"舟夜书所见"。

译文悦读

漆黑的夜晚，看见渔船上的灯光，孤零零的像萤火虫发出的光一样微弱。一阵微风吹过，河面上荡起层层波浪，灯光的倒影像散开在河面的星星。

❶ **舟夜书所见**：夜晚在船上写下所看到的景象。书，写。 ❷ **月黑**：漆黑的夜晚。**渔灯**：渔船上的灯火。 ❸ **孤光**：孤零零的灯光。**萤**：萤火虫，这里喻指灯光像萤火虫发出的光一样微弱。 ❹ **风簇浪**：风吹起了波浪。**簇**：聚集，拥起。

诗词鉴赏

一、二句主要写作者在黑夜舟中见渔灯的情景。这两句描绘的是静景，作者把暗色和亮色联系在一起，明暗对比，形象鲜明。

三、四句主要写微风吹过渔灯倒映在江面上的瞬间美景。这两句诗描绘的是动景：微风吹过，水面泛起波浪，此时，微弱的灯光倒映在水面并随之扩散开来，仿佛整个河面洒满了星星。这里，作者运用比喻的修辞手法，让人如临其境，流连其中。至此，整首诗的情感基调也由之前的消极转向了积极，诗的意境更为新奇，从而也表现出了作者对大自然美景的喜爱之情。

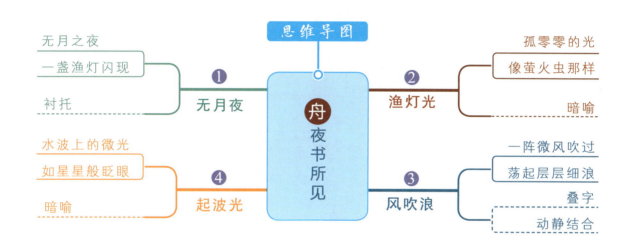

知识拓展

由"孤"字联想到的谦称和敬称

"孤光一点萤"中"孤"的意思是单独、孤单，如"孤掌难鸣"。"孤"又指幼年丧父或父母双亡的，如"孤儿"。

另外，"孤"还指封建王侯的自称。自称是谦称的一种形式。古代常见的谦称和敬称如下：

◎帝王的自称有"孤、寡、朕"等；
◎古人自称有"卑、臣、愚、敝、仆"等；
◎古人称自己一方的亲属朋友有"家父、家母、家兄、舍弟、舍妹、舍侄"等；
◎读书人的自称有"小生、晚生、晚学、不才、不肖"等；
◎对帝王的称呼有"万岁、圣上、天子、圣驾、陛下、大王"等；
◎对对方或对方亲属的称呼有"令、尊、贤、仁"等。

古人"字"与"号"

（1）"字"由父亲或尊长取定，"号"可由自己取定，一般只用于自称，以显示某种志趣或抒发某种情感，对人的称号也是一种敬称。如：陶渊明，号五柳先生；李白，号青莲居士；欧阳修，号醉翁、晚年又号六一居士；李清照，号易安居士。

（2）"号"和"字"不一定有意义上的联系。号可以有两个字的，也可以有三个以上的字。如：陆游，号放翁；陶潜，号五柳先生；苏轼，号东坡居士。字数多的别号有时可以缩为两个字，如：苏东坡。

（3）"号"的选取比"字"更自由，"字"无论是字数、个数还是字词的选用，都没什么限制。"号"一般是文人雅士之间用来互称或自称的，多寄托主人的情怀、品格、兴趣爱好和生活经历等，是人生追求的体现。

学 而 思

一、填空题。

1. 这首诗中，诗人用两个生动的比喻，把＿＿＿＿＿＿比作"萤火虫"，又把＿＿＿＿＿＿比作"满河星"，给人以美好的遐想。

2. 这首诗中，"＿＿＿＿＿＿，＿＿＿＿＿＿"将暗色与亮色联系在一起，形成了明、暗鲜明对比。

二、选择题。

1. 下列加点字读音不正确的一项是（　　　）。

  A. 月黑见渔灯（yú）　　　　B. 孤光一点萤（yíng）

  C. 微微风簇浪（chù）　　　　D. 散作满河星（mǎn）

2. 下列诗句朗读节奏错误的是（　　　）。

  A. 月黑/见渔灯　　　　B. 孤光/一点萤

  C. 微微/风簇浪　　　　D. 散/作满/河星

纳兰性德

字　　号	字容若，号楞伽山人
别　　名	纳兰成德
出 生 地	北京
生 卒 年	1655—1685
主要作品	《通志堂集》《侧帽集》《饮水词》等

时代：晚唐 — 宋代 — 元朝 — 明朝 — 清朝（纳兰性德）

纳兰性德是清代著名词人。他的家世显赫，父亲是康熙时期权倾朝野的宰相明珠，母亲觉罗氏为一品诰命夫人，而其家族纳兰氏，隶属正黄旗，为清初满族最显赫的八大姓之一。他自幼饱读诗书，文武兼修，十七岁入国子监，被祭酒徐元文赏识。十八岁考中举人，次年成为贡士。康熙十五年（1676年）殿试考中二甲第七名，赐进士出身，当时年仅二十二岁。纳兰性德曾拜徐乾学为师，他在两年中主持编纂了一部儒学汇编《通志堂经解》，深受康熙皇帝赏识，授一等侍卫衔，多次随驾出巡。1685年5月，纳兰性德溘(kè)然而逝，年仅三十一岁。

纳兰性德的词以"真"取胜，写景逼真传神，词风"清丽婉约，哀感顽艳，格高韵远，独具特色"。《纳兰词》不但在清代词坛享有很高声誉，在整个中国文学史上也占有一席之地。

名句集锦

◎聒碎乡心梦不成，故园无此声。《长相思》
◎回首凉云暮叶，黄昏无限思量。《清平乐令》
◎人生若只如初见，何事秋风悲画扇？《木兰花令》
◎等闲变却故人心，却道故人心易变。《木兰花令》

长相思

〔清〕纳兰性德

山一程，水一程❶，
身向榆关那畔行❷，
夜深千帐灯❸。

风一更，雪一更❹，
聒碎乡心梦不成❺，
故园无此声❻。

写作背景

康熙二十一年（1682）二月十五日，康熙帝因去云南平定叛乱，出关东巡，祭告奉天祖陵。作者跟随康熙帝到永陵、福陵、昭陵告祭，二十三日出山海关。当时那里风雪凄迷，天气苦寒，作者不禁思念起京城里的家乡和亲人，于是欣然提笔写下了这首词。

译文悦读

翻过一座座山，越过一条条河，向山海关进发。天黑了，营帐里燃起盏盏灯火。整夜风雪交加，吵闹的声音打破了我思乡的梦，故乡没有这样的风雪声。

❶ 程：行程，路程。 ❷ 榆关：今山海关。那畔：那边，指山海关的另一侧，这里指身处关外。 ❸ 灯：点灯。 ❹ 更：旧时一夜分五更，每更大约两小时。 ❺ 聒：声音嘈杂，这里指风雪声。 ❻ 故园：故乡，这里指北京。此声：这样的声音，这里指风雪声。

诗词鉴赏

词的上阕,主要写行程的漫长和辛劳,字里行间流露出词人内心的无奈之情。开头两句运用反复的修辞手法,突出了旅途的艰难和漫长。后两句点明前行的方向。

词的下阕,通过描写边关恶劣的环境,交代了词人深夜不眠的原因,重点表达了词人浓重的思乡之苦。"风一更,雪一更"与上阕的"山一程,水一程"相互照应,词人由上阕的跋山涉水写到下阕的风雨兼程,进一步突出内心的疲惫和感叹。后两句既照应了前文的"夜深千帐灯",又交代了"梦不成"的原因,从而表达出了词人对故乡的深深眷恋之情。

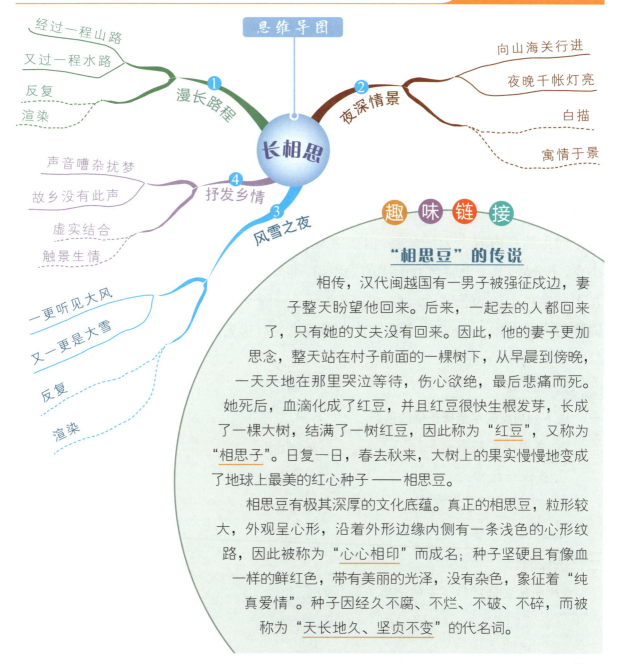

趣味链接

"相思豆"的传说

相传,汉代闽越国有一男子被强征戍边,妻子整天盼望他回来。后来,一起去的人都回来了,只有她的丈夫没有回来。因此,他的妻子更加思念,整天站在村子前面的一棵树下,从早晨到傍晚,一天天地在那里哭泣等待,伤心欲绝,最后悲痛而死。她死后,血滴化成了红豆,并且红豆很快生根发芽,长成了一棵大树,结满了一树红豆,因此称为"红豆",又称为"相思子"。日复一日,春去秋来,大树上的果实慢慢地变成了地球上最美的红心种子——相思豆。

相思豆有极其深厚的文化底蕴。真正的相思豆,粒形较大,外观呈心形,沿着外形边缘内侧有一条浅色的心形纹路,因此被称为"心心相印"而成名;种子坚硬且有像血一样的鲜红色,带有美丽的光泽,没有杂色,象征着"纯真爱情"。种子因经久不腐、不烂、不破、不碎,而被称为"天长地久、坚贞不变"的代名词。

何为"五更"?

古人夜间用"更"来计算时间,一夜分为"五更",每更大约两小时。"五更"对照今天的计时方法如下:

五更	新计时法
一更	19:00—21:00
二更	21:00—23:00
三更	23:00—1:00

五更	新计时法
四更	1:00—3:00
五更	3:00—5:00

何谓"词"?

词是一种诗的别体,又称长短句,写词又叫倚(yǐ)声填词。

词产生于唐代,成熟、繁盛于宋代,是诗的演变与发展。词比诗更集中于抒情。极少有叙事的内容,也很少揭示哲理。其格律限制比诗更严格。

词有词牌,词牌一旦确定,每首词就有固定的字数、句数和平仄(zè)用韵。一种词牌有一种词牌的"三固定",它是丝毫不可随意改变的。要想填词或解决词方面的问题,就要熟悉各种词牌的格律,否则无法办到。

词虽然在内容上无法分类,但按字数的多少是可以划分的:五十八字以内的为小令,不分段。五十九字至九十字的为中调,可分段,称"上下阕(què)"或"上、下片"。九十一字以上的为长调,可分三叠、四叠……词除了上面形式上有严格要求外,每种词牌的内容大体上也固定,要抒发什么感情也是有讲究的,这些都要注意。

学 而 思

一、给下列加点的字选择正确的读音。

1. 身向榆关那畔行　（　） A. xíng　B. háng
2. 夜深千帐灯　（　） A. zàng　B. zhàng
3. 风一更,雪一更　（　） A. gèng　B. gēng
4. 聒碎乡心梦不成　（　） A. guō　B. shé

二、选择题。

"身向榆关那畔行"中的"榆关"指的是（　　）。

A. 玉门关　B. 函谷关　C. 山海关　D. 居庸关

晚唐

宋代

元朝

明朝

▶ 郑燮

清朝

郑燮

字　号	字克柔，号板桥
别　名	郑板桥、板桥先生
籍　贯	江苏省兴化市
生卒年	1693—1766
誉　称	"扬州八怪"之一
主要作品	《板桥全集》《甘谷菊泉图》等

　　郑燮，别名<u>郑板桥</u>，是<u>清代</u>著名文学家、画家、书法家。他三岁时，母亲去世，继母给了他无微不至的关怀。康熙五十二年（1713），郑燮考中秀才，后屡试不第，只得以教书和卖画为生。1736年进京参加科举，得殿试二甲八十八名，赐进士出身。1744年任河南范县知县，1746年转山东潍县为知县。在两地赈济灾民，兴修水利，颇得百姓拥戴。1753年，因请求开仓赈济灾民被罢职。潍县百姓为郑燮立祠堂以纪念。后来郑燮回到家乡仍以卖画为生，往返于扬州、兴化之间，被世人称为"<u>扬州八怪</u>"之一。

　　郑燮的诗、书、画世称"<u>三绝</u>"，他的文学作品集中在《郑板桥集》中。其书法，用隶体掺入行楷，自称为"<u>六分半书</u>"，人称为"<u>板桥体</u>"。其画，多以画竹最为出名，他说："<u>不是我爱竹，而是竹偏爱我</u>。"有了情感的画，总会触动人的心弦。

名句集锦

◎一节复一节，千枝攒万叶。《竹》
◎咬定青山不放松，立根原在破岩中。《竹石》
◎千磨万击还坚劲，任尔东西南北风。《竹石》
◎新竹高于旧竹枝，全凭老干为扶持。《新竹》
◎高梧百尺夜苍苍，乱扫秋星落晓霜。《咏梧桐》

竹 石

〔清〕郑 燮

咬定青山不放松,
立根原在破岩中。
千磨万击还坚劲,
任尔东西南北风。

写作背景

这是一首题画诗。公元1764年4月,郑燮创作出名画《竹石图》,本诗是作者在此画上的题诗。

译文悦读

竹子牢牢地扎根在青山中没有一丝一毫放松,它的根部深深地扎在破碎的岩石缝隙中。纵然历经种种的艰苦磨难,它依然坚强挺拔,保持着强劲的意志,无论是东西南北风,都没有丝毫惧意。

❶竹石:将根部扎在岩石中的竹子。 ❷咬定:不松口,喻指根扎得结实,像紧紧地咬着不松口一样。 ❸立根:扎根。原:原来,本来。破岩:开裂的岩石,这里指岩石的缝隙。 ❹千磨万击:指经受无数次的折磨与打击。磨,折磨,磨难。击,打击,锤打。坚劲:坚韧,刚劲。 ❺任尔:任凭你。任,任凭。尔,你。东南西北风:指来自四面八方的风。

诗词鉴赏

一、二句描写的是诗人对画面的阐述。青竹本平淡无奇，生活中很常见，但在这幅画卷中，青竹紧紧扎根在山岩的缝隙中。为了突出这一艺术形象，诗人使用"咬定"一词，生动传神地展现出了青竹顽强的生命力。

三、四句，诗人重在赞美青竹的神韵和精神品格。它从不畏惧风的狂吹，也不怕雨雪寒霜的磨砺，始终坚强不屈。诗人之所以如此推崇青竹，本意也是对自我品行和志向的一种寄托，希望自己也能像青竹一样，坚强不屈，无所畏惧，始终堂堂正正地行走在天地之间。

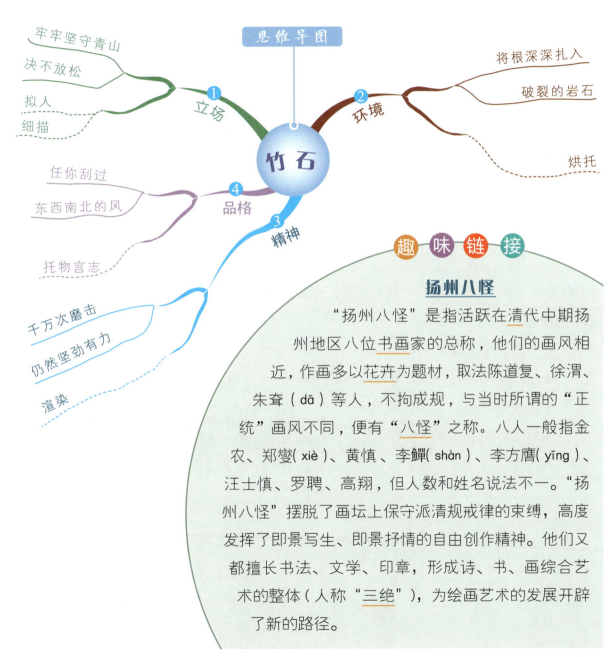

趣味链接

扬州八怪

"扬州八怪"是指活跃在清代中期扬州地区八位书画家的总称，他们的画风相近，作画多以花卉为题材，取法陈道复、徐渭、朱耷（dā）等人，不拘成规，与当时所谓的"正统"画风不同，便有"八怪"之称。八人一般指金农、郑燮（xiè）、黄慎、李鱓（shàn）、李方膺（yīng）、汪士慎、罗聘、高翔，但人数和姓名说法不一。"扬州八怪"摆脱了画坛上保守派清规戒律的束缚，高度发挥了即景写生、即景抒情的自由创作精神。他们又都擅长书法、文学、印章，形成诗、书、画综合艺术的整体（人称"三绝"），为绘画艺术的发展开辟了新的路径。

知识拓展

郑板桥自画像

郑板桥被称为"扬州八怪"之一，诗、书、画堪称三绝。一天，郑板桥的一位好友笑着对他说："您才思敏捷，出口成对，为自己写一副联语吧！"郑板桥并不以为这是玩笑，立即认真地写了下来：

虚心竹有低头叶，
傲骨梅无仰面花。

这副联语，确是郑板桥的自我写照。他对艺术精益求精，一丝不苟，总是虚心求教于别人；而对封建官场的歪风邪气却决不随波逐流。因此，他虽然做官，却处处关心民众，从不逢迎拍马，后来终于被罢了官。这副联语出自他之手，惟妙惟肖地活画出郑板桥虚心好学、刚直不阿的高风亮节。

学 而 思

一、填空题。

1.这是一首_____诗，诗人以生长在恶劣环境中的_____为喻，表达了_____的倔强精神。

2.诗句"_____，_____"，运用拟人的修辞手法，突出青竹坚韧不拔、无所畏惧的气概和风度，并被后人常常引用为高洁品行的象征。

二、选择题。

1.《竹石》是一首（　　　）。

　A.汉乐府　　　B.绝句　　　C.律诗　　　D.散曲

2.下列诗句朗读节奏不正确的是（　　　）。

　A.咬定 / 青山 / 不 / 放松　　　B.立根 / 原在 / 破岩 / 中

　C.千磨 / 万击 / 还坚 / 劲　　　D.任尔 / 东西 / 南北 / 风

袁枚

字　　号	字子才,号简斋
别　　名	仓山居士、随园主人
籍　　贯	浙江钱塘(今浙江杭州)
生 卒 年	1716—1798
主要作品	《峡江寺飞泉亭记》《随园诗话》《子不语》等

　　袁枚是清代著名诗人、散文家、文学评论家。七岁,他受业于史玉瓒先生,开始了私塾教育。他天资聪颖,刻苦好学,十二岁进入县学,与史玉瓒同进秀才。十八岁被送入杭州凤凰山敷文书院。十九岁时,浙江督学帅念祖破例将他补为廪生。乾隆四年(1739),袁枚考中进士,任翰林院庶吉士。他又先后任沭阳、江宁、上元知县,推行法治,不畏权贵,颇有政绩。1749年,袁枚辞官回家养母,在南京购置随园,开学授课收集古书,前后达四十万册,都藏在随园的"小仓山房"和"所好轩"中。袁枚还将随园建设成南京著名旅游景点,兜售文集和食谱,各地名士争相找他写文章和墓志铭。

　　袁枚才华横溢、学识渊博,他倡导"性灵说"诗论,与赵翼、蒋士铨并称为"乾嘉三大家",又同赵翼、张问陶并称为"乾嘉性灵派三大家"。

名句集锦

◎牧童骑黄牛,歌声振林樾。　《所见》
◎意欲捕鸣蝉,忽然闭口立。　《所见》
◎吹灯窗更明,月照一天雪。　《十二月十五夜》
◎杨花不倚东风势,怎好漫天独自狂。　《偶作》
◎读书好处心先觉,立雪深时道已传。　《随园诗话》

扫码听音频

所见[1]

〔清〕袁 枚

牧童骑黄牛[2],
歌声振林樾[3]。
意欲捕鸣蝉[4],
忽然闭口立[5]。

写作背景

诗人外出游玩，在路上看到一个牧童骑着牛，悠闲地唱着歌，忽然他想去捕蝉，便立即闭口站立。这一幕激发出了诗人的兴致，于是他写下了这一首诗。

译文悦读

小小的牧童骑在黄牛的背上，他嘹亮的歌声在林间婉转回荡。牧童忽然想要去捕捉树上鸣叫的蝉，于是立即停止了歌唱，悄悄地站在树下准备行动。

[1]**所见**：所看到的。 [2]**牧童**：放牛的孩子。 [3]**振**：振动，振荡。**林樾**：道旁成荫的树。樾，树荫。 [4]**意欲**：想要。**捕**：捉。**鸣蝉**：正鸣叫的知了。鸣，叫。 [5]**闭口**：闭上嘴巴，这里指停止歌唱。**立**：站立。

诗词鉴赏

一、二句描写的是牧童放牛时的行为表现，小小的牧童骑在牛背上一路高歌，写出牧童无忧无虑、自由自在的童年生活。"振林樾"充分描写了牧童快乐天真的一面——在大自然中自得其乐，快乐无忧。

三、四句，诗人笔锋一转，描写正在歌唱的牧童突然闭口站立，原来他看到了树上的鸣蝉，为了能够顺利捕捉到它，只好屏住呼吸，生怕自己的动作和声音惊飞了鸣蝉。这样的场景描写突出刻画了牧童机灵、聪明的一面，令人读来不由得会心一笑。

全诗语言轻快流畅，画面感很强，能够将孩童天真烂漫、活泼机灵的一面充分勾勒出来，人物形象饱满立体，韵味醇厚，取得了良好的艺术效果。

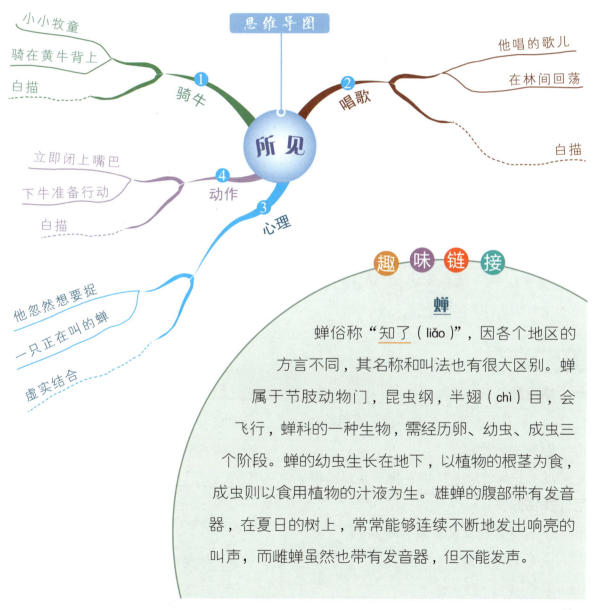

趣味链接

蝉

蝉俗称"知了（liǎo）"，因各个地区的方言不同，其名称和叫法也有很大区别。蝉属于节肢动物门，昆虫纲，半翅（chì）目，会飞行，蝉科的一种生物，需经历卵、幼虫、成虫三个阶段。蝉的幼虫生长在地下，以植物的根茎为食，成虫则以食用植物的汁液为生。雄蝉的腹部带有发音器，在夏日的树上，常常能够连续不断地发出响亮的叫声，而雌蝉虽然也带有发音器，但不能发声。

知识拓展

袁枚与"随园"

袁枚是清朝著名的大才子,是诗坛"性灵派"的领袖。乾隆十三年(1748)冬天,无意仕途的袁枚辞官归乡,将金陵南京小仓山(今五台山)麓的江宁织造隋赫德的园墅"随园"购买后,准备在此终老。相传该园故址早先是明朝末期的文人吴应箕寓居南京时的私家园墅"吴氏园",后来被曹雪芹的父亲购得,并予以改建。后来,曹家获罪,该园便被朝廷没收,后又划拨给继任江宁织造隋赫德所用。袁枚接手随园时,此园林乃一派衰败之态。袁枚对其进行规划修整,精心打理,终于让其重现生机,成为著名园林。

趣谈"看""见"

"看"字是会意字。在小篆中,"看"的左上像一只手,右下像一只眼睛,整体表示用手挡住额头前的强光,以便眺(tiào)望远方。本义为远望,即往远的地方看,读作kàn。又读作kān,由本义引申为守护、照管,如"看门"。

"见"字也是一个会意字。甲骨文的整体像一个人张开眼睛凝视的样子。本义为看到、看见,读作jiàn,如"眼见是实"。又读作xiàn,通"现",指被看见、出现,如"风吹草低见牛羊"。

综上,"看"和"见"都表示用眼睛瞧。不同的是:"看"多用口语,可单独使用;因"看"的古字用手搭在眼睛上是为了看清楚,所以强调的是动作;"见"强调的是看的结果,如"看得见、视而不见"。"看"和"见"多作合成词,写作"看见",指看到。

学而思

一、填空题。

1."歌声振林樾"中的"樾"字应读作_____,"林樾"的意思是_____。

2.诗中的"_____,_____",诗人以独特的视角,展现了牧童准备扑蝉的场景,将人物形象刻画得非常逼真。

二、选择题。

下列诗句朗读节奏不正确的是(　　)。

A.牧童/骑/黄牛　　　　　　B.歌声/振/林樾

C.意欲/捕/鸣蝉　　　　　　D.忽然/闭/口立

赵翼

字　　号	字云崧，号瓯北
别　　名	三半老人
出 生 地	江苏阳湖（今江苏常州）
生 卒 年	1727—1814
主要作品	《瓯北诗话》《论诗》《咏史》等

晚唐　宋代　元朝　明朝　清朝

▶赵翼

　　赵翼是清代著名的文学家、史学家、诗人。他是宋代宗室后裔，早年以教书为生。二十三岁进京，帮助翰林院学士刘统勋编修《国朝官史》。后来参加科举，受到主考官汪由敦的器重，被聘为幕僚，得以饱览汪家的藏书。乾隆二十一年（1756），赵翼入职清廷军事机关军机处，掌管中央与西北讨伐准噶尔的清军之间军事文件的处理，显露出非凡才智。1761年殿试第三，任翰林院编修，后在京城任科举考官。1766年筹划清廷与缅甸之间的战争。1773年回乡隐居。1787年，台湾林爽文起义，闽浙总督李侍尧受命征讨，赵翼为其制订征台策略，使李侍尧顺利平定了林爽文。李侍尧上书请求重新启用赵翼，但他坚持不肯出山。1814年，赵翼在常州去世，享年八十六岁。

　　创新是赵翼诗歌创作中最鲜明的旗帜。他的诗歌是其生命足迹、心路历程的忠实记录，也是其思想识见的体现。

名句集锦

◎江山代有才人出，各领风骚数百年。《论诗（其二）》
◎最是秋风管闲事，红他枫叶白人头。《野步》
◎乌鹊南飞无魏地，大江东去有周郎。《赤壁》
◎千秋人物三分国，一片山河百战场。《赤壁》
◎一蚊便搅一终夕，宵小原来不在多。《一蚊》

12 论 诗（其二）①

〔清〕赵 翼

李杜诗篇万口传②，
至今已觉不新鲜③。
江山代有才人出④，
各领风骚数百年⑤。

写作背景

1763—1765，赵翼在京城顺天府任科举考官，有感于当时的考生只是机械地模仿古人的诗作，没有自己独立的意识。于是他创作"论诗"五篇，以强调诗歌创作需要创新，本诗是其中的第二首。

译文悦读

李白和杜甫优美的诗篇曾被千万人传诵，可时至今日已让人觉得不很新鲜。各个时代都有无数有才华的诗人涌现出来，他们的诗篇文章以及风韵都会引领文坛几百年的风尚。

❶论诗：评论诗歌。 ❷李杜：指唐朝著名诗人李白和杜甫。万口传：流传很广的样子。 ❸新鲜：新意。 ❹江山：国家的代名词。代：次序的更迭。才人：有才气的人。 ❺领：引领。风骚：这里指文学上有成就的人。

诗词鉴赏

一、二句描写的是李白和杜甫在诗歌创作方面所具有的重要影响力，但诗人在这里并没有一味地推崇他们，而是指出他们诗歌创作具有时代的局限性，必须紧跟时代的步伐才有强大的生命力。

三、四句，诗人的眼光更为长远，其胸襟也更为博大。作者指出：在每一个朝代，都会有杰出的人才出现，并且能主导当时文坛的发展。所以作者鲜明地提出，只有常变常新，才能始终立足于时代的潮流。不难看出，作者的这些观点，对文学的繁荣发展，有着积极的启迪作用。

全诗语言平和，优美自然，以议论为主，是诗人文学创作观点的一大体现，具有较好的借鉴意义。

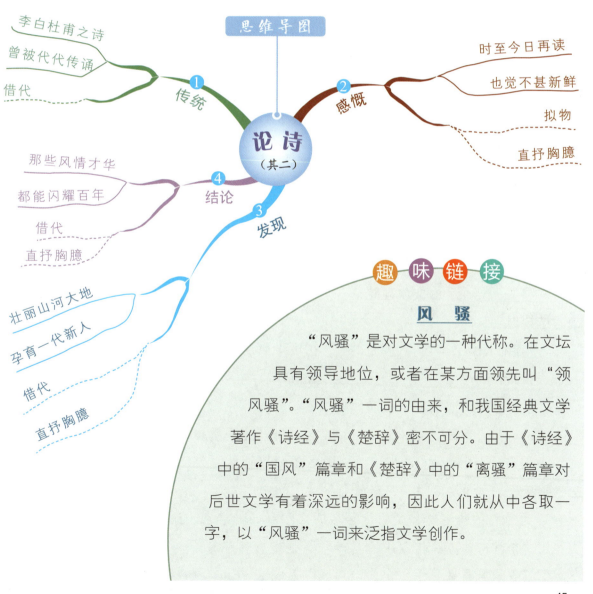

趣味链接

风骚

"风骚"是对文学的一种代称。在文坛具有领导地位，或者在某方面领先叫"领风骚"。"风骚"一词的由来，和我国经典文学著作《诗经》与《楚辞》密不可分。由于《诗经》中的"国风"篇章和《楚辞》中的"离骚"篇章对后世文学有着深远的影响，因此人们就从中各取一字，以"风骚"一词来泛指文学创作。

> **知识拓展**

"年"的由来

传说古时候,有一种怪兽叫"年",外形很像狮子,头上长有一只角。每到除夕,"年"就出来伤害人和牲畜,人们都没有制服它的办法。一次,"年"闯入一个村庄,碰巧遇见一个穿着红色衣服的人,正点着竹竿取暖,"年"被吓跑了。此后,人们便不再怕它了。于是,人们每逢"年"出现时,家家户户都关紧家门,在门上贴红联,燃放爆竹来驱赶它。

后来,"年"这种怪兽就再也不敢来了。"过年"的习俗也随之流传了下来。

"年"的习俗

春节又叫"过年",俗称"年"。到了农历腊月三十,时针指向半夜十二点时,春节便来到了,按照我国农历,俗称"年初一"。

传统的庆祝活动从除夕一直持续到正月十五元宵节。正月初一前要祭祖、扫除污秽,年三十有贴门神、贴对联、吃饺子、放鞭炮和除夕"守岁"等习俗。正月初一晚辈向长辈拜年,然后到亲友家贺年。

此外,还有给儿童压岁钱、舞狮子、耍龙灯、演社火、逛花市、赏灯会等习俗。直到元宵节过后,春节才算结束。

> **学而思**

一、填空题。

这是一首_____诗,诗人通过对_____的评论,提出了写作应当遵循_____的文学理论。

二、选择题。

1."李杜诗篇万口传"中的"传"在这里应读作(　　　)。

　A．chuán　　　　　　B．zhuàn

2.下列诗句朗读节奏不正确的是(　　　)。

　A.李杜/诗篇/万口/传　　B.至今/已觉/不新/鲜

　C.江山/代有/才人/出　　D.各领/风骚/数百年

三、判断题。(对的打"√",错的打"×")

1.这首诗的作者赵翼是明代著名的文学家、史学家、诗人。　　　　(　　)

2."李杜诗篇万口传"中的"李杜"是指唐朝著名诗人李商隐和杜甫。(　　)

3."各领风骚数百年"中的"风骚"是指文学上有成就的人。　　　　(　　)

龚自珍

字　　号	字璱人，号定庵、羽琌山民
别　　名	易简、巩祚
出 生 地	浙江仁和（今浙江杭州）
生 卒 年	1792—1841
誉　　称	三百年来第一流
主要作品	《定庵文集》《己亥杂诗》《国语注补》等

龚自珍是清代著名的思想家、文学家、诗人。他出身于世代官宦之家，其祖父、父亲为官显赫且极有文学修养，包括其母，都有诗集、文集传世。受家庭环境的熏陶，龚自珍自幼好读诗文。他从八岁起学习研究《经史》《大学》；十二岁跟外祖父学《说文》；十三岁，创作出《知觉辨》。嘉庆二十三年（1818），他考中举人，但进京会试屡次不中，只得以举人身份担任国史馆校对，其间接触了大量皇家典籍与档案。后来，他与林则徐相识，全力支持其禁烟。龚自珍主张社会改革，因而触怒守旧势力，倍受打击。1839年，他愤而辞官归乡。1841年在江苏丹阳书院任教。英军入侵上海时，龚自珍赴上海参加反侵略战斗。

龚自珍著有《定庵文集》，后人将其作品整理成《龚自珍全集》，其中《己亥杂诗》很有影响。龚自珍被后世公认为中国改良主义的先驱者。

名句集锦

◎九州生气恃风雷，万马齐喑究可哀。《己亥杂诗》（其一）
◎我劝天公重抖擞，不拘一格降人才。《己亥杂诗》（其一）
◎浩荡离愁白日斜，吟鞭东指即天涯。《己亥杂诗》（其五）
◎落红不是无情物，化作春泥更护花。《己亥杂诗》（其五）
◎一箫一剑平生意，负尽狂名十五年。《漫感》

扫码听音频

13

己亥杂诗[1]（其一）

〔清〕龚自珍

九州生气恃风雷[2]，
万马齐喑究可哀[3]。
我劝天公重抖擞[4]，
不拘一格降人材[5]。

写作背景

这首诗作于清道光十九年（1839），当时是农历己亥年，诗人已经四十八岁。因厌恶黑暗的朝廷，他便辞官从京城返回杭州，在归途中，诗人触景生情，思绪万千，即兴写下了这首诗。

译文悦读

想要使得中国神州大地上充满勃勃的生机，那么必须借助疾风惊雷；数万匹马被牢牢地锁住了喉咙，发不出任何声音，这种场景让人感到无比悲哀。我希望上苍能够重新振作精神，不拘泥于常规降下更多人才。

---

❶己亥：即己亥年，古时纪年方式。　❷九州：古代把中国划分为九州，后来用九州代称中国。生气：生机勃勃的局面。恃：凭借，依靠。　❸万马齐喑：众多马都哑然而不敢作声。后比喻人们沉默不语，不敢发表意见。喑，即哑，指发不出声音。　❹天公：原指老天爷，这里暗指当时的最高统治者。抖擞：振作精神。　❺不拘一格：不拘泥一种方式或标准。拘，拘泥。格，标准，规格。

诗词鉴赏

一、二句，诗人表达了对激荡风雷的赞美之情。在诗人看来，要想使九州大地充满无限生机，就需要风雷的作用，但是在当时的中国，社会政治好比一潭死水，人才得不到合理的任用和提拔。诗的前两句有比喻，有对比，"风雷"寓意社会改革，"万马齐喑"指人们创造的活力受到严重的束缚，这样的局面又如何不使人感到悲哀呢？

三、四句，诗人抒发自我的感慨和期盼。这里依然使用了隐喻的写作手法，其中"天公"比喻清廷的当政者，诗人希望当朝皇帝能够破除陈旧的思维，大力选拔各类人才，这样才能开创朝气蓬勃的新局面。

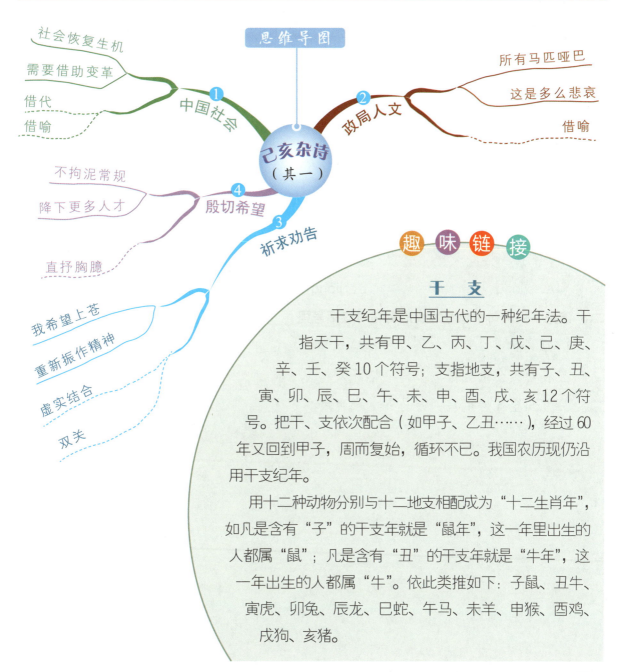

趣味链接

干支

干支纪年是中国古代的一种纪年法。干指天干，共有甲、乙、丙、丁、戊、己、庚、辛、壬、癸10个符号；支指地支，共有子、丑、寅、卯、辰、巳、午、未、申、酉、戌、亥12个符号。把干、支依次配合（如甲子、乙丑……），经过60年又回到甲子，周而复始，循环不已。我国农历现仍沿用干支纪年。

用十二种动物分别与十二地支相配成为"十二生肖年"，如凡是含有"子"的干支年就是"鼠年"，这一年里出生的人都属"鼠"；凡是含有"丑"的干支年就是"牛年"，这一年出生的人都属"牛"。依此类推如下：子鼠、丑牛、寅虎、卯兔、辰龙、巳蛇、午马、未羊、申猴、酉鸡、戌狗、亥猪。

> **知识拓展**

中国主要别称的由来

"九州"作为行政区域的"州",起源很早,据传大禹(yǔ)治水时就已开始。《尚书》中的《夏书·禹贡》记载,大禹的时候,天下分为"九州",分别为豫(yù)州、青州、徐州、扬州、荆(jīng)州、梁州、雍(yōng)州、冀(jì)州、兖(yǎn)州。后来,"九州"便成为中国的别称。

"华夏"一词最早见于《左传》襄(xiāng)公二十六年(公元前547年):"楚失华夏。"从字义上讲,"华"字有美丽的含义,"夏"字有盛大的含义,连起来的确是个美好的词。"华夏"指中原诸侯,也是汉族前身的称谓。所以"华夏"至今仍为中国的别称。

> **学 而 思**

一、选择题。

1. 下列加点字读音不正确的一项是（ ）。

　　A. 九州生气恃风雷 （shì）　　　B. 万马齐喑究可哀 （yīn）
　　C. 我劝天公重抖擞 （shǒu）　　 D. 不拘一格降人材 （jū）

2. "不拘一格降人材"中的"降"在这里应读作（ ）。

　　A. xiáng　　　　　　B. jiàng

二、请把下列诗句中隐藏的成语写在对应括号里。

1. 草长莺飞二月天,拂堤杨柳醉春烟。（　　　　　　）
2. 我劝天公重抖擞,不拘一格降人材。（　　　　　　）
3. 九州生气恃风雷,万马齐喑究可哀。（　　　　　　）

14 己亥杂诗[1]（其五）

〔清〕龚自珍

浩荡离愁白日斜[2]，
吟鞭东指即天涯[3]。
落红不是无情物[4]，
化作春泥更护花。

写作背景

1839年（农历己亥年），龚自珍辞官南归故里杭州，一路上有感于鸦片战争前夕的风云变幻，一连创作了315首诗，被合称为"己亥杂诗"。本诗是其中的第五首。

译文悦读

无边无尽的离愁萦绕着黄昏中的夕阳，响亮的马鞭声离开了城门向东奔向天涯。满地飘落的花瓣可不是无情之物，它化作泥土还能滋养花木。

---

[1] **己亥**：我国古代用天干地支纪年的一个年份，位于六十年一轮回的第三十六年，这里指1839年。**杂诗**：有感而发的诗，内容形式都不固定。 [2] **浩荡**：深远广大，这里形容忧愁无边。 [3] **吟鞭**：指马鞭声响亮。**东指**：出城门向东。**天涯**：原指天的尽头，这里指遥远的地方。 [4] **落红**：落花，指飘落在地面的花瓣。这里是诗人自比。

诗词鉴赏

诗的上半部分主要写景。开篇首句写离别京城的愁怨浩浩荡荡,夕阳西下中诗人的内心很是悲苦,让人仿佛看到就要离京的诗人对这里的景物恋恋不舍。次句写响亮的马鞭声中诗人离开了京城的东门,让人感到声声的马鞭都抽打在诗人的身上,显示出诗人内心无比伤痛。

诗的下半部分主要抒情。第三句写京城外的土路上到处都是红色的花瓣,它们可不是无情之物啊!让人领悟出那些落花正是落魄诗人的象征,表达了诗人被清朝统治者无情抛弃的愤恨和无奈。最后一句写落地的花瓣在春风中会化作泥土,在不久的将来还可以滋润路旁的花木,表达了诗人日后若有机会仍会为社会奉献力量的美好愿望。

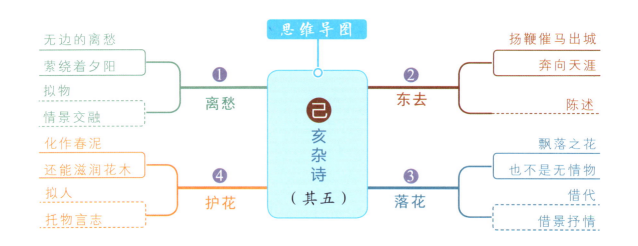

学而思

一、填空题。

这首诗描绘了诗人离京回乡时_____的心情活动,并将_____和_____有机地融为一体,从而表达了诗人复杂的思想情感。

二、选择题。

1.《己亥杂诗》(其五)是一首( )。

　　A.散曲　　B.七言绝句　　C.词　　D.七言律诗

2.下列诗句朗读节奏不正确的是( )。

　　A.浩荡/离愁/白日/斜　　B.吟鞭/东指/即天/涯

　　C.落红/不是/无情/物　　D.化作/春泥/更/护花

三、判断题。(对的打"√",错的打"×")

"吟鞭东指即天涯"中的"天涯"原意是天边,诗中形容遥远的地方。(　　)

晚唐
宋代
元朝
明朝
清朝

高鼎

字　　号	字象一、拙吾
出 生 地	浙江仁和（今浙江杭州市）
生 卒 年	1828—1880
诗　　风	清新自然
所处时代	清朝
主要作品	《村居》《早行》《秋宵怀湖上》

　　高鼎是清代后期诗人。他出生在浙江仁和（今浙江杭州），生活在鸦片战争之后，大约在咸丰年间（1851—1861）。高鼎一生没有留下什么事迹，他的诗也大部分不符合那个时代，当时的人提到他，只是因为他写了一首有名的《村居》。高鼎著有《拙吾诗稿》，其中《村居》最为著名。

　　在文学史上，有这样一种现象，有些诗人因为一首作品而惊艳四座，但是再翻阅其他作品，并没有更出众的。于是，"独苗"便成为这位诗人最闪亮的标签。其实，哪怕仅此一首，也足以让其名流传千古。清代诗人高鼎便是如此，一首《村居》几百年来一直被世人传诵。

名句集锦

◎草长莺飞二月天，拂堤杨柳醉春烟。《村居》
◎儿童散学归来早，忙趁东风放纸鸢。《村居》
◎一叶西风里，催程曙色微。《早行》
◎水流残梦急，帆带落星飞。《早行》

村 居①

〔清〕高 鼎

草长莺飞二月天②,
拂堤杨柳醉春烟③。
儿童散学归来早④,
忙趁东风放纸鸢⑤。

写作背景

诗人晚年仕途不顺,便隐居在上饶地区的农村。清代咸丰年间,诗人目睹江南春光无限。在早春二月,这里美景如画,诗人被浓浓的田园氛围所感染,便创作了这首诗。

译文悦读

早春二月的季节,青草悄悄地发芽生长,美丽的黄莺在空中自由地飞翔着;长长的绿色杨柳枝迎风飘动,仿佛是在轻轻地抚摸着堤岸,在迷蒙的春光中独自陶醉。村中的孩童放学后都早早地跑回家中,取出风筝,想要趁着这春日的东风将风筝送上青天。

❶**村居**:闲居农村。 ❷**草长**:春草发芽。**莺**:黄莺。**二月**:农历二月,指仲秋。 ❸**拂堤杨柳**:形容杨柳枝条很长,下垂着,在微风中轻轻飘动,像是抚摸着堤岸。拂,轻轻抚摸,掠过。**醉**:陶醉。**春烟**:春天水中蒸腾的烟雾。 ❹**散学**:放学。 ❺**趁**:借助。**东风**:春风。**纸鸢**:一种用纸做的、形状像老鹰(yīng)的风筝。现泛指风筝。鸢,老鹰。

诗词鉴赏

一、二句描写的是早春二月的景象。为了突出这一美景，诗人在诗中使用了"草长""莺飞""拂堤杨柳"等词语，为读者描绘了一幅春天所特有的图画，一切都欣欣向荣，并展露出无限生机。尤其是一个"醉"字，使诗歌蕴含醇厚的韵味，也将春日的美景写活了，不仅是诗人，即使是读者，在阅读到这里时，不也深深为之陶醉吗？

三、四句，诗人从春景的描写转向人物的刻画，选择了富有情趣和活力的学童。在他们这样一个无忧无虑的年纪里，最能够感受到大自然季节的变换，所以刚一放学，便及早回家，趁着东风放起了风筝。

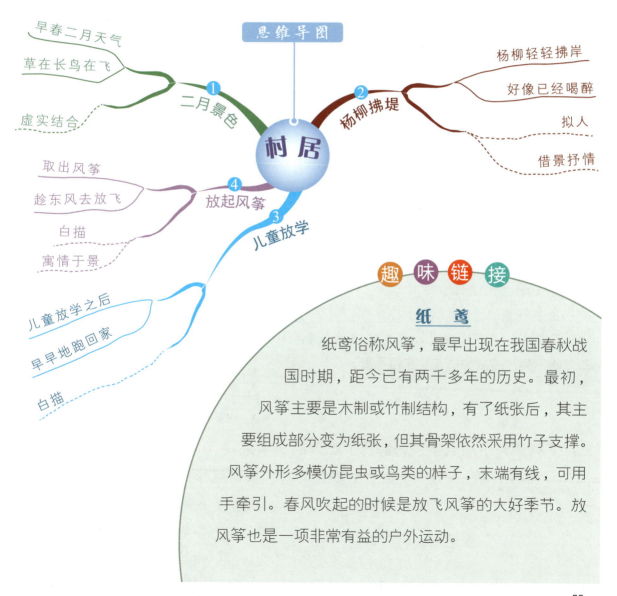

趣味链接

纸鸢

纸鸢俗称风筝，最早出现在我国春秋战国时期，距今已有两千多年的历史。最初，风筝主要是木制或竹制结构，有了纸张后，其主要组成部分变为纸张，但其骨架依然采用竹子支撑。风筝外形多模仿昆虫或鸟类的样子，末端有线，可用手牵引。春风吹起的时候是放飞风筝的大好季节。放风筝也是一项非常有益的户外运动。

> 知识拓展

从"学"字悟出的学习道理

"学"(繁体字"學")的甲骨文由"双手""乂"和"宀"三部分组成,"乂"表示算筹(chóu),相当于学算数时用的小棍;"宀"表示房屋,合起来表示在室内学习算数。金文在"宀"的下边加"子"字,表示学习算数应该从孩童时开始;上边由一个算筹变成了两个算筹,写作"爻"。隶书定型后写作"學",今简化为"学"。

从"学"字的结构中,我们可以悟出以下关于学习的道理:

第一,金文、小篆的下边是"子"字,说明学习应该从孩童时开始。

第二,甲骨文的下边和金文、小篆的中间都是"宀","宀"表示房屋,说明学习要有固定场所。

第三,甲骨文、金文和小篆的上边分别有一个或两个筹算,说明学习要借助学习用具。

第四,甲骨文、金文和小篆的上边两侧都是手,说明学习要动手操作的重要性。

> 学 而 思

一、填空题。

　　这首诗中"_____,_____",运用拟人的修辞手法,描绘了早春二月青草发芽、黄莺高飞的景象。

二、将下列加点字的拼音写在括号里。

　　1.草长莺飞二月天　（　　　）　　2.拂堤杨柳醉春烟　（　　　）
　　3.拂堤杨柳醉春烟　（　　　）　　4.忙趁东风放纸鸢　（　　　）

三、下列诗句中加点字、词解释不正确的一项是（　　　）。

　　A.草长莺飞二月天（春草发芽）　　B.拂堤杨柳醉春烟（喝醉）
　　C.儿童散学归来早（放学）　　　　D.忙趁东风放纸鸢（借助）

谭嗣同

字　号	字复生，号壮飞
别　名	谭复生、谭壮飞
籍　贯	湖南长沙府浏阳县（今湖南浏阳）
生卒年	1865—1898
誉　称	"戊戌六君子"之一
主要作品	《仁学》《寥天一阁文》等

　　谭嗣同是中国近代著名的政治家、思想家、维新派代表人物，是"戊戌六君子"之一。他出生于北京，五岁得重病，昏死三天后奇迹般复活，所以又名"复生"。十岁师从大学者欧阳中鹄，受到爱国主义的启蒙。十三岁师从近代学者涂启先，接触西方自然科学。光绪十四年（1888），他投学者刘人熙门下，研究王夫之的著作，接受其民主思想精华，同时阅读大量西方文献。后来，谭嗣同进京结识了维新派人士梁启超，在湖南创建时务学堂、南学会，办《湘报》，宣传维新变法思想，使湖南成为全国维新运动最有朝气的一省。1898年，谭嗣同与康有为、梁启超一起主持维新变法，但以失败而告终，他最终选择为维新事业殉身，终年三十三岁。

　　谭嗣同生前写下大量的政论和诗文，后人将其整理为《谭嗣同全集》。1897年，他创作出了《仁学》，成为维新派第一部哲学著作。

名句集锦

◎夫心力最大者，无不可为。《仁学》
◎我自横刀向天笑，去留肝胆两昆仑。《狱中题壁》
◎四万万人齐下泪，天涯何处是神州。《有感》
◎隔世金环弹指过，结空为色又俄空。《似曾诗》
◎不有行者无以图将来，不有死者无以召后起。《答康有为语》

扫码听音频

16 狱中题壁 ❶

〔清〕谭嗣同

望门投止思张俭❷，
忍死须臾待杜根❸。
我自横刀向天笑❹，
去留肝胆两昆仑❺。

写作背景

光绪二十四年（1898），光绪帝听从康有为、梁启超等维新派人士的建议，决定实行变法，但遭到顽固派慈禧等人的强烈反对。最后慈禧将光绪帝囚禁，并抓捕维新党人，其中康有为和梁启超逃往国外躲避。人们劝说谭嗣同离开，但是他坚决不肯，后被抓捕，他在狱中写下了这首诗。

译文悦读

逃亡中见门想投宿时突然想起了张俭，暂且留下性命看能否像东汉时期的杜根。自己把刀横在脖上仰天长笑，不管去留，肝胆都会像昆仑山一样高耸。

❶**题壁**：在墙壁上题诗。题，题写，书写。　❷**望门投止**：看到人家便去借宿，这里形容逃亡时候的焦急惶(huáng)恐。投止，指投宿。**思**：思念。　❸**须臾**：时间很短，这里指暂且等待。**待**：对待。　❹**自**：自己。**横刀**：把刀横在自己脖子上，形容不惧死亡。　❺**去留**：分别指代逃出去和留下来的人士。**昆仑**：昆仑山，这里形容革命志士像昆仑山一样雄伟。

诗词鉴赏

诗的上半部分引用典故。借两个古人的遭遇来描绘变法者面对封建势力反扑时的不同选择。开篇首句写逃亡中看到门本想投宿又想起东汉时期的张俭。借张俭逃亡路上受到百姓的拥戴，暗示康有为、梁启超等变法领袖在友人保护下一定会安然无恙。次句写自己暂且没有去死是为了等待杜根那样的命运。借杜根大难不死继续为朝廷效力，表达了诗人仍想抓住最后一丝希望为清王朝力挽狂澜于既倒。

诗的下半部分表达了诗人已经做好了慷慨赴死的心理准备。第三句写进入牢狱的"我"是自己把刀横在自己脖子上向苍天长笑，让人领悟出诗人本可以逃生，但为了国家社稷却自愿留下来准备迎接屠刀。最后一句写不管是逃亡还是留下来慷慨就义，一副肝胆都会像昆仑山一样在人们心中永远挺立，表达了社会变革需要保存有生力量，但更需要有人敢于献出生命，而诗人毅然决然地选择了后者。

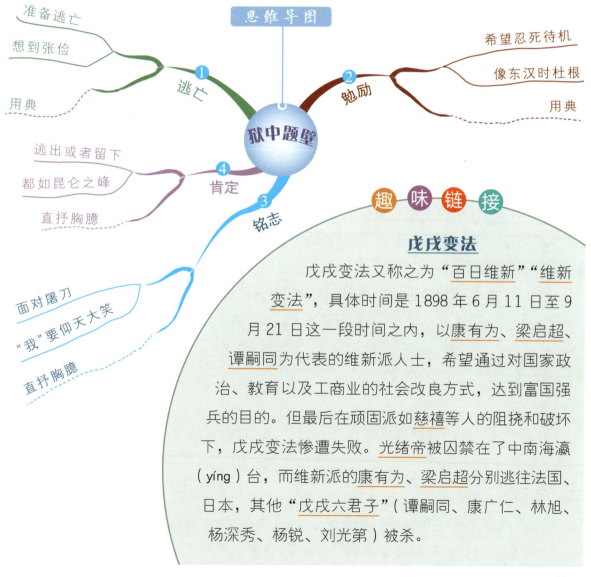

思维导图

狱中题壁

① 逃亡：准备逃亡／想到张俭／用典
② 勉励：希望忍死待机／像东汉时杜根／用典
③ 铭志：面对屠刀／"我"要仰天大笑／直抒胸臆
④ 肯定：逃出或者留下／都如昆仑之峰／直抒胸臆

趣味链接

戊戌变法

戊戌变法又称之为"百日维新""维新变法"，具体时间是1898年6月11日至9月21日这一段时间之内，以康有为、梁启超、谭嗣同为代表的维新派人士，希望通过对国家政治、教育以及工商业的社会改良方式，达到富国强兵的目的。但最后在顽固派如慈禧等人的阻挠和破坏下，戊戌变法惨遭失败。光绪帝被囚禁在了中南海瀛（yíng）台，而维新派的康有为、梁启超分别逃往法国、日本，其他"戊戌六君子"（谭嗣同、康广仁、林旭、杨深秀、杨锐、刘光第）被杀。

知识拓展

畅谈"思想"

"思"是一个会意字。金文的上边是"囟"（xìn，囟门，表示人的脑袋），下边是"心"字。古人认为人脑和心都是用来思考问题的器官。本义为思考、动脑筋。

"想"是一个形声字。小篆的上边是"相"，作声旁；下边是"心"，作形旁。本义为动脑筋、思索。

综上，"思"指反复思考；"想"指一般的思考。

康有为复生有为

谭嗣同字复生，湖南浏阳人，是维新运动的首要人物。戊戌变法失败后，谭嗣同拒绝友人劝告而不肯逃亡。他说："一死何足惧，各国变法，无不从流血而成，今中国未闻有因变而流血者，此国之所以不倡也。有之，请自嗣同始。"被捕后，他坚贞不屈，临刑前高声朗读绝命诗："有心杀贼，无力回天；死得其所，快哉！快哉！"

康有为为老友的牺牲而悲痛，曾以十二个字作联，以寄托哀思：

复生，不复生矣！有为，安有为哉？

这副挽联构思奇巧独到，将死者和挽者的名字重复嵌入，仅仅加上"不""安"二字及"矣""哉"虚词，就表达出无限痛惜和内疚的心情，并将自己在变法失败后逃亡国外和谭嗣同的慷慨就义作了鲜明对比。

第二年，谭嗣同遗骸被运回原籍，葬在湖南浏阳城外的石山下，墓前有一副对联：

亘古不磨，片石苍茫立天地；一峦挺秀，群众奔赴若波涛。

学而思

一、填空题。

诗人在狱中被囚禁时写下了这首_____诗，表明自己_____。

二、选择题。

《狱中题壁》中"题"字的意思是（　　）。

A. 题目　　　B. 题写，书写　　　C. 物体的顶部　　　D. 评论，品评

秋瑾

字　　号	字璇卿，号旦吾、竞雄
别　　名	闺瑾、鉴湖女侠
籍　　贯	浙江山阴（今浙江绍兴）
生 卒 年	1875—1907
誉　　称	"辛亥三杰"之一、巾帼英雄
主要成就	近代中国女性革命的象征
主要作品	《秋瑾诗词》《秋女士遗稿》《秋女烈士遗稿》等

时间轴：晚唐 宋代 元朝 明朝 清朝

　　秋瑾是清末女权和女学思想的重要倡导者，是近代民主革命志士。她出身于官僚家庭，优裕的家境让秋瑾从小就受到良好的教育。她爱好文史，擅长诗词，十五岁时学会骑马击剑。1896年跟随丈夫到湘潭，与湖南女性精英唐群英、葛健豪结识，三人被称为"潇湘三女杰"。1900年，秋瑾在北京目睹八国联军侵华的暴行，萌生了牺牲救国的思想。1904年，她变卖首饰自费到日本留学，结识了鲁迅、黄兴、宋教仁等仁人志士。1905年加入光复会，与徐锡麟主持浙江的反清爱国活动；后来又加入同盟会，被推为浙江主盟人。1907年7月6日，反清起义失败，秋瑾遣散众人，自己坚守大通学堂。十五日在绍兴轩亭口就义，年仅三十二岁。

　　秋瑾是中国民主革命的先觉者，她为中国民族解放献身的精神受到后世敬仰。她生前的作品被后人整理成《秋瑾诗词》《秋女士遗稿》等。

名句集锦

◎若无子期耳，总负伯牙心。《咏琴志感》
◎水激石则鸣，人激志则宏。《秋瑾诗词》
◎不惜千金买宝刀，貂裘换酒也堪豪。《对酒》
◎一腔热血勤珍重，洒去犹能化碧涛。《对酒》
◎身不得，男儿列，心却比，男儿烈！《满江红·小住京华》

扫码听音频

17 对 酒①

〔清〕秋 瑾

不惜千金买宝刀②，
貂裘换酒也堪豪③。
一腔热血勤珍重④，
洒去犹能化碧涛⑤。

写作背景

1905年，秋瑾从日本留学回到上海，住在挚友吴芝瑛家。吴芝瑛拿出一把新买的日本倭刀给秋瑾看，并与秋瑾饮酒为乐。酒酣之时，秋瑾乘兴拔出倭刀起舞吟唱，吴芝瑛的女儿弹奏风琴在一旁伴奏，于是，秋瑾挥笔写下了这首诗。

译文悦读

不可惜千两黄金去买锋利的宝刀，名贵的貂皮大衣换酒也足以自豪。一腔的热血请你务必多多珍重，一旦抛洒就会变成碧血波涛。

---

①对酒：指对着美酒而作的诗，表明诗人强烈的思想情感。 ②惜：珍惜，吝啬。千金：千两黄金，这里形容花费金钱很多。 ③貂裘：用貂皮做的保暖大衣。貂，一种名贵的毛皮动物，皮毛做的衣服特别保暖。堪豪：足以感到自豪。堪，足以。 ④勤：经常，多加。珍重：重视，珍惜，珍爱。 ⑤犹能：还可以，还能够。化：转化，变为。碧涛：这里指鲜血化成的波涛。

诗词鉴赏

一、二句，描写的是诗人自我所具有的革命豪情。作为一个女子，"巾帼不让须眉"，这一点从诗的字里行间完全可以看出。无论是千金买刀，还是裘衣换酒，人们所感受到的都是诗人冲天的豪迈气概，女侠豪爽、洒脱的形象也跃然纸上。

三、四句，是诗人志向的一种抒发。作为一个甘愿为革命事业赴汤蹈火的女侠，她也深深明白生命的可贵，但是宝贵的生命能够为革命大业抛头颅、洒热血，这样的英勇献身也充满了正义的价值，文中"化碧涛"一词，也正是诗人这种思想感情的真实写照。

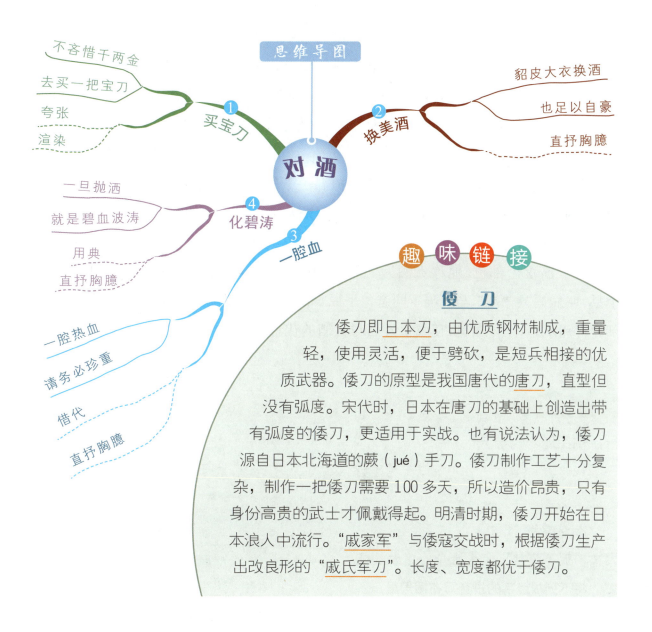

趣味链接

倭刀

倭刀即日本刀，由优质钢材制成，重量轻，使用灵活，便于劈砍，是短兵相接的优质武器。倭刀的原型是我国唐代的唐刀，直型但没有弧度。宋代时，日本在唐刀的基础上创造出带有弧度的倭刀，更适用于实战。也有说法认为，倭刀源自日本北海道的蕨（jué）手刀。倭刀制作工艺十分复杂，制作一把倭刀需要100多天，所以造价昂贵，只有身份高贵的武士才佩戴得起。明清时期，倭刀开始在日本浪人中流行。"戚家军"与倭寇交战时，根据倭刀生产出改良形的"戚氏军刀"。长度、宽度都优于倭刀。

知识拓展

诗中酒

酒是产生于远古时代的一种饮品。许多脍炙人口的诗句都与酒有关。
如王维《渭城曲》："劝君更尽一杯酒，西出阳关无故人。"
孟浩然《过故人庄》："开轩面场圃，把酒话桑麻。"
李白《月下独酌》："举杯邀明月，对影成三人。"
杜牧《清明》："借问酒家何处有？牧童遥指杏花村。"
这些诗句成为文学史上的千秋佳话，反映了中国酒文化的源远流长。

酒的隐语

清圣浊贤　　三国时期,作为酿酒原料的粮食十分紧张,于是曹操下令严厉禁酒。人们就在私下偷着饮酒,但又不敢公开说出"酒"字,于是有人用"贤人"作为"浊酒"(质量差的酒)的隐语,用"圣人"作为"清酒"(好酒,酒以清为贵)的隐语。"清圣浊贤"便成了酒的代名词。

青州从事,平原督邮　　东晋大将军桓温手下的一位官吏,善于辨别酒的好坏,他把好酒叫做"青州从事"(从事是官名)。青州是地名,在现在的山东。青州下面有一个地方叫做齐郡,"齐"喻"肚脐",好酒叫做"青州从事",是因为好酒喝下去后,酒气可以通到肚脐这个部位。他称劣酒为"平原督邮"(督邮也是官名)。因为平原下辖有一个县,叫做鬲县,"鬲"与"膈"同音,"平原督邮"意思是说喝到劣酒,酒气只能通到膈部。"青州从事,平原督邮"便成了好酒与劣酒的代称。

学而思

一、填空题。

1.这是一首_____诗,表现了诗人为了_____,敢于杀身成仁的_____和_____。

2.这首诗中,"_____,_____"表现了诗人为了国家大义,而不惜献出宝贵生命的伟大气概。

二、将下列加点字的拼音写在括号里。

1.貂裘换酒也堪豪　（　　　）　　2.一腔热血勤珍重　（　　　）
3.洒去犹能化碧涛　（　　　）　　4.不惜千金买宝刀　（　　　）

毛泽东

字　　号	字润之
出生地	湖南湘潭韶山冲（今属韶山市）
生卒年	1893—1976
主要作品	《沁园春·雪》《论持久战》《矛盾论》等

　　毛泽东，伟大的马克思主义者，无产阶级革命家、战略家、理论家，是中国共产党、中国人民解放军和中华人民共和国的主要缔造者和领导人，是马克思主义中国化的伟大开拓者，是近代以来中国伟大的爱国者和民族英雄，领导中国人民彻底改变自己命运和国家面貌的一代伟人，同时也是一位诗人和书法家。

　　毛泽东出生于湖南韶山一个农民家庭，毕业于湖南第一师范学校。1949至1976年，担任中华人民共和国主席。毛泽东思想开创了马克思主义中国化的伟大事业，实现了马克思列宁主义同中国实际相结合的第一次历史性飞跃。1976年9月9日，毛泽东在北京逝世，享年八十三岁。

名句集锦

◎怅寥廓，问苍茫大地，谁主沉浮？　《沁园春·长沙》
◎俱往矣，数风流人物，还看今朝。　《沁园春·雪》
◎红军不怕远征难，万水千山只等闲。　《七律·长征》
◎雄关漫道真如铁，而今迈步从头越。　《忆秦娥·娄山关》
◎世上无难事，只要肯登攀。　《水调歌头·重上井冈山》

晚唐　宋代　元朝　明朝　清朝　◀ 毛泽东　现代

扫码听音频

18 菩萨蛮·大柏地❶

〔现代〕毛泽东

赤橙黄绿青蓝紫,谁持彩练❷当空❸舞?雨后复斜阳,关山❹阵阵苍。

当年鏖战❺急❻,弹❼洞❽前村❾壁,装点此关山,今朝更好看。

---

❶**大柏地**:乡名,在革命老区江西瑞金北部。 ❷**彩练**:彩带。 ❸**当空**:在空中。 ❹**关山**:这里指附近的群山。 ❺**鏖战**:激烈地战斗,苦战。 ❻**急**:激烈。 ❼**弹**:子弹。 ❽**洞**:洞穿,射穿。一说指墙壁上的枪眼。 ❾**前村**:前面的村庄。

写作背景

1929年,毛泽东和朱德、陈毅等率红军主力离开井冈山,向赣南进击,途中遭遇敌人,在大柏地经过一番苦战才终于击溃敌军。1933年夏天,毛泽东重返大柏地,触景生情,写下了这首词。

译文悦读

七色彩虹挂在天上,那是谁拿着彩带在空中挥舞?雨后,西斜的太阳又出来了,苍翠的群山连绵起伏。

当年这里曾进行过一次激烈的战斗,子弹射穿了前面村的墙壁。那累累弹痕装点的群山,如今更加美丽了。

诗词鉴赏

词的上阕写景,前两句将七色彩虹比喻成"彩练",想象奇特,将静态的景物写得动感十足。后两句写雨后夕阳下的美景,生机勃勃,十分生动。

下阕写对往昔的回忆,由眼前墙壁上的弹痕,想起当时激烈的战斗。后两句写词人的乐观主义精神,当初冒着生命危险参加战斗留下的弹痕,如今竟成了装点江山的景物,词人轻松喜悦的心情溢于言表。

整首词情景交融,以欢快的笔调描绘了大柏地雨后的壮丽景色,还追忆了往昔革命岁月,流露出浓厚的革命乐观主义精神。

学而思

一、填空题。

1. 作者先写_____,接着写雨后_____,然后回忆_____,最后抒发了_____。

2. "当年鏖战急"中,"鏖战"意思是_____;"当年"是指_____(日期)。

二、解释下列加点的词语。

1. 谁持彩练当空舞　　　彩练:_____

2. 雨后复斜阳　　　　　斜阳:_____

3. 装点此关山　　　　　装点:_____

4. 关山阵阵苍　　　　　阵阵苍:_____

三、 从"装点此关山,今朝更好看"中,你体会到作者怎样的思想感情?
_____

扫码听音频

19 卜算子·咏梅

〔现代〕毛泽东

风雨送春归，
飞雪迎春到。
已是悬崖百丈冰❶，
犹有花枝俏❷。

俏也不争春，
只把春来报。
待到山花烂漫时❸，
她在丛中笑。

写作背景

这首词作于1961年。当时，我国正处于三年自然灾害时期，国际上反华势力猖狂，中华人民共和国面临着十分严峻的考验。但是，当时作者依然保持着革命的乐观主义精神。当他读了陆游的《卜算子·咏梅》后，感觉文辞很好，但是意志过于低沉，于是他写下了这首词。

译文悦读

风雨把春天送走了，飞舞的雪花把春天迎来。悬崖上已经结百丈寒冰，依然有鲜花在枝头怒放。

梅花尽管美丽，却不愿和百花争奇斗艳，只是报告春天到来的消息。等到百花盛开的时候，梅花只在花丛中欢笑。

❶冰：形容极度寒冷。 ❷犹：还，仍然。俏：俊俏，美好的样子。这里既指梅花的俏丽，又指革命者面对困难坚强不屈的高尚情操。 ❸烂漫：颜色鲜明而美丽，这里指花全部盛开的样子。

诗词鉴赏

词的上片，主要写梅花在冰雪中傲寒开放。前两句对仗工整，用词巧妙，用"送春""迎春"点明了季节的变化。后面的"百丈冰"运用夸张的修辞手法，渲染了天气的严寒。

词的下片，主要写梅花的精神风貌。首句运用拟人、顶真的修辞手法，紧承上片的"俏"字，是上下片过渡的桥梁，使全词境界浑然天成。之后，通过写梅花不与百花争艳，进一步表现出了梅花不仅有俊俏的身姿，还有大公无私、谦逊的崇高精神。

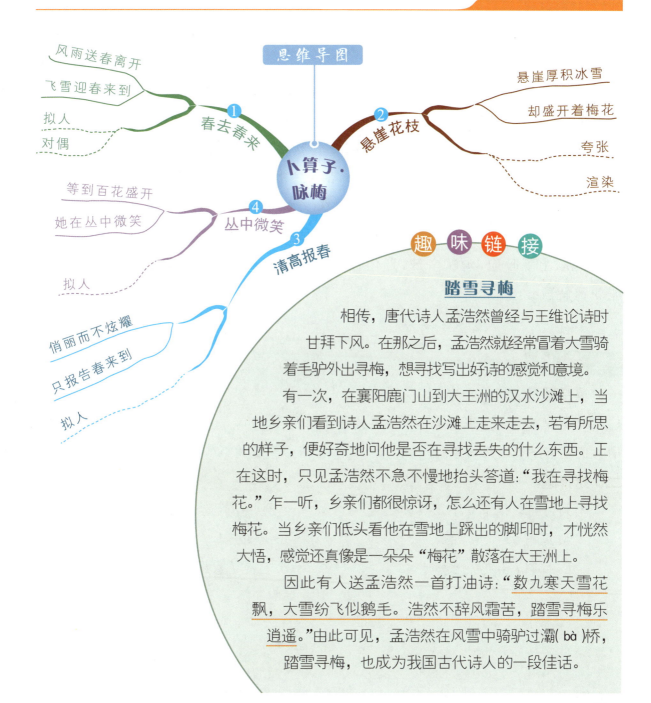

趣味链接

踏雪寻梅

相传，唐代诗人孟浩然曾经与王维论诗时甘拜下风。在那之后，孟浩然就经常冒着大雪骑着毛驴外出寻梅，想寻找写出好诗的感觉和意境。

有一次，在襄阳鹿门山到大王洲的汉水沙滩上，当地乡亲们看到诗人孟浩然在沙滩上走来走去，若有所思的样子，便好奇地问他是否在寻找丢失的什么东西。正在这时，只见孟浩然不急不慢地抬头答道："我在寻找梅花。"乍一听，乡亲们都很惊讶，怎么还有人在雪地上寻找梅花。当乡亲们低头看他在雪地上踩出的脚印时，才恍然大悟，感觉还真像是一朵朵"梅花"散落在大王洲上。

因此有人送孟浩然一首打油诗："数九寒天雪花飘，大雪纷飞似鹅毛。浩然不辞风霜苦，踏雪寻梅乐逍遥。"由此可见，孟浩然在风雪中骑驴过灞（bà）桥，踏雪寻梅，也成为我国古代诗人的一段佳话。

知识拓展

关于"梅"的诗

不经一番寒彻骨,怎得梅花扑鼻香。(唐·黄檗禅师《上堂开示颂》)

寻常一样窗前月,才有梅花便不同。(宋·杜耒《寒夜》)

不知近水花先发,疑是经冬雪未销。(唐·张谓《早梅》)

疏影横斜水清浅,暗香浮动月黄昏。(宋·林逋《山园小梅·其一》)

毛泽东写春联

春节写春联贴门对,早已成了中华民族特有的新年风俗之一,也是我国人民普遍喜爱的一种庆贺春节的活动。许多革命家,无论在炮火纷飞的战争年代,还是在社会主义建设时期,都曾挥毫撰写过春联,下面列举一二。

当年,在井冈山的一次斗争土豪劣绅大会上,毛泽东修撰一联道:

你当年剥削工农,好就好利中生利;

我今日斩杀土劣,怕不怕刀上加刀。

此联上下呼应,幽默辛辣,通俗浅显地说明:工农大众必须掌握"刀把子"才能获得解放。

学而思

一、填空题。

这是一首_____(体裁),主要描绘了梅花_____的形象,目的在于鼓励人们要有不畏困难的坚强_____和革命到底的_____精神。

二、选择题。

下列诗句朗读节奏不正确的是( )。

A. 风雨/送/春归 B. 只/把春/来报

C. 待到/山花/烂漫时 D. 已是/悬崖/百丈冰

20 七律·长征

〔现代〕毛泽东

红军不怕远征难,

万水千山只等闲❶。

五岭逶迤腾细浪❷,

乌蒙磅礴走泥丸❸。

金沙水拍云崖暖❹,

大渡桥横铁索寒❺。

更喜岷山千里雪❻,

三军过后尽开颜❼。

写作背景

本诗作于红军越过岷山后,长征胜利前夕,毛泽东作为红军领导人,经受过无数次考验,深信胜利在即,于是满怀豪情地写下了这首诗。该诗写于1935年9月下旬,10月定稿。

译文悦读

红军不怕远征的艰难困苦,把历经千山万水看作极为平常的事。绵延不绝的五岭像翻腾的细小波浪。气势磅礴的乌蒙山像滚动的小泥丸。金沙江湍急的水流拍击着两岸高耸的山崖,热气腾腾;大渡河上的泸定桥横跨东西两岸,晃动着十几根铁索,使人感到阵阵寒意。更让人高兴的是,翻过终年积雪的岷山,到达目的地后,战士们都将喜笑颜开。

---

❶ 等闲:平常,这里指不放在眼里。 ❷ 五岭:指大庾岭、骑田岭、都庞岭、萌渚岭、越城岭,是南岭的主要组成部分。逶迤:曲折延伸或连绵不断的样子。 ❸ 乌蒙:山名,乌蒙山,在贵州西部与云南东北部交界处。泥丸:小泥球,整句意思说险峻的乌蒙山在红军战士的脚下,就像是一个小泥球一样。 ❹ 金沙:金沙江,是长江上游的一段。云崖:高耸入云的山崖。暖:江水拍打悬崖溅起水雾,看起来好像水很暖,也说暗指战士们渡过金沙江后喜悦的心情。 ❺ 大渡桥:四川泸定县大渡河上的泸定桥。铁索:大渡河上的泸定桥,用十三根铁索组成的桥。铁,组成泸定桥的十三根铁索。 ❻ 岷山:位于甘肃的西南,四川的北部。 ❼ 三军:红军一方面军、二方面军、四方面军。尽开颜:个个都笑逐颜开。

诗词鉴赏

一、二句是全诗的核心，直接赞美了红军不畏艰难，具有英勇顽强的革命斗志。中间的三、四、五、六句，紧承上文中的"万水千山"，分别从山和水两个方面，具体展现出了红军对路途中所遇到困难和危险的征服。同时，运用比喻、夸张的修辞手法，先写山，后写水：写山时，将弯曲连绵的五岭比作"细浪"，将高大险峻的乌蒙山比作"泥丸"，生动形象地表现出了红军在困难面前的无所畏惧。写水时，通过夸张的修辞手法，极力渲染金沙江的水流湍急及大渡河的地势险要，更加衬托出了红军英勇顽强的豪迈气概。最后两句，主要写长征即将胜利时红军的喜悦心情。既呼应了开头，也强化了主题。

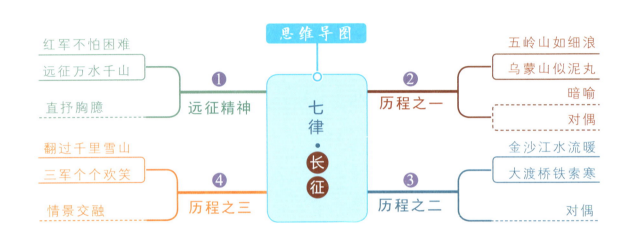

知识拓展

什么是"长征"？

长征是指中国工农红军主力撤离长江南北各苏区，转战两年，到达陕甘苏区的战略转移行动。

1934年10月，第五次反"围剿"失败后，中央主力红军为摆脱国民党军队的包围追击，被迫实行战略性转移，退出中央根据地，进行长征。

长征是人类历史上的伟大奇迹，中央红军共进行了600余次战役战斗，攻占700多座县城，红军牺牲了营以上干部多达430余人，平均年龄不到30岁，共击溃国民党军数百个团，期间共经过14个省，翻越18座大山，跨过24条大河，走过荒草地，翻过雪山，行程约二万五千里，红一方面军于1935年10月到达陕北革命根据地，与陕北红军胜利会师。1936年10月，红二、四方面军到达甘肃会宁地区，同红一方面军会师。红军三大主力会师，标志着万里长征的胜利结束。

学而思

一、填空题。

这首词讲述了红军长征的伟大事件,表现出了红军的_____和_____,显示出了中国共产党领导的革命力量具有无比顽强的_____和_____。

二、将下列加点字、词的拼音写在括号里。

1. 五岭逶迤腾细浪　　（　　　　）　　2. 乌蒙磅礴走泥丸　　（　　　　）
3. 大渡桥横铁索寒　　（　　　　）　　4. 更喜岷山千里雪　　（　　　　）

三、选择题。

1. 下列朗读节奏不正确的一项是(　　　)。

　A. 红军/不怕/远征/难　　B. 万水/千山/只等/闲

　C. 金沙/水拍/云崖/暖　　D. 三军/过后/尽/开颜

2. 下列说法错误的一项是(　　　)。

　A. "万水千山只等闲"中"等闲"的意思是平常

　B. "五岭逶迤腾细浪"中"逶迤"的意思是曲折延伸或连绵不断的样子

　C. "金沙水拍云崖暖"中"云崖"的意思是高耸入云的山崖

　D. "三军过后尽开颜"中"三"字的泛指很多,这里是虚指

参考答案

01 墨 梅
1.题画 咏物 高洁的志向和情操 2.不要人夸好颜色 只留清气满乾坤

02 石灰吟
1.石灰 2.蜂 3.梅花 4.风 5.竹子

03 画 鸡
一、1.七言绝句 威武、高洁 2.平生不敢轻言语 一叫千门万户开 二、1.A 2.C

04 朝天子·咏喇叭
一、1.散曲 作威作福 鱼肉百姓 2.眼见的吹翻这家 吹伤了那家 只吹的水尽鹅飞罢
二、1.A 2.A 3.B

05 今日歌（节选）
一、今日复今日 今日何其少 二、B

06 明日歌
一、1.岁月流逝 要珍惜眼前的时光，不要虚度光阴 2.我生待明日 万事成蹉跎
二、C 三、1.cuō tuó 2.zhuì 3.lěi 4.zhāo

07 马上作
一、1.C 2.D 二、1.纵马驰骋 2.一生，终身 3.天 4.古代的一种兵器

08 舟夜书所见
一、1.渔灯 渔灯在水中的倒影 2.月黑见渔灯 孤光一点萤 二、1.C 2.D

09 长相思
一、1.A 2.B 3.B 4.A 二、C

10 竹 石
一、1.咏物抒怀 青竹 自我坚守正气、不肯向恶势力低头 2.千磨万击还坚劲 任尔东西南北风 二、1.B 2.C

11 所 见
一、1.yuè 道旁成荫的树 2.意欲捕鸣蝉 忽然闭口立 二、D

12 论 诗（其二）
一、说理 古代诗人作品 求变创新 二、1.A 2.B 三、1.× 2.× 3.√

13 己亥杂诗（其一）
一、1.C 2.B 二、1.草长莺飞 2.不拘一格 3.万马齐喑

14 己亥杂诗（其五）
一、惆怅 政治抱负 个人志向 二、1.B 2.B 三、√

15 村 居
一、草长莺飞二月天 拂堤杨柳醉春烟
二、1.yīng 2.dī 3.zuì 4.yuān 三、B

16 狱中题壁
一、绝笔 不惜英勇献身的决心和意志
二、B

17 对 酒
一、1.抒怀 革命事业 决心 意志 2.一腔热血勤珍重 洒去犹能化碧涛 二、1.diāo qiú 2.qiāng 3.sǎ 4.xī

18 菩萨蛮·大柏地
一、1.雨后彩虹 斜阳与山 当年的战役 革命豪情 2.激烈的战斗 1929年1月 二、1.彩带 2.西斜的太阳 3.装扮，点缀 4.指大柏地一带的群山在天气刚刚放晴时一会儿模糊一会儿清晰的青翠的颜色。
三、从这句诗中我们可以感受到作者乐观豪迈的心情。

19 卜算子·咏梅
一、词 俏丽、坚韧 意志 乐观主义 二、B

20 七律·长征
一、英雄气概 精神 生命力 战斗力 二、1.wēi yí 2.páng bó 3.héng 4.mín 三、1.B 2.D